大明王朝

之春夏秋冬

赵柏田——著

北方联合出版传媒(集团)股份有限公司

万卷出版公司

ⓒ 赵柏田 2019

图书在版编目（CIP）数据

大明王朝之春夏秋冬 / 赵柏田著．—沈阳：万卷
出版公司，2019.10（2021.8 重印）
ISBN 978-7-5470-5167-2

Ⅰ．①大… Ⅱ．①赵… Ⅲ．①中国历史—明代—通俗
读物 Ⅳ．① K248.09

中国版本图书馆 CIP 数据核字（2019）第 131769 号

出 品 人：王维良
出版发行：北方联合出版传媒（集团）股份有限公司
　　　　　万卷出版公司
　　　　　（地址：沈阳市和平区十一纬路25号　邮编：110003）
印 刷 者：辽宁新华印务有限公司
经 销 者：全国新华书店
幅面尺寸：145mm×210mm
字　　数：330千字
印　　张：14.5
出版时间：2019年10月第1版
印刷时间：2021年8月第2次印刷
责任编辑：胡　利
责任校对：高　辉
封面设计：琥珀视觉
版式设计：万晓春
ISBN 978-7-5470-5167-2
定　　价：59.00元
联系电话：024-23284090
传　　真：024-23284448

目　录

夏 | 洪熙元年——正德十六年
（1425—1521）

秋 | 嘉靖元年——万历十年
（1522—1582）

冬 | 万历十一年——崇祯十七年
（1583—1644）

春

洪武元年——永乐二十二年
（1368—1424）

春日迟迟，卉木萋萋。

——《诗经·小雅·出车》

第一章 走进"中世纪"

砌 墙

1354 年，春日某一天，未来的洪武大帝朱元璋带着少年时的伙伴徐达、汤和等一干二十四人，离开郭子兴的濠州①大营向定远城进发。

时为元至正十四年，起义之火正在帝国境内四处蔓延。那一年，这个幼名重八的年轻人二十七岁。他离开郭子兴，是因为不满徐州来的几个红巾军首领统兵无方，又相互倾轧，料定了一帮乌合之众难成气候，决意凭自己的本事打出一片江山来。

收编了定远地区的两支地方武装后，朱元璋率部于这年 6 月的一个晚上衔枚夜行，出奇兵袭击了驻扎在横涧山的元将张知院部，收降七万余人。他从中挑选了两万名富有战斗经验的精壮士兵，向

---

① 今安徽凤阳。

元军守备力量薄弱的滁州进发，以便为下一步攻打龙盘虎踞的建康①建立基地。大队人马如愤怒的潮水涌过平原和山川，这惊心动魄的阵势，用朱元璋自己的话来形容，真个是"赤帜蔽野而盈冈"②。

定远城带给朱元璋的不仅是士兵和大量作战物资，更重要的是冯国用、冯国胜这一班地方缙绅也加盟到了他的事业中来。有记载表明，夺取南京的军事计划最初就来自熟知历朝兴亡历史的冯氏兄弟。

南下滁州途中，一个将要对朱元璋的一生事业起到更大作用的人物出现了，他就是濠州定远人李善长。李善长学的是法家学问，史传说他"少读书有智计，习法家言，策事多中"③，李善长刚到军门谒见，和朱元璋曾有过一番对话。朱元璋问，乱世什么时候可以终局，"四方战斗，何时定乎？"李善长劝他学秦乱时的汉高祖刘邦，虽同样起自布衣，但只要豁达大度，知人善任，不嗜杀人，帝业五年可成。这番话无疑在朱元璋面前打开了一个他都不敢梦想的世界，于是他把李善长留下做了掌书记，一个类似于行政秘书的角色。

从攻打滁州开始，李善长成了朱元璋事实上的幕府领袖，"为参谋，预机画，主馈饷"。此人还特别善于沟通将士和主将，但凡投奔过来的将领，发现某人身上有什么长处，就竭力推荐提拔；诸将间有什么龃龉，他也着力调和。在和州时，有一次朱元璋亲率主力出击，只留下李善长带少量兵丁居守大营。元将谍知来袭，竟被李善长设伏打退，自此愈见器重。1354年冬天，元太师、右丞相脱脱大

---

① 今南京，元天历二年改为集庆路。
② 朱元璋《御制皇陵碑》。
③ 《明史》卷一二七，《李善长传》。

以加速融入儒家传统中去。

1367年冬天，在和侍臣的一次讨论中，朱元璋以造房子砌墙为喻，谈到文臣治国的重要性：我以为建立基业，犹之盖大房子，剪伐斩削，要用武官，藻绘粉饰，就非文臣不可，用文而不用武，譬如连墙都未砌好，如何粉刷？用武而不用文，正如只有空间架，粗粗糙糙，不加粉刷彩画，不成体统，两样都不对，治天下要文武相资，才不会坏事。①

一个极具扩展野心的政治强人，无论征服其他军事力量或是独霸一方，都离不开一个强有力的幕府班子提供智力支持。积极招募之下，文官集团如雪球一般扩大了，李善长是第一批加入这个新兴群体的，也是最重要的一个。他不仅可以帮朱元璋赞襄军务，又能与之纵论典章和礼仪，这使得他一直深获信任，当1368年大明帝国正式开张时，这个幕府领袖被新王朝任命为中书省左丞相。

1368年，农历正月初四，南京城里连日的雨雪停了，朱元璋率一干文武臣僚在奉天殿行礼如仪，正式宣布登基，定国号大明，建元洪武，以应天府（今南京）为京师。

奉天殿受贺后，立马氏为皇后，世子标为皇太子，以李善长、徐达为左右丞相，其他文武功臣也俱加官晋爵。新政权充满着蓬勃的气象，京师一时满街都是新贵的紫衣了。

筹办开国大典期间，左丞相李善长是最忙碌的一个，祭祀大典，册立太子、后妃等，他要充大礼使，定六部官制、议官民丧服，也都少不得他，其他诸如封建诸王、爵赏功臣，皇帝都委托给他与诸

① 《明太祖实录》，卷二二。

臣谋议行之。同时，他还兼任东宫太子少师，奉命监修《元史》，主持编纂《祖训录》《大明集礼》诸书。不久，大将徐达攻下汴梁，捷报传至京师，朱元璋亲往慰劳，命李善长留守应天，授权他一切便宜行事，直与监国无异了。

1370 年，大封功臣时，朱元璋说，善长虽无汗马军功，但功劳甚大，连汉时的萧何也不一定及得上他，于是授开国辅运推诚守正文臣、特进光禄大夫、左柱国、太师、中书左丞相，封韩国公。岁禄四千石，子孙世袭。予铁券，免二死，子免一死。当时封公的，加上徐达、常遇春、李文忠、冯胜（原名冯国胜）、邓愈共六人，其他几人都是凭着战场上出生入死军功卓著受封的，文臣仅李善长一人，可见圣眷之隆。

朱元璋是这么表彰这位昔日谋士的：

朕闻古之帝王成大业者，实由天假英贤以辅之，故威德加于四海，而天下定矣。朕起自草莱，提三尺剑，率众数千，居群雄肘腋间，未有定期，而善长来谒辕门，倾心协谋，从渡大江，于是定居建业，威声所至，无不来附，不一二年间，集兵数十万，东征西伐，日不暇给，尔独守国，转运粮储，供给器仗，未尝缺乏，况，无有怨诽之言，此上天以授朕，朕独知之，而人人未必尽知也。昔者汉萧何有馈饷之功，千载之下，人皆称焉，比之于尔，萧何未必过也。今天下一家，尔年已高，朕无以报尔，是用加尔爵禄，使尔子孙世世承袭。朕本疏遇，皆遵前代哲王之典礼，兹与尔誓：除谋逆不宥，其余若犯死罪，尔免二死，子免一死，以报尔助。①

明代官制承袭元朝，虽多有变更，还是以中书省为军民大政之本，设立左右丞相为省长官。大将军徐达虽封右丞相、魏国公，但常年带兵在外，朝中实权实操于李善长之手。他一下子成了朝中势力最大的淮西集团的首领。李善长能办事，权力欲强，史传说他的性格"外宽和，内多忮刻"，有谁对他的权力构成威胁，他就毫不犹豫予以打击。参议李饮冰、杨希圣，稍一侵权，即遭奏黜。他与御史中丞刘基也合不来，刘基恐有性命之虞，只得告归。

富贵到了极致，难免心浮意骄，朱元璋焉能不察？出于对淮西集团势力过于膨胀的忌惮，他想撤换李善长予以遏制，但一时又决定不下换哪个人为好，于是找来素称足智多谋的刘基商量。

刘基的官方传记记录了这场谈话②：

刘基劝朱元璋不要撤换李善长这位勋旧，原因是李"能调和诸将"。朱元璋说，他数次想害你，你为什么还要帮着他说话呢？我决定让你来当丞相。

刘基说，打个比方，一间大屋子要换根柱子，那也必须是换更大的木头，如果把小木头捆扎捆扎换上去，这屋子立马就坍塌了——"是如易柱，须得大木。若束小木为之，且立覆。"

朱元璋见他坚决不肯就任，就问，你看杨宪如何？刘基虽与杨宪私交不错，但认为此人并不合适，因为杨"有相才，无相器"，在他看来，当丞相的，一定要"持心如水，以义理为权衡"，杨宪做不

① 黄云眉《明史考证》，1112 页。
② 《明史》卷一二八，《刘基传》。

到这一点。

朱元璋又问，汪广洋如何？刘基答，这人比杨宪更加"褊浅"——"此褊浅殆甚于宪。"

朱元璋再问，胡惟庸如何？刘基说，这个人就好比一匹不听话的劣马，驾着他去拉车，说不定连车都会翻了哩——"譬之驾，惧其偾辕也。"

朱元璋再次敦请刘基出任丞相一职，刘基还是推谢：臣疾恶太甚，又不耐繁剧，出任此职恐怕辜负了皇上的恩宠，天下何患无才，只要皇上悉心追求之，一定可以得到，不过您提到的那几位，在我看来真没一个可用的。——"目前诸人诚未见其可也。"

尽管朱元璋对刘基这个浙江人也不一定放心[①]，但他向刘基说的这番话，已流露出了对李善长的忌惮。1371年，李善长因疾致仕，但还是待遇不薄：赐临濠地若干顷，置守冢户百五十，给佃户千五百家，仪仗士二十家。皇帝还把一个宠爱的公主嫁给了他的儿子。继任的丞相，朱元璋最终还是没听刘基的，先用杨宪，再用汪广洋，此二人败后，李善长推荐的胡惟庸正式登场了。

胡惟庸是李善长的同乡，也是安徽定远人。1355年在和州参加朱元璋幕府，授元帅府奏差，不久转为宣使，除宁国主簿，进知县，迁吉安通判，擢湖广佥事，以办事灵巧，再加李善长的举荐，一步步赢得了朱元璋赏识，屡获升迁。1367年擢太常少卿，1370年拜中书省参知政事，已俨然新政权的一个高级文官。李善长之所以推荐这个同乡继位，自然也是存了一份私心，那就是让权力继续控制在

[①] 以朱元璋的惯于猜忌，他不会把曾经仕元的刘基提到宰辅的地位，事实上，这次对话后不久，刘基就因"食元禄"的历史污点被免去御史中丞职务。

淮西集团的手里。

胡惟庸是一个不折不扣的政治小人，出谋划策不如李善长、汪广洋，拍马奉承之术却无人能出其右。1373年初，右丞相汪广洋左迁广东行省参政，胡惟庸拜右丞相，不久，进左丞相，开始独专其事。史传这样评说他："帝以惟庸为才，宠任之。惟庸亦自励，尝以曲谨当上意，宠遇日盛，独相数岁，生杀黜陟，或不奏径行。内外诸司上封事，必先取阅，害己者，辄匿不以闻。四方躁进之徒及功臣武夫失职者，争走其门，馈遗金帛、名马、玩好，不可胜数。"①活脱儿一副小人得志的嘴脸。名利熏心之徒几乎挤破了相府的门，争相阿谀。胡惟庸定远旧宅的一口井中，生出了一根石笋，出水数尺，他们说那是符瑞，更有好事者言之凿凿，说亲见其祖先坟冢上，夜夜都有火光烛天，吹捧得胡惟庸都找不着北了。

大将军徐达收集了胡的一些劣迹上奏皇帝。胡惟庸得知后，引诱徐达府上一个叫福寿的门房，企图谋害徐达，后因福寿告发没有得逞。学士吴伯宗上章弹劾胡惟庸，几乎被整个半死。朝议汹汹，却没有一个人敢站出来。

得悉刘基在朱元璋面前说自己无能，胡惟庸怀恨在心，每思报复。那时刘基已经致仕，回浙江青田老家，不再与闻政治，但个性褊狭的胡还是不肯放过他。

历史学家孟森感慨，刘基的归隐，实为惧祸，然而急流勇退尚且不免于祸。

刘基的朋友宋濂，与同郡人吴德基一起致仕时，曾问吴是不是懂得保全之道。吴德基表示愿听指教，宋濂说是"慎毋出户，

① 《明史》卷三八六，《胡惟庸传》。

绝世史，勿与交"。宋濂教给吴德基的，也是刘基早就在做的。回到青田老家后，他日日饮酒下棋，不问世事。据说青田县令想见他而不得，打扮成一个老百姓的样子前去寻访，刘基当时正在溪边洗脚，就让儿子把客人引入茅舍，烧了一锅黍饭招待他，称自己不过一介草民，何劳大人亲自造访。但即便这般谨小慎微，刘基还是出事了。

在刘基的老家瓯江、括苍山间，南抵福建界有一处叫谈洋的地方，私盐贩子十分猖獗，刘基建议在此设立巡检司，地方官吏没有采纳，于是刘基绕过中书省臣，遣长子刘琏直接向皇帝上奏。胡惟庸那时刚升任左丞相，掌中书省，所有奏章都要先过他的手才交到皇帝那里。胡惟庸意识到，攻击的机会来了。

胡惟庸指使亲信放出风来说，刘基在谈洋这个有王气的地方营建坟墓有谋逆意图，设立巡检司的真正目的是驱逐百姓，争抢地盘。果然，朱元璋的猜忌心再一次被激起了。

此时的刘基已进入生命中的老境，用他自己的话说，"须发已白过大半，齿落十三四，左手顽不掉，耳聩，足蹒跚不能趋"。惧怕祸从天降，急忙赶赴京师向皇帝请罪，表明心迹。朱元璋没有责怪他，因此他也找不到机会作任何辩解。但朱元璋还是在他入京次月借故羞辱了他一番，停发了他一月薪俸。理由是刘基在一次祭孔典礼上不陪祭而受胙。受胙不受胙本是小事，朱元璋如此小题大做，分明是有意让刘基难堪。此后年余，刘基有家不能归，在朝无职事，只是以诚意伯的空衔随朝陪侍，有时接一些临时任务写一些无关痛痒的官样文章，有时也出门应酬一二，不久就卧床不起了。

眼看刘基不久于人世，1375 年春天，朱元璋决定赐他"还山以便侍养"。离京南归的日子定在二月三日，此前一天，朱元璋关心刘基病情，特召宋濂来问，宋濂答是患"霜露之疾"。宋濂步至丹墀，朱元璋让内使把一部新刊刻出版的文集赐予宋濂。后来宋濂得知，这部文集受赐的唯自己与李善长、胡惟庸三人，没有给刘基。宋濂意识到，皇帝对这个老臣已是非常嫌恶了。

皇帝亲自安排了护送刘基回家的一应细节。他在赐给刘基的还乡诰^①中，引战国时乐毅报燕惠王书中的话，明言"君子绝交，恶言不出；忠臣去国，不洁其名"，大谈对刘基的恩赏，表示在谈洋事件之前，自己从未亏待过刘基。随后谈对谈洋事件的处置：若按国法，则刘基罪不可恕，若按八议^②，则刘基相从以来多有功勋，故而夺诚意伯之禄而保留诚意伯之名，以示宽严得当。末了一句，"禽鸟生于丛木，翎翅乾而未去，时复顾恋旧巢，况人者乎！"以禽鸟喻大臣，未免语气轻忽，回想开国之初，君臣如鱼水欢投，到末了猜忌如此，刘基不免心灰意冷，到家月余就去世了。

直到临死，刘基也没有忘了京师帝阙，他幻想着皇帝还是会来找他，对儿子们说："夫为政，宽猛如循环。当今之务在修德省刑，祈天永命。诸形胜要害之地，宜与京师声势连络。我欲为遗表，惟庸在，无益也。惟庸败后，上必思我，有所问，以是密奏之。"

关于刘基的死因，向来有病死与毒死两说。胡惟庸毒死刘基的说法是 1379 年"胡案"发生时出现的。说是 1375 年正月刘基卧病，胡惟庸奉诏前往探视，吃了胡惟庸带去的医生开的药后，刘基腹中

---

① 《御赐归老青田诏书》。
② 即议亲、议故、议贤、议能、议功、议贵、议勤、议宾，属八议之列的官员，有罪可以减免刑罚。

生出了一块大如拳头的积物，二月初离京，四月中旬就去世了。但那个时候正在肃清胡党，什么脏水都往胡惟庸身上泼，此说大可存疑。即便真是胡惟庸正月下毒，刘基还乡后四月十六日去世，什么样的毒药能让他存活两月半再发作毙命？

明史学者黄云眉援引刘基行状考证说：刘基饮药后觉着有异，曾向皇帝反映，"上亦未之省也"。惟庸之视疾，既出太祖诏，何以刘基告服药后之病况于太祖，而太祖不之省？要是这样的话，实录上说的"上以基病久，不疑基死"这些话，不是有意在为朱元璋开脱吗？吴晗也是这样的观点："刘基被毒，出于明太祖之阴谋，胡惟庸旧与刘基有恨，不自觉被明太祖所利用。"

从染疴到去世，刘基有几个月的时间回忆自己两截人生。早年写下的《郁离子》中，他曾说"君子之生于世也，为其所可为，不为其所不可为而已"，大限之际回想平生，为与不为之间，他会后悔当初的选择吗？也许，他会沾沾自得于襄建大明的功绩？然而，入明七年有半，实际在职不过两年，说来也是尸位素餐的时候居多，那么，他是会懊恼顺帝朝二十年小官的经历，致使到头来都要背上不忠的恶名？"身世且未保，况敢言功勋"。事实上，这个被同时代人称作"负气甚豪，恒不可一世士，常以倔强书生自命"的人，从入明的那一刻起，一直都在担惊受怕中。是以，当1375年春天临死之际，他对自己的一生已不想再说什么了，只是遗命子孙，仕途凶险，千万莫要再去走了。

一个狷介、倔强的南方书生，是什么让他噤若寒蝉？

献 祭

胡惟庸势力一日日坐大，让朱元璋感到大权旁落，相权与皇权矛盾激化至此，对胡惟庸除了剪除别无选择。

对胡惟庸的第一次攻击是在 1377 年秋天发动的。胡惟庸把大量亲信安插进了帝国官僚体制中，并利用手中权力把他们提到高级职位上，对不听从他的官员则大肆打击、撵逐。一个叫韩宜的御史先做出头鸟，在御前告发胡惟庸僭越皇帝权力，要求将之斩首。

1379 年 10 月，占城国 ① 派使来南京进贡，胡惟庸没有将使节的到来奏闻，作为丞相这是失职行为。当皇帝最终得知占城国使团抵达南京时，他被激怒了，训斥了胡惟庸及其左都御史汪广洋等大臣。胡惟庸和汪广洋表面上唯唯诺诺，却又把责任推诿于中书省。皇帝愈加震怒，命令拘捕汪广洋，扣上一顶"不能效忠为国，坐视兴废"的大帽子贬往海南，并囚禁了其他有责任的官员。汪广洋在就贬途中自杀，他的一个侍妾陈氏从死。当朱元璋得知陈氏是没入官籍的一个受处分的官员的女儿，他又像狮子一样咆哮开了："没官妇女，止给功臣家。文臣何以得给？"他认为，一定还有许多瞒着他的事情没有被揭露出来，让司法部门加紧调查。

谁都看得出来，皇帝这是借势发威，胡惟庸的好日子快到头了。1380 年，皇帝终于给出了致命一击。胡惟庸以"擅权植党"的罪名被处死，和他一起被处死的还有数千名忠实的追随者。在官方公布的报告中，胡案的起因乃是一次交通事故，这场事故的当事人是胡

---

① 古国名，位于今越南一带，1697 年灭亡。

惟庸的宝贝儿子。这个儿子像现如今的飙车党一样在大街上策马狂奔时，不知是骑术不精还是马发了性子，从马上坠落下来，正好一辆马车路过，胡公子当场死于轮下。胡惟庸杀了马车夫以泄愤。有人把这事告到了皇帝那里，皇帝大怒，责令胡惟庸向马车夫的家属作出赔偿。但当胡惟庸准备好用于赔偿的黄金和绸缎时，皇帝又不许他这样做。这让胡惟庸害怕起来，于是和御史大夫陈宁、中丞涂节阴谋发起兵变。

涂节在关键时刻动摇了，他把胡惟庸的阴谋向皇帝告发，胡惟庸伏诛。如何处置涂节，朱元璋想听听处置此事的大臣的意见。大臣说："节本预谋，见事不成，始上变告，不可不诛。"于是这个告密者也和胡惟庸、陈宁等人一同被处决了。此案皇帝"自临问之"，自正月甲午日（二日）廷臣审录，到戊戌日（六日）就结案处决，一个大案结得如此急促，正说明案情真相的不可告人。

此案的直接结果，是彻底取消了承袭自元朝的中书省、行中书省制度。在中央，中书省和丞相一职被废除，吏、户、礼、兵、刑、工六部的地位得到了提高，这些部门分任朝政，直接向皇帝负责。在地方，则取消了行中书省，把原来行中书省的职权分开，民政、财政归布政使司，司法归按察使司，军政归都指挥使司，分设的三权统一由中央指挥。又把统军机关枢密院改为大都督府。设立专门的监察机关都察院，一百一十名监察御史分掌十二道，专司纠劾百官，辨明冤枉，凡大臣奸邪、小人构党，或贪污舞弊、学术不正、变乱祖宗制度的，都可随时举发弹劾。中央六部之上则有相应的六科给事中行监察纠核之权。

这一整套齿轮般紧密绞合的文官制度中，官员从九品到正一品分成九品十八级，升迁调用都有一定的法度。六部主官及地方军政首脑向皇帝负责，属吏向上级负责，系统分明，职权清楚。都督府管军不牧民，六部牧民不管军，各部门有合作，又有钳制，都察院则负责监视一切臣僚。在这一崭新的制度下，行政、军事、监察三种治权互不统属，由皇帝亲身总其成，也就是说，皇帝不仅是帝国这台大机器的主人，也是它的实际操纵者了。①

要铲除异已，光靠公开的军队和刑章律例还嫌不够，这一套正式机构之外，朱元璋还培植了一个令人闻之丧胆的特务机构——锦衣卫。这一机构的前身是"拱卫司"，下设"检校"，专主察听在京大小衙门官吏不公不法，但凡捕风捉影之事无不奉闻，用朱元璋的话来说，"有这几个人，譬如人家养了恶犬，则人怕"②。1382年正式改名锦衣卫后，侦伺处刑之权也集中到了这个皇家私人机构，法外有法，刑外有刑，恶犬一下子升级成了虎狼。

朱元璋还发布诏书敕谕群臣，表示再也不设丞相一职，诏称上古时代没有丞相一职，秦始皇开始设立丞相，秦很快就亡了。汉、唐、宋朝的丞相中有很多是小人，专权乱政，可见人一当上丞相就会变坏。他宣布，自今以后废除丞相及其办事机构中书省，设立五府、六部、都察院、通政司、大理寺等衙门，按其职能分理天下庶务，"事皆朝廷总之"，以后的嗣君，不得议论设置丞相，做臣子的如果有谁胆敢请设丞相的，严惩不贷。

"事皆朝廷总之"，说白了就是由他这个皇帝来裁决一切，他是他自己的丞相。废除中书省而引发的这一政府改组，使得皇权笼罩

① 《明史·职官志》。
② 《明史》卷一三五，《宋思颜传》。

一切，无所约束，朱元璋由此开创了一个权力高度集中的专制体制。

皇帝总揽六部，自然成了全天下最忙碌之人。据吴晗统计，仅洪武十七年（1384）九月十四日到二十一日的八天间，朱元璋收读的文件达一千六百六十六件之多，所奏事项三千三百九十一件，平均每天看二百多份文件，处理四百多件事项①。对朱元璋这样一个精力充沛的人来说，或许不以为苦，但对后世诸君来说，这实在是智力与体力的双重考较，一不小心就会滑入大量文牍的泥淖中去。

为了从烦琐的政务中脱身，朱元璋任命了四辅官，即协助他处理政务的机要秘书。到了1382年，罢四辅官，设文渊阁、武英殿、文华殿诸大学士，秩正五品，职责是详看诸司奏章，兼司平驳，侍从左右，以备顾问。这些被称为内阁学士的官员并不能参决政务，他们只是类似于皇帝顾问团中的一员，可予随时撤换。后来他的儿子明成祖朱棣作了一个变通，把大学士选拔到身边当值，军国大事皆在内阁办理，由是确立了通行整个明朝二百多年的内阁制度。但即便如此，恪于祖制，内阁首辅（大学士中排名第一者）虽有丞相之权，始终没有丞相之名。

胡惟庸案发生后不久，朱元璋命令他的第四个儿子燕王朱棣到北平就藩。在皇帝的诸多儿子中，朱棣一向被公认最为能干，皇帝希望他最信任的这个儿子把守从前元朝的京师，以保证帝国北部边疆的安全。因为元顺帝虽已被赶往漠北，但时刻都在想着反攻。说是偌大一个帝国，在洪武大帝看来就如同自家一份私产，为了让家业传之久远，他把兵权分配到了最能干的几个儿子手里。除了燕王之国北平，其他几个儿子，宁王封在大宁，晋王封在山西，秦王封

---

① 吴晗《明史简述》。

在陕西，辽王封在辽东，代王封在大同，肃王封在甘肃，这些有统兵之权的藩王，沿长城一线驻扎，担任着抵御蒙古骑兵入侵的重任。为了防止官员与地方大户勾结，不久他还发布了一项诏令，让南方人到北方做官，又让北方人去南方做官。

事情到此远没有结束，胡惟庸的罪名在他死后不断升级，从"通倭通虏"到"谋反"，同时把一大批开国元勋都给株连了进去。或许后者才是皇帝的真正目的。

在17世纪晚期官方编纂的王朝历史中，着力渲染的是这样一种观点，即胡惟庸意在弑君，他早就图谋不轨了。官方公布的一个重要证据是，胡一直在暗中发展和培植自己的亲信党羽，比如对吉安侯陆仲亨和平凉侯费聚的着意拉拢。

陆仲亨自陕西归京，车马仪仗的标准大大超标，朱元璋大为恼怒，严厉斥责，罚他到代县去做一个捕头。费聚奉命到苏州视察军民，日嗜酒色，不干正事，朱元璋责令他前往西北招降蒙古，无功而返，又受痛责。据称，胡惟庸把两人请到家里，酒喝得差不多了，屏退左右，故意问道：你们两人做下的不法事还有不少吧，要是哪天让皇上发觉了，你们想想会怎样呢？这两人愈发害怕。胡惟庸这才说出了自己的打算，令他们在外收集军马，等待号令。

类似的指控还有，利用中书省掌全国军政大权的职务之便，调阅天下军马籍，在军队下层发展一批死士为心膂，等等。

官方公布的材料还指称，胡惟庸为了达到弑君的目的，派遣明州①卫指挥林贤，以下海招倭为名，与日本人暗通款曲。同时，他还派出了一个名叫封绩的元朝旧臣，到元嗣君脱古思帖木儿处传递消

---

① 今浙江宁波。

息，要求元君出兵支持政变。南倭北虏，那可是当时两大强敌，要坐实胡惟庸通敌谋反的罪名，还有比这更有力的证据吗？

还有一种说法是，胡惟庸以欣赏家中井里涌出的醴泉水为借口，曾邀请皇帝驾临，阴谋实施刺杀。但是这一计划还没来得及实施就受挫了，因为一个叫云奇的宦官风闻这一阴谋，及时站出来，挡阻皇帝前往临幸与皇宫相距不远的胡府。朱元璋开始还不相信，命人把这个太监拖下去狠狠责打，但这个太监即使被打折了手臂，还是要阻止皇帝前往。这让朱元璋不得不警觉起来，他带着一群侍卫登上宫墙远望胡府方向，隐隐看见了胡暗藏的准备行刺的杀手，于是取消了这次临幸。

对胡惟庸党案的调查断断续续进行了十多年，每增加一条新的罪状，就进行一次大规模的清洗，从甲株连到乙，从乙再株连到丙，每一次屠杀都以家族为单位，杀一人即屠一家，斩首直似砍瓜切菜。因胡案牵连而死的高级官员不可胜数：

御史大夫陈宁、中丞涂节、延安侯庸胜宗、吉安侯陆仲亨、平凉侯费聚、南雄侯赵庸、荥阳侯郑遇春、宜春侯黄彬、宣德侯金朝兴、河南侯陆聚、靖宁侯叶升、申国公邓镇、济宁侯顾敬、临江侯陈镛、营阳侯杨通、淮安侯华中，高级军官毛骧、李伯升、丁玉和、宋慎，甚至任太子师十余年的开国儒臣宋濂也被牵连，贬死茂州。

曾向朱元璋献"高筑墙、广积粮、缓称王"三策的朱升的儿子朱同，以礼部侍郎任太子东宫讲官，在大清洗中也遭诬而死。此人狱中所作《遭诬得罪赋此以见志》中有句："四十趋朝五十过，典章事业历研磨。九重日月瞻依久，一代文章制作多。岂有黄金来暮夜，只惭白发老风波。归魂不逐东流水，直上长江诉汨罗"，正是受株连的文官们怨怼心情的表露。

十年后，对胡案的第二次大规模清洗，甚至把皇帝曾经最亲信的顾问、已经致仕多年的李善长也卷了进去。

李善长的弟弟李存义的儿子李佑，是胡惟庸的从女婿，当胡惟庸叛逆案于 1380 年被告发时，就有人控告李善长也不干净。那时皇帝对这些控告尚未有所举动。1385 年有人重新对李善长提出控告，这次矛头对准的是李存义父子。皇帝把李存义发配到崇明，对李善长仍没有采取行动。这样又过了五年，李善长年已七十七岁，都老到这个年纪了，他却做出了一桩糊涂事。他在营建府第时，从信国公汤和那里借了三百名兵卒。有人报告了皇帝，朱元璋对这个以前的股肱重臣生出了一份嫌恶。

1390 年 5 月，京中一些被查处的下级官吏和犯人将发配边境，李善长数次请求赦免一个叫丁斌的人。此事太过反常，难免引人注意。经查，丁斌曾在胡惟庸家做事，严讯之下，此人还供出了一些李存义与胡惟庸交往的细节。于是，朱元璋命把李存义父子押解来京重新审问，这一审，就牵连到了李善长。

李存义的供状称：胡惟庸曾经偷偷派李存义去劝说李善长一同起事，李善长听了大为吃惊，你说的都是些什么啊，那可是要株连九族的大罪！不久，胡惟庸又派李善长的一个故人杨文裕去劝说，许诺说，事成当以淮西地封为王。李善长没有答应，但看样子颇有些动心了。于是胡惟庸亲自前往游说，李善长还是没有答应。过了一段时间，胡惟庸又让李存义去游说，李善长听了，长叹一声：我老了，等到我死了，你们好自为之吧！

这年 6 月，一名御史站出来弹劾李善长。劾状称，1385 年，将军蓝玉出塞征讨蒙古时，在捕鱼儿海的一场战斗中捕获了一名叫封绩的信使，当时这名信使的手中持有胡惟庸写给元君的一封亲笔信。但此事的一份奏报被李善长暗中扣下了。李善长府中一个叫卢仲谦的奴仆，这时也检举主人与胡惟庸经常密谋（"通赂遗，交私语"）。主审此案的是个叫詹徽的官员，身兼刑部尚书、左都御史两职，此人系李善长的政坛宿敌，自然不会放过整人的机会。李善长被下狱，罪名是，"身为元勋国戚，知逆谋不发举"，"狐疑观望怀两端，大逆不道"。当然都是些莫须有的罪名。

钦天监官员最会见风使舵，马上上奏说，天上星宿有异象，当诛杀大臣。李善长在1390年7月被迫自杀，妻子、亲属七十余人均被处死。《明太祖实录》"洪武二十三年五月"条下称："善长遂自缢，上命以礼葬之，厚恤其家。"但据17世纪历史学家谈迁在《国榷》中考证，全系"史笔曲为之饰"。

一个七十七岁的耄耋老翁，替主子办了三十九年差，昔为帅府幕僚、开国丞相，封韩国公，儿子做驸马，一时多少荣华，到末了落得个全家诛戮，这样的处置免不了招致时人批评。此案发生一年后，青年才子解缙以工部郎中王国用的名义起草了一篇题为《诉韩国公冤事状》的奏章，严词切责对李善长的不公。在他看来，李善长一案办成这个样子，实在是于理不通，于情不合，难以服众，因为李善长犯不着冒连坐之罪而不检举，再说，他也根本不可能从所谓的谋反中得到什么实际利益。

> 善长与陛下同心，出万死以取天下，勋臣第一，生封公，死封王，男尚公主，亲戚拜官，人臣之分极矣。藉令欲自图不

> 轨，尚未可知，而今谓其欲佐胡惟庸者，则大谬不然。人情爱其子，必甚于兄弟之子，安享万全之富贵者，必不侥幸万一之富贵。善长与惟庸，犹子之亲耳，于陛下则亲子女也。使善长佐惟庸成，不过勋臣第一而已矣，太师国公封王而已矣，尚主纳妃而已矣，宁复有加于今日？且善长岂不知天下之不可幸取。当元之季，欲为此者何限，莫不身为齑粉，覆宗绝祀，能保首领者几何人哉？善长胡乃身见之，而以衰倦之年身蹈之也。凡为此者，必有深仇激变，大不得已，父子之间或至相挟以求脱祸。今善长之子祺备陛下骨肉亲，无纤芥嫌，何苦而忽为此。若谓天象告变，大臣当灾，杀之以应天象，则尤不可。臣恐天下闻之，谓功如善长且如此，四方因之解体也。今善长已死，言之无益，所愿陛下作戒将来耳。①

朱元璋无话可驳，但也没有追究解缙。——“太祖得书，竟亦不罪也。”

到了明末，钱谦益根据内阁所藏诏书，一一参订，也认为这是一桩人为制造的冤案。他认为，李善长是为胡惟庸案殉葬，“善长之罪，实由婚姻谊重，家门虑深，目瞪口呿，受惟庸之笼络而不能自拔，卒委身以殉之。”

神圣皇权已经开张，胡、李之死，只是最早的献祭。为了宣示它的强大和不容冒犯，还有更多的生命和鲜血要被吞噬。

---

①《明史》卷一二七，《李善长传》。

清　洗

　　一场"肃清逆党"的大清洗铺天盖地袭来，陆续有一些开国元勋与胡惟庸"共谋不轨"的案件被揭发。朝廷颁布了《昭示奸党录》，把口供和判案详细记录公布，让天下人都知道这些奸党罪状。皇帝本人承认，在胡惟庸党案及以后的清洗中总共处死了三万余人。

　　一个叫周敬心的官员在1392年上疏批评政府："大戮官民，不分臧否。"①他列举了历年来大规模的几起政治清洗：洪武四年，录天下官吏；十三年，爆发胡惟庸党案；十九年，说是把历年来政声不好甚至害民的官吏逮捕问罪，也是株连甚广；二十三年，又把敢于批评政府的人都杀了。真个是不分官民，不分好坏，无人不杀，无人不可杀了。

　　1393年，凉国公蓝玉被杀，张开了诛杀功臣的罗网。蓝玉是开平王常遇春的妻弟，善于引兵打仗，史传称他"长身赧面，饶勇略，有大将才"②。蓝玉早年在姐夫麾下效力，升至大都督府佥事，后又随傅友德征四川、随徐达北征蒙古扩廓帖木儿部，因军功卓著升大将军，于1378年封永丰侯。他还获得了与皇室联姻的殊荣，一个女儿嫁给了太祖第十一子蜀王朱椿。

　　太祖待之优渥，他就愈加骄蹇自恣，纵容手下庄奴，强占东昌民田，御史前来查问，竟被赶跑；北征回来，经过喜峰关，天黑不辨人影，守关士兵不敢开门，他竟纵兵毁关强闯。有人告发，他还霸占

---

① 《明史》卷一三九，《周敬心传》。
② 《明史》卷一三二，《蓝玉传》。

了元君的一个妃子，那妃子受辱自杀了。皇帝严厉批评了蓝玉，本来要封他梁国公的，也因过改封凉国公。蓝玉还是不知收敛，西征后回到京师，受封太子太傅，他不满意屈居宋国公冯胜和颍国公傅友德之下，趁着酒性嚷嚷说，难道凭我的功劳还当不上一个太师吗？

此时的朱元璋已对公侯们产生了深深的疑虑，蓝玉的恃功骄纵更刺激了他。朱元璋指使一个锦衣卫指挥使，控告蓝玉与景川侯曹震等人，企图趁皇帝出宫举行籍田仪式时发动兵变。曹震、户部侍郎傅友文等一批高级官员相继被逮。一番虚张声势的审讯后，连坐处死一万五千余人，列侯以下坐党夷灭者不可胜数，几乎把打天下的将领全给一锅端了。因蓝案公布的《逆臣录》，就包括一公、十三侯、二伯，皇帝严令禁止为其中的任何一个人翻案。之后，宋国公冯胜、颍国公傅友德等人也相继被赐死，先前受赐的封地归还朝廷。至这年秋天，皇帝下诏："蓝贼为乱，谋泄，族诛者万五千人。自今胡党蓝党，概赦不问。"看似皇恩浩荡，实际上功臣宿将都杀得差不多了。

曾在李善长一案中出过大力的吏部尚书詹徽，被列为蓝党同谋一同处死。《明通鉴》称，詹徽本不在蓝党之列，会审蓝玉一案时，他喝令蓝玉速速老实交代，毋得株连他人，蓝玉大叫，詹徽也是一起谋事的，于是为人一向阴险刻薄——"性险刻"——的詹徽也被戏剧性地拿下了。

《明通鉴》援引当时的私家记述称，蓝玉被诛，与燕王朱棣有关。洪武二十年，蓝玉以征虏左副将军随同冯胜征纳哈出，出征归来，向皇太子朱标秘密进言，说燕王有政治野心，还说有望气者言，燕王封地北平有天子气，须得小心提防。朱标生性忠厚，智商堪虞，竟把这话当作一句戏言说与皇弟朱棣，朱棣于是记了仇。1392年春天，太子朱标病亡，燕王来京师参加吊唁，在与皇帝的交谈中，数次流露出对元勋公侯尾大不掉的忧虑，他的担忧触动了皇帝本就敏感的神经，于是没过几个月，蓝玉大祸临头。

胡、蓝两案之外，开国功臣被诛杀的还有：德庆侯廖永忠，1375年以僭用龙凤不法等事赐死；永嘉侯朱亮祖父子，于1380年被鞭死；临川侯胡美，于1384年犯禁伏诛；江夏侯周德兴，于1392年以帷薄不修、私生活暧昧的罪状处死；1394年，杀定远侯王弼、永平侯谢成、颍国公傅友德；1395年，杀宋国公冯胜。甚至侄子朱文正也以"亲近儒生，胸怀怨望"的罪名被鞭死，外甥李文忠也被怀疑有政治野心而毒死。许多将领的被杀，根本不需要什么理由，正合着俗话说的飞鸟尽良弓藏、狡兔死走狗烹了。

大将军徐达为开国功臣第一，一向反对胡惟庸，自然牵涉不进胡党，他死时，蓝玉党案还没有发，当然也与蓝党无关。但即便他如何小心谨慎，也逃不过朱元璋的猜忌。1387年，徐达患病，长了背疽，据说这样的病最忌吃蒸鹅，但在徐达病重时，皇帝偏偏特赐蒸鹅，徐达没办法，只好当着使臣的面，含着眼泪吃了，不多日就死了。徐达、刘基死后，给事中陈汶辉上疏公开表达他的不满："今勋旧耆德，咸思辞禄去位，如刘基、徐达之见猜，李善长、周德兴之见谤，视萧何、韩信其危疑相去几何哉！"

文臣被诛杀的也着实不少，有据可考的，国初起事时的僚属有宋思颜、夏煜、高见贤、凌说、孔克仁等，朝官中有礼部侍郎朱同、张衡，户部尚书赵勉，吏部尚书余㰀，工部尚书薛祥、秦逵，刑部尚书李质、开济，户部尚书茹太素，春官王本，祭酒许存仁，左都御史杨靖，大理寺卿李仕鲁，少卿陈汶辉，御史王朴，纪善白信蹈等。外官则有苏州知府魏观，济宁知府方克勤，番禹知县道同，训导叶伯巨，晋王府左相陶凯等。

刘基被毒死后不久，户部尚书茹太素上了一本长达一万七千言的长篇奏疏，说政府中好多能员都在清洗中丢了性命，长此以往，剩下的将都是些无用之辈①。朱元璋嫌奏章过于冗长华丽，当场对茹施以廷杖。茹太素是个直性子人，几次因为直言遭受廷杖和降职处分，某日，便殿赐宴时，朱元璋赐诗警告："金杯同汝饮，白刃不相饶"，茹太素续韵吟道："丹诚图报国，不避圣心焦"。朱元璋听了似心有所动，不多时还是把他给杀了。

大理寺卿李仕鲁是朱熹学派的学者，为了昌大朱学，他向皇帝进谏，不要太尊崇和尚、道士等方外之人。朱元璋全不理会。李仕鲁急了，当庭闹起了迂脾气，要交还朝笏告休回家。朱元璋大怒，命武士"捽搏之"，立死阶下。少卿陈汶辉以言忤旨，惧罪投金水桥下死。王朴与皇帝辩是非，不肯屈，戮死。员外郎张来硕更是死得莫名其妙，他谏奏不要把民间已经许配的少女征为宫女，这么做"于理未当"，竟被"碎肉"而死。

一个叫叶伯巨的官员对苛政提出了严厉批评。他引经据典说，历代开国之君，没有一个不以仁德结纳民心，也不因为滥施刑罚而丧失民心，国运之长短，就全在君王施的是仁政还是苛政。他以古今作对比，说古代的读书人都以中进士做官为荣，以罢官为耻，当今的士子呢，都以选不上官暗自庆幸，受了廷杖鞭打也只当寻常之辱，这难道是正常的吗？凤阳是皇陵所在，龙兴之地，让大批罪人

---

① 《明史》卷一三九，《茹太素传》："才能之士，数年来幸存者百无一二。"

迁徙居住，怨嗟愁苦之声充斥园邑，这难道是对祖宗的恭敬吗？[①]

朱元璋被触到痛点，大怒，命锦衣卫立即逮来，他要亲手射杀叶伯巨。隔了些时日，办案官员趁他高兴时奏请把叶伯巨下刑部狱，不久，叶伯巨还是死在了狱中。

史载，"惟庸既死，其反状犹未尽露"，也就是说，直到胡惟庸被杀，有关他政变的证据和细节仍然是不清楚的，而据此生发开去的种种供词和传说更是矛盾百出。后世读史者深感疑惑的是，作为明初第一大案的主角，胡惟庸到底有没有谋反。

1934年，历史学家吴晗在《燕京学报》发表论文《胡惟庸党案考》，把扑朔迷离的胡案真相作了揭示。他说，胡案的真相到底如何，即使明朝人也未必深知，这原因大概是胡党事起时，法令严峻，著述家多不敢记述其事，时过境迁后，实在情形已被湮灭。他的结论是："胡惟庸的本身品格，据明人诸书所记，是一个枭猾阴险、专权树党的人。以明太祖这样一个十足的自私惨刻的怪杰自然是不能相处在一起的。一方面深虑身后子懦孙弱，生怕和自己并肩起事的一班功臣宿将不受制御，因示意廷臣，有主张地施行一系列的大屠杀。胡案先起，继以李案，晚年太子死，复继以蓝案。胡惟庸的被诛，不过是这一大屠杀的开端。"

"胡惟庸被杀在政治制度上的意义，是治权的变质，也就是从官僚和皇家共治的阶段，转变为官僚成奴才、皇帝独裁的阶段。"[②]

清代历史学家赵翼把朱元璋与汉高祖刘邦诛戮功臣作了一个比较，认为刘邦诛杀功臣，还比较节制，而朱元璋则完全随心所欲了。

---

① 《明史》卷一三九，《叶伯巨传》。
② 吴晗《朱元璋传》第五章，《恐怖政治》。

赵翼把朱元璋的嗜杀，归结为"天性"使然——"独至明祖，藉诸功臣以取天下，及天下既定，即尽举取天下之人而尽杀之，其残忍实千古所未有，盖雄猜好杀本其天性。"①

只有把国家公器视为私家独有的独裁者，才会不惜以种种极端手段，对敌人施以肉体上的消灭，哪怕这敌人是潜在的，甚至只是想象中的。因为，他要传给子孙们的是无刺的荆条。

洪武年间四大狱，胡、蓝党案之外，还有空印案和郭桓案。

空印案发生在1382年（也有一说是1376年）。照规定，每年，各布政使和府、州、县都得派员到户部，核算钱谷军需等账目。账目数字不好有太大出入，如遇有不合，就得重新填写报销册。重造账册倒不要紧，但需盖上原衙门印信才算合法。由于各府、州、县离京城路途遥远，远的七八千里，近的也要三四千里，为了盖这颗印，来回就得耗时数月。所以，为了避免来回奔波的麻烦，各级政府来京核算人员都带有预先备好的空印文书，遇到部驳，也好随时填用。这也是沿袭多年不成文的旧例。

这一年，朱元璋忽然发觉了这事，认为一定是部里官员与地方官员相互勾结作弊，大怒道："吏敢欺我如此耶？此无他，部臣肯为容隐，故藩省遂承之。"下令地方各级政府的主印长官一律处死，佐贰官杖责一百充军②。建文朝大臣方孝孺的父亲方克勤，时为山东济宁知府，也因该案牵累致死。

事实上，地方各级政府上京核算钱粮军需等账目，所预备的空

---

① 赵翼《廿二史札记》卷三二，《胡蓝之狱》。
② 《明史·刑法志》："帝疑有奸，大怒，论诸长吏死，佐贰杖百戍边。"

印文书是骑缝印，不能作为他用，别说一般人得不着，就是拿到手也不一定用得上。再说到户部核算账目，必须府合省，省合部，一层层上去，一直到部里审核完毕，才算手续完备，数字有出入还须重核，根本容不得造假。办事官员带空印文书上京，作为权宜之计，户部官员也是默认这一做法的。但皇帝的猜忌心这么重，谁也不敢站出来说明详情。只有一个叫郑士利的宁海人，上了一篇数千言的奏章鸣冤。朱元璋看他说得在理，也就没杀他的头，廷杖充军了事。

郭桓案，是明初惩治贪墨又一大案。《明史·太祖本纪》载：洪武十八年三月己丑，户部侍郎郭桓坐盗官粮诛。极简的一句话，背后又是一片人头落地。

1385 年，有人告发户部侍郎郭桓伙同北平二司官吏舞弊，吞盗官粮。皇帝震怒，礼部、刑部主官，兵部、工部侍郎等一大批高级官员同被问罪诛杀，追赃七百万石。六部侍郎以下的中下级官员，因杀得太多，连名字都记不过来。供词牵连到各省，又死几万人[1]。一时间，告发和审理此案的御史和刑部官员都受到了弹劾。

朱元璋看形势有些失控，急忙下诏公布郭桓的罪状，说郭桓在收受浙西秋粮时，应收四百五十万石，只收交六十万石上仓，钞八十万锭入库（可抵二百万石），尚有一百九十万石没有收交，郭桓收受了浙西等府五十万贯的贿赂，纵容府、州县官作弊，中饱私囊。又称，应天等五府州县数十万亩没官田地夏秋税粮，郭桓与经办官吏通同作弊，无一粒上仓，全让他们瓜分了。手谕称，追赃七百万还是圣恩浩荡，要是全部彻查的话，算起来要有二千四百万[2]。话是

---

[1]　谈迁《国榷》卷八："诛累天下官吏，死徙数万人。"

[2]　《大诰》四十九，《郭桓盗官粮》。

这样说，到底民意难平，于是只好借审理这个案子的官员的脑袋来平众怒，杀了一批御史和刑部办案人员。

此案过后一年，在《大诰续编》中朱元璋重又拿此案说事，说开国近二十年，沿海富裕地区的地方官没有一个好东西，全都在任期中贪赃获罪，不能善始善终。他坚持认为，对郭桓案的处理没有错，"贪墨所起，以部曹为罪魁"。在他看来，整个中央六部就是一个腐败窝：户部官吏用多收入纳、虚报支出等手段盗占国库钱粮，工部官吏采用冒报工役、变卖工料贪污，刑部接受贿赂，兵部敲诈勒索，就是礼部吧，看起来没什么机会贪污，也会千方百计盗出宫中银钞来变卖。

朱元璋起自田间，做过和尚，熬过饥荒，少年时代的他，就见多了基层官吏不恤民情、对民间疾苦视之漠然的嘴脸。在他内心深处，有着草根阶层对士绅的本能的不信任，所以无论是从个人感情还是当前的政治需要，他都不会轻易放过这些人，而是要拿他们作镜子，照出帝国肌体上更多的藏污纳垢之辈。检索《大诰》《大诰续编》《大诰三编》《大诰武臣》，洪武年间凌迟、枭示、族诛的多达几千案，弃市以下多达一万余案。历史学家赵翼在《廿二史札记》中说，在那个时代，凡是发现地方官吏贪酷，百姓都可以上京告状，官员贪赃六十两以上，就会处以枭首示众的极刑，并剥皮实草。各府、州、县衙门左侧的土地庙，就是犯官的剥皮之场，谓之皮场庙，官府公座旁，各悬一剥皮实草之袋，使之触目惊心。[1]

到1395年，朱元璋已是年近七十的老人了。执政近三十年，他让他的官员时常处于惊骇之中，而今放眼望去，元勋宿将、列侯裨

---

[1] 赵翼《廿二史札记》卷三三，《严惩贪吏》。

将、部院大臣、地方巨室全都像秋天的麦子一样一排排倒下。长年的紧张和猜忌，使他的心时常像一根绷紧的弦，总是要不安地鸣响，在生命的最后三年里，他的脾气越来越坏，时常在高烧的虚谵中梦见天上的宫阙，梦见死去的大臣和将领们来向他索命。独裁者虽已预感到死神不远，但他相信，在他缺席的情况下江山仍能铁桶般坚固，因为他把亲手打造的制度作为最好的礼物送给了子孙们。在这一年晚些时候颁布的《皇明祖训》中，他声言，这一制度不容变更，后世有言更改祖制者，以奸臣论处。

或许是对平生杀戮过多生出了悔意，这年六月，他下了一道手谕，停止重刑，"朕自起兵至今四十余年，亲理天下庶务，人情善恶真伪，无不涉历。其中奸顽刁诈之徒，情犯深重，灼然无疑者，特令法外加刑，意在使人知所警惧，不敢轻易犯法。然此特权时措置，顿挫奸顽，非守成之君所用长法。以后嗣君统理天下，止守《律》与《大诰》，并不许用黥刺、刵、劓、阉割之刑。臣下敢有用此刑者，文武群臣即时劾奏，处以重刑。"① 以刑制刑，他坠落进了一个自己无力挣脱的怪圈里。他那种用别人的痛苦来减轻自己恐惧的虐待狂式的病症，又何尝真正痊愈过？就在1398年离开尘世之际，他最后一次利用皇帝的威权消灭了一批人，把曾经陪侍过他的宫女一律殉葬。

天　网

江山可以马上得之，却不能马上治之，这是元的教训。新政权迫切需要一支官僚团队维持国家机器的运转。从中央到地方，瞬时

---

① 《明太祖实录》，卷二三九。

铺开了一张天网，驱赶着读书人为新政权服务。学校、科目、荐举、铨选，这天网四面八方笼罩着，真是当官难，不当官也难。

早在 1366 年，朱元璋还是小明王节制下的吴国公时，就已流露出了对儒家文化的归化和向往。元末红巾军起于民间秘密会社，朱元璋的势力也由此坐大，现在他以正统自居了，就要像一个离开了水田的农民，赶紧洗去脚上的泥巴。这个出身草莽之辈，向来不喜读书，这时却突然爆发出了一股狂热的文化激情，命有司到处访求古今书籍。他还对侍臣詹同等人说，每于宫中无事，常取孔子的书来读，像节用爱人、使民以时这样的话，真是治国良策，"孔子之言诚万世师也"[①]。

1368 年 8 月，带刀舍人周宗上疏，建议天下府州开设学校。朱元璋采纳了这一建议，于第二年诏令全国府、州、县设儒学，初定各学生员名额：府学四十人，州学三十人，县学二十人，南京鸡鸣山下的国子监则为中央官学。是为天下遍设学校之始。

在朱元璋看来，"治国之要，教化为先，教化之道，学校为本"，学校是笼络天下士子、专门出产新政权需要的各级官僚的养成所。政府在制度上对学校予以保障：府学一千石，州学八百石，县学六百石，应天府学一千六百石，各设吏一人，以司出纳，师生月给廪米一石，教官俸如旧。学校禁例十二条、地方官朔望视学制度以及府州县学岁贡制度，以及国子监学规"五十六款"等，日后都成了明代祖制的重要组成部分。

一个青年士子只要入了学，取得生员资格，就成了特权阶层的一分子，享受国家免费伙食的待遇（故又称廪膳生员）之外，还可

---

① 见《明史纪事本末》。

享受免其家二丁差役的优待，甚至可以升入国子监成为监生，获得选官资格。他们所穿着的御制襕衫，也有别于庶民的棉麻布衫。这自然都是朝廷着意优容。

明初的国子监虽称国家最高学府，却并非一个让士子皓首穷经研究学问的地方，它实际上是一个官员上岗培训机构。安排的课程除了四书、五经、《说苑》这些儒家经典，更有《御制大诰》《大明律令》这些政府文件和法律条文。国子监的学规至为严厉，首任国子监祭酒宋讷最初制定的二十七款监规中，列第一款的竟是"敢有毁辱师长用度生事告讦者，即系干名犯义，有伤风化，定将犯人杖一百，发云南地面充军"。他的儿子任国子监司业，与乃父一般刻酷。专门记述国子监历史的《南雍志》中，施诸于学生的各种刑罚，计有痛决、充军、罚充吏役、枷镣终身、饿死、自缢死、枭首示众、凌迟等，这哪是一所学府，简直与集中营无异了。

朱元璋希望看到的，正是这种用极端方式训练出的对他绝对服从的官员。他还常常召集祭酒、教官和监生训话，兴致上来了，还亲制策论考问学生。《南雍志》记载了1397年朱元璋在奉天门面对一千八百余名国子监师生的训话：

> 恁学生每听着：先前那宋讷做祭酒呵，学规好生严肃，秀才每循规蹈矩，都肯向学，所以教出恶报个个中用，朝廷好生得人。后来他善终了，以礼送他回乡安葬，沿路上着有司官祭他。近几年着那老秀才每做祭酒呵，他每都怀着异心，不肯教诲，把宋讷的学规又改坏了，所以生徒全不务学，用着他呵，好生坏事。如今着那年纪小的秀才官人每来署学事，他定的学

规，恁每当依着行。敢有抗拒不服，撒泼皮，违犯学规的，若祭酒来奏着恁呵，都不饶，全家发向烟瘴地面去，或充军，或充吏，或做首领官。今后学规严紧，若无籍之徒，敢有似前贴没头帖子，诽谤师生长的，许诸人出首，或绑缚将来，赏大银两个。若先前贴了票子，有知道的，或出首，或绑缚将来呵，也一般赏他大银两个。将那犯人凌迟了，枭令在监前，全家抄没，人口迁发烟瘴地面。钦此！[①]

国子监生入学后不久，就要为民事奔走全国，这也是明初的特例。1383 年秋，朝廷命给事中及国子生、各卫舍人分行天下，清理军籍。1387 年，命国子监生武淳等分行天下州县，丈量田地，编制鱼鳞图册（因这种书册状如鱼鳞得名）。1394 年，遣国子监生分行天下，督修水利。行前，朱元璋告谕诸生：周朝时实行井田制，遇上洪涝，造成的灾害都不大，到了秦朝，废除了井田制，一些水利设施都被破坏了，所以现今必须从山川河流的走向和实际地貌出发来兴办水利，"今遣尔等分行郡县，毋妄兴工役，毋掊克吾民。"

让国子监学生去担当社会公共事务，借此让他们体察民艰，锻炼办事才干，是明初以社会之事任用学生之成绩。朱元璋所要求于文人的，绝非后来那样不习世事、一味沉溺于八股制艺的束手游谈之士。

《明史纪事本末·开国规模》里记载的一事可为佐证：1392 年 8 月，岢岚州学正吴从权、山阴县教谕张恒抵京，朱元璋召对。问起民间情况如何，这两人答道，他们的职责是管理学校，民事不在关心的范围。朱元璋大怒，说：宋朝时胡瑗担任苏湖教授，他既教给

---

① 《南雍志》卷十，《谟训考》。

学生书本上的经义，也教学生如何做事；汉朝时的贾谊、董仲舒也都是起自田间；今天你们来到朝堂，我亲自询问民间的消息，你们却什么都答不上来，难道圣贤之道就是你们这样的吗？削去了这两人教职，并榜示天下学校以为鉴戒。

监生入仕成了明初政坛的常例，只要按规定完成学业，经历了社会公共事务的磨砺，监生们就有了选官的资格。洪武时期，监生已成为朝廷选官的重要来源之一，有些还超擢为高级官员。1393年，超擢刘政、龙镡等六十五人分别为各省方面官，其中十三人为左右布政使，十七人为左右参政，八人为左右参议，五人为按察使，十人为副使，十二人为佥事①。历史学家孟森评说朱元璋这种以能勤民事者为标准的选官用人政策，"天下自然多循吏，而乱后之民得苏息矣"。

与学校并行的另一种取士方式是荐举。朱元璋登基后，中央政府各部门及地方政府普遍缺乏任事之人，从元朝转会过来的遗臣，能放心使用的只是一小部分，各府、州、县的生员如同青涩的麦子一样，尚未堪大用，于是，荐举之风大盛。最初，范祖翰、叶仪、许元、胡翰、宋濂、刘基、章溢、叶琛，都是以这样的方式来到朱元璋身边，帮他谋划天下。立国之初，还专门设立了一个叫"礼贤馆"的机构来安置这些经世鸿儒。皇帝特颁旨礼部：经明行修、练达时务之士，征至京师，年六十以上七十以下者，置翰林以备顾问，四十以上六十以下者，于六部用布、按两司用之。

中央把荐举人才的指标下达到各省，省又分解到各府、州、县，当时大小臣工都在推举人才，就连仓库司局诸杂流，也令他们荐举文学才干之士。荐举务求以德行为本，而文艺次之。荐举标准不外

---

① 《明太祖实录》卷二三〇，"洪武二十六年冬十月丙申"条。

是，贤良方正，孝悌力田，举凡儒士、孝廉、秀才、耆民等，只要符合这些条件，全都礼送至京，不次擢用。最多一次，吏部奏荐可出任官职的，达三千七百余人，少的几次，也有一千九百余人。一时间，岩穴草茅的真假名士纷纷出山，由布衣而登大僚者不可胜数。

官职这么容易到手，士大夫们却并不因此就四处奔竞，反而都畏葸不前。究其原因，还是朱元璋定下的法度至为严酷，一旦不称职或者犯错，就要遭到诛戮。是荣华富贵要紧还是脑袋要紧？是以，一说起当官，明初士人唯恐避之不及。

素负文名的杨维桢被征时，自嘲说，打个比方，我都是个快死的老妪了，怎好再嫁人？写了《老客妇谣》明志，死也不肯出来做官。地方官押送着，到南京转了一圈，还是请求回去。宋濂赠诗给他，"不受君王五色诏，白衣宣至白衣还"，算是明初文坛一桩美事[1]。

还有一个叫田兴的幕僚，辅佐朱元璋攻下南京后就隐遁江湖不出，朱元璋派人持亲笔手书，要他过江相助。写信人语气近乎白话，时而回忆两人友谊，时而作无赖状催逼，倒也不失江湖本色：

> 元璋见弃于兄长，不下十年，地角天涯，未知云游何处，何尝暂时忘也。近闻打虎留江北，为之喜不可抑。两次诏请，更不得以勉强相屈，文臣好弄笔墨，所拟词意，不能尽人心中所欲言，特自作书，略表一二，愿兄长听之：昔者龙凤之僭，兄长劝我自为计，又复辛苦跋涉，参谋行军。一旦金陵下，告遇春曰：大业已定，天下有生，从此浪迹江湖，安享太平之福，不复再来多事矣。我故以为戏言，不意真绝迹也。皇天厌

---

① 《明史》卷二八五，《杨维桢传》。

乱，使我灭南盗，驱北贼，无才无德，岂敢妄自尊大，天下遽推戴之。陈友谅有知，徒为所笑耳。三年在此位，访求山林贤人，目不暇接。兄长移家南来，离京甚近，非但避我，且又拒我。昨由去使传信，令人闻之汗下。虽然，人之相知，莫如兄弟，我二人者不同父母，甚于手足。昔之忧患，与今之安乐，所处各当其事，而平生交谊，不为时势变也。世未有兄因弟贵，惟是闭门逾垣以为得计者也。皇帝自是皇帝，元璋自是元璋，元璋不过偶然做皇帝，并非做皇帝便改头换面，不是朱元璋也。本来我有兄长，并非做皇帝便视兄长如臣民也。愿念兄弟之情，莫问君臣之礼，至于明朝事业，兄长能助则助之，否则，听其自便，只叙兄弟之情，断不谈国家之事。美不美，江中水，清者自清，浊者自浊，再不过江，不是脚色。[1]

不管朱元璋如何再三表示，"只叙兄弟之情，断不谈国家之事"，田兴就是硬了心不出。最终得以逍遥网外，尽享天年。

大多数被网罗的文人就没这么幸运了，用一句西谚来说，他们进去时头还在肩膀上，出来时脑袋就没了。

1376年，一贯敢言的叶伯巨对这种圈羊一般的取士方式提出批评。他说，朝廷取天下之士，"网罗捃摭，务无余逸"，这些被荐举者被有司催着上路时，如捕重囚一般，到了京师，选官时又大多凭貌取人，所学或非所用，所用或非其所学，这样荐举上来的官员怎么能用呢？[2]可能朱元璋自己也意识到了仅靠学校和荐举这两途取士太过单

---

[1] 吴晗《朱元璋传》录下了这封手书。
[2] 《明史》卷一三九，《叶伯巨传》。

一，所以 1384 年科举走向正规化后，这两种方式就渐渐废弛了。

本朝选拔文官的科举考试，最早可追溯到 1371 年 8 月。之所以在这一年开征科考，是因为江山已经坐稳，军事问题已不是中心，而吸收和扩大文职官员并创建一个高效运转的国家体系成了朱元璋最关心的问题。何况对帝国庞大的版图来说，荐举的官员远远不够用。本朝科考，大体是在唐宋旧制的基础上稍作变更，但命题还是取四书五经等传统典籍，并在应试文章的形式和体量上有严格要求，体用排偶，谓之八股。首科中试的士子，基本上都分到了中央六部和地方政府的要害部门，宠遇甚厚。但对这些人的办事能力，朱元璋并不十分满意，认为他们过于年轻，缺少历练，文章固然可以作得很漂亮，但学问与办事能力存在很大的脱节，"所取多后生少年，能以所学措诸行事都寡。"

在一次与侍读学士詹同论文章之道时，朱元璋申明自己的文章观，是通道理，明世务，无事浮藻：

> 古人为文章，或以明道德，或以通当世之务，如典谟之言，皆明白易知，无深怪险僻之语。至如诸葛孔明出师表，亦何尝雕刻为文，而诚意溢出，至今使人诵之，自然忠义感激。近世文士，不究道德之本，不达当世之务，立辞虽艰深，而意实浅近，即使过于相如扬雄，何裨实用！自今翰林为文，但取通道理，明世务者，无事浮藻。[1]

在朱元璋实用主义的眼光看来，那些通过科举做官的文人实在

---

[1] 见《明太祖实录》，洪武二年三月。

是一无可用，故作艰深，徒事雕饰，所以这一年的科考后不久，又明发上谕称，六部总领天下之务，能胜任这些职位的，必须学问博洽、才德兼美，如果真正具备了这两个条件，不管他是隐居山林或是沉沦下僚者，都要悉心推访，将之荐举到能发挥作用的岗位上。

到1384年，科举考试才得以重新恢复。这年春天，在京师举行了会试，接着举行殿试，皇帝授予四百七十二名士子进士及第。朱元璋希望，这些新进官员能够效忠于他，并在他与既得利益集团、对帝国安全造成隐患的勋旧贵戚的斗争中发挥作用。殿试中获得高第的士子第一次被派往翰林院授职，同时也还有一批国子监的优秀国学生进入翰林院，更多中试士子则被派往中央六部和地方政府"观政"。

这之后，科举取代学校与荐举，正式成为了取士的定制，其情形就如同历史学家孟森所说："以后科举日重，荐举日益轻，能文之士，率由场屋进为荣。人主无用贤之识，京无求贤之诚，特殊之材遂无以自见，非俯首就场屋试，不能进身，则八股遂为五百年选士之特制矣。"

1385年，朱元璋于正式的国家法律《大明律》之外颁布《大诰》七十四条。"大诰"原指《尚书》中所收古代圣王所作的告示，朱元璋用这个词来命名他的这部法典，内心里他是把自己与上古时代伟大的统治者并列了。《大诰》汇集了朝廷审讯和判决官民犯罪的案例，尤其是惩处豪强和贪墨的案例，指定犯了十个条目都要处以极刑，其中第十条，"寰中士大夫不为君用，罪至抄札"，意思是说，读书人如果敢抗拒朝廷的征召，不识抬举，那就是死罪，自己死了不算，还要株连家人。在稍后发布的另一份政府文告中，对知识分子又作出了若干条限制，最主要的是不得交结公门，"不许生员建言"①。

《大诰》的续编、三编于 1386 年和 1387 年相继问世，三编所收公告中，凌迟、枭示这样的死例成百上千，弃市以下的可以万数。大诰三编还包含了一份品德败坏的进士和监生的名单，其中，六十八名进士和五十三名监生被处以死刑，五名进士和两名监生被判处流放，七十名进士和十二名监生被判服苦役，另外还有四名御史被判凌迟处死，十四名御史戴上枷锁。

这样的处置怎不让文官们为之胆寒。对此，朱元璋这样解释，他关怀他的人民，并且想以仁政治民，但是，对于危害帝国利益和安全的活动他也必须严惩不贷。他还特别指出，要把《大诰》发到各处学宫和官民之家，让他们全心全意教授传诵，规定各级考试中，如果能背诵这部法典的就能受赏，如果刑事诉讼中的被告一方能够背诵其中条文，可以自动减刑。一时，出现了讲读《大诰》师生来朝者十九余万人的盛况，这些人皆赐钞币遣还。对生性孤傲的士大夫们，皇帝从来没有放弃过利诱和威迫："率土之滨，莫非王臣，寰中士大夫有不为君用，是自外其教者，诛其身而没其家，不为之过。"他这是把天下读书人都看作服服帖帖的羊群了。

股东、伙计和奴仆

有明一朝起，中国知识分子的脊梁就被打折了。诱惑与胁迫、

---

① 《大明会典》卷七八，《学校》："军民一切利病，并不许生员建言。果有一切军民利病之事，许当该有司，在野贤才、有志壮士、质朴农夫、商贾技艺，皆可言之，诸人毋得阻挡，惟生员不许。"

利用与打压之下，他们滋生出了对皇权的深深恐惧。因恐惧而趋附，因恐惧而人格异化，中国知识分子根深蒂固的自我压抑的习性，对制度和规驯的崇拜，正可以从明朝算起。

知识分子的地位在明朝跌到了历史最低点。身体里包含着政治学，从他们在君王面前身姿的变化就可以看出地位的下挫：宋之前，三公坐而论道，连小官见皇帝都是坐着的。唐朝初年的学士，在唐太宗面前也都是坐着的。至宋朝，大臣上朝在皇帝面前没了坐处，到了明朝，不但不许坐，站着也不行，得跪着说话了。

延续整个明朝，还有一招施于大臣的惯用的刑罚：廷杖，即当廷对大臣施以杖责。溯其源由，这一招还是从元朝学来的。蒙古人是马背民族，政府臣僚也是军事将领，一有过错，随时杖责，打完了照常办事。朱元璋嘴上说要"复汉宫之威仪"，但廷责大臣这一家长制的做法却原封不动地继承了下来。

有明一代，受廷杖甚至被活活打死的大臣不计其数，仅洪武一朝，就有朱元璋的亲侄朱文正、工部尚书薛祥被杖死，永嘉侯朱亮祖父子被鞭死的记载。这一刑罚，受打的是身体下半部，污辱的却是整个的人格和心灵。俗话说士可杀不可辱，至朱明王朝，士大夫不仅可杀，更可辱了。君臣间一点点的恩意，全让板子鞭子给打得干干净净。

16世纪晚叶来到中国并与多名朝廷官员有密切交往的意大利传教士利玛窦[1]，在一份私人记述中，曾以令人吃惊的精确性对廷杖有过如同亲见的描述，今日读之，杖击之声还是如闻纸背：

---

[1] 利玛窦（1552—1610），意大利天主教耶稣会传教士、学者。明万历年间，来中国传教。

在大庭广众之下，受害者伸开四肢趴在地上，大腿处遭到了狠狠的毒打。杖击的工具是一根坚硬无比的木棍，约有一指厚，四指宽，两臂长。执行惩罚的人双手抡起木棍，用尽全力猛抽：十棍、二十棍、三十棍，残忍之极。结果是，往往第一棍下去人就已被打得皮开肉绽，再追加几棍可就血肉模糊了。很多人就这样被活活打死了。

廷杖虽然酷烈，还是有一些正直的大臣甘受这一刑罚而不放弃自己的立场，演变到后来，出现了一个非常怪异的现象，一个有正义感的人受到廷杖，天下都会以为至荣，终身被人倾慕，这就是所谓的"讪上卖直"。历史学家孟森说，这种非正常风习，也是明太祖以来，与臣下争意气、不争是非养成的。

在《朱元璋传》中，吴晗说，自汉代以来至明朝，士大夫的地位经历了从股东、伙计到奴仆的持续下跌：汉代以来的世家大族，庄园无数，奴仆如云，门生故吏遍天下，有着雄厚的政治和经济力量。这些家族是共建皇业的股东，和皇家利害共同，休戚一致。士大夫集团有其传统的地位，非皇权所能动摇。士大夫虽然在为皇权服务，目的在于以对皇权的维护并保障士大夫已有的利益。在世族眼里，皇家只是暴发户，朝代尽管更换，好官我自为之。高门华阀结成了一个利害相同的集团，公卿子弟熟习典章制度，治国也离不开他们。在这样的情势下，士大夫与皇家是共治的，只有双方合作才能互利。一个统有大军的将帅，如果得不到士大夫的支持也是做不成皇帝的。10世纪后，考试制度代替门阀制度，再加战乱频繁，平民出身的进士在数量上压倒了残存的世族。这一时期士大夫与皇家的关系，如同伙计和老板，是雇佣关系，而不是合股的。

从股东降为伙计，地位已经降了很多，到明代，又猛然一跌，跌作卖身的奴隶，士大夫成为皇家的奴仆了。

吴晗说："明初的士大夫，既不是汉魏那样有威势，又没有魏晋隋唐以来世族的庄园基础，中举做官得懂君主的心思，揣摩迎合，以君主的意志为意志，是非为是非，喜怒为喜怒，从办公事上分一点残羹冷炙，建立自己的基业。一有不是，但丧身破家，挨鞭子棍子是日常享受，充军做苦工是从宽发落，不但礼貌谈不上，连生命都时刻在死亡的威胁中……皇帝越威风，士大夫越下贱，反过来也可以说是士大夫越被制抑，皇帝就越尊贵，君臣的关系一变而为主奴。奴化教育所造成的新士大夫，体贴入微地逢迎阿谀，把皇权抬上了有史以来的极峰。"

文官集团与皇帝的合作与角力，贯穿了有明一代几近三百年。这一权力结构（后来加入了宦官集团）如同一台性能超稳定的巨大绞肉机，让一代代精英灰飞烟灭；也如同一个巨大的磨盘，绞杀着人性，让人性在超负荷的扭曲和击打中变形。中国传统知识分子根深蒂固的内倾倾向，于这数百年间逐渐养成，同时养成的，还有骨子里的奴性、市侩、精明和对天下苍生不负责任的态度。

几个世纪之后，当现代性的曙光降临，知识分子为了走出"中世纪"的黑暗，养成健全人格，还得经历持久不歇的"除魅"。

第二章　禁锢的舌头

削　藩

1388 年，明初三朝最雄辩的才子登场了，他就是年方二十岁的解缙。自小就有神童之誉的解缙，出生于江西吉水一个有着浓郁文化氛围的士绅之家。他的祖父解子元，是元至正五年的进士，做过元朝的低级文官，元末死于乱兵。他的父亲解开，据说得到过朱元璋的召见，但没有接受明朝的封赠，终生都在乡间从事著述和办学。值得一提的是他的母亲，这个叫高妙莹的女子是儿子的启蒙教师，天性贤良淑慧，通书史、善小楷、晓音律，在成年后的解缙身上，可以看到诸多他母亲的影子。

1387 年，年轻的才子参加江西乡试，名列榜首。次年赴京参加会试，以第七名的优异成绩荣登进士榜，被选为翰林院庶吉士。朱元璋很喜爱这个天资颖敏的青年，经常让他随侍身边。打击起元勋贵戚来毫不手软的朱元璋，对这个年轻人却流露出了难得的温情。有一天，皇帝在大庖西室这样对解缙说：我与你名义上虽是君臣，却情同父子，你应该有什么就说什么。

次日，解缙就上了一封万言书，对朝政提出尖锐批评。他一方面承认皇帝在统一国家、恢复经济和消除陋习方面取得的显著成就，另一方面，又对司法制度尤其是无休止修改法典的做法提出了不同看法。他说道：法令经常更改，民众难免生疑，刑罚太重，民性愈加顽劣，建国快二十年了，可是法律条文时常在变化中，没有一条法律是沿袭至今一成不变的。这些年来，陛下您时常震怒，诛杀了那么多奸逆，务求锄根剪蔓，但从来没见您下诏褒扬哪一个，我们见多的是您喜怒无常，"或朝赏而暮戮，或忽死而忽赦"，说不定早上还在说一个官员如何如何好，到了晚上就把他给杀了，或者一会儿下令处决一个人，一会儿又把他给赦免了。①

对官员选拔政策，他也提出责疑，批评"进人不择贤否，授职不量重轻"。才学品行居于上品的监生、进士，大多屈沉下僚；道德文章俱佳的孝廉、人才，很多只能到地方去工作，而一些毫无教养、资质愚鲁的家伙，骤富骤贵，这怎让品行高洁之士甘于与他们为伍！他建议皇帝在许多方面进行改革：政令要稳定，刑罚要简省，要整理经史，制定礼乐，表彰贤士，崇祀先哲，更应改革时弊，鼓励农耕，薄赋敛，裁冗员，使民休养生息，法律上则要停止使用胁迫及法外用刑，废除连坐法，等等。

解缙说，没有人敢"批龙鳞"，是因为大家都怕皇帝会勃然大怒："所以谏诤固难，总缘祸衍不测。谁肯舍父母，捐妻子，批龙鳞，以

① 《明史》卷一四七，《解缙传》。

犯天怒者哉！"

解缙后来还献了一个《太平十策》，提出自己的治国主张。他的批评在一定程度上代表了当时士人对时局的看法。但皇帝没有再理睬他。他的运气比茹太素他们还是要好得多，可能是因为他年轻，也可能是皇帝真的欣赏他的才情，"批龙鳞"的冒失之举并没有给他惹来杀身之祸。据说，皇帝拿到这奏章后还赞扬解缙确有治国安邦之才（"书奏，帝称其才"）。甚至连李善长死后，解缙以王国用的名义上疏辩冤的事，皇帝也没有追究。

皇帝不是第一次偏袒他，以前兵部尚书沈潜打小报告，说解缙到兵部办事时，无中生有地指责兵部僚属玩忽职守，且态度倨傲，言语冲撞，皇帝回护说：他呀，就是这么一个散漫的人，没什么好跟他计较的。只把解缙贬为江西道监察御史了事。

后来，解缙的父亲解开入京觐见，皇帝让他把儿子领回家去再好好调教。皇帝对他父亲说："大器晚成，若以而子归，益令进学，后十年来，大用未晚也。"

意思是，您的儿子还不够成熟，把他带回去再好好学习，十年后再来，肯定会派上大用场。

朱元璋可能是真的想为他的子孙留下几个可用之材。到了永乐朝，解缙的时代才真正到来。

永乐大帝朱棣一直认为，自己的皇位是继承自太祖高皇帝，而不是从侄子朱允炆那里篡夺过来的。

最初的皇位继承人，是朱元璋的长子朱标。朱元璋曾对他寄予厚望，在他二十三岁那年，就要他"日临群臣，听断诸司启事，以练习国政"①，为将来接位做准备。1392 年 5 月，太子朱标病死，说起来还是上一年巡视关陕军务疲乏过度落下的病。朱元璋悲伤莫名，无奈之下，不得不立朱标时年十六岁的儿子朱允炆为皇太孙。

一开始，朱元璋对这个孙子并不是太喜欢，因为他的生相有些怪异，额颅生得稍稍有些偏，朱元璋常常抚着他的脑门，悻悻地说，真是个"半边儿月"②。但朱标的长子早早夭折，以伦序，他也只能立这个孙子了。后来看这个孙子很爱读书，人也聪颖，也就稍稍心安了些。

但把大明的江山完全交付给这个孙子他还是不放心。皇太孙尚年幼，缺乏历练，到时能不能控制局面还真是个问题。于是一边诛杀功臣勋旧，一边抓紧制订《皇明祖训》《永鉴录》，以约束藩王和大臣，并再三声明，这些定制后世不得更改。据说朱元璋还动过易储的念头，废黜皇孙，另立燕王为储，因大臣劝阻才作罢。建文一朝历史档案日后被篡改太多，也不知此说真假。

朱元璋的努力在一定程度上可能奏效了。但手握重兵、世袭镇守边关的藩王势力已经坐大，大有和皇室分庭抗礼之势，这一点，就连小孩子家朱允炆都看出来了。万历年间学者尹守衡在所著《皇明史窃》一书中，记载了祖孙俩的一场对话：

朱元璋说："朕以御虏付诸王，可令边尘不动，贻汝以安。"意思是说，在边地封那么多王，令他们训兵练将，是预备着万一边疆不靖，让众王去抵御，以保证国家安全。

朱允炆说出了他的忧虑："虏不靖，诸王御之，诸王不靖，孰御

---

① 《明史》卷一一五，《兴宗孝康皇帝》。
② 尹守衡《皇明史窃》："君生顶颅颇偏，太祖抚之曰：半边儿月。意不怿。"

之？"

朱元璋默然良久，问：你打算采取什么办法呢？

朱允炆答："以德怀之，以礼制之，不可则削其地，又不可则变置其人，又其甚则举兵伐之。"

孙元璋说：是啊，看来也只能如此了。——"是也，无以易此矣。"

要是真能像朱允炆自己说的，以德怀，以礼制，少一些意气，多一些隐忍，天下事也不是后来这样子了。可惜这一切在建文朝都未能实行，早早的图穷匕见，主上与臣下、宗室与藩王，直以刀兵相见了。

这里有必要对明初诸王就藩的情况作一介绍：

分封诸王的宗藩制度，是和大兴党狱、剪除功臣同步进行的。朱元璋有二十六个儿子，长子立为太子，九子、二十六子早夭，其余二十三子全都封王建藩：

1372 年，首封秦、晋、燕、吴、楚等十王；

1378 年，秦王、晋王就藩西安、太原，又封蜀、湘、豫、汉、卫五王；

1380 年，燕王就藩北平；

1381 年，周王（原封吴王）、楚王就藩开封、武昌；

1382 年，齐王就藩青州；

1385 年，潭王、鲁王、湘王就藩长沙、兖州、荆州；

1390 年，蜀王就藩成都；

1391 年，再封庆、宁、岷、谷、韩等十王；

1392 年，代王（原封豫王）就藩大同；

1393 年，辽王、庆王、宁王就藩广宁、宁夏、大宁；

1395 年，肃王（原封汉王）、岷王、谷王就藩甘州、云南、宣府。

分封诸王的目的，一为夹辅皇室，"上卫国家，下安生民"，"为久安长治之计"[①]，一为抵御外患，特别是北元的蒙古势力，所以沿长城一线择其险要之地封了九个王。这是朱元璋为皇权永固安排下的如意一招，殊不料他的皇太孙就因之翻船。

封王建藩定下的原则，虽是"列爵而不临民，分土而不任事"，但诸王地位尊崇，冕服、车旗、仪仗，仅下天子一等，尤其是驻扎边地的藩王，手握重兵，遇有紧急事还有调遣封国内守镇兵官的权力，实为皇帝在地方上的军政全权代表。且《皇明祖训》中还有这样一条规定，若朝中权臣擅政，诸王可移文中央、索拿奸臣，并有举兵清君侧的权力。仅此一条，就种下了祸根。

1398 年，朱元璋病逝，皇太孙朱允炆即位，是为建文帝。出生于 1377 年的朱允炆，此时已是一个意气风发的青年，长年的读书生活，再加上继承自父亲朱标的温厚禀性，养成了他温良的个性和一腔道德理想主义情怀。可能是担心自己死后，诸王来朝给孙子构成压力，朱元璋曾立下遗诏，诸王闻丧后仍须驻守封地，不得来京参加吊唁活动，这让准备上京奔丧的藩王们不得不止于半途。

老皇帝入了土，政权总算平稳交接，一心躁进的年轻皇帝已决意施行他的新政了。他罢斥了一批洪武旧臣，提拔了一批新人，这些新进文官中，有兵部侍郎进为尚书的齐泰，翰林院修撰进为太常卿的黄子澄，还有明朝历史上最为著名的悲剧人物之一、由汉中府教授升为翰林院侍讲的方孝孺。

---

① 《明太祖实录》卷五一。

这些所谓的新政，如提高文臣地位、减免江浙重赋、平反冤狱等，不过是新君对前朝"以猛治国"的纠偏，也大多切中时弊。这些政策的推行很快为新君博得了仁爱的名声。让年轻的皇帝寝食不安的，乃是他那些拥兵自重的叔叔们，他们何尝把这个年轻的侄儿皇帝放在眼里。

于是，皇位还没坐热，朱允炆就与亲信大臣齐泰、黄子澄、方孝孺计划起了削藩。据说，朱允炆还是皇太孙时，就在皇城东角门与黄子澄密谋过此事。

> 惠帝为皇太孙时，尝坐东角门谓子澄曰："诸王尊属拥重兵，多不法，奈何？"对曰："诸王护卫兵，才足自守。倘有变，临以六师，其谁能支？汉七国非不强，卒底亡灭。大小强弱势不同，而顺逆之理异也。"太孙是其言。比即位，命子澄兼翰林学士，与齐泰同参国政。谓曰："先生忆昔东角门之言乎？"子澄顿首曰："不敢忘。"①

朱允炆这么做，实在是过于少年气盛、急于求成了。根基未稳，却一下子把皇室与藩王的矛盾推到公开化的地步。虽然名义上他是皇帝，皇叔们只得俯首称臣，但毕竟羽翼未丰，以他和亲信大臣们的力量，能和环侍宇内、兵威赫赫的众王相抗衡吗？轻启削藩，实是建文一朝悲剧性落幕的祸端。②

---

① 《明史》卷一四一，《黄子澄传》。
② 孟森《明史讲义》第二编第二章，《靖难》："帝仁柔乐善，实为守文令主，但英断不足，所用齐泰、黄子澄固非任当日艰巨之材，即所敬信之方孝孺亦不免迂阔之诮，主张削藩，轻为祸始。"

平心而论，朱允炆引为亲信的这几个官员，都是当时文臣中的佼佼者。齐泰，洪武十七年举应天乡试第一，第二年成进士，洪武二十年已坐上了兵部左侍郎的高位。黄子澄，洪武十八年获会试第一，由编修进修撰，一直伴读东宫。方孝孺未中过举，建文帝即位后才被召为翰林侍讲，但中年以后的他就已是声名卓著的学者，以文章家和道德家闻名于世，人称正学先生。方还是研究《周礼》的专家，经常建议年轻的皇帝，应根据这部古代经典所提出的理想来实行仁政。

齐、黄、方这些官员的学问、道德，在本朝都是上上之选，但却疏于实学，尤其于军政大计，都犯了短视和冒进的毛病。

历史学家孟森为方孝孺日后罹祸慨叹道："削藩一事，古有明鉴，正学先生以学问名世，何竟不能以古为鉴，避其覆辙！"孟森是说，历史总是惊人的相似，明初这一政治形势，其实在汉初也出现过，当时刘邦分封同姓诸王作为天下屏障，但这些藩王们野心勃勃，反而与中央分庭抗礼，到了汉景帝的时候，接受晁错削藩主张，释夺他们的兵权，终于招致藩王们的反叛，这就是史称的吴楚七国之乱。

1398年，新帝即位，还没来得及改建文年号，削藩一事就已在动议中。辽州人高巍，一个太学生出身的吏部官员，察觉到削藩可能引发政治动荡，向朱允炆提出不同意见。他说：藩王们骄逸不法，违犯朝制，不削，朝廷纲纪不立；削之，又伤了皇室与他们之间的感情，想要天下长治久安，不妨采用汉时贾谊的一个谋略，多建诸侯，以分散其力量。

高巍的意思是，千万不可学晁错，而应该效推恩之策，具体做法，可以把南北诸王来个大调动，把北方诸王的子弟分封到南方，把南方诸王的子弟分封到北方，这样一来，藩王之权就不削自削了。再加上岁时节日经常馈问这些藩王，贤者下诏褒赏，骄逸不法者，初犯容之，再犯赦之，三犯不改则告太庙废处之，如此一来还有不顺服的吗？①

要是采纳了高巍这一明里加恩、暗里削弱的建议，对各藩隆之以礼，推之以恩，各藩势力单薄，也就轮不上后来的燕王僭夺大宝了。可惜，高巍提出这一建议的洪武三十一年十月，皇帝和大臣全都一意削藩，他还遭到了目光短视者的弹劾。高巍不得不提出辞职。

诸王之中，先拿哪一个开刀？密议此事时曾有过一番争论。当时秦王、晋王已死，诸王中较具实力且有可能构成威胁的是驻扎在北平的燕王朱棣，齐泰主张先拿下燕王。黄子澄不同意，说："周、齐、湘、代、岷诸王在先帝时尚多不法，削之有名，今欲问罪，宜先周，周王，燕之母弟，削周是剪燕手足也。"②

这一愚不可及的"剪燕手足"的主意，朱允炆竟然采纳了。于是，新帝上台三个月后，周王先倒霉，被废为庶人迁徙云南，不久，齐王、代王、岷王相继被废，湘王柏文武双全，也没犯过什么过错，惧怕说不清楚，自焚而死。这样不到一年，就削去了五个藩王。当然，地处北平的燕王朱棣也一直处于严密的监视中。

对燕王迟迟没有发动。议周王罪时，燕王上书自辩申救，朱允炆看了这封信，一时恻然，找齐泰、黄子澄商量，说，这事差不多就算了。齐、黄二人坚决反对，说，事情都到了这个地步了，怎么可以不痛下决心。他们还说，现在我们只担心一个燕王了，他又在

① 《明史》卷一四三，《高巍传》。
② 《明史》卷一四一，《黄子澄传》。

病中，正好趁机把他解决了。

朱允炆犹犹豫豫地说，我即位没多久，连续废黜了那么多王，如果再把燕王也削了，我该怎么向天下人交代呢？黄子澄说，制人者制人，后发就要被人所制了。建文帝还是不主张攻燕，说，燕王智勇双全，善于统兵打仗，虽然他病了，恐怕也一时拿他不下的。

齐、黄二人看皇帝一时难下决心，于是调北平永清左、右卫官军分驻彰德、顺德，都督徐凯练兵临清，耿瓛练兵山海关，就近控制北平。燕王报称，自己病情越来越重了，乞求把留在京师的三个儿子放还，也好一尽人伦之乐。黄子澄竟然同意了，把燕王的三个儿子，世子高炽及其弟高煦、高燧全都放归，理由是："不若遣归，示彼不疑，乃可袭而取也。"真正书生之见。

1399 年夏天，皇帝命令他在北平的亲信逮捕燕王朱棣，但良机已过，早有觉察的朱棣怎会坐以待毙，他使计擒杀了朱允炆派来的人，趁着夜色指挥部下攻夺九门，迅速控制了北平局势。接着，朱棣援引《皇明祖训》，以"清君侧"——清除皇帝身边的奸恶齐泰、黄子澄——为由，起兵"靖难"。

誓师时，口口声声说"陷害诸王，非由天子意，乃奸臣齐泰、黄子澄所为也"，矛头直指的，却是坐江山才满一年的侄儿皇帝。

靖　难

就像 18 世纪历史学家赵翼的"气运"说指出的，国家气运昌盛时，人主大抵长寿，儿子也特别多。在朱元璋的二十六个儿子中，朱棣年居第四，胆识谋略却远在兄弟们之上。他于 1370 年封燕王，

1380 年，亦即胡惟庸被诛杀的那一年，就藩北平。1390 年，朱棣会同晋王征讨元将乃尔不花部，晋王胆怯，不敢进兵，朱棣千里奔袭，全胜而回。这一军事行动的成功曾使他得到朱元璋的褒扬，以后多次命他出征，并节制长城沿线人马，一时威名大振。

朱允炆削夺诸王，各藩唇亡齿寒，要不要起兵反了呢，朱棣踌躇未决。他手下的一个谋士（此人的公开身份是一个和尚）姚广孝密劝他赶紧起事，再不动手就晚了。朱棣说出了他的担心，民心都向着朱允炆那边，怎么办？姚广孝说，臣知天道，都这个时候了还谈什么民心，有天道就足够了。

姚广孝，时人都叫他道衍和尚，苏州府长洲人。尽管他出生于一个医药世家，却更向往僧侣生活，十四岁就出家当了和尚。最初跟随虚白亮、智及等人学习禅宗，后又改习净土宗。中间他还拜过一个道士为师，学得一身阴阳术数的本事。1374 年，朱元璋选拔各地懂儒学的僧人，姚广孝来到京城，参加并通过了礼部组织的考试。1382 年，姚广孝迎来了一生中的重要转折，这一年，马皇后去世，朱元璋要大臣们为诸王选高僧随侍，在各自封地诵经，为马皇后祈福。有大臣把姚广孝推荐给了朱棣。

据说姚广孝一到北平见朱棣，只说了一句话，就被引为心腹。这句话是这样说的："大王使臣得侍，奉一白帽与大王戴。"王上冠白，乃一皇字。

日后的太常寺丞袁珙，通晓相人术，早年游嵩山时与姚广孝相遇，曾经这样形容他："目三角，形如病虎，性必嗜杀，刘秉忠流也。"刘秉忠是辅佐过元世祖忽必烈的一个僧人，姚广孝一听，大喜过望。跟朱棣到了北平，姚广孝住在庆寿寺，却不念经诵佛，经常出入王府，行踪诡秘。燕王府即元故宫，是一个非常庞大的建筑群，有人说，姚广孝就在王府花园里练兵，铸造兵器。这些兵器铸造作坊都建在地底下，外面用高高的土墙围着，为了不让外人得知，还在周边养了一些鹅和鸭，嘎嘎地乱叫，遮住刀剑声。

姚广孝给朱棣推荐了两个异士朋友，让他不妨召这两位异士来问问，看看起兵是否合乎天意。这两人，一个就是袁珙，相术大师，另一个叫金忠，占卜高手，两人都是浙江鄞县人。据说袁珙的相术来自一个名叫别古崖的高僧亲传，先仰视太阳，等晒得头昏眼花了，来到一个暗室，地上撒满红黑两色豆子，飞快地把它们区分开来。到了夜晚，窗外垂挂五色布条，遥遥地对着月光看，分别指出它们的颜色。最后一步是相人，在暗室里点起两支蜡烛，照着对面陌生人的脸，再参以出生年月和时辰，一一指出他们的相貌特征和气色，"百无一谬"。

姚广孝与袁珙是旧识，早年游嵩山时就惺惺相惜。这回袁珙一到北平，姚广孝就想了一个法子，一起来蒙朱棣。他把袁珙带到一家酒肆，朱棣挑了九个和自己长得差不多身高的卫士，穿了同样的服饰，挎着弓箭，一起坐在酒肆喝酒。袁珙一进来，就直愣愣地跪在朱棣跟前，说，殿下何轻身至此？其他九人都笑他认错了人，可是袁珙就不改口。朱棣把他带到王府，让他好生看看自己面相，袁珙看了半天，说殿下这相，实在是贵不可言，龙行虎步，日角插天，太平天子是也。他预言，朱棣年四十岁时会做皇帝，并享受二十年的和平统治。

金忠是袁珙的朋友，熟读《周易》，自称从中发现了许多天机。金忠的一个哥哥在通州服役，患病死了，金忠想顶替那份工作，但家中太穷，连个盘缠都凑不齐，是袁珙资助他北上的。到了通州，金忠一边做他的小卒，一边得空就去北平卖卜算命，亏他巧舌如簧，渐渐地也混出了一番名堂。他被姚广孝找去为燕王卜卦，结论自然又是"贵不可言"，这个小卒就这么摇身一变，成了燕王府的右长史。

虽说朱棣早就觊觎名器，父亲不选他，他也只有认命。他都以为这一辈子只能做个藩王了。但侄儿皇帝寡情如此，上台不到一年连削五王，自己这个藩王怕也是做不下去了，这都是在逼着他反抗了。道衍和尚的劝说，术士们的心理暗示，祛除了他内心里的罪恶感和恐惧感。天道如此，又有什么办法呢！于是当即起兵，拔居庸关，破怀来，取密云，克遵化，降永平，一路势如破竹，直指京师而来。

朱允炆"仁柔少断"，他倚为肱股的齐泰、黄子澄，兵事更非所长。洪武时期大诛功臣武将的恶果这时显露了出来，当日跟随太祖平定天下的诸将，仅剩长兴侯耿炳文和武定侯郭英二人了。朱允炆无将可使，只得让年已六十五岁的耿炳文将军重新披挂上阵，率军十三万进攻北平。

耿炳文将军的九千人先头部队，在北平以西的雄县遭到伏击，随后，各路增援的部队也一一击溃。北军步步推进，耿炳文率余部向南退往冀中平原的真定。经过数日激战，朱棣终于意识到，老将军善于驻守，轻易不能将其击退，于是，南北两军相持于滹沱河一线。

这时，黄子澄又犯下了一个大错，他推荐曹国公李景隆，接替耿炳文指挥对燕作战。朱棣得知李景隆提兵五十万前来，不由大喜，对手下将官说：昔年汉高祖都只能带十万兵，他李景隆是什么东西，竟敢带兵五十万！看着吧，我们马上就要把他吃掉了！

果然，南军连败于郑村坝、白沟河一带，军士被斩首和溺毙十余万，辎重、马匹、武器更是丢弃无数。李景隆南逃至济南，燕军一路狂追，又在济南城下败之。

李景隆兵败的消息传到京师，黄子澄当朝恸哭，说："大事去矣，荐景隆误国，万死不足赎罪。"他写下一首诗，指责李景隆只会纸上谈兵，"出师无律真见戏，负国全身独汝安"，请求皇帝治李景隆误国之罪，也治自己失察之罪。都察院副都御史练子宁等大臣也弹劾李景隆通敌叛乱，力谏诛杀。但朱允炆对谏议大臣的话置若罔闻，反而竭力回护李景隆。

对南军来说，战事在1400年秋天略有起色。时为建文二年九月，南军在新擢兵部尚书铁铉、大将军盛庸的统领下，与燕军会战于东昌①一带。

是役，燕军大败，伤亡数万人，朱棣突围而出。据说铁铉曾以诈降之计，诱杀朱棣，但功败垂成，朱棣侥幸逃脱。要不是朱允炆有不得伤其叔父的死命令，朱棣早就不知死了多少回了。后来朱棣也看出了端倪，一遇战败，就无赖一般殿后压阵，把自己当作掩护撤退的盾牌。"官军相顾愕眙，不敢发一矢"，好多次，就这么看着他大模大样地跑掉了。

战事的紧要关头，谋士宋征向铁铉献策，利用朱棣不在北平的时机，攻击其后方总部，迫使其北撤。尽管铁铉对这个建议赞赏有加，但担心战线拉得过长，部队供给不足，最后还是没有向北平发动攻击，致使错过了阻止燕军南下的一次良机。

1401年的战事呈胶着姿态，双方在山东和中原地区屡有交手，

① 今山东聊城。

互有胜负。1402年春天，战争的天平曾短暂地向南军一边倾斜。这年四月，双方主力大战于安徽宿州，当时燕军连失大将，再加不惯江南初夏溽热，准备拔营北撤。这本是南军大举进攻的最好时机，但关键时刻朱允炆再一次举置失当，他听信身边廷臣的建议，以为燕军已退，京师不可无良将，命魏国公徐辉祖统兵撤回南京。

燕军趁机反扑，轻骑南下，焚毁粮草，大败南军于灵璧。五月，占扬州，六月，自瓜洲渡长江，下镇江，兵锋直指京师。此时的京师已无险可守，轻易就被攻占。城破后，建文帝朱允炆下落不明。打了三年的"靖难之役"，以朱棣完胜告终。是年六月，朱棣在奉天殿即皇帝位，改元永乐，是为明成祖，又称明太宗。

战争刚爆发时，曾向朱允炆建议施行推恩之策的高巍，曾随李景隆出师，参赞军务。他一个人跑到北平，异想天开地想凭着三寸不烂之舌，说动燕王退兵。不久传来李景隆兵败消息，他逃出北平到了临邑，遇到铁铉，相持痛哭。在济南，他加入地方武装，多次抗击北兵，京师陷落后，他在一家旅馆绝望自杀——"巍自经死驿舍"。

铁铉兵败被俘，被施以最严酷的磔刑，他的妻子不堪凌辱而死，年逾八旬的父母被发配海南，两个未成年的儿子也被折磨至死。

虽说是因为大臣们屡声"劝进"才即位，但明摆着是打进了京师才做成皇帝，要摆脱篡夺之嫌疑，堵天下人之口实，朱棣首先要做的，就是建构起自身政权的合法性。

先是革除前朝。坐上了帝位的朱棣既不给朱允炆应有的谥号，甚至不承认建文的年号，把建文四年改称洪武三十五年，表示他这个帝位不是从建文帝那里继承来的，而是直接继承自太祖高皇帝。

他还暗示，老皇帝在世之日，就很喜欢自己，和大臣动议过易储一事，想让他取代皇孙承继大统，考虑到秦、晋二王在世，且比他年长，这才没有坚持。

其次是修改出身。皇位继承，讲究嫡长之分，为了让自己的继位显得合法，他将建文时代所修的《太祖实录》修改了两次，称自己是太祖高皇帝的原配马皇后所生，与懿文太子朱标及秦、晋二王同母，只因这几个兄长已经亡故，诸王中自己居长，所以从伦序上说，入续大统是理所当然。修《永乐实录》时，更是直接把"高皇帝生五子"写了进去。但后来修《明史》者不知是疏忽大意还是有意为之，有好几处都透露，朱棣并非嫡出。

曾任职弘光朝大理寺左丞的李清，曾入孝陵寝殿，在旧太庙亲见成祖生母的神位。参照同时代人所著《南京太常寺志》，他推断，成祖的生母很可能是一位高丽女子。再比照北京的太庙，向来一帝只有一后，继后及列帝的生母都不配享，他这才醒悟，明成祖迁都北京以后定下这一制度，其目的正在于抹杀生母痕迹。

他要在人们的大脑里彻底洗去前朝的一切记忆，于是，建文时期的政府档案被大量销毁，宫廷档案和皇帝起居录等被多处涂写和修改，所有记载这一政变的私家记述和文献被禁止，其情形就像后世史家所说："建文一朝之政治，其真实记载，已为永乐时毁灭无遗……成祖以为罪则罪之，既篡之后，谁与抗辩？"

经一班文臣粉饰，官方把这场政变作如是叙述，记入"实录"：洪武三十五年六月（请注意年代的表述方式），靖难的军队打到了南京金川门外，"建文君欲出迎，左右悉散，惟内侍数人而已，乃叹曰，我何面目相见耶！遂阖宫自焚。"

称"君"而不称"帝",暗示朱允炆不是合法的皇位继承人,又说他因无脸见人,羞愧自杀,直接将之涂抹成了一个无能昏庸、众叛亲离的昏聩无能之辈。刀笔杀人,连皇家都未能得免。在他们的笔下,"今上"的姿态则要高得多,他摒弃前嫌,看到宫中火起,即命太监前往援救,施救不及,见太监把"建文君"尸体从火中找出来,哭着说:果然如此痴呆?我来是为了帮助你做好皇帝,你竟浑然不觉,走上了绝路!

假惺惺的眼泪能蒙世人一时,血的事实却任谁也掩饰不了。城破后,朱允炆的几个弟弟无一幸免,小儿子圭甫,当时只有两岁,朱棣派人把他幽禁到安徽凤阳老家,直到三世后正统年间,这个废皇子才重新得见天日,那时他已五十有七,智力水平却像个孩子一样,连大街上在走的牛马都分不清楚。此是后话不提。

对一班主张削藩的官员,朱棣更是恨之入骨,大兵一入城,就"大索齐泰、黄子澄、方孝孺等五十余人,榜其姓名曰奸臣",对他们展开了毫不手软的屠戮。这些人多遭族诛,株连甚广,人称"瓜蔓抄"。

南京城破时,齐泰正出外募兵徒劳而返,为了不被北兵认出,他就把骑的白马用墨涂黑,马跑得大汗淋漓,涂上去的墨汁全都掉了色,有认得马的大叫,这是齐尚书的马!于是被燕兵逮住,押往京城处斩。他的从兄弟敬宗等皆坐死,叔时永、阳彦等谪戍,才六岁的儿子免死为奴。黄子澄还想图谋起事,被人告发抓住后,朱棣亲自审问,不屈,被磔死。族人无论年少年长全都问斩,姻亲发配戍边。至为酷烈的,莫过于方孝孺因不肯为朱棣撰即位诏,"夷十族",诛杀八百七十三人。

朱棣兵发北平时，姚广孝特地以方孝孺为托。他对朱棣说：南京城破之日，方孝孺一定不肯降服，不管如何千万别杀。"杀孝孺，天下读书种子绝矣。"朱棣答应好好保留下这颗读书种子。

一向目无余子的姚广孝如此垂目的方孝孺，可说是明初知识界的一面旗帜，以道德文章著称于世。方是开国儒臣、大学问家宋濂的学生，"幼警敏，双眸炯炯"，手不释卷的他，童年时就被乡人目为"小韩子"①。日后成为建文朝典章制度执笔高手的他，年轻时却自恃才华，看不起文章事业，认为那不过是雕虫小技，他真正的志向是辅佐明主成就一番伟业。早年在台州府宁海县乡下的时候，他生了病，家里又断了粮，他却不以为忧，那副安贫乐道的样子，让家人都觉得真是不可理喻。

如同他的名字所透露的信息，方孝孺最早是以一个孝子的形象出现在世人面前。1376年秋天，他的父亲、曾任济宁知府的方克勤因空印案株连死在北京，他一路扶丧南归，哀恸于路，曾引得许多同样身受冤屈而又不得放言的人们为之一洒同情之泪。

1382年，方孝孺经人举荐应征至京，正式引起当局的注意。朱元璋喜他学问博洽，品行端庄，却没有给他安排什么职位，只把他礼送还乡。后来因仇家构陷，方孝孺被执于京，朱元璋在名单上看到，一笔就把他的名字给勾掉了，让他回乡继续读书。

1392年，方孝孺又被荐召至京，此时的方已文名满天下，史传称，时人评价他的文章"醇深雄迈"，"每一篇出，海内争相传诵"。这一回，朱元璋给他安排的是汉中府教授的一个闲职。这倒不是朱

①　《明史》卷一四一，《方孝孺传》。

元璋要把方孝孺给雪藏起来，朝局叵测多变，他不希望看到这个性子耿直的年轻人一不小心卷入旋涡，稀里糊涂掉脑袋。朱氏江山要传之久远，总得有些得力的臣子才行。到了汉中，方孝孺在教授这个职位上却干得很用心，与当地诸生讲学不倦，言必称"道德"，封地在成都的蜀献王被其名声所动，礼聘其为世子师，还尊之以殊礼，把方的读书处名为"正学"，"正学先生"的大号就是这么来的。

1398年，朱允炆即位，即把在士林中声名卓著的方孝孺召为翰林侍讲，第二年迁侍讲学士，国家大政也经常听取他的意见。朱允炆好读书，每有疑难，就召方孝孺讲解。大臣临朝奏事，每有决定不下的，也召方孝孺协助批答。举凡修纂《太祖实录》《类要》诸书，方孝孺皆为总裁，可见圣眷之隆。燕王举兵南犯，朝廷北上征讨，所有诏檄也都出自方孝孺之手。

1401年，燕兵攻略大名时，方孝孺曾向朱允炆建议，可急令辽东诸将入山海关攻永平，真定诸将渡卢沟捣北平，趁燕兵回救可以大破之。到了第二年五月，燕兵即将过长江，建文帝身边已无兵可调，他建议以割地的许诺换得喘息的机会，等到四方勤王的兵马到达，再与北军在长江上作一决战。"北军不长舟楫，决战江上，胜负未可知也。"虽是书生论兵，倒也切中关节。

北兵掠沛县，烧粮船，中原空虚时，方孝孺深以为忧，无奈之下，方孝孺秘密写信给燕王世子朱高炽，想离间朱棣父子。孰料朱高炽收到信后不启封，直接送到了朱棣面前，这一计谋流产了。但后来许多史家认为这一说法太不靠谱，临阵对垒，哪有笨到想靠离间父子关系侥幸取胜的？世称杨园先生的清初学者张履祥为之辩诬说，方给世子写信，本意是劝他以至诚感动其父退兵，终守臣节，使父子俱得保全，而不是要离间他们父子感情。他认为，"方正学在建文朝，忠言嘉谋及其行事，为当时秉笔小人所削，而横加以诬诋之辞"，后来数十年间，朝野对建文一朝政事又讳莫如深，致使真相难以寻找，"诚千古之恨也！"

北军渡江时，有大臣劝朱允炆突围出城，徐图他日再兴，方孝孺则坚持固守京城以待援兵，"即事不济，当死社稷"。乙丑日，金川门被李景隆和谷王朱橞指使人打开，北军蜂拥而入。是日，方孝孺被执下狱。

朱棣让方孝孺替他起草登基诏书。要知道，起草新皇登基的诏书对一个文臣来说是至高荣誉。朱棣想当然地以为，方没有理由、也不应该拒绝。朱棣派了方的两个学生廖镛、廖铭去狱中劝说，方破口大骂：亏你们跟我学了这么多年，连最最基本的道义和是非都不懂了吗？

方孝孺被召上殿来时，大放悲声，哭声响彻朝堂，朱棣不以为忤，为示礼贤下士，下榻亲自来迎接。以下这节朝堂上的辩论，向来被视作"方孝孺式硬气"最生动的呈现：

> 成祖降榻，曰："先生毋自苦，予欲法周公辅成王耳。"
>
> 孝孺曰："成王安在？"
>
> 成祖曰："彼自焚死。"
>
> 孝孺曰："何不立成王之子？"
>
> 成祖曰："国赖长君。"
>
> 孝孺曰："何不立成王之弟？"
>
> 成祖曰："此朕家事。"顾左右授笔札，曰："诏天下，非先

生草不可。"

孝孺投笔于地，且哭且骂曰："死即死耳，诏不可草。"

成祖怒，命磔诸市。[①]

狂怒的朱棣命把这个不识抬举的家伙凌迟处死。方孝孺留下一首绝命诗，慨然就死，时年四十六岁。这首诗写得如屈原的《离骚》般绝望悲愤："天降乱离兮孰知其由，奸臣得计兮谋国用犹。忠臣发愤兮血泪交流，以此殉君兮抑又何求？呜呼哀哉兮庶不我尤！"

两个被责骂过的学生廖镛和廖铭收集了他的遗骸，安葬在聚宝门外山上。方孝孺的兄长方孝闻，先他而死；弟方孝友，一同就戮；妻郑氏、两个儿子中宪、中愈，自刎死；两个女儿皆未成年，投秦淮河死。一门坐死者八百七十三人。

方孝孺被处死后，朱棣命翰林院侍读楼琏起草登基诏书。楼琏是浙江金华人，也是宋濂的学生，文才出众。楼琏战战兢兢勉强写完了诏书，回到家对妻子说，我死了倒也罢了，只怕不承命的话还要连累你。妻子说：你还好意思回来？面对九泉之下宋濂先生的灵魂，你真的问心无愧吗？楼琏羞愧难当，左思右想，到了傍晚自缢了。

《明史纪事本末》叙述到"壬午殉难"一节时，在方孝孺怒骂"死即死耳，诏不可草"后，还有下面几句对白：

文皇大声曰："汝安能遽死。即死，独不顾九族乎？"

孝孺曰："便十族奈我何！"声愈厉。

文皇大怒，令以刀抉其口两旁至两耳，复锢之狱，大收其

---

① 《明史》卷一四一，《方孝孺传》。

朋友门生。每收一人，辄示孝孺，孝孺不一顾，乃尽杀之，然后出孝孺，磔之聚宝门外。①

灭十族这节，没有写入 17 世纪的官方史书《明史》，这或许是后来的修史者故意为朱棣开脱，掩饰其残暴。清代朱彝尊更是言之凿凿，称《尚书》上记载只有灭九族，秦汉时至多只诛三族，所谓灭十族不过是三家村夫子之说。对此，明史专家黄云眉先生颇不以为然，认为朱彝尊这么说，实在是"纠野史之失，而宽暴君之恶"。

在不久后公布的官方文件中，方孝孺被描绘成了一个贪生怕死之徒。《太宗实录》卷九，"四年六月乙丑"条下载："时有执方孝孺来献者，上指宫中烟焰，谓孝孺曰：此皆尔辈所为，汝罪何逃！孝孺叩头祈哀，上顾左右曰，勿令遽死，遂收之。"

"丁丑"条下又说，这些"奸臣"都服罪了："执奸臣齐泰、黄子澄、方孝孺等至阙下，上数其罪，咸伏辜，遂戮于市。"

《太宗实录》修于仁宗朝，当时朝廷修三朝实录，负责这一编书工程的是史称"三杨"之一的杨士奇。黄云眉考证说，"实录"对史事多有涂饰，诬方孝孺叩头求生，可以肯定是出于杨士奇曲笔。明末潘柽章早就发现了这一点，在《国史考异》记载了时人叹息此事的一首《哀江南》：

后来奸佞儒，巧言自粉饰，
叩头乞余生，无奈非直笔！

① 《明史纪事本末》卷一八，《壬午殉难》。

屠 场

永乐政权诞生于一片血腥之中，后世的目光总是聚焦在几个被诛杀的大臣身上，更多人的血迹迅速被风干、淹没，擦拭殆尽。从历史的残简断片间看去，那种对生命的漠视，对人的尊严的肆意践踏，还是令人心惊：

练子宁，江西临江府新淦人，洪武十八年廷试一甲第二名，以大胆正直闻名，建文朝任吏部左侍郎、都察院副都御史等要职，与方孝孺同为朱允炆倚重的大臣。朱棣即位，要他出任新职，练子宁出语多有顶撞，被凌迟处死，一百余名直系亲属被戮，数百名姻戚流放戍边。一份私家笔记记录了练子宁与朱棣对峙的场面：朱棣意识到争取练子宁无望，命人将练子宁的舌头割掉，让其噤声，并说道，"我欲效周公辅成王"。练子宁对这话嗤之以鼻，他用手指蘸着嘴角流出的血，在篡位者脚下的殿砖上大书："成王安在？"

练子宁的儿子练大亨，时任嘉定知县，闻讯与妻子投河而死。练子宁的同乡好友徐子权，时为刑部主事，闻练子宁死讯，大哭一场后自杀。

御史大夫景清，陕西真宁人，为人倜傥，重大节，建文初年曾任北平参议，与燕王有过接触，以办事干练颇得赏识。城破之日，他曾约方孝孺一同殉国，却又没死成。朱棣登极，仍留他任原官，他也就虚与委蛇。一日早朝，着一件绯色朝服，内藏利刃，预备谋刺朱棣。史载，当日有星象官上奏，"异星赤色犯帝座甚急"，朱棣上朝后发现满廷官员中只有景清一人穿绯色衣服，于是命军士搜身，发现他身怀利刃。朱棣亲自审问，景清奋力跃起，想作最后一搏，终被凌迟处死，"磔死，族之，籍其乡"，不仅株连家人，连老家整个村庄都被烧成一片废墟。

监察御史、左拾遗戴德彝，浙江奉化人。"燕王入，召见，不屈，死之。"一同被杀的还有他的一个哥哥。戴氏兄弟的死讯传到老家时，他的嫂子预料到很快就会有灭族的命令下达，于是毁掉戴氏族谱，把戴的两个儿子藏到四明山中。公差到来，一无所获，把妇人械送至南京，这个坚强的女人挺住了各种刑罚，保全了戴氏后人。

户部侍郎、浙江瑞安人卓敬，洪武年间曾向朱元璋建议，天子服乘应与藩王有别，他很早就提醒建文帝提防燕王叛乱，新帝即位后指责他离间骨肉，怜其才华还是不忍杀之，试图劝降，不屈，被斩，并诛三族。连朱棣自己也感慨："国家养士三十年，惟得一卓敬。"

同在户部侍郎任上死的，还有郭任、卢迥二人。郭任是江苏丹徒人，当时曾提出，削藩的首要目标应是燕，北讨周、南讨湘是舍本就末。郭任的儿子，一个和他一同被处死，一个发往广西充军。卢迥是浙江仙居人，为人爽朗，不拘细行，喜饮酒，饮后辄高歌，人谓"迥狂"，城陷之日，被执不屈，五花大绑缚就刑，死去时还在大声唱歌。

方孝孺姑姑的儿子希鲁，由进士授编修，又任太常少卿。北军破城时不肯降，与弟原朴等被杀。方孝孺的朋友郑居贞，福建人，历任通判、参政等职，因方案坐党诛死。

刘政，江苏长洲人，方孝孺主应天府乡试时中举。北军南下，起草了一章《平燕策》，想上书给建文帝，因病得厉害，被家人劝阻上京，方被杀的消息传来，吐血而死。安徽桐城人方法，也是方孝孺的门生，在四川任都司，明成祖登极的消息传来时，诸司都要署名上表祝贺，他不肯签名，投笔而出，被当场拿下，后投江而死。

礼部尚书陈迪，安徽宣城人，面对朱棣责问，抗声不屈，与子凤山、丹山等六人磔于市。妻自缢死。五个月大的幼子由乳母抱着躺在一个土沟中，侥幸逃命。

御史连楹，山西襄垣人。金川门突破当日，北军蜂拥而入，他趁乱拉住朱棣坐骑，假称拜降，试图行刺，当场被杀，死后尸体还是直挺挺地立街中央。

大理寺少卿胡闰，江西鄱阳人。朱元璋征陈友谅时在一个古庙读过他的一首题壁诗后，就激赏此人才华。削藩时，他是刘、黄的得力助手，"昼夜画军事"。因不愿在新朝为官，与长子传道一起被处决，幼子传庆发配充军，四岁大的女儿为奴。

监察御史高翔，曾竭力主张对燕用兵，朱棣登极后，他穿着丧服入见，且言语强硬，多有顶撞。朱棣不光灭了他的族，还气得派人把他家的祖坟都挖了。——"族之，发其先冢，亲党悉戍边。"

山东道监察御史王度，南北战争时曾奉命劳军徐州，又数度与方孝孺书信往返，相约誓死社稷。南军的几次胜利，都与他的建言分不开。对于李景隆忌功弄权，他多次具疏上奏。方孝孺死后，连坐谪戍贺县，后被人告发有反政府言论，被灭族。"论者以其用有未尽，惜之。"

有一个叫董镛的御史，他家是言官们聚会的场所，他们时常聚在一起抨击时政，对消极怠战的将领交章弹劾，"城破被杀，家戍极边。"

御史不屈而死的，还有山东诸城的谢升、聊城的丁志方。给事中死节者，有陈继之、韩永、叶福三人。其他被戮官员，还有礼部侍郎黄魁、户部主事巨敬、左佥都御史周璿、建文二年的新科进士继之等一大批。安徽怀宁人甘霖就戮时，告诫后代子孙再也不得出仕。

这还只是一些入了官方史书的有名有姓的官员，大多身居下僚的死难者，在这场屠杀中连名字都没有留下。明人祁骏佳在多年后出版的一本笔记中，记载了成祖登基后不久说过的一句话，大意是，他并不是真的仇恨那些忠于建文朝的大臣，而是为了巩固政权不得不采取非常手段。

永乐十一年，刑事部门解除了对死难诸臣的禁令，党禁渐见松弛。永乐十三年，又释放了一批囚禁者。到仁宗登基，又札谕礼部，建文朝被诛大臣的眷属，在教坊、浣局为奴者全都赦免为庶民，归还房屋和地产，其外亲有戍边充军的，只留一人充军，其余悉数放还。

一直到万历十二年，御史屠叔方奏请宽待建文朝忠臣后代，次年，各省奏免的名单，尚有陕西三百六十三名，浙江七百八十四名，江西三百七十一名，福建二百四十四名，合计充军的还有一千七百六十二名。那时离永乐朝已过去那么多年，虽经历朝宽赦，还有这么多人未放还，可见革除初年之酷烈。

而一批惯会见风转舵的臣工，为了获得新朝重用，专以倾诬排诣为能事。山东按察使陈瑛，建文朝时因密通藩王被贬谪广西，燕王称帝后重获起用，进官为都察院左副都御史，专掌朝廷风化监察。成祖刚坐天下，此人就指责侍郎黄观、少卿廖升、修撰王叔英等一批官员，"其心与叛逆无异"，请求将他们尽行屠戮。朱棣说，真正要杀的奸臣不过齐、黄数辈，这些人以后还是有用于国家的，此事你就别管了。但陈瑛一个也不想放过。他在调阅方孝孺一案的刑讯记录时，发现了这些官员与方的交往，于是把黄观、王叔英几家籍没，连最远的亲戚也都株连到。在永乐初年，像陈瑛一样酷苛的官员还有纪纲、马麟、丁珏、秦政学、赵纬、李芳诸辈，这些人都是阴险小人——"皆以倾险闻"。

后世修史者认为，对永乐初年的这些死难官员，不能以成败论之。齐泰、黄子澄、方孝孺、练子宁这些人，有谋国之忠却没有好的制胜之策，尽管失败了，却败得英勇、败得坦荡而正气，"其忠愤激发，视刀锯鼎镬甘之若饴，百世而下，凛凛犹有生气"。

"凛凛犹有生气。"朱棣这一大规模的杀戮，已然使士气尽遭摧残。洪武开国后的诛杀功臣，是在上层官僚，成祖御宇，刀锋直指对前朝忠诚不贰的中下级官员。永乐初年的清洗，特别恶劣的一个做法是不仅屠戮犯官，还要辱及他们的妻女，把这些无辜的女人没入教坊，从精神和人格上羞辱她们。皇家拿士人不当人看，士人也对皇家普遍失去了信任。"族之""磔死""死之""不屈死"，这些酷烈的手段下，士人的正气、硬气被摧残消磨。净士赴死，软骨头苟活，庙堂之上，剩下的全是"歌德派"了。

一些支持朱棣的从龙之臣，尽管表面上风风光光，也难逃公论指责和内心的折磨，姚广孝身为总领朝廷佛教事务的天下第一僧人，他的尴尬处境就很有代表性。1407年，江苏、浙江遭受洪灾和饥荒，朱棣派姚前往赈灾。在苏州，姚与多年未曾谋面的姐姐见面，这位姐姐一点也不掩饰对姚广孝的轻蔑，并把他视为家门之耻。姚广孝的一位旧友隐士王宾，也毫不理会姚的邀请，直言"和尚误矣"，宣布要与姚绝交。这些传闻即便不一定是真的，也曲折表达了世人对忠良之士的崇敬和对丧失原则的大臣们的鄙夷。

当朱棣以胜利者的姿态从金川门进入南京城，只做了三年皇帝的朱允炆怎样了？他是生，还是死？几百年间，围绕着建文帝的生死真是迷雾重重。

永乐年间修《实录》，统一口径称，建文帝让宫中大火烧死了。但实际上，这种毫无实证的官方宣传，时人都很少相信。整个明代，有关建文帝逃出京城后传奇经历的传说不知有多少个版本。

清乾隆年间所修《明史》，卷四《建文纪》在写到朱允炆焚死一节时，也多语焉不详："宫中火起，帝不知所终。燕王遣中使出帝后尸于火中，越八日，壬申，葬之。"看来当时大火过后发现的是皇后的尸体，而不是建文帝的尸体。再加《明史》在叙述这节后，又加上了一句"或云帝由地道出亡"，更是给后世读者留下了诸多猜测想象的空间。建文朝档案多有销毁，后来修的《成祖实录》又满纸谎言，建文帝是生是死，真相还是扑朔迷离，难怪布衣史家万斯同说："明代野史之失实，无有如建文逊国一事。"

明末钱谦益的《有学集》中有一篇《建文年谱序》，说他在史局工作三十余年梳理史料，唯独对于建文逊国一事搞不清楚，一念及此，常常伤心落泪。原因有三：一是《实录》无证，二是传闻异辞，三是伪史杂出。他称赞赵士喆所编《建文年谱》，荟萃众家记录，努力发掘真相，"读未终卷，泪流臆而涕渍纸"。在比照了留存于世的多种记述后，钱谦益相信建文帝真的逃出了京城，在明知天下事不可为，大位不可再得之后，怀着"分毫不忘天下之心"，顺天应命，在穷荒僻远之地度过了惨淡余生。

就连登极的朱棣也不相信他的这个侄儿皇帝真的自焚死了，他坚持认为，朱允炆依然活在世上。甚至著名的郑和七下西洋，说是"宣教化于海外诸番国"，究其根本，还是为了寻找建文帝下落。[①]

1407年，朱棣派遣户科给事中胡濙，以寻访仙人张邋遢（张三丰）为由，开始四处侦察建文帝踪迹。胡濙在外奔波十年，足迹遍行天下州郡乡邑。其间，他因母丧守制的请求都没有得到允许，只是给他加官为礼部左侍郎，命他继续完成这一秘密使命。

1423年，胡濙回朝了。从《明史·胡濙传》有关此事的字里行间透露的信息看，他给朱棣带来了一直想要的答案：

> 二十一年还朝，驰谒帝于宣府。帝已就寝，闻濙至，急起召入。濙悉以所闻对，漏下四鼓乃出。先濙未至，传言建文帝蹈海去，帝分遣内臣郑和数辈浮海下西洋，至是疑始释。

胡濙来见时，朱棣本已睡下，听到宫人来报，竟不及等到天明，急忙起床，把胡濙召入，可见其心情急迫。胡濙四鼓过后才出宫，可见奏对时间之长。在这么长时间的君臣密谈中，他一定带来了有关建文帝遗迹的明确消息，而且很有可能，胡濙已和建文帝见过面，并有话要带给朱棣。朱棣既已知逊帝消息，却又无甚动静，唯一合理的解释是，建文帝已认天命，无复再有复国之念，"至是疑始释"。不然，以朱棣之残忍嗜杀，怎会尽释疑惑？

孟森在《建文逊国事考》中说，如果建文帝真的已经自焚死了，

---

① 《明史·郑和传》："成帝疑惠帝亡海外，欲踪迹之，且欲耀兵异域，示中国富强。"

朱棣何必兴师动众去寻找，"何必疑于人言，分遣胡濙、郑和辈海内海外，遍行大索，大索至二十余年之久？"

20世纪30年代，孟森在北京大学历史系开讲明史，曾提到，那时故宫发现一套乾隆四十二年重修《明史本纪》刻本，《建文纪》末尾有这样的话："棣遣中使出后尸于火，诡云帝尸。越八月壬申，用学士王景言，备礼葬之。"也就是说，"自焚说"早已在四库定本中被改正，只是四库本很少有人读到，即使读到也很少有人注意到先后两个版本的异同，才会疑误至今，以为官修明史真的把建文帝写为自焚而死了。

据《明神宗实录》载，明万历二年十月十七日，神宗朱翊钧曾和大学士们谈建文朝遗事，提出了这一久存心底的疑惑：传闻说建文帝逃亡，不知道是不是真的。内阁首辅张居正如实答道：国朝历史没有记载此事，听先朝故老相传，说靖难之师进入南京城时，建文帝按照老皇帝的部署，即削发披缁从水关御沟走出，人无知道。正统年间，有一个老和尚在云南驿站壁上题诗，中有"长乐宫中云气散，朝元阁上雨声愁"等句，御史召见询问，老僧坐地不跪，只说想归骨故园，查验后，有说即是建文帝云云。

可见，明人笔记中关于建文帝逃亡生涯的种种记载，并不是凭空结撰。

驰 谒

解缙跟着父亲，回到江西吉水老家，从庙堂之高跌落到江湖之远，其内心的痛苦和不解可以想象。但太祖有令，让他读书十年，他又焉能不从。在老家住到第八个年头，朱元璋去世，建文帝即位，解缙以为对他的禁令自动解除，兴冲冲地跑到京师，想要为新帝效命了。

他这一冒失的举动马上遭到了别有用心者的弹劾。过失有两条，一是违反诏旨，尚未蹲满十年，巴巴地跑到京师来做什么？二是母丧未葬，老父又年届九十，抛下他远游京师，实是大不孝。以解缙之颖敏，竟然没有想到，本朝立国以纲常制度为要，有这两条，他想再在京师立足就难了。不久，他被贬任河州①卫吏，一个边远之地不入流品的小官。

以解缙的自我期许之高，怎甘屈居这个带有污辱性的河州卫吏的小官职位？他打听到，建文帝极为宠信一个叫董伦的礼部侍郎，当即以生花妙笔给此人写了一封语调哀切的长信，请董侍郎在皇上面前多多美言。在信中，他态度诚恳地检讨了自己性格上的缺陷，"狂愚""无所避忌"，以及这一性格缺陷给仕途带来的负面影响，特别是代王国用起草了为韩国公李善长鸣不平的谏书，更是差点儿引火烧身。所赖圣恩浩荡，申之慰谕，"令以十年著述，冠带来廷"。

他又以不无吹嘘的口气，翻晒了这八年蛰居乡间潜心著述的成绩：服侍高堂之暇，闭门谢客，整个心思都放在了读书和写作上，修订了《元史》舛误，承命写成《宋书》，又删定《礼经》。他解释说，之所以这么急巴巴赶来京师，实在是太祖的去世让自己沉浸在深深的悲痛中（"宾天之讣忽闻，痛切欲绝"），所以，连刚刚去世的母亲都来不及安葬，年届九十的老父亲也顾不上侍奉，就来到京师，只为在先帝陵前哭上几声（"母丧在殡，未遑安厝。家有九十之亲，倚门望思，皆不暇恋。冀一拜山陵，陨泪九土"），却不想被人抓住了把柄。

---

① 今甘肃兰州附近。

信中，他还可怜兮兮地说，自己久居南方，来到河州这个极北之地，实在是不惯水土，老是生病，更忍受不了的，是每天和一群吏卒一起俯仰奔趋，是以，每日每夜都在暗中落泪，怕遭到不测。①

"负平生之心，抱万古之痛"——解缙说，自己实在是不堪这样的境遇，所以才像鸟儿一样鸣叫几声，求得侍郎大人的理解。他请求董侍郎向皇上建言，要么让他回到京师，得望天颜，实在不行的话，就放自己南归吧，如果能够父子重新相见，得以行孝膝前，这个小官他也不要当了。

这样沉痛哀切的文章，谁读了也不会无动于衷。经董伦在建文帝面前说情，解缙重回京师复职，任翰林待诏。就在他回京没多久，因削藩爆发的南北之争已到了快收场的时候，眼看朱棣指挥的北军马上就要打过长江，一时间，中央各部的官员俱各人心惶惶，不知何去何从。南京陷落前的一个晚上，解缙和他的两位朋友胡广、王艮进行了一场密谈，密谈的地点在邻居吴溥的家里。

胡广、王艮两人也是江西吉水人，两人分别是建文二年的状元和榜眼（巧的是那一科的探花李贯，也是江西吉水人）。说起来，那一科的状元本来应该是王艮的，会试后，皇帝亲自主持的殿试中，他的策论考了第一，但建文帝嫌他长得丑，把状元给了名列第二的胡广。

那天晚上，三个老乡在吴溥家聚会。解缙陈说大义，讲到激动处声泪俱下，胡广也奋激慷慨，誓不偷生于世，只有王艮独自默默地流泪，一句话也不说。吴溥说："你们都是受皇上知遇之恩的大臣，何去何从的确不能马虎，我只是一个小吏，还可以静观其变。"三人随后离去。

①《明史》卷一四七，《解缙传》。

吴溥的儿子吴与弼，那年还只有十四岁，感叹说："胡叔能慷慨赴死，也算是件大好事啊！"吴溥说："他才不会死呢，我看这三个人中，唯一一个会以身殉国的只有你王叔。"

父子俩正谈论着这三人，隔墙传来了胡广与家人的说话声："这会儿外面乱得很，你们可要把咱家的猪看好，别让它跑了。"吴溥对儿子苦笑道："一豚尚不能舍，肯舍生乎？"——"你看，连一头猪都不舍得丢，他肯舍得丢掉性命吗？"

且说王艮，回到家与妻子诀别说："我是食国家俸禄的大臣，国家到了这个地步，只能以身殉国了，绝没有苟且偷生的道理。"话罢，端起一杯早就备下的毒酒，自杀了。

解缙又如何呢？史书有关他这一晚的记载只有三个字："缙驰谒"。看来离开吴溥家后，他就迫不及待地收拾起了行装，连夜跑到城外向朱棣报到去了。政局如赌场，后来的事实证明，他这一宝是押对了——"成祖甚喜"。第二天，解缙又向朱棣推荐了胡广，胡广的表现是一召即至，叩头言谢。他们在翰林院的同事、探花郎李贯也不甘落后——"贯亦迎附"。

朱棣登基后，为笼络人心，把建文朝大臣们的一千余通奏章收集起来，命解缙等人编阅。凡涉及农业、经济、军事等的一律登记造册，以备查阅复核，凡涉及讨伐北兵的文字，全都当场焚毁。朱棣用开玩笑的语气对大臣们说，这些奏章，恐怕你们都有份吧。

大臣们不知他葫芦里卖的什么药，一个个心惊肉跳，作声不得。只有李贯站出来，顿首说："臣实未尝有也。"朱棣闻言顿时大怒："你还以此为荣吗？你食着国家俸禄，应该是为国家做事的，当国家危急的时候，你作为皇帝的近侍竟然没有一句建言，这像话吗？我就特别憎恶你这种没什么骨气只会引诱建文帝坏祖宗成法扰乱朝政的大臣！"①

李贯后来因解缙案的株连关进了监狱，临死前叹道："想想王敬止（王艮字敬止），我真是于心有愧啊！"

那晚参加密谈的三个老乡，胡广的官运要好得多。他先是和解缙一起被任命为内阁七成员之一，直文渊阁，后来也不见他牵涉进哪个案子里去，死后追封礼部尚书，谥号"文穆"，可见其处世之圆通，还在解缙、李贯之上。有一事可为佐证：胡广和解缙入永乐朝后，朱棣见他们同乡同学，又同朝为官，便有意撮合他们成为儿女亲家。后来解缙被朱棣处死，儿子也被流放辽东，胡广为示划清界线，勒令女儿与对方离婚，断了这门亲事。他女儿坚决不从，割下一截耳朵以明志，说：我的婚姻虽然不幸，也是皇上作主，你亲口答应的，若要我离婚，我就死在你面前吧。胡广毫无办法，他女儿就一直等到丈夫从辽东赦归。此是后话，不表。

解缙很快擢升为翰林院侍读学士（胡广也同获殊荣），与胡广，编修黄淮、杨士奇，检讨金幼孜、胡俨，修撰杨荣等直文渊阁，组成皇帝亲自任命的七人内阁。这几个阁臣的秩级，最高正六品，最低从七品，虽没有超出当年朱元璋所定大学士正五品的官秩，但此内阁已非彼内阁，不仅充任皇帝顾问，还"机密重务悉与闻"，参与了朝廷的和战、立储、用人、征调、赋役等重大军国政务，甚至中央六部的要政，内阁也有了御前审议的权力。

洪武朝时，朱元璋为消除对皇权的威胁，罢丞相，分事权于六

---

① "尔以无为美耶？食其禄，任其事，当国家危急，官近侍独无一言可乎？朕特恶夫诱建文坏祖法乱政者耳。"

部；现在，朱棣命文臣直文渊阁、预机务，重建中枢，实则是官制的又一重大改革，这一制度沿经日后仁、宣二朝，日趋完备。

一个早年的诤言者，因政治投机骤得大贵，此时面对朝臣们复杂的眼神，解缙的心情怕也是百味杂陈吧。他来不及想太多了，作为七人顾问团的为首者，解缙身在中枢，重权在握，一时诏令制作皆出其手，还有那么多皇帝钦命的事要去总裁，他终于看到，自己的时代到来了。

解缙进入内阁的第一件工作，是奉朱棣之命修改《太祖实录》，编纂《列女传》。旧版《太祖实录》修于建文朝，本朝既然在名义上得位于太祖高皇帝，又对建文一朝尽行革除，重修《太祖实录》以正视听，实为第一要务。又，本朝虽以非常之手段，由藩王入续大统，而以道德教化子民，使其驯良，还是一项长期的任务。是以，举凡忠臣、烈女都应在褒扬之列，由当朝最有学问之侍读学士总领其事，也算是知人善任了。解缙施展浑身解数，不久就修成此二书，皇帝赐银币以示嘉奖。

1404 年初，太子册立，进解缙为翰林学士兼右春坊大学士。皇帝召见七人内阁，各授予正五品官衔，希望他们"慎初""保终"。并命皇后在柔仪殿接见七人命妇，劳赐备至。立春日，皇帝又赐解缙等人金绮衣，这是六部尚书才能得到的礼遇。七人以区区五品之衔得此待遇，自然感激涕零。解缙等人为此特入宫表示感激之情，皇帝说，你们身系国家机密，又旦夕侍朕，在我眼里，你们的作用实不在尚书之下。

皇帝还在奉天门晓谕监察御史、六科给事中这些言官，要他们对朝政得失大胆建言。复又对解缙等近臣说：若使进言者无所惧，听言者无所忤，天下何患不治？朕与尔等共勉之。

某日，解缙入宫奏事，见左顺门外，一个叫张兴的太监拿鞭子打人。解缙厉声呵斥。大学士威势赫赫，张兴只得敛手，恭顺退下。当其时也，解大学士圣眷方隆，又自恃才高，自然什么人都不会在他眼里了。史传说他，"好臧否，无顾忌，廷臣多害其宠"，以解缙之聪明，怎不知祸从口出？说到底，才子毕竟是才子，不懂官场规则，口无遮拦，树敌太多，无意之中铸下的过失，来日里都要他一一埋单。

又一日，朱棣把一些朝臣的名字写在纸上，让解缙一一指出他们的长短。这是一桩得罪人的活计，解缙却毫无难色，一一言之："蹇义天资厚重，中无定见。夏原吉有德量，不远小人。刘俊有才干，不知顾义。郑赐可谓君子，颇短于才。李至刚诞而附势，虽才不端。黄福秉心易直，确有执守。陈瑛刻于用法，尚能持廉。宋礼戆直而苛，人怨不恤。陈洽疏通警敏，亦不失正。方宾簿书之才，驵侩①之心。"

皇帝把这些评语传给太子，太子又问，尹昌隆、王汝玉二人如何。解缙答："昌隆君子而量不弘。汝玉文翰不易得，惜有市心耳。"

数年后，仁宗朱高炽即位，把解缙论人长短的这些上疏给阁臣杨士奇看，说：人都说解缙狂，朕看他这些对人的评价，都有他的真知灼见在，一点也不狂啊。这已是解缙死后多年的事了。

1403 年 9 月，就在重修《太祖实录》后不久，解缙受皇帝委托，开始接手一项足以让他彪炳史册的浩大工程，那就是编纂一部包罗万象、涵盖古今世间一切知识的百科全书。皇帝直接下达给他的指令是，"括宇宙之广大，统会古今之异同"，"凡书契以来经史子集百

---

① 牲畜交易经纪人，泛指市侩。

家直言，至于天文地志阴阳医卜僧道技艺之言，备辑成一书，毋厌浩繁。"

一开始，解缙并没有真正领会皇帝编一部终极之书的意图。才一年工夫，解缙和他的工作班子就编成了这部书。当他把这部对历代文献分门别类、名为《文献大成》的著作献上时，皇帝直接告诉他不满意，认为还是过于简略，不符原意，下令大规模予以修改充实，并增派太子少师姚广孝、礼部尚书郑赐等协同解缙为监修官，又从翰林院和国子监抽调两千多名学者参加编写、校订、录写、绘图等工作。

解缙这才意识到，皇帝实际上是想借这部大书的编纂，把意识形态高度集中到指定的方向上来，自己原先这么草率从事，实在是太不敏感了。他带领着这支由二千一百六十九名学者组成的庞大的学者队伍，重新开始了工作。

这个时代最为精英的一群文人、学者聚集在解缙周围，就像一架齿轮密合的机器咔嚓咔嚓地走动了起来。解缙亲自安排各部门的工作，书稿每编成一部分，他都要亲自审阅，并提出修改意见。举凡书籍采购、史料辨析、编写抄缮乃至校勘、印刷等每一个环节，事无巨细都亲自过问。当这部大典一日日臻于完善时，解缙志满意得，他指挥着这支两千多人的学者队伍，其威风却有如带领千军万马杀敌陷阵的将军。

三年寒暑，到1407年12月，这部叫《永乐大典》的大书终于全部编成。此书收录上自先秦，下迄明初各种书籍七八千种，内容涵盖经史子集、天文、地理、阴阳、医术、占卜、释藏、道经、北剧、南戏、平话、工技、农艺、志乘，共计一万一千零九十五册，二万二千八百七十七卷，三亿七千万字，仅目录就达六十卷之多。

如此宏大的规模，就像一面面多重转折的镜子映照出了大千世界的种种。然而，庆祝大典编成的典礼上，已看不到解缙的身影。这年二月，他因事被贬为广西布政司参议，已在数千里外的南方了。

醉 杀

此时的解缙，因介入最高层权力之争，已踏上一条不归路。

少年高才的解缙，又自负匡济大略，可他在与皇家的关系处理中一直存在着盲点。"好臧否、无顾忌"，得罪一大批廷臣的背后，是他书生意气不通世故。接踵而来的报复是，他被贬广西即将动身时，又遭落井下石者检举，改贬交趾，去一个叫化州的僻远地方催督军饷。官场如战场，此人空门大开，正好用来作权力斗争的牺牲，史传说他，"彼其动辄得谤，不克令终"，实在也怨不得别人。

早在朱棣登上皇位前，世子朱高炽和二子朱高煦的权位之争已是公开的秘密，导致兄弟之争愈演愈烈，直至骨肉相残，始作俑者还是朱棣自己。①

从个人感情上来说，朱棣可能更喜欢二子朱高煦，而不太喜欢洪武二十八年封为世子的长子朱高炽。"高煦长七尺余，轻趫善骑射，两腋若龙鳞者数片"，一看就是担当大事的人；而朱高炽呢，"体肥重，且足疾"，连跪拜都需人搀扶，不说不能上马统兵，简直就是残废一个，且为人忠厚，大异于乃父的尚武性格，故"仁宗为太子，失爱于成祖"②。

---

① 孟森《明史讲义》之《仁宣两朝大事略述》："高煦之蓄意夺嫡，成祖实诱导之。"
② 《明史》卷八，《仁宗纪》。

1402 年，朱棣率靖难之师南下时，朱高炽的表现总算不赖，他留守北平，挡住了李景隆数十万部队的疯狂进攻，确保了北军后方无虞。但在接连几年的南北战争中，他的两个弟弟朱高煦和朱高燧的表现，更获朱棣的欢心。

朱高煦是靖难之师的前锋。白沟河之战，朱棣差点被南军大将瞿能抓获，紧要关头，朱高煦率数千精骑杀出，斩瞿能父子于阵前。东昌之战，北军主将张玉战死，朱棣被追得单骑逃跑，又是朱高煦引兵击退南军。

到了建文四年，北军已攻到长江边，在燕子口为徐辉祖所败，朱棣心灰意懒，都打算议和北撤了，朱高煦带着数千蒙古骑兵突然杀入阵中，左冲右突，如入无人之境。朱棣见了大喜，对着这个儿子高喊："吾力疲矣，儿当鼓勇再战。"他还按着朱高煦的背，暗示自己早有易储的打算："勉之！世子多疾。"性凶悍的朱高煦听了这话，愈加卖命。

朱棣好几次濒于危难，都是朱高煦奋勇前来，转败为功，内心里，他认为这个儿子的英武和谋略都像自己。朱高煦也以此自负，恃功骄恣。朱棣登基后，讨论建储的事，淇国公丘福、驸马王宁等人与朱高煦关系好，经常在成祖面前夸奖朱高煦功劳卓著，尤其一些武官勋臣更是主张，由能征善战的朱高煦接替文弱迟讷的朱高炽为皇储，朱棣几乎有些动心了。

本来，朱高炽早已是燕王世子，世子进为皇储，连讨论都可以免去的。之所以储位未定，实是朱棣内心踟蹰，委实决定不下。立长吧，心中不喜；立幼吧，怕不合伦序，招致议论，动摇根基。

朱棣召解缙入宫，想听听大臣对此事的意见。史传就此事的记载仅三十余字，却一锤定音解决了朱棣的这个难题：

> 帝密问缙。缙称："皇长子仁孝，天下归心。"帝不应。缙又顿首曰："好圣孙。"谓宣宗也。帝颔之。太子遂定。[1]

朱棣本意，想立次子高煦为储，解缙的第一句回答并不称他的意。解缙主张立长，说皇长子德行仁孝，天下归心，若弃之立次，必兴争端，这样的大道理朱棣都听得耳朵起茧了，他都懒得去搭理了，只是"不应"。随后的"好圣孙"三字才是关键。

被解缙称作"好圣孙"的，是朱高炽出生尚不满周岁的儿子朱瞻基（即后来的明宣宗）。这孩子长得聪慧异常，深得朱棣喜爱。据说孙子出生的前一天晚上，朱棣还梦见过死去多年的父亲朱元璋。在梦里，洪武大帝把一枚大圭交给他，嘱咐他，传之子孙则永世其昌。孙子一生下来，满月酒上，朱棣说：孙儿长得英气溢面，跟我梦见过的一模一样啊。

听了解缙这话，朱棣就不再犹豫。第二年初，立皇长子朱高炽为太子，命大学士解缙撰写立储诏书，以告天下，内阁及六部官员各有封赏。朱高炽顺顺利利当上太子，大学士解缙功不可没，但他已经被一个人深深记恨了。自此以后，这把愤怒的火焰将烧得这个人东奔西窜，直至凄惨去世。

那个浸泡在仇恨毒汁中的人是朱高煦——"高煦由是深恨缙"。就在朱高炽被册立太子不久，朱高煦封为汉王，之国云南。朱高煦不服气，抗辩说："我何罪！斥万里。"说什么也不肯去云南。正好

---

① 《明史·解缙传》。

朱棣巡视北京，他也就跟着去了，一路吵着闹着要留在京师。朱棣向来疼这个次子，也就随他去了，让他继续留在南京。

留在京师的朱高煦，先以天策营为护卫，复请益两护卫[①]，所用仪仗都快赶上太子了，属严重超标。恃着父皇宠溺，朱高煦愈加张狂，不把东宫放在眼里，在很多场合，他都在以唐太宗自诩了。朱高炽个性懦弱，不似乃弟强悍，虽居东宫之尊，也是无可奈何。

解缙认为，藩王仪仗竟然超出东宫太子，实在是不可容忍的越礼行为，应予坚决制止。况且，朱高煦既已封汉王，按祖制，就要尽快动身之国，这么长时间赖在京师不走算什么呢？

朱棣接到谏书，异常恼怒，二话不说就扣给解缙一顶离间骨肉的大帽子，自此就很少给他好脸色看了。——"帝怒，谓其离间骨肉，恩礼浸衰。"随着朱高煦在朱棣面前愈益得宠，谗言交加之下，解缙渐渐失去了朱棣的信任，再加上他反对朝廷出兵征讨安南，朱棣更加不满了。

1406 年，朱棣赐给黄淮等五人二品纱罗衣，唯独不颁给解缙，嫌恶和羞辱的意思已经很明显了。不久，淇国公丘福将一些朝廷机密故意泄密，朱高煦趁机构陷，诬解缙"泄禁中语"。朱棣明知二儿子蓄意栽赃，竟也没说什么。自洪武开国，皇家之刻薄寡恩已不是一回两回，于是人们看到这位当年的皇室第一宠臣迅速蜕变成了一个零余者的角色。

到了永乐五年二月，眼看编了三年多的大典快编纂完成，留着此人也是无用，朱棣就找了个"廷试读卷不公"的理由，把他赶出京师，去广西就任布政司参议。有人竟然认为贬得还不够远，于是

---

① 《明史·职官志》："卫设左右前后中五所，所千户二人，百户十人。"

再一贬，改到了极南之地交趾①。

1410 年，解缙得到了一个入京奏事的机会，对一个谪臣来说这本是件好事，可是解缙竟然做了一件极不明智的事，彻底断送了自己的性命。解缙抵京时，正遇成祖北征未归，作为东宫旧人的他竟然不知避嫌，私自去拜见了太子朱高炽，而后也不等皇帝御驾回京，就径自回去了。

一直苦于找不到机会的朱高煦趁机出手，待皇帝回京，立即报告了此事，告发解缙"伺上出，私觐太子，径归"，有失做臣子应有礼仪。朱棣闻讯，果然极为震怒，猜疑解缙有结交太子、图谋不轨的企图，但对要不要逮捕解缙，尚在犹豫之中。此时的解缙正在南返途中，他怎么也想不到，一场风暴正从京师向自己逼近。

解缙偕同检讨王偁南行，到广东地面后，看到赣江两岸旱情严重，便上疏请凿赣江，引水灌田。本来朱棣已差不多忘了这个小小的谪臣，奏疏一上，等于是提醒了他。愤怒的皇帝急下诏令，将解缙逮捕入狱。

解缙在诏狱遭到了严刑拷问，根据他的供词展开调查，这个案件还牵连进了大理丞汤宗，宗人府经历高得抃，中允李贯，赞善王汝玉，编修朱纮，检讨蒋骥、潘畿、萧引高等多名中高级官员。其中李贯、王汝玉、朱纮、萧引高等人，都在严刑拷打之下瘐死。回顾自己从才子到阁臣再到囚徒的经历，解缙可能至此才明白过来，在皇家的眼里，自己不过是一条随意驱使的狗。用你是为了皇权永固，杀你是因为这个政权已不再需要你，生杀予夺全在皇帝一己之私念。

① 古地名，初期范围为今越南北部红河流域一带。

他随时准备着去死。可是这个世界好像把他给遗忘了。

五年过去了，到了永乐十三年（1415）正月，锦衣卫纪纲向朝廷上报囚犯名单，朱棣在翻看时找到了解缙的名字，漫不经心地问了一句："缙犹在耶？"

"缙犹在耶？"——这是一句语意暧昧、模棱两可的话。当皇帝自言自语着轻轻说出，是表示一种关切，一种对生命意志的钦佩和赞许。当加上重重的疑问语气说出来，则透着一股刺骨的寒气：他还活着？他怎么还可以活着？！

锦衣卫纪纲听到皇帝这句话，明白了该怎么做。大雪之夜，他请解缙喝了一场酒，自知生命末日的解缙喝得大醉。"纲遂醉缙酒，埋积雪中，立死。"

嘉靖年间文坛领袖王世贞，在一本私家笔记中还原了醉杀的一个细节："纲退而与缙对泣，沃以烧酒，埋雪中立死。"

这一年，解缙四十七岁。他的家产被抄没，妻子、儿女、宗族流放辽东。一直到朱高炽即位，他的家人才赦归老家吉水。一直到1465年，解缙才真正获得平反，赠朝议大夫，谥文毅。

锦衣卫纪纲这样惨刻少恩的人，在杀解缙前还与他相对流泪，并且让他死得像个堂堂正正的文人——大醉中埋于雪地里结束生命——黄云眉说，"则狱之冤可知"。

冤与不冤，解缙已无语。这个以直谏著称的才子，他的舌头劳碌了一辈子，在漫天的飞雪中永远地噤声了。

夏

洪熙元年——正德十六年
（1425—1521）

夏半阴气始，淅然云景秋。

——唐·韩愈《送刘师服》

第三章 仁宣两朝纪事

铜缸里的王

皇室的权力争夺愈演愈烈了。壁垒分明的两大集团，一边是太子朱高炽和儿子朱瞻基，以及文臣杨士奇、杨溥、杨荣、夏原吉、蹇义、黄淮等一班东宫僚属。他们都是朱棣为太子挑选的当代最知名的学者。一边是皇帝宠爱的汉王朱高煦，支持者主要是一批将领。

从两个集团的势力消长来说，因太子失宠，东宫一派暂处劣势。解缙已被构陷致死，杨士奇反对废储改立，两次受牵入狱。杨溥、黄淮等人，更是入狱长达十年之久（作为对他们忠诚的报答，朱高炽即位后这些人都获得了重要职务）。

天平在1415年开始出现倾斜。这年五月，改汉王之国青州①。朱高煦又不想去，提出待迁都完成后要继续留守南京。朱棣这才察觉

① 今属山东潍坊。

到这个儿子有些不大对劲，他已经听说了汉王阴谋夺嫡的一些传闻，特召重臣蹇义和杨士奇来问。

蹇义沉默。杨士奇则颇为机智地说，自己和蹇义都是皇帝选定为东宫服务的，外人肯定不会在他们面前谈论有关汉王的事，但两次遣汉王就藩都不肯行，眼下迁都在即，又提出留守南京，其用意不能不防。朱棣听了这话若有所思，不久就下了决心，下敕敦促朱高煦动身：既然受了藩封，怎么可以长久居住京师？以前让你去云南，你嫌路远，这次把你的封地改到青州，你又托故不去，这些恐怕都不是你的真实意图吧？

朱高煦很不情愿地去了封地，为了发泄淘汰出局的愤怒，他私自招募了三千兵士，在封地境内纵横来去，为所欲为。这支不隶属于兵部的军队实际上成了他的私人武装。离开了京城，他再也没了忌讳，车乘、仪仗的配备也大大僭越了藩王应有的标准。朱棣闻讯非常恼火，再加上第二年十月朱高煦回京之际，又做下了许多桩不法之事，气急败坏的朱棣把儿子痛责一顿，褫夺了王爷冠服，把他囚禁在西华门内，还准备将他废为庶人。太子跑到朱棣面前哭着哀求，才保住了朱高煦的封位。为示戒惩，皇帝削去了朱高煦两护卫，杀了左右一些唆使不法的官员，次年三月，把他改封到了乐安州①，并勒令离开京城，一刻也不得拖延。

被仇恨和愤怒灼烧的朱高煦已然失去了理智，到了封地后，怨恨更深，密谋更加急迫，太子多次致书提醒，他都没有当一回事。

对太子的威胁并不只是来自汉王朱高煦，他的三弟赵王朱高燧也在蠢蠢欲动。1418年，朱高燧的亲信黄俨检举太子擅赦罪人，皇

① 原名棣州，永乐元年避朱棣名讳，改为乐安州，州治在今山东省惠民县。

帝派侍郎胡濙彻查此事，调查显示太子诚敬孝谨，所诬全是不实之词。1423年6月，皇帝圣躬欠安，护卫指挥孟贤、钦天监官王射成等密谋毒死皇帝，并伪造了一份废太子、立赵王的诏书。事发后，犯事官员全被处决。皇帝怀疑到了朱高燧，问这事是不是他指使做的，朱高燧听了吓得话都说不上来。太子又一次显示了他的仁厚，辩解说，这是下面人胡乱做下的事，朱高燧并不知情。

1424年，朱棣亲征漠北，朱高煦觉得机会来了，派儿子朱瞻坼在北京刺探消息，最多的时候，一昼夜信使往返六七次之多。8月，朱棣在榆木川去世，随军的杨荣与另一位大学士金幼孜为确保太子顺利继位，封锁了皇帝去世的消息，秘作二诏，一为遗诏入朝，二是派人火速赶往留都，护送太子入京即位。朱高炽终于渡过险关坐上了帝位，是为明朝的第四位皇帝明仁宗。

但朱高炽的运气实在不太好。即位前屡遭谗诟，数度险遭不测，等到做了皇帝，还有朱高煦这样的强藩时时威胁着，日子还是好不到哪里去。虽对乃弟抚慰有加，增加了近一倍的岁禄，又赏赉数以万计的财物，但朱高煦就是不买他的账。

巨大的心理压力使朱高炽在位不到一年就突然驾崩。有关皇帝的死因有种种猜测，雷击、中毒、纵欲过度，等等，不一而足。有一份宫内太医传出的报告，说他死于心脏病突然发作。考虑到皇帝的肥胖和足疾，这种说法似乎较为可信。也幸亏他去世得早，兄弟之间的矛盾还没有全面爆发。但他儿子朱瞻基的即位，也是惊险万状。朱瞻基从留都前往北京奔丧并接登大位时，须途经山东，他那位怀有二心的叔父预谋在半路设伏偷袭，终因时间仓促准备不及没有得逞。

朱瞻基即位之初，朱高煦曾有过一段时间的表面顺从，他连上几件奏章，所奏都是利国安民的事。朱瞻基对大臣们说：永乐年间，皇祖父告诉父皇和我，这个叔叔怀有异心，要时刻戒备他做出什么事来，我今天看他奏事态度诚恳，看来旧心已经革除。他不知本性难移，这个叔叔是成心要和他拧着干的。

朱瞻基还是一个孩子时，皇祖父带着庞大的家族去孝陵拜谒，他父亲因为身体过于肥胖，双腿不利索，需两个内侍搀扶着，才能慢慢地拾级而上。一不留神，朱高炽滑了一跤，差点从台阶上滚下来。叔父朱高煦紧跟在后，见状说了句风凉话，"前人蹉跌，后人知警"。朱瞻基跟在祭祀队伍的更后面，见父亲的窘态、叔父的恶作剧取笑，脱口而出："更有后人知警也。"

果然他登基还不到一年，这位桀骜不驯的叔父就兴兵叛乱了。1426年9月，汉王朱高煦立五军都督府，亲率中军，准备趁朱瞻基立足未稳把他赶下台。同时派亲信枚青潜入京师，约英国公张辅为内应。

忠诚于皇帝的张辅把这个说客绑缚，报告了朱高煦要作乱的消息。家在乐安的一个御史以家人性命为代价，冲破封锁秘密潜至京城，传讯示警。事情到了这一地步，朱瞻基还没有开仗的打算，他派了一个叫侯泰的太监，前往汉王封地宣谕旨意。

皇帝亲使传旨，藩王理应跪接，朱高煦接旨时却让一大帮护卫前呼后拥着。朱高煦让这个太监跪着，要他回去如此这般向皇帝传话：靖难之役，要不是我出力死战，怎会有今日？可恨的是太宗听信谗言，削去我的护卫，又把我赶到乐安，后来你爹即位，还假惺惺地拿金帛财物来堵我的嘴，我想动手已不是一天两天的事了，速速把夏原吉这些奸臣绑来见我，再来谈下一步怎么办吧！

侯泰怎敢把如此忤逆的话报告给皇帝，但朱瞻基通过锦衣卫还是获知了这些话。他怀疑这个太监首鼠两端，甚至可能被叔父拉拢了，发狠话说一定好好收拾他。

一边是侄儿皇帝，一边是藩王皇叔，历史似乎又要重演二十多年前那一幕。朱瞻基决定派阳武侯薛禄率军征讨，英国公张辅也自告奋勇要求领兵两万出征，"献俘阙下"。廷议时，大学士杨荣说，要是皇帝此刻还畏葸深宫，一旦战事失利，就极可能重演建文年间那段故事。见皇帝还在犹豫，他大呼，陛下难道忘了当年李景隆误国的事了吗？！

夏原吉也认为，事情到了这一地步，只派大将率师出征已无济于事，只有皇上御驾亲征，威之以天下之力，兵贵神速，一鼓平之。

朱瞻基采纳了他的大学士们的建议。宣德元年八月十日，皇帝亲自主持祭告大典，通过一套繁复而庄严的仪式，把朱高煦的罪行上告天地、宗庙、社稷、山川、百神，以握有庙堂宗器之便，先在气势上压倒对方。

典礼毕，大军从京城开拔，逶迤数里，直挥叛军巢穴。

开始，朱高煦听说是薛禄领兵前来，心中暗喜，等到御驾亲征的消息传来，他被恐惧淹没了。僚属建议他离开封地，南下夺取留都南京，像历史上的那些枭雄一样，以长江天险为凭，先成划江而治的局面。但朱高煦麾下的这支地方武装，护卫军士大多从乐安本地招募，谁也不愿跟随汉王弃家南下，踏上一条前景莫测的道路。八月十九日，前锋薛禄抵达乐安城下。次日，大军星夜兼程赶至，把个小小的乐安城围得如同铁桶一般。

朱瞻基把中军大帐扎在乐安城北。叛军在城上发炮，因途程太远，构不成威胁。皇帝亲率的部队装备精良，在城下发神机铳箭，一时声震如雷，吓得城门上的人都缩头不出。为瓦解敌方意志，朱瞻基命人把招降书绑在箭上射入城中，果然乐安城内人心惶惶，甚至一些军士密谋把汉王抓起来献给皇上。朱高煦绝望了，他派人出城传话，称愿意归降，希望再给他一夜时间，也好与家人妻女好好话别。

这一夜，乐安城笼罩在一片末日恐慌之中，朱高煦命把武器、文档、信件等一应谋反证据尽行销毁，一整晚城中都是火光烛天。护卫军统领王斌主张突围，"宁一战死，无为人擒。"但朱高煦此刻已万念俱灰，只想投降乞得一条生路。

朱高煦的认罪态度是出奇的好，一再表示，"臣罪万万死，惟陛下命"。群臣要求明正典刑，皇帝没有应允，把朱高煦和几个儿子一并擒拿回京。除了王斌等几个主犯，城中军民胁从者一概不问。为庆祝皇帝文韬武略奏此大捷，乐安城也被改名成了武定州。杨荣等人建议，不如趁此机会挥师彰德①，把赵王朱高燧也一并拿下算了。但杨士奇和杨溥认为，尚无确切证据表明赵王同这次谋反有直接关系，再说，皇上也就这两个亲叔叔了，一个已因不法事被囚，为仰慰皇祖在天之灵，也就不要再把事态扩大了。

皇帝亲制《东征记》表彰了这次军事行动。稍后，天津、青州、沧州、山西等地参与谋反的官员被诛杀达六百四十余人。朱高煦父子被废为庶人，监禁在西安门内工部建造的一处院落，名为逍遥城。

三年后，宁王朱权找了一个机会，请求皇帝赦免朱高煦父子，

---

① 今河南安阳。

朱瞻基没有答应。

朱高煦的最后结局，史传上只说，"高煦及诸子相继皆死"，并无详细记述。《明史纪事本末》和《皇明史窃》记载了他惨酷的死法：

一日，朱瞻基去西内逍遥城，看望关押的朱高煦。进入囚室时，朱高煦居然出言戏侮，还出其不意伸出一脚，故意把皇帝勾倒在地。朱瞻基大怒，命卫士将三百斤重的铜缸覆扣在朱高煦身上。朱高煦孔武有力，竟然把这铜缸顶了起来。这陡地激起了朱瞻基的杀机，他命人把一大堆木炭堆在铜缸上点燃，火势熊熊，不一会儿铜缸都熔化了，朱高煦的尸体被烧成了一截焦炭。

盛世三杨

朱元璋、朱棣父子是中国历史上少有的强势君王，大明开国近六十年的执政期，他们掀起了一阵阵风暴，让人不无春寒料峭之感。但帝国的国运毕竟在上行，各项典章制度也日臻完备。随后的十几年间，大明王朝进入了盛大的夏日。史家评论明朝之有仁、宣二朝，就像周有成、康，汉有文、景，都是少有的盛世。

朱高炽享国不及一年，所谓"仁宣之治"，主要还是朱瞻基执政的十年间。这一时期，朝廷任用贤良，与民休息，政府高效运转，既无党派之争，也没有政策方面的重大失误，尽管宦官势力正在渐渐渗透，但还没有日后那样猖獗。到了后来的离乱之世，常常怀念这黄金十年，也不是没有道理，正所谓："吏称其职，政得其平，纲纪修明，仓廪充羡，闾阎乐业，岁不能灾，盖明兴至是历年六十，民气渐舒，蒸然有治平之象矣。"

朱高炽在位时间虽短，但长年出入经史典籍，他深知必须"上下情通"，方能政局稳定。他一上台，就开始有意识地修复开国以来不正常的君臣关系。他曾这样对杨士奇等人说：前几代皇帝，不喜欢听大臣直言，即使是身边亲信，也都在威势下不敢进一言，使得一批贤良之臣退而卷舌，我们一定要引以为戒。他保证，如有合理的谏言，"朕退必自思"。

有官员上书拍马，说太平世界已经降临，朱高炽把表章发下去给大臣们看，让他们随意发表意见。大学士杨士奇说，流民还没有尽归故里，老百姓的日子还不好过，疮痍还未平复，再让民众休养生息几年，才勉强称得上个太平之世。朱高炽对蹇义等人说：杨士奇连上五章，对我提出批评，你们却没有一个敢发言的，难道朝政真的那么完美，天下真的太平了吗？我是多么希望你们以至诚之心来辅弼我啊！类似的话，后来他的儿子朱瞻基即位后也对杨溥等人说过：祖宗创业艰难，子孙守成也不易，可是臣子们往往好进谀辞，实在令人讨厌，"但觉朕有过失，直言无隐。"

在登基不久发布的一份诏书中，朱高炽提出，法律的真正目的在于制止暴力和世界上的一切邪恶行为，引导人民向善，而不是专以诛杀为能事。他规定，今后的死罪止于斩绞，文武诸司不许恣肆暴酷，法外加施鞭背等刑，尤不许加人宫刑。除了犯谋反大逆罪依律连坐，其余的罪项，都只追究到行为人本身，不搞株连。在接见刑部尚书金纯、都察院左都御史刘观等人时，他告诫他们，要存"矜狱之心"。

朕于刑法，未尝敢以喜怒增损，卿等鞫狱之际亦当，虚心听察，量其情实，有罪不可幸免，无罪不可滥刑，持法明信，则人有所畏而不敢犯。若不明其情而任己轻重，或迎合朕意，使人含冤抱恨者，朕之所恶。卿等其慎，以为戒，卿等皆国大臣，非独自己，当存矜狱之心，如朕一时过于嫉恶，处法失中，卿等更须执正，毋以乖逆为虑，朕不难于从善也。[1]

史称仁、宣两朝"用人行政，善不胜书"，对官员的积极选拔和考察黜陟，使帝国行政机器开始运转自如。为整肃吏治，杨士奇等推荐以廉明刚直著称的薛宣、顾佐等人，分别担任两京左右都御史，奏请罢斥有严重贪污渎职行为的御史三十余人，对冗官则予以裁汰。仅 1433 年，便一次裁汰京师冗官七十七员。一些真正有才干的下级官员在选拔贤良的良好机制下得以脱颖而出，著名的能吏高谷、周忱、况钟等人，科场屡次败北，却都超擢委以要职。《明史·循吏传》入传共一百二十人，洪熙、宣德年间竟占半数之强。

大学士杨士奇对选拔贤良一事尤为尽心，史传他"察墨吏，举文学、武勇之士，令极刑家子孙皆得仕进。又请廷臣三品以上及二司官，各举所知，备方面郡守选"。考虑到历次会试考中者多为南方文人，杨士奇等又建议分南、北两卷，使南北人才皆入彀中，官场生态得以平衡。

周忱是一个很有才干的下级官员，二十多年都没有得到升迁，但户部尚书夏原吉一直很看好他。宣德初年，有人荐举周忱去地方出任长官，夏原吉认为，这并不能让周忱完全发挥才干。后来在他和大学士杨荣共同荐举下，周忱升任工部右侍郎，巡抚江南诸府，

---

[1] 《明仁宗实录》卷八。

总督税粮，任苏州巡抚十余年，成为那个时代最著名的能吏之一。还有于谦，早年任职地方，上京办事从不带着钱物走后门，屡遭勋贵和宦官攻击，如果不是"三杨"支持，早就在官场上淘汰出局了，怎可能御史、巡抚、兵部侍郎一路扶摇直上，直至帝国危难时做出一番业绩来。

"中外臣民翕然称三杨"——"三杨"，即辅政的三位大学士杨士奇、杨荣、杨溥。他们早年作为东宫僚属保储有功，仁宣时代新的政治格局中，又一起参赞机要，共同开创盛世局面。"当是时，帝励精图治，士奇等同心辅佐，海内号为治平。"

杨士奇的府第在城西，人称"西杨"。"东杨"杨荣，不消说是住在东城。杨溥曾经自署郡望南郡，人称"南杨"。

"三杨"之首的杨士奇是江苏泰和人，在贫寒困顿中度过了少年时代，成年后，一度以教馆授徒谋生。他一生中的第一缕曙光出现在 1399 年，建文帝即位后邀集学者修《太祖实录》，有人举荐了已担任府学教授的杨士奇，称他颇具史才，文笔亦佳，遂被召入翰林充编纂官，1404 年后进为左中允。

史传上说杨士奇奉职非常谨严，私居从不谈公事，连最亲近的家人朋友也打听不出什么来，一涉公务，则"举止恭慎"。朱棣任命他为东宫讲官，给太子讲解经史典籍和治国之要。永乐六年，朱棣远征漠北，留他和塞义、黄淮等一同辅佐太子。那一时期，朱高炽对诗歌表现出了浓厚兴趣，他当面直陈，太子殿下应该留意《六经》之类的上古典籍，有空则去翻翻两汉诏令以提高执政能力，因为相比治国安邦这样的大事，诗歌不过是雕虫小技。

朱高炽即位，杨士奇擢升为礼部侍郎兼华盖殿大学士，与杨荣、金幼孜、黄淮等一班保储有功的官员同在晋升之列。不久，这些刚升任侍郎的官员又各迁尚书，杨士奇也被委以兵部尚书的显赫职位。有个御史上疏冲撞了皇帝，朱高炽想治他罪，杨士奇说，如果真的治了这名御史的罪，就没有人会相信皇上纳谏的诚意，心存恐惧的人也会越来越多。大理少卿弋谦提批评意见，得罪了皇帝，杨士奇声称"若加之罪，则群臣自此结舌矣"，使皇帝打消了治罪的念头，还任命此人担任专事监察的副都御史一职。

1430 年春天，朱瞻基陪同太后（仁宗张皇后）拜谒皇陵，召杨士奇、杨荣、杨溥、金幼孜、蹇义及英国公张辅等一干亲信大臣陪同。仪式结束后，朱瞻基告诉杨士奇，说太后对他也颇为欣赏，因为只有他不惮触忤，敢于直言。杨士奇对皇帝转述的太后的这番话极为感佩，称之为"盛德之言"。

帝国幅员广大，各地免不了旱涝灾害，一遇灾情，杨士奇就请皇帝下诏宽恤，通过减少官田、理冤滞、汰工役等实事关心民生。为示对大臣的优渥，某个晚上，朱瞻基微服出行造访杨府，杨士奇感激涕零之余，又忍不住埋怨皇帝太不把万乘之躯当回事了，"陛下奈何以社稷宗庙之身自轻？"皇帝倒是回答得轻描淡写：我突然想起要和你说一句话，所以就过来了。几天后，抓获了两个盗贼，皇帝检讨自己那一晚的冒失行动，"今而后知卿之爱朕也。"

"东杨"杨荣，1400 年考中进士，初任翰林院编修。1402 年靖难之师进入南京城时，他在迎谒时拦住朱棣的战马，大声说：殿下是先祭拜皇陵，还是先即大位？这一喊提醒了朱棣，赶紧跑去皇陵拜谒，自此得到朱棣的赏识，入直文渊阁。朱棣曾派他去甘肃经画军务，他回来后把山川形势、军民情况详细上奏，时值盛夏，朱棣亲自为他剖瓜慰劳。

杨荣素以警敏著称，虽为文臣却能知兵，"能知边将贤否，厄塞险易远近，敌情顺逆"。朱棣北征时多次命他与胡广、金幼孜等随驾扈从，赞画军务。在军中时，朱棣常称他"杨学士"，不直呼名字。

1413 年，大军北征瓦剌，朱棣苦于军粮短缺，杨荣建议"择将屯田，训练有方，耕耨有时，即兵食足矣"。

1424 年，在朱棣对北部边境的第五次大规模军事行动中，杨荣作为军事高级顾问再度随驾。大军抵达兰纳木儿河，蒙古骑兵早就闻风而逃，再加上寒潮来袭，军粮运输不济，军士因寒冷、饥饿自然减员十之二三，杨荣等建议班师。此时，朱棣已因过于疲乏再加寒气入侵得病，至榆木川，终于抱着没有尽扫蒙古骑兵的遗憾去世。危急关头，杨荣"谋而能断"，与金幼孜等议定，六师在外，去京师尚远，秘不发丧，一边火速遣人到南都请皇太子北上登基。

仁宗享国不及一年去世，朱瞻基即位，没多久，汉王朱高煦谋反，杨荣力主御驾亲征，终奏大捷。长年厕身行伍，鞍马劳尘，杨荣身上有着一般文臣所没有的豪爽劲儿，"疏阔果毅，遇事敢为"[①]。时人都称杨荣处国家大事，堪比唐时宰相姚崇，而他的不拘小节也有类似，这使他收获了众多的友情——"性喜宾客，虽贵盛无稍崖岸，士多归心焉。"

朱瞻基刚即位时，阁臣共有七人。陈山、张瑛是念在东宫旧人恩典入阁的，因办事不力，后来迁为外官。金幼孜死得早，黄淮以疾致仕，到后来常任的只剩下杨士奇、杨荣、杨溥三人。杨荣与边

①《明史》卷一四八，《杨荣传》。

关将领相熟，逢年节或上京办事，他们都会送一些良马给他。这些事也传到了朱瞻基的耳朵里，他问杨士奇是怎么回事。

杨士奇说，杨荣晓畅边务，为臣等不及，喜欢好马，也是长年在军中的缘故，不必去介意这些小事情。

朱瞻基笑着说，他在背后还说过你和夏原吉的坏话呢，你怎么反过来为他说话？

杨士奇回答得非常巧妙："愿陛下以曲容臣者容荣。"希望陛下像容忍我们一样容忍杨荣吧。这话传到杨荣那里，杨荣很惭愧，此后两人"相得甚欢"。

"南杨"杨溥，与杨荣是同科进士，最早也在翰林院任编修。但随后的经历就没有杨荣那么顺畅了。因学问道德俱佳，永乐初年，杨溥被朱棣派到东宫任洗马一职，以儒家经典教导皇太子，不久就卷入了东宫与汉王一派的政斗旋涡，并因太子失宠而屡遭不测。

1414 年，朱棣北征还师，嫌恶太子迎接太迟，失了礼仪，把杨溥、黄淮等逮至北京大狱囚禁，一关就是十余年。这黑暗的十余年里，杨溥随时都有可能死去，因为对汉王来说，买通关节处死一个关在诏狱里的犯官不是一桩难事。令人感佩的是，即便身陷囹圄，旦夕且死，他在狱中还是手不释卷坚持阅读。

朱高炽即位，杨溥无罪开释，擢翰林学士，不久进太常卿。朱高炽因他系狱十年，愈加垂怜，建弘文阁时命他任阁事，并亲授阁印，称赞他学问博洽的同时，希望他广知民事，更好地辅佐自己。宣宗即位，召杨溥入内阁，与杨士奇等共典机务，后迁礼部尚书。

当英宗朱祁镇初立时，杨溥与杨士奇、杨荣等奏请开设经筵，选择翰林学士中学识平正、言行端谨、老成识大体者任年幼的皇帝的讲官，获太皇太后首肯。一日，太皇太后坐便殿，召英国公张辅及杨士奇、杨荣、杨溥、尚书胡濙一起入觐。这位仁宗的遗孀特地把杨溥招到近前，对他说，仁宗在时就常说起他的忠心。说话时她想起早逝的夫君，泪水涔涔，众大臣也都陪着落泪。太皇太后对小皇帝朱祁镇说，这五个大臣都是三朝元老，以后朝中大事多与他们商议才是。

1438 年，杨溥主持的《宣宗实录》修成，进少保、武英殿大学士。杨溥后于杨士奇、杨荣二十余年晋身大学士，到了这个时候终于"三杨"并立。

时人评价"三杨"，杨士奇有"学行"，杨荣有"才识"，杨溥有"雅操"。对杨溥的称许多在道德操守。史传称杨溥，"质直廉静，无城府，性恭谨"，与大臣们议事时争论不下，有人说难听话他都能容忍。有一个大臣说，南杨先生每次入朝奏事议事，都是贴着墙根而走的。说来辛酸，这本是十年牢狱之灾给他留下的烙印。《明史》在这三人的传记后，有这样一段论赞："溥入阁虽后，德望相亚，是以明称贤相，必首三杨。均能原本儒术，通达事几，协力相资，靖共匪懈。"[1]

内阁权力在"三杨"时代有了突破性扩张。从仁、宣朝起，内阁权力首次超过了中央六部。原先只有五品衔的内阁学士——都跻身公侯尚书之列。朱高炽刚即位，就进原东宫僚属杨荣为工部尚书，杨士奇为兵部尚书，黄淮为户部尚书，金幼孜为礼部尚书。还恢复了建文、永乐时罢废的公孤官，给这些亲信进衔为少师、少傅、少保[2]。

---

① 《明史》卷一四八，《杨士奇等传赞》。
② 明代官制，少师、少傅、少保为三孤，从一品。

内阁这样一个中枢辅政机构，因为手握票拟大权，事实上已被赋予宰辅之责。所谓票拟，也叫票旨、条旨，是指中央六部和地方的奏章在送呈皇帝前，先由内阁给出一个供皇帝参考的处理意见。这些建议写在小票上，贴在各封奏章的封面，以便御览时一眼就能注意到，这实际上掌握了代替皇帝起草批文的职权。

当然，"三杨"票拟的意见要变成朝野上下遵照执行的谕旨，在程序上还要经过皇帝的确认，即所谓的"批红"。仁、宣时期君臣相得，内阁票拟皇帝一般不轻易否决，故有"仁宣之间，政在三杨"之说。而吏部尚书蹇义、户部尚书夏原吉等，虽也是东宫僚属出身，资历也高，只因未进内阁，处事权力远不如"三杨"等阁臣。

当皇帝和他的官员们陶醉于短暂的太平景象，歌德之风也沉渣泛起。有一些名利心炽盛的躁进之徒，更是时时揣摩着皇帝的喜好。皇帝谒陵途中"执耒三推"，马上有臣工炮制出《耕夫记》大赞其德。下起了雨雪，便有人献《喜雨诗》《喜雪诗》，记其祥瑞。大臣们的奏疏和政府发布的公文中，也充斥着诸如"圣德隆盛""仁思覃霈、海宇晏宁"这般歌功颂德的话。连带着一个时代的文学风尚，也如同辅政大臣们擅长的"台阁体"一样，浮华不实。

诚然，仁宣时代的君臣关系在整个大明朝最为融洽，但联结这一关系的纽带却是脆弱、多变的。大学士杨荣说的"事君有体，进谏有方，以悻直取祸，吾不为也"，可谓曲尽其妙。也正因为懂得这样的官场谋略，杨荣这样的官员方能够历事四朝，"其恩遇亦始终无间"，成为政坛不倒翁。皇帝的纳谏也是有限度的，提谏议的如果是皇帝的亲信大臣，被采纳的概率就会高一些。更重要的是，一切须在不触犯皇权和皇帝尊严的前提下进行，如果违反，再忠实的建议也会被拒之门外，甚至遭受非常手段的打压。

性格耿直的李时勉因言获罪不是一次两次了，他的不凡经历在他活着时就已成为一个传奇。永乐十九年，时为翰林侍读的李时勉反对迁都，有人诬陷把他下了狱，朱棣没拿他怎么样。一年后，在杨荣荐举下，李时勉复任原职。朱高炽一上台，"慨然以天下为己任"的他又上疏言事了。这次，他把朱高炽这个出了名的好脾气的皇帝当廷气得不轻。被惹火了的朱高炽把他召到便殿问话，命殿前的大汉将军拿金瓜捶击，肋骨打折三根，拖出去时连气息都快没了。皇帝把他降职为交趾道御史，都这样了他还要再次上章，于是被关进了锦衣卫狱。幸亏有一个锦衣卫千户与他交好，私下请来医生为他疗伤，这才保住了一条命。朱高炽临终前，还以没杀李时勉为憾事，对陪侍的夏原吉等人说，"时勉廷辱我"。

朱瞻基即位后，听说李时勉把先帝气成这样，非常愤怒，下令把李时勉缚来，他要亲自审问然后处决。使者刚领命而去，又令锦衣卫王指挥径直前往，把李时勉押赴西市斩首，不用来见了。王指挥领命从端西旁门出，先前派去的使者已经押着五花大绑的李时勉从端东旁门进来了，两路人正好错开。朱瞻基远远望见李时勉就大骂：你一个芝麻大的小官竟敢冒犯先帝，真是好大胆子！你当时到底说的什么话快快奏来！

李时勉背诵了当时上疏中的一条，大意是皇帝不能与妃嫔过多交接，皇太子不能长时间离开身边的讲官。朱瞻基听了这话，阴沉着的脸色稍稍好转。李时勉一口气背到第六条，朱瞻基让他索性把上疏的条文全都背将出来。李时勉说，臣适才过于惊惶，已经不记得全文了。朱瞻基此时的脸色已全然转晴，他用开玩笑的口气说，是不是话太难听，怕说不出口啊，把这份上疏的稿本拿来吧。李时勉答，稿本已烧掉了。朱瞻基一边叹息，一边夸赞李时勉的忠诚，当场赦免了他，复官翰林侍读。等到王指挥空着手回来向皇帝复命，李时勉已经重新穿起大臣的冠带立在阶前了，搞得这个锦衣卫指挥都蒙了。

李时勉后来参与了修撰《成祖实录》《宣宗实录》，这是本朝学问道德俱佳的学者才有资格参与的工作。除了这两部国家史籍，李时勉一度还担任了为皇帝讲解典籍精要的经筵官，并代为国子监祭酒。当他参与的《成祖实录》完工时，朱瞻基亲自到史馆看望工作了数年的学者们，为示皇帝恩典，他派内侍撒金钱赐给学者们。钱币在地上骨碌碌地转，学者们全都俯下身来满地寻找，只有李时勉一个人站立着，不肯低头捡钱。朱瞻基惊讶地问他为什么不领赐，李时勉直截了当地说：您撒钱让学者们满地去找，可能并无恶意，但我受不了这样的轻慢与污辱，所以宁愿不要赏赐，也不会满地爬着去找钱。说得朱瞻基讪讪的，只好单独拿出一份直接交到他手里。

同样是在朱瞻基这里，都察院御史、先后巡按福建江西的陈祚就没有这么好运气了。朱瞻基是个对物质享乐有着浓厚兴趣的皇帝，即位不久就扩大教坊司规模，派人征购各种玩物和珍禽异兽，陈祚上疏劝谏皇帝，罢弃这些不健康的爱好，为政之余暇多读读《大学衍义》这样的书。一向自负文学的朱瞻基大怒，骂他"竖儒"——"竖儒谓朕未读《大学》耶！薄朕至此，不可不诛！"幸得内阁学士陈循巧妙斡旋，才让朱瞻基消了气。最终，陈祚和他的家人十余口长期关在了牢里，五年时间不得相见，他的老父也瘐死了。

朱高炽和朱瞻基听到不顺耳的谏议时反应之强烈，拒斥态度之坚决，说到底，都是因为皇帝认为自己的尊严被冒犯了，这或许就是独裁者的"本色发露"吧。仅对儒家典籍的领会而言，相比太祖开国时在刚落成的宫殿里不用前代壁画、让人写上满满一壁的《大学衍义》，再比照成祖一心选用贤良学者辅导太子孙，朱高炽和他自命不凡的儿子都要浅陋得多，所以孟森讲明史时说："明帝王之不知正学，自宣宗始。"

这是一个空气中都飘荡着享乐气息的年代。由于皇帝酷爱艺术和诗歌，国家重大的庆典仪式上也要诗歌助兴。君臣经常在一起欢宴纵歌，有时都要通宵达旦。逢每年岁初，京官们还可以享受到近半个月的长假。其他诸如巡幸西苑万岁山这样的游园娱乐活动，除了亲信大臣随驾，翰林学士更要全体出动并赋诗赓和。《实录》称宣宗后期，"臣僚宴乐，以奢相尚，歌妓满前，纪纲为之不振"，当不是危言耸听。

即便身为百官楷模的"三杨"，亦时常挟妓玩乐，戏谑入俗。明代作家蒋一葵的《尧山堂外纪》记载了这样一则故事：

> 三杨当国时，京中有一妓名齐雅秀，性极巧慧。一日令侑酒，众谓曰："汝能使三阁老笑乎？"对曰："我一入便令笑也。"及进见，问来何迟。对曰："看书。"问何书？曰："《烈女传》。"三阁大笑曰："母狗无礼。"即答曰："我是母狗，各位是公猴。"一时京中大传其妙。

京城名妓齐雅秀的故事不无戏谑意味，表面上，齐雅秀是不惜作践自己来取悦这些官员，暗地里却传出了她对这些欲望旺盛又道貌岸然之徒的嘲笑。沐猴而冠，这个成语在这里被赋予一种更为直观的形象："各位是公猴。"要知道，她说的"各位"，把深孚名望的当朝大学士们都给骂了进去。

飞扬跋扈的王先生

这是一个歌舞升平的表面下滋生着危险的年代。危险丛生，尚在萌芽之中，在这使人轻微麻醉的空气中，这个时代最灵敏的鼻子和耳朵也都辨认不出来，或者，他们看到了，也听到了，但慑于皇帝的威权不敢大胆说出。

皇庄和勋戚的田庄正在不断蚕食自耕农的土地，赋税管理越来越混乱，皇帝蠲减租赋的承诺并没有让升斗小民得到真正的实惠。流民问题越来越突出，这些抛弃家乡远离土地的人们越来越喜欢在路上了，无论是官府的追捕或是郡县太爷们的抚恤安慰，都不能保证他们下一回不再跑了。

更严重的隐患在边境。"北虏南倭"，一向是帝国最头疼的边务问题，国初在北部边境设立了辽东、宣府、大同、延绥、宁夏、甘肃、蓟州等九个专门用来对付蒙古骑兵的军事重镇，即所谓"九边"。眼下承平日久，皇帝又一味奉行消极防御政策，不断向内迁兵，宣府、大同等镇已直接裸露在北部边防。"自此蹙地三百里，尽失龙冈滦河之险，而边地益虚矣"①，已经有人在担心，一旦强大的蒙古骑兵

---

① 《明通鉴》卷二〇。

挥师南下，该如何抵挡？

而为了削减财政支出，成祖时代曾经远航大西洋的宝船亦已罢用，大航海的时代结束了。从海洋退却的代价，是与西洋诸国建立的联系全部中断，海外贸易的渠道几乎全被堵塞。此后几百年间，印度洋和阿拉伯海将再难觅中国帆船的踪影。从宣德年间开始，中国已于无意中退出正在酝酿形成中的世界性市场，满足于一个鸡犬之声相闻的古典式小农经济世界，这使得数百年后，当欧洲列国挟坚船利炮前来叩敲大门时，这个国家对这一来自西方的挑战迟钝、木讷又处处被动。

只是，仁宣时代最好的视力也看不到那么久远年代的事。眼下，令文官集团忧心忡忡的，是宦官势力的日益坐大。

这些被阉割掉生殖器的男人已不是生物学意义上完整的男人，他们就像一种奇怪的动物，身体的残缺总是使他们对世界抱着一种仇视的目光。洪武时代，供奉内廷的宦官数量被严格控制，他们不能识字，所从事的也只是内廷一些粗重的活计，再加太祖立法谨严，于宫门铸一铁牌严禁内臣干政，"内侍干与政治者斩"，国初的政治格局中宦官力量尚未形成气候。到了永乐年间，诸王兵权集中到了武臣手里，朱棣对手握重兵的边关将官不放心，开始让太监监军，他们随时向皇帝报告军中情况，牵制、监视武臣，至仁、宣二朝，遂成定制，九边及十三布政使都设了守备太守和镇守太监。至明朝后期，武臣积弱积轻，疆事遂致大坏，种子当是此时已经埋下。不仅如此，这些宦官还充任皇帝的私人代表，到全国各地收取税款，充实皇家私库，号曰"税使""矿使""盐使"，多横行不法。1435年朱瞻基去世后不久，罢十三布政使镇守中官，但仍然保留了南京守备、诸边镇守以及徐州、临清的税使和安徽、浙江等地的盐使。

有明一代的两大政治弊端，一为党争，一为阉祸，这两者交相施为，消耗了明朝有生力量，使得国运日衰，终至大厦倾坍。而宦官干政之始，实可以追溯到朱瞻基执政的宣德年间，史称"宦寺之盛，自宣宗始"①不是没有道理。

朱瞻基对内廷势力的坐大不是没有警觉，他即位之初，湖广参政黄泽上书言十事，以历史上宦官典兵干政的例子作教训，要求皇帝远离嬖佞。朱瞻基称赞黄泽忠心可嘉，对他的建议却一再置若罔闻。他对宦官的控制也时紧时松。紧的时候，杀几个恃恩纵肆、以采办为名敛取财物的内侍以儆效尤；松的时候呢，又备极隆遇，像给勋臣发免死铁券一样，发给宦官们免死诏。那些动不动就要上书谏事的文官们，自然没有身边的内侍乖巧，外廷的文官们太自以为是，俨然真理在握，正好培植宦官们来压一压，要不然，这些书呆子们还真不知道天下是谁家的了。

1426 年 8 月，朱瞻基在宫内太监王振等怂恿下开设了内书堂，专教小太监们读书识字。开始，每年选十岁上下小内侍二三百人，后来逐渐增至四五百人，授课教师则由王振这样识文断字的宦官充任，后专设翰林官四人任教习，大学士陈山、翰林学士朱祚等先后任内书堂讲席。这一举措极大提高了宦官的政治地位，并像催化剂一样使他们的势力迅速膨胀起来。

这一事件对后世政治的影响，《明史》这样评述：

> 初，太祖制，内臣不许读书识字，后宣宗设内书堂，选小

---

① 《明史》卷一六四，《黄泽传》。

内侍，令大学士陈山教习之，遂为定制。用是多通文墨，晓古今，逞其智巧，逢君作奸。数传之后，势成积重，始于王振，卒于魏忠贤。考其祸败，其去汉、唐何远哉！ [1]

这些文官们的天敌，以皇帝近侍的有利位置迅速渗入了帝国的神经中枢。帝国如此庞大，它的管理和运行有赖于文件的有效运行，这些公文从作为中枢的内阁到中央六部，再到地方省府州县间，如同血液循环流动一样，使帝国的躯体保持着不竭的生命力。各地各部门的奏御文书，先由内阁提出票拟，再送进宫中，由皇帝御批后，再行实施，这最后一道程序，名曰"批红"。不可避免地，这一权力落进了太监们手中，从内书堂出来的太监，通文墨、晓古今，知识给他们插上了邪恶的翅膀。

朱瞻基执政的后期，倦怠政务，除了偶尔御笔亲批文件，其他大都交给司礼监秉笔太监，遵照内阁票拟字样朱笔批行。既然连奏御文书都要过太监的手，还有什么军政大事他们不能与闻的？

最先给予文官们沉重打击的宦官，名叫王振。这个在日后的正统年间臭名昭著的宦官，他的出身一向遮遮掩掩，非常神秘。官方史书只作如是交代，"王振，蔚州人，少选入内书堂，侍英宗东宫，为局郎 [2]"。

据严从简的《殊域周咨录》、查继佐的《罪惟录》等私家史籍记载，

---

[1] 《明史》卷三〇四，《宦官一》。
[2] 局郎，官名。明太祖洪武二年，于太子东宫六局分置，各一人，以宦官担任，为正五品，掌侍服之事。

王振并不是少年入宫，在正式净身入宫前，他和那个时代的大多数读书人一样，走的是一条科考之路，并取得了微薄功名，担任州县一级学校的教习。但这个教习业绩平平，九年考满，连一两件值得称道的事都派不出来，按律是要充军边关的，因为永乐末年出了一条新政，这些不合格的教职人员如果已有子嗣又自愿净身的，可令入宫教女官识字。"振遂自宫进，授宫人书，宫人呼王先生"①。当时和王振一起接受这一职业的共有十余人。

官方传记对王振曾任学校教习一事，一向讳莫如深。王振文才不错，再加早年基层官场混迹经历，在大多文盲的宦官中当属翘楚。也正因为此，他才会得到朱瞻基的重用，让他陪太子朱祁镇读书。朱祁镇还是个髫龄小儿，对这个由父亲指派、来自成人世界的陪读者总是又敬又怕。这种复杂的感情一直主宰着朱祁镇的内心，直到多年后，他被这个太监害得做了蒙古人的俘虏，还是对之非常依赖。

王振一边陪侍太子，一边已经暗暗掌握了号称内官最贵重的司礼监的大权。而起因只是因为，掌司礼监的刘宁不认得字。秉笔太监不识字，如何代皇帝批红？王振受命代笔，逐渐排斥刘宁、金英诸辈，掌握了内廷最重要部门的大权。司礼监掌皇城内一应礼仪刑名、关防门禁，作为皇帝的秘书部门，还有权知闻内外章奏文书，参与御前勘合，尤以秉笔太监更受皇帝器重，不仅不离左右，代皇帝朱笔批红，还有机会提督东厂，管理帝国的特务部门。王振从代笔司礼监起步，很快就只手遮天起来。

1435 年春天，朱瞻基驾崩，年方九岁的皇太子朱祁镇即位，年号正统，是为明朝历史上唯一一个两度出任皇帝的明英宗。他的一

---

① 查继佐《罪惟录》，列传卷二九下，《王振》。

位同父异母亲弟弟朱祁钰，同时被封为郕王。

正统初年，延续的还是仁宣时期政策，太皇太后张氏（朱祁镇的祖母）委政内阁，对阁臣信赖有加，有事遣中使诣阁谘议，然后裁决。三朝老臣杨士奇、杨荣、杨溥也都信心十足，他们奏请的练士卒、严边防、蠲租税、慎刑狱等建议都得到了施行，设南京参赞机务大臣，分遣文武，镇抚江西、湖广、河南、山东，罢侦事校尉，严核百司等吏治方面的新政，也在有条不紊地进行中。

此时的王振因侍奉东宫之功，正式掌管司礼监，被小皇帝恭恭敬敬叫作"王先生"，但他还不敢公然与文官们叫板。《明史纪事本末》记载说，太皇太后甚至对王振动过杀机，最终却没有付诸实施。那日，太皇太后召英国公张辅，大学士杨士奇、杨荣、杨溥及尚书胡濙入便殿觐见，指着他们对朱祁镇说，这五人都是先皇留下来辅佐你的，国家大政必须与他们商量，方可施行全国。不一会儿，又宣太监王振，王振进来，见太皇太后脸色铁青，吓得赶紧跪伏在地。太皇太后说，你平时服侍皇帝起居，多有不律，今天就赐你一死吧。话罢，两边女官拔刀架在王振颈上。朱祁镇跪下求情，众大臣也跟着求情。太皇太后叹道：皇帝年纪还小，怎知道留着这样的人会祸及家国！今看在皇帝和众大臣面上，暂且饶过，以后断不可搅和到国事中来。

以王振之狡黠，足可以巧施权术，玩弄冲龄幼主于股掌。他树立个人威权的手段，一是拉拢，一是打压。王振初掌司礼监，正是内阁建议开设经筵的时候，他却领着小皇帝登上阅武将台，检阅京师各营的武官比赛骑射，还把从居庸关调回京城的一个叫纪广的亲信兵卒授予比武第一名，超擢为都督佥事。众将没一个服气，却谁也作声不得。

利用小皇帝对外廷的顾虑，借机打压大臣，更是他的拿手好戏。有段时间，兵部没有上奏边务，王振唆使朱祁镇召来兵部尚书王骥，责备说，你们隐匿不报是欺我年幼吗，不由分说就把王骥下了狱，过几日，又把他放出来。让大臣无故入狱，旋又开释，这是王振让朝臣畏惧的第一着棋。

王振又指使御史，劾英国公张辅回奏稽延，并劾科道官员监察失职。张辅看在国公的面子上，免予追究，御史、给事中有二十多人受到杖责。当时经筵已开，选拔翰林学士中品学方正者为讲官，一月三讲，此为数朝未有之重大典礼，但许多官员认为，皇帝已受宦官蒙蔽，这一切不过虚应故事，粉饰太平，考功郎中李茂弘等好多官员竟都挂冠而去。

有小皇帝作后盾，司礼监很快与内阁分庭抗礼了。王振到东阁会议公事，"公卿见振皆拜"①，其焰之炽，一至于此。有一次，他还欺凌到了内阁首辅杨士奇的头上。某日，太皇太后遣他到内阁问事，杨士奇说拟议未下，王振就指手画脚起来，一顿口角，杨士奇为此气得三日不出。太皇太后不明究竟，问什么原因让阁老如此生气。杨荣据实以告，太皇太后气得用鞭子狠狠抽了王振一顿，完了还让军士把王振绑到内阁谢罪，警告说，以后再敢这样，必杀无赦。

尽管张太皇太后对王振时存戒心，还经常敲打，但狡黠的王振还是会伺机寻找漏洞，让太皇太后默认了他的行为又无话可说。

1439年秋天，一个福建按察佥事打死了一个驿丞，本来这只是一桩寻常的刑事案件，但这两人的身份却有些特殊，按察佥事是杨

---

① 《明史纪事本末》卷二九，《王振用事》。

士奇的同乡，驿丞又是杨溥的同乡，这一下，把两个阁臣也给牵涉了进去。杨溥认为，这个按察佥事按罪应论死，杨士奇却想为之开脱，坐他一个因公杀人。大理寺不好判决，把这事报到了张太皇太后那里。太皇太后问王振怎么看，王振说，这两人在内阁都有关系，委实不好判，让按察佥事抵命太重，判他因公又太轻，应对品降调。太后虽没说什么，却认为王振的处置意见还是很有道理，不久，这个按察佥事就被降为同知。虽然太皇太后多次警告，内官不得干预国事，但王振自恃太皇太后倚重，愈发肆无忌惮起来。

宦官威势如此炽盛，这在本朝历史上绝无仅有，就连"三杨"也应对失措。一日，王振对杨士奇、杨荣等人大言不惭地说："朝廷的事久劳你们几位，现在你们年事已高，劳累了一辈子，也该好好休息了。"杨士奇知其用心，说："老臣尽瘁报国，死而后已。"杨荣却在一边说："的确我们都已风烛残年，为皇上效不了几年力了，是应该选择后生可任者来报效圣恩了。"王振喜滋滋地走了。杨士奇埋怨杨荣失言，杨荣说："这人已经把我们几个视为眼中钉了，一旦司礼监以皇帝的名义令某人入阁，我们可是一点办法都没有。不如趁这机会内阁充实一两个品行方正的大臣，到时同心协力，或许还能挽回局面。"

大小官员争相以重金贿赂交结王振，以求避祸，连公侯勋戚都公开称王振"翁父"。一些奉迎之徒得以骤贵，不肯低头的官员则被诬构，或加以刑罚，或充军边塞，去服长得没有尽头的苦役。

监察御史李俨，只因为与王振说话时没有屈膝，下锦衣卫狱。侍讲学士刘球，引某日雷震为天象示警，要求皇帝削减王振权力，竟被王振支使锦衣卫处以五马分尸。李时勉以国子监祭酒之尊，只因秉性耿直，不惯趋附，竟被荷校①国子监门。驸马都尉石璟看不惯其做派，私下骂他"家阉"，遭人揭发，也被下锦衣卫狱。还有巡抚山西、河南的兵部侍郎于谦，只因每次入京"未尝持一物交当路"，也被王振唆使言官弹劾，降为大理少卿。

1441年10月，工期近二十个月的宫殿扩建完工，奉天、华盖、谨身三殿及乾清、坤宁二宫交付使用，皇帝在宫中大宴百官。本朝定制，中官不与外廷宴，宦官是不能出席的。朱祁镇遣宫中小太监，去问王先生有什么意见，王振自比商周时辅佐成王的周公，大怒道："周公辅成王，我独不可一坐耶？"小太监回去如实复命，"帝戚然"，命开东华中门，召百官候拜于门外，王振这才趾高气扬地入席。其在小皇帝面前跋扈如此，对文官们就可想而知了。

内阁"三杨"，杨荣最先出事，被王振唆使言官，弹劾受宗室靖江王贿赂。虽有杨士奇力解，还是被都察院和大理寺审查个没完没了，年迈的杨荣为此忧愤而死。不久，杨士奇也因儿子杨稷杀人一案，受王振要挟，言官交章弹劾之下，不得不辞职，虽有皇帝降诏慰勉，终至"忧不能起"（他死后，儿子杨稷也被有司论死）。"三杨"已去其二，杨溥独木难支，新进的阁臣马愉、高谷、曹鼐等辈，又都后进望轻，不敢挫王振锋芒。再加王振唯一忌惮的张太皇太后已于1442年去世，于是，"振势益盛，大作威福，百官小有抵牾，辄执而系之，廷臣人人惴恐"，朝政都操于一班阉宦之手了。

"三杨"最晚去世的是杨溥，时为1446年。至此，大明开国近八十年，若以一年中的季候比之，正当盛夏。然而，这注定是个不平静的夏天，天边已隐隐响起雷声。

---

① 明朝对官员的一种刑罚，即以肩荷枷，对众示罪。

第四章　夏日风暴

土木之战

在朱祁镇的记忆中，1449 年秋天是他一生中最黑暗的日子，即便是头顶九月朗照的秋阳，让他一回想起来也满是肃杀的寒意。以万乘之躯，倾一国之力，率五十万大军御驾亲征，竟然落败于一个小小的蒙古瓦剌部落，自己也做了异族人的俘虏，这让他在以后的日子里陷入深深的内疚和自责。

"瓦剌，蒙古部落，在鞑靼西。"[①] 元顺帝被朱元璋赶到漠北后，其军事主力并未受损，其中的一支游牧民族瓦剌部落建立了猛可帖木儿王朝。所以当时人也把瓦剌看作元的后裔。

猛可帖木儿死后，分为马哈木、太平、秃孛罗三支。宣德、正统年间，马哈木一支迅速壮大，马哈木的孙子也先，嗣任太师后，

①　《明史·瓦剌传》。

逐渐并吞了蒙古其他部落。当时，一些有战略目光的官员已经意识到，也先包藏祸心，日后必将染指中原。日后被王振害死的内阁学士刘球，早在1441年就提出，"瓦剌终为边患"，吁请朝廷加强边境防御。也有御史建议，在北部边境多置城卫，拨兵屯田，以作长久之计。但当时朝廷对云南麓川连年用兵，耗资巨大，对北方边患估计不足。再加自正统初年以来，瓦剌一直遣使入贡，王振为了藻饰太平，每次瓦剌贡使来京，都赏赉大量金帛，对他们的要求也无所不允，表面上边境还算平静，是以，危险并没有引起更多人注意。

也先探知，王振权倾天下，早就通过大同镇守太监郭敬，与之暗中结交。边境互市，王振捞钱，郭敬是中间人，"递年多造钢铁箭头，以瓮盛之以遗瓦剌使者，也先每岁以良马等物赂振及敬以报之。"①这种暧昧的关系一直持续到1449年春天。这年初，也先遣使进行马匹交易，两千余人进马，诈称三千，王振嫌对方不厚道，减去了虚报的马价，这一下撕破了脸。也先觉得时机已成熟，遂兵出四路，在漫长的边境线上，同时大举进犯中原。

四支兵马闪电般袭来，一支由元后脱脱不花攻辽东，一支由阿剌知院攻宣府，另遣将攻甘肃，也先自率主力攻打大同。

在一个叫猫儿庄的地方，也先的前锋与明参将吴浩遭遇。吴浩战死，被打散的明军后撤，在阳和口②一带，组织起另一道防线。指挥这次会战的是西宁侯宋瑛、武进伯朱冕和都督同知石亨，但他们都受监军太监郭敬节制。以这种架床叠屋多重牵制的指挥方式迎战几个世纪以来纵横欧亚大陆的蒙古骑兵，又焉能不败。明军全线溃

---

① 《明英宗实录》卷一八三。
② 今山西阳高西北。

败，宋瑛、朱冕战死，石亨单骑逃回，监军太监郭敬伏身草丛，侥幸逃脱。

也先兴兵犯边的消息传入京城，舆论大哗。蕞尔小邦竟敢出兵攻打上国，是可忍孰不可忍，朝廷即派驸马都尉井源等四将，各率兵一万北上防御。井源等人出发没多久，王振又百般鼓动朱祁镇御驾亲征。时年二十三岁的朱祁镇，虽已当国十余年，对从小就陪侍左右的王振却一向待之如师如父，再加有成祖六征漠北、宣帝亲征汉王的榜样在前，也被鼓动得心里痒痒起来。兵部官员自尚书邝埜、侍郎于谦以下，都力言六师不可轻出，吏部尚书王直更是竭力进谏，阻止皇帝以身犯险。

王直说，边鄙之事自古有之，惟在守备严固而已。本朝备边最为严谨，谋臣猛将、坚甲利兵随处充满，且耕且守，足可保长久安康。瓦剌无知，忽然兴兵猖獗，这一违天悖理之举终将令他们自取败亡。王直建议，只要陛下慎固封守，按兵蓄锐以待之，瓦剌前不得战，退无所掠，必定会人困马乏，又何劳皇帝亲御六师出征呢？

王直又举出御驾亲征的几大不利因素，一是气候不佳，这个时节塞外秋暑尚盛，旱气未回，青草不丰，马不得食，水泉苦涩，人畜也都不得饮用。二是皇上车驾既离京师，若国内其他地方有急务奏报，必不能即刻送达，耽搁御览。兵者，凶也，战争历来都是危事，古之圣人对之都是无比敬慎，不敢掉以轻心，今以天子至尊，躬履险地，以臣这样的至愚之人都以为不可，何况陛下比我们每一个都聪明。

但满脑子建立不世功勋念头的朱祁镇却怎么也听不进劝。"上曰：卿等所言，皆忠君爱国之意，但虏贼逆天悖恩，已犯边境，杀掠军民，边将累请兵救援，朕不得不亲率大兵以剿之。"

不几日，谕旨下，太师英国公张辅、太保成国公朱勇、驸马都尉石璟、兵部尚书邝埜、户部尚书王佐、刑部右侍郎丁铉、工部右侍郎王永和等一应文武臣僚百余人，护驾从征。命驸马都尉焦敬等，辅助郕王朱祁钰，居守京城。

就这样，既没有周密的战略物资准备，也没有作战经验丰富的大将作进退有度的指挥，北征指示发布才两天，一支由皇帝亲自率领、号称五十万的七拼八凑的北伐大军，就在仓促惊乱中出发了。圣驾将发，照例有一套已成定制的仪式，但礼仪所需的白金、彩段、钞绢、红毡帽及其他物辇，加班加点也都赶制不及。用兵如此草率仓促，也难怪"举朝震骇"了。

从一开始就注定，这是一场以失败告终的远征。朱祁镇长在深宫，从无军事经验，随驾臣僚虽众，谁也没有军事指挥权，军中大事全是王振说了算。大军出城不久，至龙虎台驻营，当夜就虚惊一场。夜营的鼓声才响一通，军中就讹传消息，乱作一团。这样惊惊乍乍的事情，后来行军途中又多次发生。

天公也不作美，大军出居庸关，过榆林、怀来，到达宣府地面时，风雨大作，数十万人不得不在泥泞中跋涉。随驾臣僚都认为这不是一个好兆头，请求皇帝驻跸。王振不同意，为了警示群臣，他还挟皇帝之威，规定汇报军务的武臣自成国公朱勇以下，都须膝行至前。忤逆他的王佐、邝埜等一班高级文官，被勒令在道旁草堆罚跪，直到天黑也不让站起来。

车驾至怀安城西，夜四鼓时分，有黑云一道，阔二尺余，离地一丈余，自南向北，徐徐划过军营上空。随军的钦天监正彭德清，是王振亲信，以天象示警私下提醒王振，再进兵恐怕危及皇帝的安全。王振竟如此作答：若果是如此，那也只有认命。

内阁学士曹鼐说，我们做臣子的命不足惜，可是皇帝的身上系着国家社稷，前方敌情未明，怎么还可以冒进！回答他的自然又是王振的责罚。

至此，还没有见着一个敌人的影子，却已士气萎靡。车驾至阳和口，这里是宋瑛、朱冕战败殉国的地方，但见废战场上伏尸遍野，血流成河，到处都是残肢断臂和丢弃的武器铠甲。从没涉身战场的皇帝和文官们这才害怕起来。

是夜，又有火星犯土星，天象诡异。但既已动了刀兵，就如箭在弦上不得不发，大军还是要继续向大同方向推进。瓦剌骑兵似乎也摸准了明军的心思，避而不接其锋，只是一味地诱引明军深入。更要命的是，因为供给线拉得太长，粮草一时供应不上，还没到大同，军中已告断粮。

八月一日，明军抵达大同，按计划，还要继续向北追击。此时，伏身草丛侥幸逃得性命的镇守太监郭敬，跑来向王振报告了阳和口一战全军覆灭的消息，说要是继续进军，恐怕正中也先的圈套。王振这才害怕起来。

是日，明晃晃的太阳忽然生出日晕，隐隐有剑戟之气，到黄昏东北天角忽贯长虹，众皆疑惧不定。于是议定次日班师，后军改前军，按来时的路线次第撤退。

撤军的第一晚，大军在一个叫双寨的地方扎营。刚憩息，忽有黑云如伞，覆盖住了整个营盘。不一会儿，雷电风雨交加，一整晚，营中都惊乱一团。令人惊异的是，大营之外不远，竟然朗月当空。

随军史官记录的此一情境，当真诡谲莫名。

大同总兵郭登与曹鼐等人商议，大军撤退应从紫荆关入。一开始，皇帝也赞同这一行军路线。但王振为了让皇帝巡幸他的老家河北蔚县，显摆威风，竟然私自做主，令大军改道宣府。兵部尚书邝埜急告，此举万万不可，请求皇帝以精兵殿后，疾驰入关。王振气愤地指着他骂：你一个腐儒懂什么兵事？再敢妄言就杀你！邝埜也豁出去了，说：我是为社稷生灵请命，你用不着拿死来威胁我。王振愈加恼怒，叱令左右把邝埜架出去。堂堂六部长官被搞得如此灰头土脸，随驾臣僚再没一个敢言。

这一迂回奔走，反扑的瓦剌骑兵已渐渐逼近。大军刚要从宣府开拔，已有信使来报，也先追军与殿后的部队接上了火。不一会儿又传来消息，恭顺侯吴克忠和其弟吴克勤力战而死，后军已溃散。皇帝急命成国公朱勇、永顺伯薛绶，领兵三万增援。朱勇有勇无谋，进军至地势险要的鹞儿岭时，冒险轻进，中了埋伏，瓦剌骑兵于山两翼夹攻，轮番冲杀，把三万明军砍了个落花流水。

次日，大军撤至怀来县西南二十里处的土木堡①驻扎。稍懂军事常识的都知道，应该撤入怀来，据城坚守，方为上策。但王振以大批辎重未跟上为由，强令在此扎营。土木堡地势较高，挖地两丈余都不见沙土里渗出一滴水，连军马食用的草都找不到。唯一的水源——距离此地十五里开外的一条河，又被瓦剌骑兵占领。人困马乏，饥渴交加，一天下来已人心涣散。此时再想移营已不可能，瓦剌骑兵从堡旁的麻峪口分道进攻，天亮时分，已如黑压压的蚂蚁一

---

① 位于今河北省张家口市怀来县境内的一处城堡，坐落于居庸关至大同长城一线内侧，是明长城防御系统的重要组成部分。

般把小小的土木堡围得水泄不通。

八月十五日早晨，也先遣使前来议和，皇帝命曹鼐草敕议和文书，派出两名通事与来使一同去也先大营。瓦剌兵佯作撤退，王振一见对方兵退，急令移营。回旋之间，队伍已不攻自乱。南行才三四里，瓦剌兵发起攻击，又以铁骑蹂阵而入，奋长刀以砍大军，大呼解甲投刀者不杀。明军争先逃跑，如溃坝之水，军士踩踏而死者不计其数，蔽野塞川。混乱中，王振被护卫将军樊忠杀死。

朱祁镇在亲兵的护卫下试图突围，不得出，被瓦剌兵俘虏。这一战，以明军大败告终，折损数十万人，骡马二十余万，并衣甲辎重，也尽为也先缴获。英国公张辅、泰宁侯陈瀛、驸马都尉井源、户部尚书王佐、兵部尚书邝埜、翰林院学士曹鼐、张益而下数百僚属，全都死于乱兵，得脱者仅寥寥数人。[①]

《明史纪事本末》记载了朱祁镇被俘的细节：见突围无望，朱祁镇下马，盘膝面南而坐，身边只有一个叫喜宁的宦官陪侍。一个瓦剌军士见皇帝衣着华贵，强行索要，朱祁镇不给，军士把他捆到了也先之弟赛刊王那里。朱祁镇的一番问话吓了他们一跳："你是何人？是也先？是伯颜帖木儿？是赛刊王？还是大同王？"赛刊王赶紧派人驰见也先，说部下抓获一人，行为言语甚异，莫非真是大明天子？也先召了两个俘虏问情形，这两人远远一见，就说，真的是皇帝。也先大喜："我常常祷告上天，求大元一统天下，今天果然奏此大捷。"有人提议杀了明朝皇帝。也先以为，两军交战刀兵无情，明朝皇帝却不中一刀一箭，岂非有上天护之，杀了他就是违了天意，

---

① 此节有关土木堡之战的叙述，综合参考了《明史·英宗前纪》《明史·王振传》《明史纪事本末》《明英宗实录》等史籍的相关记述。

令部下好生看护。

也先等人拥着朱祁镇到宣府，传谕守将开城门出迎。城上人说，天色已晚，不敢奉诏。瓦剌兵又到大同城下，索要金帛财物，守城的郭登等人出城迎谒，伏地恸哭，献上金币两万。是夜，瓦剌大营在城西，郭登挑选死士，趁着夜间组织了一次救援，没有成功。第二日一早，只好眼睁睁地看着瓦剌兵拥着朱祁镇北上了。

此时，一个叫于谦的浙江钱塘人，出现在历史的聚光灯下。

于谦是永乐十九年进士，早年任都察院御史时，出巡山西、陕西等地，重核冤狱，劾奏枉法者，树立了良好的官声，并获得顶头上司、都御史顾佐的好感。宣德年间，为加强中央对地方的控制，在布政使、按察使、兵马司之上增设巡抚，由各部右侍郎简任，朱瞻基亲笔提名于谦，擢升兵部右侍郎，巡抚河南、山西。土木堡之变前一年，于谦以兵部左侍郎调任回京，兵部主官邝埜随驾北征时，他留驻京城主持兵部。[①]

土木堡之变时，京城军民尚不知道他们的皇上已成瓦剌骑兵的俘虏。在也先胁迫下，朱祁镇命校尉袁彬，写信给怀来城的守将，告知自己留在了瓦剌部落，让他们献金帛财物赏赐瓦剌。怀来守将不敢怠慢，火速派人，把信送至京师。满脸风尘的信使从西长安门入报，十七日早晨，举朝文武官员齐集阙下，获悉土木堡大败的消息，一时惊惧交加。

城门外，溃退的伤兵从北边蜂拥而至。问他们，谁也说不清皇帝在哪儿。皇太后这下相信来信是真的了，急忙派遣使节，满载珍

---

① 《明史》卷一七〇，《于谦传》。

宝礼物前往也先大营，请求瓦剌放还皇帝。据说，皇后把自己的私房钱都献了出来。

朝堂上，文官们早已乱作一团。许多人哭得如丧考妣，似乎除了哭，他们都不知道干什么了。瓦剌大兵逼近京师，明军劲甲精骑大多已在土木堡一战中覆灭，留下能战的兵卒，满打满算不足十万人，且还都是疲卒羸马。是战是守，议论汹汹，谁也拿不定一个主意。翰林院侍讲徐珵大声说：星象有变，天命已经更改，赶紧南迁吧，或许还能避难。

翰林院的一班官员中，徐珵以学问博洽知闻，他也自以为能，皇帝率师亲征时，他观察到天象上一个不祥的变化，荧惑①入了南斗。"荧惑与南斗，天子下殿走"，徐珵以为，皇帝这次出征实在是吉凶难料，他私下对朋友说，大祸很快就要临头了。他要妻子赶快去南方避避风头，妻子不愿离开，徐珵大骂道：你不听我的，难道想让蒙古人把你掳到北方去吗？②

尚书胡濙反对逃跑，他说，从文皇开始，就把陵寝定在北京，怎么可以置祖宗基业不顾，只管自己逃命？兵部侍郎于谦也站出来，厉声说："有谁敢说南迁的，当斩！京师是天下之根本，一动则大事去矣，你们难道忘了宋室南渡的事吗！"

于谦请求郕王，速召勤王兵马，守卫京师。翰林学士陈循，太监兴安、李永昌等也都表赞同，陵寝宫阙在此，仓廪府库百官万姓在此，万没有丢下自顾逃命的道理。徐珵受到斥退，脸上老大的挂

---

① 指火星，由于火星荧荧似火，行踪捉摸不定，古人称为"荧惑"。

② 《明史纪事本末》："珵命妻子南归，皆重迁，有难色。珵怒曰：'尔不急去，不欲作中国妇耶！'乃行。"

不住，他对于谦的杀心在这一刻当已萌生。

朱祁钰认为，于谦等人说得不错，但他担心京师兵力不足，抵挡不了蒙古骑兵。于谦急调两京、河南备操军，山东及南京沿海备倭军，江北及北京诸府运粮军，亟赴京师。

三天后，遣往也先大营的使节还没有回来。情势紧急，如今帝国的最高统治者孙太后召百官集于阙下，宣布郕王监国，总领百官，朝中大小事务皆听郕王号令。同时，立朱祁镇的儿子、年方二岁的朱见深为皇太子，命郕王辅之，诏告天下：

> 迩者寇贼肆虐，毒害生灵，皇帝惧忧宗社，不遑宁处，躬率六师问罪，师徒不戒，被留王庭。神器不可无主，兹于皇庶子三人，选贤与长，立见深为皇太子，正位东宫，仍命郕王为辅，代总国政，抚安万姓。布告天下，咸使闻之。[①]

这一日，也是合该有事。郕王摄朝议事，地点在午门左门。还没开始，就有右都御史陈镒伏地恸哭，要求对罪魁祸首王振进行清算。王振的党徒马顺呵斥言官们胡说八道。给事中王竑当廷发作，一把扯过马顺的头发，扭作一团，一边打一边骂：你倚仗着王振这个奸人作威作福，都这时候了还敢这样说话？文官们也随之群殴，三下两下就把他给打死了。

一时朝堂大乱，值勤的卫卒有许多是王振私人，声势汹汹，只等号令就要出手。朱祁钰吓得直哆嗦，想要离席。于谦走上前去一把拉住，要他赶紧宣谕，马顺等人罪当该死，朝堂之上不必再争论，

---

① 《明史纪事本末》卷三三。

赶紧把事情给平息下去。

等到安静下来，于谦这才发现，刚才情急之下用力过大，连朝服的袍袖都给扯裂了。退出左掖门时，吏部尚书王直拉着于谦的手说："国家正赖公耳。今日虽百王直何能为！"

——今天的事这般危急，要不是你，就是有一百个王直也解决不了，以后国家就全靠你了。

王振全族被诛，抄出金银六十余库，玉盘百余只，高达六七尺的珊瑚二十株，其他珍玩不计其数，悉数没入国库。郭敬从大同逃归京师，也被抄家下狱。都督同知石亨，接战甫始单骑逃回，本拟削职，因朝廷正在用人之际，于谦建议宽宥处理，令他总兵十营，担任京城的守卫。

于谦向朱祁钰建议，瓦剌刚得手，必定轻视，长驱南犯，要严令诸边将防范。京城兵营空虚，应分道招募兵员，令工部修缮战具器甲，把外城的居民迁入内城，分兵九门，列营于城门之外，文臣知兵的，宜用为巡抚，武臣有勇有谋的，宜用为将帅。

京师附近的通州，是帝国粮食储运的重要中转站，有人提议，大军压境，粮食搬运不及，应该把通州仓烧了，以免被瓦剌抢去。应天巡抚周忱认为，通州仓米共有数百万石，可充京军一年军饷，付之一炬实在可惜，官府搬运不及，可发动京中军民，自发前往运粮，官府按运粮数量发给薪金。于谦听取了他的建议，把通州的粮全都运到了京城。

到了九月，有大臣向孙太后提出，国不可一日无君，眼下车驾北狩，皇太子不足两岁，请立郕王为新帝。朱祁钰生性胆小，优柔寡断，一听说要他继承兄长的皇位，非常害怕，躲在王府数日不出。文官们多次劝进，朱祁钰只是不应。他第三次拒绝的时候，于谦说，我们今天这么做，担忧的是国家的未来，不是为了一己私利，争着来做从龙之臣！都指挥岳谦，出使瓦剌归来，也口头传达了皇帝的旨意，要郕王继承大统。朱祁钰见事已至此，这才勉强答应即位，遥尊英宗为太上皇帝，以明年为景泰元年，是为明朝第七位皇帝代宗。[①]

在被俘的一年零半个月里，朱祁镇在袁彬和翻译杨铭的陪伴下生活在自己的蒙古包里。最初服侍他的那个叫喜宁的宦官，此时已暗中投靠新主，把明朝边关的虚实情形全都出卖给了也先。喜宁给也先出主意，有朱祁镇这张牌在手上，可以轻易叩开边关，以朱祁镇之命，胁迫总兵镇守官出迎，何愁大事不定。

也先大为高兴，于这年十月，诡称奉英宗还京，要求大同总兵郭登，开城门迎接。郭登心知这是也先诡计，答称，赖天地宗社之灵，我们已经有新的国君了。朱祁镇派人前去责问郭登，太祖高皇帝的女儿永嘉公主，嫁给了你父亲郭镇，你与皇家有姻亲，怎么可以拒绝朕呢？郭登答：臣奉命守城，不知其他。一边紧闭城门，一边遣信使，快马入京。郭登这番话，让朱祁镇深为忌恨，到后来复辟成功，郭登几乎性命不保，被降为都督佥事，打发去了甘肃。

接到边关告急文书，京师戒严。朱祁钰令于谦担任北京保卫战的总指挥，提督诸营将士，都指挥以下将官有怯敌退阵者，可先斩后奏。十月初，瓦剌大军挟持着朱祁镇，绕过大同，经阳和口攻陷白羊口，直取紫荆关。喜宁引导，夹攻关城，守备都御史孙祥、都

---

① 《明史·英宗前纪》："九月癸未，郕王即位，遥尊帝为太上皇帝。"

指挥韩青战死，瓦剌兵长驱向东，过易州，至良乡，直窥京师。朱祁钰于谦建议下，急调宣府、辽东总兵官，山东、山西、河南、陕西巡抚入援。

兵临城下，石亨提议紧闭城门，坚壁清野，使远途而来的瓦剌兵知难而退。于谦认为万万不可，敌人如此张狂，如果示之以弱，他们就张狂得更没边了。他把二十二万兵力悉数布阵于九门之外，把兵部的一应杂事交给侍郎吴宁主持，自己与石亨率副总兵范广、武兴等，列阵德胜门外，正面抵挡也先大军。并令关闭所有城门，使将士们义无反顾，以断后退之念，严令：临阵将不顾军先退者，斩其将，军不顾将先退者，后队斩前队。一时，将士抱必死之心，斗志高昂。

十月初十日，也先大兵抵达都城之下，主力列阵在西直门外，设大营于土城。土木堡一战后，也先见明军战斗力不过尔尔，未免轻敌，不顾鞍马劳顿，当即下令先攻彰义门。未料遇到了副总兵高礼、毛福寿的猛烈抵抗，折损数百人，沿途掳掠的千余百姓也被明军夺还。

也先本以为明军主力已在土木堡尽灭，京城旦夕可下，见明军阵容整齐，未免气馁。喜宁献计说，明日可令英宗登土城，让大臣们前来迎驾，正好一举拿下。

第二日，当朱祁镇出现在土城时，并没有出现意料中的场面。明朝方面派来出城朝见的，是两个名不见经传的官员，一个是叫王复的通政司参议，另一位是刚由中书舍人提拔为太常少卿的赵荣。他们连朱祁镇的面都没见着，就被打发回来了，对方说，这两人的官职太小了。

也先提出要求，须得于谦、石亨、胡濙、王直出城迎接，并支付一笔数目可观的赎金，才能把英宗领走。有些人心动了，他们想与瓦剌议和，派人到军中问于谦，于谦回答得很干脆：我只知道领兵打仗，其他的事一概不问。

得知于谦这么个态度，也先又是沮丧，又是愤怒，看来不打上一仗恶战，新皇帝和他的官员们是不会低头的。他派出少量骑队，准备从德胜门下手。于谦设置了一个圈套，派少量骑兵诱敌，令石亨把大队兵马埋伏在搬迁一空的民舍里，也先果然上当，以为明军防卫空虚，驱动数万骑兵压了上来。

一声号令下，副总兵范广的火器营枪炮齐鸣。硝烟未散，埋伏着的明军挥刀掩杀上去，也先的弟弟孛罗、平章卯那孩中炮而死，部下四奔逃窜。在西直门、彰义门，瓦剌兵也遭到重创。于谦身披甲胄，亲自督阵，明军但知有进无退，奋勇砍杀，瓦剌兵开始向土城方向溃退，陷入了京城百姓的泥石阵，"居民升屋，号呼投砖石击寇，哗声动天"。

瓦剌军伤亡惨重，只好坚守营盘不出。相持五日，两军间或有小规模的战斗，互有胜负。这时又传来消息说，分兵攻打居庸关的五万瓦剌兵，围关五日也没能得手，因为刚刚到来的一场寒潮，使居庸关城墙都结了厚厚的冰。再加上勤王的兵马陆续赶至，也先怕断了退路，只得挟持着朱祁镇，往良乡方向西去。于谦指挥诸将追击，一直到紫荆关而还。

此番北京保卫战，以明军完胜告终，论功于谦当数第一。朱祁钰欲进于谦少保衔，总督军务，于谦推辞说，京师重地，四郊还有那么多地方没有安靖，这是我们做臣子的耻辱，怎么敢邀功领赏啊！

为未雨绸缪，他一面增兵守卫真、保、涿、易诸府州，另又请求皇帝，委派大臣镇守山西，以防瓦剌再次南侵。

大将石亨，因功封侯，他觉得自己的功绩不如于谦，心里老大过意不去，上疏举荐于谦的儿子于冕。于谦不同意，说：国家多事之际，哪里还顾得上私恩，石亨身为大将，我从来没有听说他举荐过一个隐居的高士，或者从基层选拔过一个优秀的士兵，他现在独独举荐我的儿子，公理上怕是说不通吧。"臣于军功，力杜侥幸，绝不敢以子滥功"。这话传到石亨耳朵里，他恨得牙痒，却也无可奈何。

尊贵的俘虏

且说瓦剌军退出紫荆关，一路北行，连日朔风怒号，雨雪交加，让裹挟在败军队伍中的朱祁镇实在是苦不堪言。

眼下，他是瓦剌最尊贵的俘虏，对刚刚发生在北京城墙下的战斗，他可谓是喜恼参半。喜的是，明军抵挡住了彪悍的瓦剌骑兵，京城免去了一场浩劫；恼的是，御弟朱祁钰竟然没有把自己迎进京城去。乘马踏雪，上下艰难，对长居深宫不惯骑射的朱祁镇来说，实在是一桩大苦事，幸而一路有袁彬执鞍，还有一个叫哈铭的蒙古人忠心跟随，沿途都是有惊无险。十一月十六日，朱祁镇随大队人马回到了瓦剌老营。

一到老营，也先赶来相见。北地风寒，也先特地为朱祁镇备了一套蟒衣貂裘，还大摆筵宴为他压惊。席间宰羊拔刀，割肉为敬，恭恭敬敬地说，如果中朝遣使前来，皇帝就可以回去了。朱祁镇说，你自己送我回去就行了，如果要中朝遣使，徒劳往返。

过了些日子，也先把自己的一个妹妹送进朱祁镇的蒙古包，朱祁镇不知他葫芦里卖的什么药，不敢贸然收下。有一次也先问朱祁镇，被俘后在这里的待遇如何，他很好奇，如果有一天自己被明军俘虏，会不会也能得到同样优厚的待遇。

朱祁镇也看出来了，经此一挫，瓦剌的态度开始发生变化。蒙古瓦剌实力最强的是脱脱不花、也先、阿剌知院三支，也先一支，兵力最盛。脱脱不花名义上是汗，兵力较少，阿剌知院一支，兵力更单。这三支，外亲内疏，常有冲突。也先屡犯明朝边境，得了好处都是他的，明军一回击，风险却要三家共同担当。脱脱不花不干了，遣使向明朝入贡。也先见要挟无效，战又不胜，暗下也开始向明朝遣使求和，表示愿意送还俘获的皇帝。知晓了瓦剌内部情形，朱祁镇归心似箭。

喜宁给也先出主意，把朱祁镇迁到呼和浩特去。袁彬识破他的用心，劝朱祁镇不要轻率前往，天寒路远，陛下您又不惯骑马，一路忍冻挨饥不说，万一到了那边，守将不予接纳，那真要无路可走了。喜宁嫌袁彬碍手碍脚，好几次向也先打小报告，要杀掉袁彬，赖朱祁镇竭力回护，袁彬才没有遭到不测。

转眼过了新年正月，也先大军出宁夏，直逼大同。有守将向大同镇守郭登建议，瓦剌势众，我军力寡，不如全军后撤，再图打算。郭登怒道，这一退就要近百里奔波，到时候人马疲乏，瓦剌骑兵赶上，怕是没有一个人能走得了。他拔剑而起，大声说，有谁再敢说撤退，立即斩首！

趁瓦剌军扎营未稳，郭登身先士卒，率八百精骑掩杀上去。诸将见主帅拼了命，也都随后跟进，一时，满山满谷都是明军的喊杀声。瓦剌军立足未稳，只得后撤，明军一路追击四十余里，全胜而归。自土木堡一战，五十万明军主力尽败于瓦剌铁骑，明朝边将可谓是谈瓦剌色变，郭登以八百精骑破敌数千，一下子打消了边境将领的惧怕心理。

朱祁镇恼怒喜宁，屡次引也先侵扰明境，坏了自己的南归计划，早就想把这个存有异心的宦官除掉。他让也先派喜宁等人前往京师，索要礼物，暗中让袁彬以绝密文书告知宣府守将，在野狐岭设伏，擒获喜宁。喜宁果然中计，被捕后押往京师处死。消息传来，朱祁镇长舒了一口气，觉得搬去了一大障碍，南归指日可待了。

但明朝与瓦剌的边境还是打打杀杀不见消停，就在这年三月，瓦剌军与明军在朔州、宁夏、庆阳等处多次发生大规模冲突，战事互有输赢。四月，瓦剌军两万余人围攻宣府，明军在总兵官朱谦的指挥下，打退了这股敌人，于谦让他趁机驻兵居庸关，一遇瓦剌兵来犯就出关剿杀。不久，大同参将许贵报告，瓦剌军派三人来到大同，要求与朝廷议和，请示如何处置。于谦移檄切责：先前我们曾派都指挥季铎、岳谦与瓦剌军谈判，也先还是打了进来，后来在北京城下，我们派出通政王复、少卿赵荣与他们谈，还是没有把上皇迎回来，这说明他们根本就没有和谈的诚意，你居边疆重地，而惴怯如此，何以敌忾？一顿重责以后，边将人人主战，再没一个人敢说议和的。

局势在向着和平的方向转变。喜宁被诛，也先失了耳目，数次扰边多有折损，已有偃旗息鼓之念。脱脱不花和阿剌知院自从遣使议和后，早就把所部兵力撤归。也先想学他们，息兵议和，面子上又下不来，让阿剌知院派参政完者脱欢，先行接洽谈判事宜。朱祁钰采用陈循的建议，对瓦剌各部采用各个瓦解的办法，敕谕阿剌知院：

> 我朝与尔瓦剌和好，也先违天犯颜，朕兄太上皇帝兴师问罪，也先又辄遮留，毒我生灵，残我边徼。朕嗣承大统，宗室臣民，咸请兴兵讨罪复仇。朕念也先屡请送大驾回京，以故遣人赐书授赏，乃也先诡诈反覆。今阿剌又使至，朕欲从尔，但闻也先仍聚众塞上，意在胁挟，义不可从。即阿剌必欲和好，待瓦剌诸部落北归，议和未晚，不然，朕不惜战也。

通篇都是上国语气，义正词严，态度强硬，甚至说出不惜一战的话来。对刚刚坐上皇位不久的朱祁钰来说，他现在遇到了大难题，要不要接朱祁镇回来？怎样接他回来？

吏部尚书王直是个实诚人，率众官上书说：也先恳请送上皇回京，这是转祸为福的最佳时机，陛下应该抓住这一有利机遇，察其真伪，答应他这个请求，奉迎上皇回来，也算是告慰了祖宗在天之灵。

朱祁钰说，你们说得都有道理，但是瓦剌狡诈，这次复又遣使前来，说不定是借护送上皇回京的名义前来偷袭，要真是这样，那倒真要为天下苍生多想想了。朱祁钰也厉害，心里不想接兄长回来，说出来的却全是冠冕堂皇的大道理。

王直秉性迂直，坚持要朝廷派使者迎接上皇回京，朱祁钰老大的不情愿：当时我登上帝位，也不是我贪念这个位置，还不是你们把我推上去的？兵部书于谦这时说了句一锤定音的话：天位已定，宁复有他？不过从情理上来说，陛下还是要火速派人接上皇回来，要是万一也先心怀不轨，我们也有个说法了。听了于谦此言，朱祁钰拉长着的脸重新露出了笑容，说道："从汝从汝。"

虽然勉强应允了此事，朱祁钰心里还是老大的不乐意。如果这个倒霉的兄长回来了，位置往哪儿放？讨论遣使人选时，他让太监兴安对着群臣喊：公等欲报使，孰可者，孰为文天祥、富弼？也真有勇于任事的官员站出来，一个官秩不过七品的叫李实的礼科给事中，说愿担此任。于是，这年六月，新迁为礼部右侍郎的李实和大理寺少卿罗绮、指挥马显等人，带着皇帝敕书上路了。出发前，李实惊讶地发现，敕书上没有明言迎接上皇一事，对这不该有的疏漏，他实在百思不得其解，前往内阁咨询，路上遇到太监兴安，兴安说，你只管带着黄纸诏前往，别的管那么多干什么！

李实一行于七月初抵达瓦剌老营，见过也先，宣读了明朝皇帝的玺书，再去伯颜帖木儿营中见朱祁镇。李实等一见上皇，伏地痛哭，朱祁镇也哭，问了太后、皇帝和二三亲近大臣近况，拭着泪说：来到这里快一年了，总算见到了你们。李实说，都是上皇以前太过宠幸王振，致使今日蒙尘，回京后还望远离奸佞。一听这话，朱祁镇的脸马上板了起来。

瓦剌请朝廷报使，朱祁钰说不急，等李实他们回来再说吧。经王直等再三恳请，七月十八日，朝廷派出了以右都御史杨善、工部侍郎赵荣为正使、都指挥同知王息等人为副使的使团。行前，胡濙说，上皇在瓦剌那么久，御用的服装、食物应该让杨善一并带去。没人理睬他的建议。不几日，李实回来，带来也先的口信，"迎使夕来，大驾朝发。"廷议时，有人建议重新委派大臣担任迎驾专使，朱祁钰不耐烦地说，杨善已经出发了，就不必加派了，只消让杨善把我们同意接收的意思告诉也先。皇帝这么个意思，大臣们也不好说什么了。

杨善等到了瓦剌大营，也先见敕书上没有一句提到迎驾，不由得疑窦丛生。杨善巧舌如簧，说，这还不是为太师您着想，如果敕书上明写这些话，人家还以为是您迫于朝命，不得不奉还上皇，不是诚心归还的呢。

让朱祁钰无可奈何的是，他愈是不想让兄长回来，那边却愈是急着要把这个烫手山芋送出去。八月初二日，朱祁镇的车驾已在回京师的路上了。本来，迎驾是大事，只是口语传信，不见正式敕书，动身又如此仓促，可说是轻简怠慢之至了。但朱祁镇顾不了那么多了，北狩已整整一年，他的梦中无时无刻不是京城的宫殿，他只想着赶紧离开这带给他无尽屈辱的地方。

离开瓦剌大营时，也先设宴，为朱祁镇饯行。与这个做了自己阶下囚的皇帝相处一年，也先觉得，此人也不是特别讨厌。喝了酒，吃了肉，也先席地而坐，操起一面琵琶，弹起了忧伤的曲子，让几个妻妾进来奉酒。末了，他让朱祁镇登上临时筑起的土台，自己率领部下、妻妾，在台下跪拜，并献上沿途用的器用和食物。

朱祁镇的车子启行了，也先像送一个老朋友一样，率部众送了大半日。直到车队走出了视野，他翻身下马，伏地大哭："皇帝行矣，何时复得相见？"

朱祁镇很快就感受到了这个同父异母的弟弟的冷淡乃至敌意，世态炎凉，人情浇薄，饶是贵为皇家也未能幸免。

上皇回京，该以什么样的礼仪规格来迎接？这是朱祁钰最费思量的问题。也先这样的北蛮怎么也不会明白，对方为何似迎似拒、欲迎还拒。众所周知，本朝开国皇帝起于草莽，国运昌隆承续至今，很大程度上，乃在于以"礼"约束君臣关系及家庭人伦，超出这一规定即为逾礼。眼下"天位已定"，用什么样的礼制来迎接这个昔日的皇帝，已经成为一个敏感的政治问题了。

这个问题应该由礼部给出答案。在皇帝的直接干预下，廷议结果是以一舆二马，迎于居庸关，至安定门再换乘车驾。

给事中刘福提出异议，认为这样的礼制规格太轻。朱祁钰解释说，昨天刚接到上皇来信，要我们迎驾的事一切从简，又怎好违背上皇意愿？既然这是上皇的意思，群臣即便心存疑惑，也不好说什么了。却有个叫龚遂荣的千户，不合时宜地发表意见，说奉迎的礼仪应该非常隆重，他要皇帝学唐朝时的肃宗，避位恳辞，这边恳辞，那边坚授，如此数番往复，然后再受命，如此方显我中华乃是真正的礼仪之邦。

龚千户官职微末，本无上书资格，他是投书给阁臣高穀，也是高穀多事，入朝议事时竟带去了这封信，与王直、胡濙等一同传看。王、胡二人对此人大胆言论极为赞赏，称这真是礼失而求诸野了。但要不要送呈御览，以他们对圣意的揣摩，也知道万万不可。没想到一个叫叶盛的给事中知晓上书内容后，竟抢先奏告。朱祁钰获知后，索要这封上书。王、胡两人只得硬着头皮说，唐肃宗迎上皇的礼制，的确不妨拿来参考。朱祁钰不高兴地说，你们照我说的去办就行了，旨意已下，哪有再更改的道理。于是派太常少卿许彬至宣府、翰林院侍读学士商辂至居庸关，迎接上皇。

八月十五中秋佳节，朱祁镇回到了阔别一年有余的都城。城郭人民依旧，天下却已不是自己的天下，此情此景，怎不让他潸然泪下。当他自东安门入都城时，等候多时的朱祁钰早就迎上前去。兄弟相持对泣，场面至为感人，却又各怀心事。作为礼仪必要的一部分，新旧两个皇帝互有一番推让和客套。诚然，现任皇帝不会真的让出帝位来，已被尊为太上皇帝的朱祁镇再怎么恋栈不去，也断断不会公然索还，但礼仪就如同演戏，既是演给朝臣看，更是演给天下人看的。

兄弟相见毕，皇帝送上皇至南宫。如果不出变化，朱祁镇将会在这里一直住到老死为止。当然以后的日子里他会越来越强烈地意识到，这哪是宫殿，分明是个牢笼嘛。礼仪的最后部分是文官们鱼贯跟入，集体与上皇见面，行朝见之礼。一番折腾下来，君臣都累，远道而回尚未得到休息的上皇更是疲惫不堪，但戏既已做足、做好，各方都感满意，朱祁钰是可以长长舒口气了。

至于不久前出使瓦剌议定迎驾细节的杨善，朝中官员都以为他立下大功一桩，获得升迁是必定的事。但这只是以常理度之，官场的事从来是虚实相生、祸福相倚，杨善只是象征性地由右都御史迁为左都御史，小小地进了一格，仍在鸿胪寺供职。

杨善本是险倾小人，王振得势时，暗中向王振献媚，朱祁钰上台后，他又与石亨、曹吉祥结纳，这种政坛小人向来没有原则操守，只以利害计算为行事准则。熟知其底细的人都知道，有一年，杨善因事和翰林院庶吉士章朴一同下狱，当时正在整肃方孝孺案，凡家藏方孝孺文章的都是死罪，他在与章朴闲聊时得知章家私藏一部《方孝孺集》，还来不及毁去，就私下告了密，以检举之功官复原职，可怜章朴死时都不知道是最为信任的狱友出卖的。杨善此番回京未获重用，不免怨念丛生，日后诛杀于谦等事，他都马前卒般冲在前面。

此是后话不提。

事情到了这一步，再愚笨的人也看出来了，皇帝对上皇的回来并不热心，他好像是屈于皇家的体面、屈于群臣之议，万般无奈之下才不得不迎接上皇回来。但还是有人冥顽不化，明知落不着好，还要一次次地去撞南墙。这年十一月，万寿节将至，吏部尚书、老臣胡濙奏请，让百官给上皇贺节，未被允许。十二月，复请明年元旦，百官朝上皇于延安门。朱祁钰仍没有采纳，但也没有开罪于他。这时的朱祁钰另有一事特别闹心，他要努力争取文官们的支持，以便这事朝着他预设的方向推进。

身处权力冲突旋涡的于谦，一开始就注定是一个悲剧人物。他没有料想到的是，自己尽心辅佐的朱祁钰，并没有想象中的雄才大略，不过是一个营私保位、心胸狭窄之辈。

此时的朱祁钰，已不是原先那个勉强登上皇帝宝座优柔寡断的年轻人。宦官们在他眼前仍然吃香。虽然马顺等人已被廷臣搏杀，但王振党羽曹吉祥等人继续受到重用。1451年，兵部尚书于谦为提高军队战斗力，从三大营挑选了十万名精壮军士，分五营操练，称为团营法，朱祁钰派了一大批太监去提督军务，名义上归于谦节制，实际上都是埋在于谦身边的钉子。

他怎么会把皇帝宝座拱手相让呢？一边，他把朱祁镇软禁南宫，时刻防范，派靖远伯王骥等，名为守护，实为监视；另一边，他处心积虑，一心想废掉朱祁镇的儿子朱见深的东宫之位，立自己的儿子朱见济为太子。"南内深锢，汲汲易储"[1]，他的脑袋都被这两件事

---

① 《明史》卷一一，《景帝纪》。

塞满了。但易储事关国家根本，没有充足的理由仓促动议，招致御史和给事中们的反对就被动了，因此只是心照不宣地拖着，一味以金钞和官爵拉拢大臣，示好于文官们。

机会不久就来了。事情的起因，是发生在广西的一起普通刑事案件。1452 年初，一个叫黄𬤋的广西土官，杀害了他的兄弟、时任思明知府的黄㲃，广西巡抚获知案情，把黄𬤋父子逮捕下狱。黄𬤋托人到京城遍寻大僚行贿，想要保住性命。有高人指点迷津，说只消如此这般，性命可保无虞。出主意的人要他迎合帝意，上疏请易太子。黄𬤋反正犯了死罪，就豁出去赌它一把。他的上疏通篇阿谀之词，却正如那个神秘人所言，摸到了皇帝的痒处。

黄𬤋说，太祖百战以取天下，期传之万世，可是上皇轻身御寇，以致驾陷北庭，瓦剌军一直打到都城之下，社稷几遭倾覆，要不是陛下领导的京城保卫战取得胜利，打退了瓦剌，全国的臣民恐怕都会无家可归。一晃三年过去了，陛下应该立长子为皇储了，如果还是继续逊让下去，恐怕事机叵测，反复靡常，"万一羽翼长养，权势转移，委爱子与他人，寄空名于大宝，阶徐之下，变为寇仇，肘腋之间，自相残戮，此时悔之晚矣。"

虽是乞怜求生，文章却做得骈偶工整，一个来自荒蛮边地的土官怎做得出如此文章，明眼人一看便知，是翰林院高手做的枪手。但朱祁钰执于一念，自障耳目，读了这篇上疏竟说，想不到万里之外，还有这样的忠臣！

有了这个几乎天上掉下来的馅儿饼，皇帝就有了把易储摆上桌面，让礼部召集群臣廷议的充分理由。之所以不在朝堂上直接提出，让礼部出面召集会议，表明皇帝还是充分尊重"礼"的，期望易储大计在文官们的配合下顺利进行。一开始，讨论并没有进入皇帝预设的轨道，文官们面面相觑，谁也不发一言。监察官员一向以纠正风纪为己任，给事中李侃、林聪，御史陈英等都以为不可。最后签署表决，赞同易储的官员一一签名，太监兴安在旁监督，大声说，如果有哪位真的不赞成易储，就不必署名了，免得首鼠两端。此言一出，还有哪个敢不乖乖署名。

于是胡淡代表众官员表态：陛下膺天明命，中兴邦家，皇位应该由陛下的亲生儿子来继承——"统绪之传，宜归圣子"。礼部宜早日选定易储吉日，挑选品行、才干一流的大臣组成新东宫僚官。

六月，立朱见济为太子，原太子朱见深废为沂王。同被废除的还有皇后汪氏，因为她坚决反对易立东宫。改立朱见济的生母、后妃杭氏为皇后。内阁起草的诏书中，关键性的几句，"天佑下民作之君，实遗安于四海；父有天下传之子，斯固本于万年"，据说引自吏部侍郎何文渊所撰一联。仁宣时代，何文渊曾和况钟等人特敕为知府，以吏治清明调任吏部，此时也不甘寂寞，附和时局，沾沾自喜于笔头功夫，哪知在此已埋下了杀身之祸。

典礼期间，大赦天下，举凡亲王公主、内外臣工、边镇文武官员俱有封赏，又加内阁诸大臣黄金各五十两，东宫公孤官，皆支两份俸禄。一时名爵大滥，新贵满朝，廷臣纷纷争宠邀幸。而犯有命案的土官黄竑，也因拥戴东宫之功，不仅无罪开释，还被留任京官，出任炙手可热的前军都督府同知一职。

史家评述后来的夺门之变，认为很大程度上是朱祁钰自己失德，贪位薄兄所致，英宗复辟的很大一部分责任，要朱祁钰自己来负。但话又说回来，朱祁钰在易储事件中除了大开名爵，并没有残酷杀戮的行为，这比之成祖打击建文帝后嗣及其势力，可谓仁暴悬殊。然而改立东宫一事，确是朱祁钰执政八年的最大败笔，此举使他骤失人心，尤其失去了文官集团中一批抱有正统思想的官员的支持。这些人一想到那日在朝堂上强制性的署名，就感到莫名的屈抑和悲伤。而名爵大开助长的阿谀邀宠之风，也使得文官集团内部意气相激，恩怨相攻，无穷无尽的内耗使政府效能急剧下降。

东宫易主，皇后被废，自己又身系南宫，二十六岁的朱祁镇此时的心境，就好像活过了数个世代，再也生无可恋。他好像泅入了一条黑暗的河流，前面没有一丝光亮，不知何处是尽头。南宫的大门是从外面加锁的，把守的士兵轮番更换。宫里对他们一家的配给越来越差，甚至到了难以下箸的地步。一天，几个太监还闯进南宫来砍一棵大树，说是修建隆福寺所需。朱祁镇明白，这棵树实际上是因为遮挡了监视者视线被砍伐的。他愤怒，绝望，却又无可奈何。如此尴尬的境地，真还不如身在大漠，啖肥羊，喝烈酒。他活着，麻木而隐忍，又像林中兽一样警觉。愤怒催生出他心中的报复欲望，他在等待机会。他马上就要看到希望的曙光了。

第二年冬天，刚刚举行笄冠礼的朱见济，突然因病死去。看来这孩子真不是做皇帝的命，他的太子位满打满算只坐了一年半。朱祁钰只有这个宝贝儿子，再没有皇子可以被立为太子，这是不是意味着，废太子还有着重返东宫的可能？

太子新丧，最为悲伤的是皇帝，可是文官们感情的天平却都奇怪地向着朱祁镇父子那边倾斜。他们没准暗底下在说，今上得到这样的报应实在是咎由自取。礼部郎中章纶和御史钟同是好友，某日上朝时闲谈时局，一说到废为沂王的那个无辜的孩子朱见深（他这年应该七岁了），不由得泫然泪下，于是约定共同上疏，请求复储。

第一个发难的是钟同。他虽然官秩不高，但既然身为御史，就朝廷风纪发表意见自是职责所系。钟同说，父坐天下，理当传之于子，可是太子不幸夭亡，可见天命不在他身上。天命在谁的身上呢？钟同把废太子朱见深提了出来："臣窃以为，上皇之子即陛下之子，沂王天资厚重，足令宗社有托。"让朱祁钰愤怒的是，他一向视为肱股的大臣们都认为钟同说得有理，请皇帝采纳其言，早日复储。朱祁钰没有答应，当堂责骂了他们几句，竟引得这些人集体提出辞职。朱祁钰不想把事情闹得不可收拾，不得不一一慰留。

再次上疏言复储的是礼部郎中章纶。他要求皇帝修德以弥灾事，言下之意，朱祁钰身为人君，理当以身作则，却私德不修，任意废立，引起了太子薨逝。他接下来重申的这些大道理，朱祁钰应该不会感到陌生："内官不可干外政，佞臣不可假事权，后宫不可盛声色。"

比钟同的高明之处，就在于他以"孝道"这根道德标尺来要求人君。本朝以礼治国，社会运行中讲求以德服人，为人君者更应率先垂范，为子民做榜样。章纶说，孝悌者，运行之本也，愿陛下退朝后，经常去朝谒两宫太后，把对长辈的问安、视膳等一应礼仪，重新建立起来。随后，他笔锋一转，说起了今上与上皇的关系："上皇君临天下十有四年，是天下之父也，陛下亲受册封，是上皇之臣也，上皇传位陛下，是以天下让也，陛下奉为太上皇，是天下之至尊也。陛下与上皇，虽殊形体，实同一人。"他还援引了前年奉迎上皇还宫诏中的两句话，"礼惟加而无替，义以卑而尊奉"，要求皇帝履行自己的诺言，于朔望、元旦等重大节庆日，率领百官朝拜上皇，使孝悌和尊崇让官员和百姓们都能知晓。说完这一番又是教训又是讽谏的话，他亮出了底牌：恢复废皇后汪氏的中宫地位，正天下之母仪；还沂王于储位，业天下之太平。

朱祁钰被通篇春秋笔法的上疏气得七窍生烟，下令立即把章纶、钟同逮捕下狱。近侍提醒说，天色已晚，宫门都已关闭。按例，即便是逮捕大臣，也得等到第二天早晨了。但盛怒的朱祁钰已等不及第二天来处置了。皇帝亲自签发的逮捕令，竟是由内侍从宫门中间的罅隙传出。

章纶和钟同在锦衣卫诏狱遭到了残酷的折磨，让他们坦白，受了谁的指使，又是如何与南宫交接沟通的。两人意识到，有一个针对着上皇的阴谋正在酝酿，关键就在于他们的供词，于是紧咬牙关，决不松口。行刑是在白天，突然大风扬沙，遮天蔽日，天黑得如同夜晚一般，似乎上天也在为他们的冤屈不平，狱卒们受到惊悸，也暂时停止了逼供。

拷掠大臣，逼着交代莫须有的罪状，这不是构陷上皇同时也是陷皇帝于不仁不义吗？这个时候，那些手握重器的大臣们怎么就不发一言呢？进士杨集写信给于谦，对大臣们的沉默给予了强烈谴责：先前，奸人黄竑仓促动议易储，不过是他犯了死罪为活命使出的一个伎俩罢了，你们这些大臣居然连这一点都没看出来，不去阻止他，还一个个都赞成易储，如今，为了国之根本，钟同、章纶又被下了诏狱，事到如今，你们这些位置崇高的大臣们却都可耻地沉默着，没有一点实质性的行动，难道你们这些人都只会耍嘴皮吗？

于谦把这封上书拿给阁臣王文看，王文既欣赏杨集大胆敢言，又怪他书生不知忌讳，担心他太过锋芒毕露的性格，留在朝中难免遭到不测，给他升了一级，调到安州做知府去了。

不久，又有南京太常寺少卿廖庄，在上疏中要求皇帝拿出实际行动，向天下臣民真心展示"公天下"之意。他所要求的"公天下"，其实也不过是一宗一姓之天下，他和文官们所不满意的是，皇帝连这点也不肯做到。廖庄回忆说，往昔，上皇驾陷北庭时，我曾有幸亲见他遣使册封陛下，以后每到节庆日，陛下也必令群臣朝谒东庑，如今上皇身居南宫，可谓近在咫尺，陛下更应时时朝见，或叙天伦之乐，或共同探讨治理天下之道，每逢岁时令节，也应命群臣朝见，以慰上皇之心。说到虚悬已久的太子一位，廖庄认为，应该早作打算，以定天下之本。他暗示说，陛下虽然没有了儿子，但上皇的几个儿子，每一个就像是您的亲儿子一样，应该让有学问的大臣时常督促他们的功课，把他们塑造成可用之材，要是陛下真觉得没一个可造就的，那就"以待皇嗣之生"——等着皇后的肚子再大起来吧。

上疏人远在南京，皇帝顾不上拿他怎样，疏入不报。也是合该有事，此事过去一年后，廖庄有事到京城，谒东角门等候朝见，朱祁钰在朝见名单上看到此人姓名，陡然回忆起了一年前那封上疏，顿时大怒。朝见自然被取消，廖庄还被廷杖八十，发配到僻远的定羌去做一个不入流品的驿丞。近侍唆使说，事情都是钟同、章纶给闹起来的，他们两人才是罪魁祸首。朱祁钰这才想起关在诏狱里的两个冤家，于是，命锦衣卫用特制的巨梃各杖责一百。钟同被活活打死，章纶打得半死又醒转来，继续关着。

这三个官员相继获罪，皇帝的意图应该很明白了。一些心思活络、惯会投机之徒动开了心思，以邀圣宠。某日，刑科给事中徐正，说有要事面奏。召入，徐正说：上皇御临天下十四年，沂王也曾经身为皇储，他们对天下臣民还是很有号召力的，为了杜绝某些人的念想，应该让他们离开京城，迁置到封地去，"以绝人望"。另外，别选亲王子，育之宫中。朱祁钰听完这番话，先是"惊愕"，继而"大怒"，大声叱骂着，让左右把他给赶了出去。想想还不解气，还要杀了这个小人，又怕过于骇众，最后把此人发配到铁岭卫，当一名守卒。[1]

有人看出来了，时日渐移，皇帝对废太子的态度似乎在慢慢起变化[2]。一些投机者也不得不暂时停下来，看看风头了。

夺门之变

1456 年初，皇后杭氏去世，整整一年，朱祁钰都在生病，很少上朝临政。到了年底，病况更甚，辗转床榻，连元旦的朝贺和庆典都取消了。虽然以兴安为首的宦官们竭力掩盖皇帝病情，但消息还是不胫而走。过了元旦，病势还不见好，皇帝车驾一直都停在南郊斋宫。尽管皇帝卧病在床，这些日子请立东宫的上疏还是雪片般飞来，皇帝一律不允，他让兴安向外廷的文官们传话：偶有寒疾，十七日当早朝。

要是朱祁钰预先知道，1457 年某天早上醒来，他将再也做不成皇帝，他还能在病榻上躺得这么安心吗？过了新年，正月十二日，

---

[1] 《明史·廖庄传》。

[2] 孟森在谈到景泰在位日之功过时，拿景帝与英宗二人作比："景帝城府不深，私其子则有之，铲除旧储以绝人望，绝无此意。英宗受群小之间，报怨已甚，其罪岂薄于景帝？"见《明史讲义》第三章第四节。

皇帝把素来宠信的大将石亨招至榻前，交代他操办每年例行的祭祀事宜。石亨走出斋宫，并没有急着去操办皇家的祭祀事宜，此刻他最为操心的是自己的将来。

石亨找到平素交好的左都御史杨善、都督张𫐐和太监曹吉祥，密告了皇帝病况，提出一个大胆的设想：立太子不如让上皇复位，我辈还可以得到极大的功赏。这几个都是精于利害计算的，一听石亨此言，纷纷叫好。他们马上行动起来，邀太常寺少卿许彬入伙。许彬一听就说，此事如果能办成，那可是不世功业啊，徐有贞善出奇策，我们找他商量去。

提议南迁遭到于谦呵斥的翰林院侍讲徐珵，此时已改名徐有贞。他在兵临城下时的胆怯表现，已经成了一个洗不掉的污点，自那以后，他一直都抬不起头来，内阁票拟的升迁官员名单，只要看到有他的名字，皇帝必划掉无疑。升迁无望，同僚避之唯恐不及，他以为，这一切都拜于谦所赐，背后恨得牙痒。这两年他改名有贞，算是时运稍转，刚刚进为都察院副都御史。见石亨、张𫐐等人深夜造访，告以这个惊天密谋，徐有贞第一时间想到的是，报仇的机会终于来了。他对这几个深夜访客表示，一定全力赞襄此事，并提醒他们，事先须让上皇知道行动计划。

阴谋家们终于抱成了团。他们手上，既有石亨、张𫐐和曹吉祥控制的军事力量，又有徐有贞、杨善控制的都察院支持，已是志在必得。

正月十六夜，密谋者们再次齐集徐有贞家商议。张𫐐早已按捺不住，一遍遍地催促徐有贞拿出妙计来。石亨却沉吟不语，似有什么一时委决不下。作为这个阴谋集团的领导人，徐有贞明白，必须把众人思想高度统一起来，如果中间有哪个人摇摆不定，就会翻船。于是他撒了个谎，诡称兵部尚书于谦和大学士王文已派人去迎接襄王世子，新太子不日就可抵京。又说皇帝已经知道了我等密谋，将于十七日早朝时发动。徐有贞的侃侃而谈中，恐惧的气氛随着暗红烛光的飘摇而流动。石亨等人终于下定了决心。

迎襄王世子入京一事，当然只是徐有贞的虚构。就在这日下午，王直、于谦、胡濙等大臣还在商议，如何让皇帝接受恢复沂王的太子身份。他们公推文笔较好的商辂来写这份上疏。文官们讲求辞藻笔法，经反复推敲，天色向晚，才写成这封上疏。此时宫门已关闭，也就不再上奏，好在明日有早朝可以送呈御览，也不差这一晚了。

政变就在这个夜晚猝不及防地发生了。它如同一声惊雷，使原先的秩序分崩离析，一夜之间，山河大地都将重新安置。时间在流逝，在沙漏里流逝，在窗外树影下幽暗的水波下流逝。密谋者还未散去，他们在等待时机。自负知天象的徐有贞"升屋步乾象"，占了一卦，告诉他的同伙们，上天已发出兆示："时在今夕不可失。"

向例，内廷不入刀兵。关键时刻，还是徐有贞拿主意，他说近日边吏屡有报警，我们就以非常时期战备为名，领兵进入大内。计议已定，密谋者们隐入夜色，一一分头行动。

因明日皇帝视朝，半夜一过，宫门就开启了。鼓响三更，徐有贞来到朝房，石亨、张轨随后到来，身后跟着打扮成禁军模样的各家兵丁三四百人。天色晦暝，看不清这些兵丁脸上的表情。黑暗助长了恐惧，饶是张轨等人都是杀人无数的武将，也不免心里惶惑。行动到底能不能成功，他们心里也都没底，但徐有贞相信此事必成。他明白自己走上的是一条绝路，走过去了，花团锦簇，搞砸了就万劫不复。

一行人来到朱祁镇住的南宫，叫了半天，都没人开门。徐有贞命人找来一根巨木，数十人举着猛撞宫门，又命身手敏捷的士兵逾墙而入，内外使力，终于打开了大门。朱祁镇惊坐烛光下，不知外面发生了什么变故，等到石亨、张轨、徐有贞等人在他面前黑压压跪倒一片，请他登位，他还几疑梦中。兵士们的脸上也是梦游般的神色。朱祁镇恍恍惚惚登上辇架，那辇杆怎么都抬不起来，徐有贞和他的同谋们赶紧扶住，一行人向着东华门而去。朱祁镇这才镇静下来，一一问他们职官姓名。让密谋者们欣喜的是，此时忽然天色明霁，满天的乌云好像一下子消退了，一时星月开朗，几同白昼，他们愈发感到成功在望。

东华门的守卫挡住了这支奇怪的队伍。朱祁镇亲自出面，使他们不得不让道。众人拥着朱祁镇登上奉天殿，升座，鸣钟鼓，开启通往大内的各道门禁。这会儿，文官们正齐集阙下，等待皇帝视朝，时辰未到，却闻殿内哄响一片，正自惊诧。但见徐有贞出来宣：太上皇帝复位了！

众官一片震骇，逡巡不前，但石亨、张轨带来的禁军正虎视眈眈。等官员们平静下来，新登基的皇帝就上朝了。朱祁镇口宣：卿等以景泰皇帝有疾，迎朕复位，其各任事如故。即以景泰八年为天顺元年，改元大赦。

夺门之变成功了！这会儿，朱祁钰怕还刚刚在病榻上醒来呢。

政变的主策划者为徐有贞，被任命为内阁首席大学士，进武功伯，预机务，代替于谦兼任兵部尚书。参与密谋的石亨将军封为忠国公，他的侄子石彪，封为侯。宦官曹吉祥，提升为司礼监提督太监，成了内官首脑和京师卫戍部队的总指挥。他的养子曹钦，封为伯爵，任都督同知。其他人也一一得到了预期的封赏。左都御史杨善，任命为礼部尚书，封兴济伯。张轨为太平侯，他的一个兄长封为伯。早被收买的监视人——靖远伯王骥，也封侯，世袭食邑。一时晋官加爵的官员达三千余人。

政变之后，第一件事就是算旧账。密谋者们的仇恨和报复欲，是这场政变的重要动机，于是兵部尚书于谦和大学士王文等人，在政变的第一时间就被下了狱。于谦被指控为意欲迎外藩入继大统，坐谋逆律，当置极刑。大学士王文抗辩说：召亲王入宫，须请得金牌相符，你们说私迎襄王世子，派人去迎必有马牌，这一切都可以到兵部查验。于谦笑他，都这时候了，还这般书生意气，那都是石亨等人的主意呀，你这般抗辩，难道他们会放你一条生路吗？

要不要处死于谦，朱祁镇犹豫了好久，"于谦实有功"，举棋不定的他对内侍们说。杀一个举世公认的功臣，他不想担这个罪名。最后是徐有贞的一句话，促使他下了决心——"不杀于谦，此举为无名。"要让刚刚失而复得的皇位合法化，于谦还真的非死不可。

于是，政变发生后第五日，正月二十二日，重新登基的皇帝宣布了对于谦的判决，于谦与大学士王文及四名太监（这几个太监都是曹吉祥的死敌），一起被公开处决。大学士陈循、刑部尚书俞士悦、工部尚书江渊等，谪戍铁岭，大学士萧镃、商辂等被削夺官职，户部尚书张凤降级调任。礼部尚书胡濙、大学士高毂及大太监兴安被迫退隐。同时获准退休的，还有元老辈的吏部尚书王直。

吏部侍郎何文渊，闻讯将遭逮捕法办，自缢而死。建言易储有功、进为都督同知的黄竑，畏罪自杀，朱祁镇还觉不解气，令开棺戮尸。

据说，处决于谦当日，天上突然阴霾四合，莫辨东西，似乎上苍也为忠臣之死而痛悼，"天下怨之"[1]。于谦的儿子于冕已被发配去了龙门，没有人替于谦收尸，一个叫陈逵的都督同知偷偷收殓于谦遗骸下葬（几年后，归葬杭州钱塘）。曹吉祥属下的一个都指挥使，拿了酒偷偷跑到处死于谦处凭吊，被人告发后，被曹吉祥狠狠责打了一顿，第二日他又跑去酹奠如故。史传记录下这些事迹，是为彰显"忠心义烈"，就像在于谦传记的赞论里所说，"忧国忘家，身系安危，志存宗社，厥功伟矣"，这种对国家的忠诚和担当，庶几可以穿越生死，"与日月争光"。

于谦身上的这种精神，就是黄仁宇先生在《万历十五年》中所揭橥的文官集团所普遍尊崇的那种"不顾一己安危荣辱、为仁命爱物的宗旨拼命"的自我牺牲的精神。于谦性情刚烈，得罪人不少，遇事每有不合辄抚胸长叹："此一腔热血，意洒何地！"他现在也算是得其所哉了。

弃市，籍其家，家属戍边。这样的结果，他不是第一个，当然也不会是最后一个。令人齿寒的是那些毫无操守的官员，都以给于谦泼脏水为晋升台阶。有个僻远省份的教谕上疏说，这样处罚于谦实在是太便宜他了，应该灭其门，把他荐举的文武大臣悉数诛杀。还有官员建议，应该把于谦一案的共犯，榜示天下以儆效尤。

处死于谦是瞒着皇太后进行的，她知道消息后，难过了好些日子，"嗟悼累日"。朱祁镇也深感后悔。抄家时，发现于家清贫得几乎没有一件多余的器物。有人发现正屋藏有一只大柜子，锁得非常

---

① 《明史》卷一七〇，《于谦传》。

坚固，打开来一看，都是以前皇帝赐给他的蟒衣剑器这些东西。

接替兵部尚书一职的，是石亨的私党陈汝言，不到一年，这个新任尚书就因贪赃数万遭到惩处。如此之快的敛财速度连朱祁镇也不能不惊叹，愀然说，于谦在景泰朝做了那么多年尚书，"死无余资"，"汝言抑何多也！"荐举失察的石亨俯首不能对。不久边报人，称北疆又起事端，朱祁镇忧形于色。有大臣说，假如于谦还在，敌人怎会如此猖獗。朱祁镇听了这话，默然良久，终不发一言。

朱祁钰又被贬为郕王。沂王朱见深又回到东宫，恢复了他的皇储地位。政变发生一月后，1457 年 3 月 14 日，朝廷发布公告称，朱祁钰因病情恶化去世。有传言说，他是遭宫中一个叫蒋安的太监勒死。

夺门之变出人意外地把朱祁镇重新推上皇位时，他仍不过三十挂零，但经历了被俘、废黜的波折后，尤其是在他同父异母的兄弟统治下，蒙受数年监禁的耻辱后，开始步入中年的皇帝开始以更大的力度推进他的专制统治。朱祁钰的支持者已被当作国家的敌人清洗掉，他采取的下一步行动，是把一些忠于自己的官员安排到政府的重要职位上。但令人奇怪而又不解的是，朱祁镇对八年前在土木堡之变中丧生的王振还是念念不忘。

一般都认为，导致朱祁镇平生大耻的，正是这个飞扬跋扈的"王先生"，但成年已久的皇帝似乎在感情上还没有走出这个人的控制。换言之，尽管他是个中年人了，但在感情和心智上，还没有真正成年。复辟后不久，他就为王振举行了公葬，把一根檀香木刻成王振的形象，为这个死去的太监招魂，并在智化寺建祠祭祀。有人说，王振通敌该诛，他竟勃然大怒，大吼说，振死难，朕所亲见！把提意见的人贬窜僻远地界。

如果说，1449年朱祁钰的仓促上台是土木堡之灾的军事危机所致，其积极意义是使处于混乱和极度危险中的国家趋于稳定，那么1457年的"夺门"，则是一起彻头彻尾的政变，主导这次行动的，是一批汲汲牟取私利的政客和机会主义者。这些人中除了徐有贞小有才干，其他如石亨、曹吉祥之流，都是政治和道德的双重小人。从朱祁镇重用此辈及对待死去的王振的态度来看，这个两度临朝的皇帝始终不过是一个"庸稚之君"。

朱祁镇当然明白，"夺门"是一次严重的违礼事件。一次与大臣李贤的谈话后，他感觉到，自己被某些别有用心的人利用了。李贤说：迎驾则可，夺门岂可示后，天位乃陛下固有，夺即非顺，幸亏政变成功了，万一天机泄露，那些密谋者们死不足惜，可是他们就不想想，会置陛下您于何等凶险的地步呢？从当时的情势来说，您的弟弟很有可能一病不起，那么，只要群臣表请复位，天下顺顺当当还是您的，若真如此，此辈虽欲升赏，以何为功？老臣耆旧，何至杀戮降黜？招权纳贿，何自而起？

李贤的结论是：国家的太平气象，今为此辈损削过半矣。朱祁镇深以为然，不久发布诏令，禁止在大臣章奏和政府文告中出现暴力性的"夺门"字眼，改为"复辟"，所有借政变之机冒功得官者，限期自首更正。

朱祁镇对1457年为他策划政变的那些密谋者们已不再信任。他以一个怀疑主义者的眼光看待一切，一旦这些人表现出超越他授予的权力的举动，他会趁着他们明争暗斗，毫不犹豫地予以铲除。因为，在他看来，只有死人不会背叛自己。

徐有贞先被拿来开刀，政变半年后就被削去所有官爵，流放云南怒江金齿卫[①]。直到蒙赦回到苏州吴县，仍然没能恢复职务。1461年，石亨下狱论死。曹吉祥日后也因叛逆案处死。

终天顺一朝，于谦案都没有平反[②]。"公论久而后定，信夫？"——史传写到此处，留下一个悬念。

[①]　今云南西部保山县。

[②]　于谦平反是成化年间的事。《明史》卷一七〇，《于谦传》："成化初，冤赦归，上疏讼冤，得复官赐祭。"

第五章　后宫心计

皇帝与贵妃

明朝的第八代皇帝朱见深，童年时就经受了给他的性格留下伤痕的种种痛苦经历。

还不到两岁，他的父亲朱祁镇被瓦剌军队掳掠北去。在国家的严重危机中，他被皇太后诏立为太子。此后七年，他一直生活在他父亲的一个异母兄弟领导的国家里，尽管贵为皇子，还是饱尝寄人篱下之苦。因为这位叔叔一心想废掉他的东宫之位，让自己的亲生儿子接任。这种境况并没有随着一年后他父亲被遣回北京得到改变。作为一个过气的皇帝，他父亲虽被给予尊崇的称号，却被排除在国家的一切公共事务之外，并在严密的监视下居住在皇宫南城，根本照拂不到他。

他六岁那年，即1452年，他那个性情褊狭的叔叔终于得逞，他被废除皇太子的身份，降位为沂王，他的堂兄朱见济——叔父的亲生儿子——代替他成为法定的皇位继承人。他则与被废的汪皇后（不是他的生母）一起，被驱赶到皇城僻冷的一个院落生活，生活条件之简陋可想而知。

但天命并没有真正落到他那位堂兄身上，一年半后，这位新太子竟然一命归西。叔叔只有这么个儿子，皇后的肚子也没有再度隆起，那么这是不是意味着他又有机会重回东宫呢？事情并没有想象的那么简单，阻力当然来自于他的那位叔叔。围绕着"国本"之争，一些努力使他恢复太子身份的官员遭到了处决和贬谪，当然，对一个年方七岁的男孩来说，他还认识不到外部世界的凶险，意识不到这些风波都是因他而起。他就像处身于朝廷政治斗争的一个风暴眼里，外界的滔天恶浪只是打湿了他的衣角而已。但这种不安全感肯定已经铸进了他人生初年的记忆，并进而影响到他一生性格的养成。据说，因为经常要谨慎说话，他落下了说话结巴的毛病，尤其是在发"嘶"音时，结巴得非常厉害。

在他十一岁那年，1457年正月的一个夜晚，一伙别有用心的密谋者冲进南城成功发动政变，重新拥戴他的父亲登上皇帝宝座，这使他又顺理成章地回到了东宫之位。以后，在他父亲重新执政的七年里，他作为皇储在大学士们指导下学习本朝历史、治国之要和种种礼仪，他目睹了父亲对敌对势力——主要是在1449年的危机中通过支持他叔父当上皇帝的大臣们——毫不留情的剿杀，随着年龄的增长，他还见识到了忌妒和报复心驱使下的一场场杀戮。

这期间他还经历了一次严重危机。因为到了十来岁，他口吃的毛病还没有好起来，这不禁让父亲怀疑起了他的智力，以为他这样反应迟钝的人难当大任，将来会缺乏治理国家的能力。但大学士们成功说服了他父亲。他们说，如果合法的继承受到干扰，王朝的稳定将会遭到损害。他父亲在二十多岁时曾经翻过一次船，跨过三十岁门槛后不想再度翻船，于是他的地位经受住了考验。

对于一个在动荡不宁的环境里成长的少年来说，朱见深对安全感的需要更甚于同龄人。在枯燥乏味而又危机四伏的皇城生活中，他发现，这份他最需要的安全感居然不须外寻，就在身边，他庆幸上天赐予了自己一个好女人。这个女人是他在东宫时负责照顾起居的，本名万贞儿。万氏四岁入宫，以前一直是他祖母孙皇太后（即孝恭皇后，宣宗朱瞻基的第二任皇后）的宫女，他位复东宫后，就来侍候他。这个女子的年龄要大他许多，当他在1464年——那年他十八岁——接替病逝的父亲成为明朝的新一任皇帝时，她已是一个三十五岁的妇人了。

一个深宫孤独中长大的少年，与一个不离左右随时照料起居的妙龄女子，这种感情和身体的双重哺育，或许可以用来解释他对这个女子终生不移的依赖和宠信。他登基后的第一件事，就是迫不及待地把这个女子纳为妃子。万妃是山东诸城人，她在老家的父亲，也因女儿骤贵被封为锦衣卫指挥使，几个兄弟也同时获封一官半职。万贵妃的擅宠引起了皇后吴氏的不满，借故把她鞭打了一顿，很快，吴皇后为这一冲动付出了代价，她被怒气冲冲的皇帝废掉。这事发生在吴氏被迎娶才一个月后。此后，可怜的废后不得不迁居冷宫，在绝望和仇恨的噬咬中度过余生。

朱见深十八岁即位时，万贞儿的年龄几乎大他一倍，所以，无论从心智上还是情感上，她都有十足的把握控制他，并进而操纵皇室和内廷。此女子素来机警善迎，当然更懂得如何讨日益长大的皇帝的欢心。据说，她最喜欢穿着一身戎装为少年天子在宫中花园游乐助兴，更不必说还有床第之上的种种奇技淫巧。这个饶有心计的妇人，不论是作为天子儿童时代的保姆，或是后来作为他的配偶，她都懂得如何去让他高兴。专宠的结果是，她在三十六岁那年生下了一个儿子，被升为贵妃。这个儿子不到一年就死去了，万贵妃再没怀孕，她通过太监严密地监视宫中的其他女子，不让她们怀上龙种，以免自己的专宠地位受到威胁。如果有哪个妃子或者宫女怀上了，她就千方百计使她们流产，方法不外乎药物或外力击打，如果一不小心出现计划外生育，就务必动用非常手段，使婴孩及其生母都死掉。后来生下孝宗朱祐樘的纪淑妃，就是被这个女人害死的。朱祐樘被秘密生下来时，头顶正中寸许，没有一根头发，据说就是在母腹时中了堕胎药所致。

朝廷大臣对皇帝至今还没有一个后嗣深为关切，京师和各省官员纷纷上奏，劝他疏远万氏，以便与宫中其他妇女生育子女。对这种请求，皇帝的答复一律是："内事也，朕自主之。"

朱见深之后的明朝皇帝，几乎无一例外都短命，而且，他们短暂的一生总是受制于内廷。大明朝盛夏已过，遽然降临的秋意使朱氏子孙的体格和人格迅速滑向了凋败和孱弱，他们的施政也总要受到后妃、生母、祖母以及侍候他们的宦官的种种干扰和影响。

与女人们相处总让他焦头烂额，皇族里的一些长辈女性也总是不消停。朱见深的生母周氏，是一个喜欢吵架的厉害角色，她原来不过是他父亲的一个妃子，地位低于钱皇后，儿子再度立为太子后，她一下子就神气了起来。朱见深一登基，她就大吵大闹着，要求与钱皇后一样册封为皇太后。大臣们认为，钱皇后虽然不能生育，但她在皇帝被囚南宫时一直陪侍左右，以致一条腿和一只眼睛落下了残疾，尊奉为皇太后是理所应当。周贵妃还是不依不饶。

朱见深夹在先帝的两名遗孀中间左右为难，把难题交给大学士李贤，要他想出一个礼仪周全又能满足他母亲虚荣心的妥善办法。

这还能有什么好办法呢？于是两人都被尊为皇太后，钱皇太后系先帝正室，她的封号多了两个字"慈懿"。这又让周氏老大的不开心，常常借故向皇帝施加压力。四年后，钱皇太后去世，按例，将与先皇合葬，但任性刁蛮的周皇太后坚决反对，认为这项荣誉非她莫属。她连着扛了四天，甚至以绝食相威胁，最后，在数百位官员的哭谏下，才不得不屈服了。朱见深身处两个激烈争吵的女人中间，只有想法逃开，他扑入善解人意的前保姆万爱妃的怀里寻求安慰，事实证明不过是从一张网出来，又扑入了另一张网。

宠冠后宫，又被天子终身恩眷，作为一个女人，万贵妃大概算是成功的了。她就像一只硕大的章鱼，用柔情和智计作吸盘，把皇帝牢牢吸引在身边。风筝飞得再高，操控的线还是在她手里。万贵妃有个叫万通的叔叔，原先是个并不成功的生意人，因侄女骤荣，加官为锦衣卫指挥使，愈发地骄横不可一世，据说连大学士万安都要攀附为同宗。终成化一朝，佞幸之辈如钱能、覃勤、汪直、梁芳、韦兴，无不苟敛民财，倾竭府库，以讨万贵妃欢心，作进身之阶。最多的一次，取中旨加官晋爵达数千人。皇帝不是没有看见这一切。他没有指责万贵妃卖官鬻爵，反而默许她这么做。因为国库紧张，贵妃卖官的钱正好可以用来弥补宫廷开销。

内官与外官

朱见深基本上是个缺心眼的大男孩，对待朝臣也是好恶任性。除了对珍玩、丹符和春药的无穷喜好，他似乎就没有别的爱好了。他的朝廷里充斥着形形色色的外戚、宦官、谄媚者、冒险家、方士、僧人、符术大师、进献房中秘术的春药供应商，他几乎不加鉴别地接纳他们，被他们哄得团团转。

他对待内廷官员的态度也让人捉摸不定，宠信起来，关照、恩遇无微不至；一旦厌烦了，就把他们像脱下的旧靴一样随手一扔。某年，他派一个宦官去苏州一带采购珠宝，这个宦官借机敛了许多财，闹得当地鸡犬不宁，他得到当地官员举报后，毫不犹豫就处死了那个宦官。这一来，还有哪个太监敢凑上前去自讨没趣，他们都自觉去走贵妃路线了，这是一条更牢靠的攫取爵位和财富的路径。像他的父亲被王振控制一样，朱见深对一个人始终恩宠有加，此人即太监汪直。

汪直是广西大藤峡瑶族人，最早在万贵妃的昭德宫当一内侍，因办事巴结，迁为御马监太监。万贵妃不是个好侍候的主，她恃宠骄纵，忤她心意者，立马斥逐，汪直能扶摇而上，可见其巴结功夫。1476年，妖人李子龙"以符术结太监韦舍私入大内"，秽乱后宫，虽然事发后被诛，但这一事件还是极大伤害了朱见深的自尊心，使他对内外官员的信任产生了动摇。他就像一个偏执狂一样，急切想知道他的大臣们在做些什么、想些什么。于是，办事稳妥的汪直得以有机会易服化装，密潜伺察，随时向皇帝报告官员们的一举一动。

1477年初，朱见深正式成立了一个直接向皇帝负责的特务机构，由于永乐年就有一个叫东厂的特务机构，这个汪直领导下的新机构被叫作西厂。西厂所领缇骑比东厂几乎多一倍，势焰也远出其上，可不经奏请逮捕朝官，可干预内廷宦官的不法事，"自京师及天下，旁午侦事，虽王府不免"[1]。

明代诏狱，属锦衣卫北镇抚司，随意生杀，践踏法司，已是一大弊政，至永乐年设东厂，委宦官从事警察侦缉，这些人仗着身份特殊，扛着皇家侦缉的金字招牌，以诬陷栽赃为能事。所以历史学家孟森谈到有明一代司法时，认为明朝是中国最不讲法治的朝代：诏狱超越法律之外，东厂缉事又开绝裁夺抑之门。此番又增设西厂，侦缉力量倍于东厂，势焰远出其上，皇帝对他的臣民是越来越不放心了。

一些依附宦官的官员很快升擢高位，不肯低头的则被罗织罪名加以驱逐或陷害，内廷势力的急遽膨胀使得文官们的生存空间大为逼仄，文官们公推大学士商辂上疏，请罢西厂。

商辂的这封奏疏锋芒直指汪直，他指责说，皇帝把朝中大事处置权交与汪直，汪直却以一群无操守无原则的小人为耳目，擅作威福，贼虐善良，以致上下人心惶恐，"卿大夫不安于位，商贾不安于道，庶民不安于业"，如果不采取果断措施，铲除汪直这颗毒瘤，后果实在不堪设想——"天下安危未可知也"。

但皇帝认为，这不过是文官们惯拿大词吓人，故作耸人之语罢了，他派了两个内侍到内阁诘责，大意是，我只不过重用了一个内官，怎么就危及天下了？倒是应该查查这封奏疏的幕后指使人是谁，

① 《明史》卷九五，《刑法三》。

企图何在？受到斥责的商辂对着这两个内侍侃侃而谈：朝臣无大小，有罪都应请旨逮问，怎么可以不经奏闻，旋拟旋释？这不是拿国家法律当儿戏吗？汪直竟敢擅自拘捕京城三品以上大员，对边关守将一日缉拿数人，对留都南京的大臣随意搜捕，就是像你们这样的近侍，他也敢随意撤换，这样的人不铲除，天下怎么会没有危险？我们同心一意，只为天下除害，没有受到任何人的指使。两个内侍感同身受，回去拿原话禀报，朱见深也不愿与整个文官集团为敌，两害相权取其轻，于是传旨撤销西厂，汪直仍旧回御马监任原职。

虽然迫于压力撤销了西厂，但朱见深对汪直还是宠遇不减，时常命他乔装打扮外出伺察。向来看不起汪直的兵部尚书项忠，以为汪已是条落水狗，正想乘胜打击，却被吏部尚书尹旻告密，项忠竟遭构陷，削职为民。在御史戴缙等一批阿谀之徒的唆使下，不到一个月，西厂又重行开设。汪直卷土重来，权势愈加熏天，出行时随从前呼后拥，连公卿见了都要避道。大学士商辂不得不引疾致仕。

更为荒唐的是，皇帝还授予了这个太监指挥边镇军队的权力。正统以后，宦官监军、镇守、提督京营渐成惯例，但被赋予九边军事指挥权，汪直还是第一人。1479年，汪直请得皇帝诏令巡视九边。说是军事视察，纯属显摆威风，但见飞骑日驰数百里，所到之处，将军、御史、主事皆迎拜马首，供张隆重，汪直的随从们则大肆收受贿赂。兵部侍郎马文升，此时正视察辽东军情，汪直嫌他迎接的礼节不够隆重，竟褫夺了他的职务，贬为守卒。

西厂刚设立时，汪直逮捕了借公务之名贩运私盐的南京镇守太监覃力朋，以此来博得皇帝信任。其后，他与内廷同僚尤其是东厂又多有倾轧。东厂一个叫尚铭的太监，捕贼立功受奖，汪直忌恨他隐匿不报，竟欲除之而后快。尚铭担惊受怕一段日子后，终于开始反击，他联络阁臣万安和皇帝跟前的红人李孜省，把汪直不法的全部证据交到了皇帝手里。御史、给事中们也趁机交章弹劾，1482年，臭名昭著的西厂终于被废除。不久，汪直也被驱赶到南京，继续去当御马监太监。尚铭借此机会发达起来，拷扑大户、卖官鬻爵这些勾当做得比汪直有过之而无不及。他后来也被喜怒无常的朱见深发配去了南京。

一些正直的官员认为，宦官不能授予太大的权力，只能在严格限制下，担当内廷的一些杂务。打一个不那么恰当的比方，如果把朝政比作一台大戏，他们现在竟都跑到台中央上蹿下跳了，这真是小丑现世。南京一位都察院官员王徽，在一篇明是建议改善宦官待遇、实为裁抑其权限的奏疏中说：自古以来，宦官都是一群有人格缺陷的人，贤良者少，奸邪者多，如果授予他们太大的权力，让他们弄权、堕落，然后加之以严刑，那是始爱之而终杀之，不是保全之道。要效法太祖高皇帝的做法，不让他们广置产业，更不可让他们预政典兵，宦官的家人义子全都编入原籍为民，不可在朝中做官，对这些在内廷从事服务的人，只须"厚其赏赉，使得丰足"，切不可让他们生出染指权力的欲望。

这位监察官员还提出，禁止内外大臣交结，理由是：总有一些不知廉耻的外官，抱着种种目的交结内官，内官收下了他们送的礼物，就会在皇帝面前一个劲地夸他们好。而一些方正不阿的官员，只因为没有给内官送礼，就招致朝夕谗谤，时日一久，皇帝也未免对这些忠良之臣起疑心。"恩出于内侍，怨归于朝廷"，朝廷不总是成了输家吗？长此以往，总有输得赔不起的一天的。

等待着王徽的是削职和非人道的迫害。幸亏他活得足够久，在下一任皇帝即位后担任了朝中一个更高级的职务。

1475年6月的一天，内侍服侍朱见深梳头，时年二十八岁的皇帝看着镜子里自己的容颜突然长叹出声，他感叹自从两个儿子未成年死去后，自己一天天地老去，尽管耕耘不止，但至今上天还没有赐他一个子嗣。一个内侍跪下激动地说，陛下有子。皇帝惊讶之余，便问他的儿子的下落。于是淑妃纪氏在1470年生下一子的真相便大白于天下。

把那个时代有关纪氏的只字片言的记载穿缀起来，大致可以确定，纪淑妃来自僻远的南方省份广西，是一个美丽的瑶族姑娘。1467年，平定广西作乱时，一名监军的宦官把她带进了宫里。在接受初步的举止、仪容训练后，这个女子被分派掌管宫中的某几间库房，好像还包括管理图书。1469年某日，皇帝在内城遇见了她。他随口问她一个问题，却被她应答时的仪态迷住了。按照撰写起居注的官员对皇家性事委婉的记叙手法，时年二十二岁的皇帝对这个宫女进行了"宠幸"。事后，纪姓女子怀了孕，但她一直没有办法让皇帝知道。耳目众多的万氏获知了此事。据向皇帝透露那个男孩下落的内侍声称，万氏曾派他给纪氏送服打胎药，但他深知皇帝渴望一个子嗣，出于忠心他想办法把纪氏藏了起来，直到她安然生下胎儿。后来吴皇后知道了这个孩子的下落，就把孩子和母亲藏在她偏僻的住所，一转眼这孩子已六岁了。

获知这个天方夜谭般的消息，朱见深异常激动，当即前去看他这个生下后从未见过面的儿子。他把这个孩子抱在膝上，在激动人心的场面中承认他是自己的亲生儿子和合法的皇位继承人。朝廷立刻正式公布了这个喜讯,此刻,整个皇城中除了万贵妃恨得咬牙切齿,人人都笼罩在欢乐的气氛中。这个飞扬跋扈的女人因过度生气而得病,并发誓绝不罢休。但孩子已被皇帝安置在了母亲周太后宫中,那里是绝对安全的,万贵妃不敢贸然下手,但是孩子的生母纪淑妃还是在一个月后死去了,死因充满悬疑。

朱见深与万氏疏远了,他不再定期出现在昭德宫中。这一方面是因为,随着时间的无情流逝,这个女人已风华不再,再也引逗不起他的情欲,更重要的是,通过这件事,朱见深认清了这个女人美貌掩饰下的蛇蝎心肠。他终于意识到,对这个女人必须有所防备,以保护自己的儿子不受伤害。同时,似乎为了补偿对她的冷落,朱见深也很少去干涉万贵妃私下敛财,甚至暗底下卖官鬻爵。这个贪婪的女人通过信任的内官掌管着京城好几家皇家店铺,经营字画、珠宝生意,低价吃进高价卖出,买主当然都是些渴望获得升迁的官员。

在宫中,万贵妃基本上成了一个类似美女蛇的角色,内侍、宫女避之唯恐不及。皇帝的母亲周太后甚至警告她监护的孙儿,即那个尚在幼年的太子,要是实在推托不掉、不得不去万氏的寝宫时,千万不能吃任何东西,以免遭到这个女人的毒手。与此同时,皇帝的私生活变得放荡了,接下来的十年里,在春药的鼓荡和无耻的朝臣们进贡的房中术的指导下,他成功地使宫内一大批适龄妇女怀孕,并让五位嫔妃为他生下了十一个儿子和五个女儿,除了一个儿子早夭,这些孩子全都长大成人。

皇后与外戚

朱祐樘的童年有着太多的禁忌。不能大声说话，不能自由奔跑。作为皇帝与一个地位低下的宫女一夕欢娱的产物，他尚在腹中时就遭到了控制整个后宫的万贵妃的忌恨，以致差点儿不能降生到这个世界。在好心的太监的帮助下，他母亲纪氏在东躲西藏中终于生下了未来的皇帝。惊惧再加营养不良，使得这个孩子一生下来就显得非常瘦弱和胆小，几乎就像一只病猫。从他成年后的画像来看，一双细长明亮的眼睛，颏下几缕飘逸而稀疏的胡须，似乎表明他更多地接受了来自母亲一系的基因。明朝的皇帝应该是从朱祐樘起，更多地呈现出南方人的外表和气质。而从他父亲朱见深一直追溯到他的高祖父，基本上都是圆脸、大耳垂，体格健壮，双眼炯炯有神，还都有着一部修剪规整的小胡子，从体型到外貌，完全是北方人的特征。

他在遗忘中长大，兔子般东躲西藏的经历养成了他机敏的个性和对所有人的不信任。当他在1475年终于被求子心切的父亲承认，忌妒和迫害的火焰还是一路追着他。在这样一个充满着不祥气氛的宫中，他的身份一旦公开，招致暗算的可能性更大了。关键时刻，他的祖母，那个饶舌的、爱吵架的周太后出面了，她愿意抚养他，像母鸡一样张着翅膀不让他受到万贵妃的伤害。但他母亲还是被万贵妃派人给暗中毒死了。这一不幸事件肯定曾让他伤心欲绝，并加剧了他对世界的不信任态度。这个孩子的不幸遭遇也激起了大臣们的同情，他受到了更多的庇护和照料。

出于对生母的怀念，当他在 1487 年（成化二十三年九月）登基后，所做的第一件事，就是追加早已不在人世的母亲为孝穆皇太后，并派官员到广西去寻找她的族亲。广西贺县有两个人声称是太后的堂兄弟，并呈递了纪氏家族的族谱。他们被带到北京，出任锦衣卫统领，但不久被人揭露是冒名顶替，族谱也系伪造，这两个人被判处流放。始终没有发现太后尚在人世的亲属。尽管如此，年轻的皇帝还是命令在广西建了一座纪念生母祖先的祠庙，还在寝宫东侧的院子里修建了一个专门的祠堂，名叫奉慈殿，以纪念他的母亲，这一出于强烈虔诚心的孝行，得到了文官们的一致赞同和拥护。

正因为这一足够坎坷的经历，使得朱祐樘比之父亲和祖父，身上少了许多纨绔荒唐的习气。当他被正式册立为太子不久，一位有学问的老宦官覃吉成为他的第一位老师，负责教授他四书等典籍。几年后，课堂移到了文华殿，大学士们专门为他编选了一本记载历代东宫太子嘉言懿行的教材。朱祐樘是个用功听话的好学生，他把所有知识谨记于心，对老师们的批评，也保持着极强的自制力。等他即位后，朝臣们欣喜地发现，本朝历史上还没有一个皇帝像他那样，谨守典籍所教导的一切儒家规范。

朱祐樘执政之初，已近糜烂的朝政重又出现了复苏的气象。一批公认品行不端的内外官员遭到了黜退，他父亲在位时蜂拥到京师的多达千人的方士僧人被遣散，作恶多端的大臣被下狱论死，朝会时只知口呼万岁圣明的阁臣万安也被勒令致仕还乡（但接替他为内阁首辅的刘吉仍是一个阿谀奸诈之徒），一批公认品德端正的官员则被提拔到了重要岗位上。

万安被勒令退休时已年逾七十，让时人传为笑谈的是，万安由进房中秘籍获宠，败也由之。朱祐樘即位不久，有一天检视先皇遗物，发现了一只小箱子，里面装的全是房中术图籍。天真的少年天子大为吃惊，宫中竟有如此污秽的东西。内侍告诉他，这些书都是万阁老千方百计搜罗来进献给先皇的。朱祐樘让内侍怀恩捧着这一大堆书前往内阁诘责，这难道是大臣做得出来的事情吗？万安汗流满面，伏地不起。朱祐樘存心要羞辱这个不中用的老臣，逼他自己提出辞职。第二次，又派怀恩前去，这次是把文官们弹劾万安的奏章逐条宣读。万安数次打断宣读告饶，但就是不肯辞职。读得口干舌燥的怀恩一步跨上前，摘下万安身上的牙牌说，你怎么还不滚啊。万安回去思前想后，次日，正式递交了辞呈。

万安、尹直被逐出内阁后，先是徐溥、刘健入阁，起用王恕为吏部尚书，再是礼部左侍郎邱睿入阁。史传所称"朝多君子"的盛况，指的就是弘治年间一批文官集团的精英如李东阳、刘大夏、谢迁、刘健等几乎同时登上政治舞台。

史称，朱祐樘执政时尽管只有十八岁，却少年老成，很少受大臣们干扰，财政用度也厉行节俭，不大手大脚，只是一意培养国家元气，兢兢于保泰持盈之道。总的说来，这个懂得克制自己欲望的年轻人，对他的子民也还爱惜。"朝序清宁、民物康阜"云云的赞词虽不脱词臣矫饰，但一个显而易见的事实是，弘治初年的政治气候确实清明了许多。

回顾成化年间为政之弊，文官们总结教训，得出结论，原因乃在于皇帝深居内廷，被侍妾、宦官和一群宵小之徒包围，失去了与士大夫们的沟通、交流，致使上下否隔，政情不通。要让新即位的皇帝回到文官们为他设计好的道路上来，成为有道之主，可走的只有以下两条途径：一是从内廷的种种羁绊中解脱出来，二是以儒家经典一点一滴地去影响皇帝，最终将之塑造成功。1488 年 4 月，吏部侍郎杨守陈，上书提议遵祖制重开大、小经筵，皇帝应该每日两次听朝论政，正可视作文官集团集体意志的一次呈现。

大经筵是正统年间定制，每月逢二举行，一月三讲。小经筵原无定日，礼仪上也没有大经筵严格，进讲人的着装也不必过于正规，常服即可。杨守陈奏请，把原本没有确切日期的小经筵改为日讲，进讲人的资格，也须是道德学问皆无可争议的"博雅端介之臣"。所讲授的内容，除了大经筵上要讲的圣贤经旨、帝王大道，其他如政事得失、民情休戚、官员治道等，都可选作进讲的内容。杨守陈还提议，应该在文华殿后面的披厦专门设立一个场所，用来存放前朝典籍、祖宗谟训、百官章奏，供皇帝退朝后随时披览。每天还应在前殿右厢，常驻内阁学士一名、讲官二名，以备皇帝随时咨询。

本朝典章，早朝受四方奏事，早成沿习，午朝景泰初年曾短暂设置过，后罢设。杨守陈认为，重开午朝听政，皇帝与大臣陈论，乃是融洽君臣关系、提高政府效率的重要手段。为区别早朝，午朝仪式可简省，地点则可放在文华门。大臣台谏应事先具疏，在午朝时择其要者口奏，皇帝详问后做出裁决。其他诸如接见外来使臣、讨论地方事务、接受官员的陛辞并做出诫谕等，都可放在午朝时举行。至于国家大政的商议裁决，则应放在文华殿。"一日间，居文华殿之时多，居乾清宫之时少，则欲寡心清，临政不惑"。接士大夫之时多，对宦官宫姜之时自然就少。只有这样，"使贤才常接于目前，视听不偏于左右，合天下之耳目聪明"，最终的目的也就达到了——"而致治之纲举矣"。

杨守陈为皇帝设计的这张日程表上，皇帝如同专门处理政务的机器人一般日夜运行不止，没有私欲，没有任何不良嗜好，这正是文官集团所期望的皇帝形象。

年轻的皇帝居然接受了对他有着诸多约束的这些建议，成例之外，又加午朝、日讲，其励精图治之心，足令文官们欢欣鼓舞。不久，宪宗朝时一些因得罪阉人被降谪的官员大多被起用，方士僧道滥设的多余的祭祀被废除，既厘正了国家祀典，又节省了大量不必要的财政支出。苏、松、杭、嘉、湖五府织染机构的额外织造被停止追加，督造官被召还，虽然皇帝耳根子软，某些地区的中官织造后来又重新开设，对历年积弊的匡正也不是很彻底，但皇帝恭俭且有天资，也是不争的事实，所有种种变化，有理由让文官们相信，朝局正向着他们所希望的方向发展，只要假以时日，再现仁宣时代的盛世之景也不是没有可能。

但随着时日的推移，皇帝身上的种种劣根也暴露出来了，最要命的是他越来越像他父亲一样热衷于斋醮、炼丹。做了八年皇帝后，朱祐樘就像个偷懒的小学生一样，视朝渐晏，奏章的批答也不及时了。"或稽留数月，或竟不施行，事多雍滞，有妨得体"①。每日的小经筵早就自行废止，就是大经筵，一年里也进行不了几回。1497年，朱祐樘召见内阁大学士徐溥等，每人赏茶一杯，满朝竟以为盛事，可见上下否隔到了何等地步。

朱祐樘天性柔弱，仁而不断，以致外戚的势力也来损害帝国的肌体，这是最让他的大臣们痛心的。这一切，都要归因于他有一个美貌又虚荣心十足的妻子——张氏。张氏出生于大运河边一个叫兴

① 《明史》卷一五，《孝宗本纪赞》。

济的小城，这个小城离北京一百余公里。朱祐樘在婚姻中一直扮演着钟情的丈夫角色，他一直深爱着她，为此拒绝上其他嫔妃的床，她为他生下了两个儿子和三个女儿。

靠着皇后的庇护，她背后那个庞大的家族进行了疯狂的利益扩张。皇后的母亲金氏，可以经常自由出入皇宫，陪伴帝后左右，这在别的皇帝统治时期是难以想象的。皇后的生父张峦，女儿选进宫时，不过是国子监的一个监生，皇帝大婚后就被提升为禁军都督同知，不久封为寿宁侯。日后被宣布为皇太子的朱厚照出生后，张峦马上呈交了一份不得体的报告，要求提升为更高一级的侯。尽管许多官员提出反对，皇帝还是给他的岳父晋升了爵位，享受每年一千二百石的厚禄，且祖上三代一体追封。

几年后，张峦死去，长子张鹤龄继承了寿宁侯的爵位，另一个儿子张延龄则被授予都督同知。张峦本人被追封为地位更高的昌国公，遗孀金氏被册封为昌国夫人。张峦的墓志铭由三个大学士共同捉笔，可见圣眷之隆。尽管有官员指责说，死去国丈的那座豪华的陵墓是以公帑建造的，是大大违礼的行为，但有张皇后罩着，这事最后还是不了了之。

张氏兄弟凭着他们做皇后的姐姐青云直上，他们家族的财产也在呈几何级数飞速增长。除了不断获得的册封和田产，张家还从事土地买卖、放高利贷和贩盐。张家的一大堆亲戚，他们的叔伯、堂兄弟以及门下形形色色的食客，都得到了他们想要的官衔。对这一不正常现象，本朝历史上最为著名的学者之一李梦阳（他当时是户部一名年轻的官员），写了一封很长的奏议提出批评，他把张鹤龄比喻成一只长着翅膀的老虎，说容忍张家的贪渎行为，必将给王朝造成不可挽回的损害，建议皇帝及时约束他的内弟，以免遗祸己身。

张鹤龄和他的姐姐张皇后反击了，他们要李梦阳的脑袋。朱祐樘不得不妥协了，他下令把李梦阳投入狱中，然后私下里认真征求几个大学士的意见。一个大学士说李梦阳的言词"狂妄"，另一个则说李所写的都是"赤心为国"。经过一番犹豫，朱祐樘相信了，李梦阳的所作所为是出于一个正直大臣对帝国的责任心，他甚至不愿鞭笞李梦阳以取悦于他的皇后，只罚没了李梦阳三个月的官俸就把他无罪释放了。这说明，皇帝对是非还没有失去最基本的判断力。

1505 年初夏的一天，尚未满三十五岁的朱祐樘因过多服用含有毒素的丹药走入生命的末途，临终时，他在病床上召见了大学士刘健、李东阳和谢迁。在对大学士们的辛劳表示感谢后，他把时年十五岁的儿子朱厚照托付给这些肱股之臣，并指出这个儿子身上最致命的弊病："东宫聪明，好逸乐……"把江山交给这个不成器的儿子他实在是不放心，但舍此又有什么办法呢，他只有这一个儿子了（次子朱厚炜不到三岁就早殇了），只能寄希望于大学士们尽心辅佐，"教之读书，辅之成德"，如此，朽木或可雕也，则国家幸甚。

为了让儿子尽快走出叛逆、荒唐的青春期，病榻之上的朱祐樘最操心的还是儿子的婚姻大事，他让大学士们尽快给儿子选一个贤惠的女子，礼部择日早行婚礼大典，他以为，只要让儿子在感情上有了归属，必能改掉身上浮夸和玩世不恭的习性。

但后来这个少年的所作所为，像是跟他的父亲和祖先们开了一场不大不小的玩笑。

第六章　正德年的大烟火

"宫奴"

有关正德皇帝朱厚照纵情享乐、蔑视礼仪的故事，正史和野史的记载不绝如缕。被这些记录所制造的朱厚照是一个荒唐而不失有趣的年轻人，一个传统秩序的叛逆者和挑战者，他任用宦官、佞幸和一批年轻军官为他办事，利用体制所赋予的至高无上的权力专以捉弄手下那一大帮官员为能事。似乎把这些一本正经的文官们逗引得团团转，就能让他很有成就感。他是少壮派军官的领袖，文官们的噩梦。他要么是个天才，要么是个不折不扣的无赖。他于他的时代是一场让人久久缓不过劲来的恐吓。

1505 年，朱厚照即位之初，他储位东宫时服侍他的宦官刘瑾伙同内臣马永成、高凤、罗祥、魏彬、丘聚、谷大用、张永等，结成了一个时人称为"八虎"的利益共同体。这些人但知日进鹰犬、歌舞、角抵之戏来迎合朱厚照荒嬉的本性。他的父亲朱祐樘担心的事终于发生了，这个继承人把遗诏里的一切嘱咐全都抛诸脑后，登基都快两个月了，还日日耽于享乐。

这年夏天，京城下了一场大雨。这场雨经久不歇，没有排水系统的京城数处内涝，好多地方都传言淹死了人。华盖殿大学士刘健趁机告诫皇帝，说这都是因为没有认真落实先帝遗命，致使遗诏成为一纸空文，所以阴阳不调，天象示警。他进而责问：内廷内监局、仓库、城门及四方守备增置数倍，为什么不裁汰？领着一份廪禄不认真做事的冗员那么多，为什么不退黜？画史工匠滥授官职的多达数百人，为什么不罢斥？内廷承运库历年支出数百万两，却没有登记在册，司钥库贮钱数百万两，也不知道这笔钱还在不在，为什么不审计？陛下辜负了四海之望，也辜负了先帝期望，难怪上天震怒了。

朱厚照收敛了一阵子后，在一帮小内侍的唆使下又放任如故了。宫中内官越来越多，内府各监局任职最多的时候竟超过百人。皇帝出行时，宦官们带刀披甲，前呼后拥，提供后勤保障的光禄寺每日的供给增加了数倍，还是不敷于用。宦官们还掌握了一套让皇帝终日颠倒迷乱的方法，那就是让他酗酒。或故意不温酒让他喝冷的，或待他醉而后醒时再进美酒，使酒性发作更甚。朱厚照迷迷瞪瞪之际，军政大权已不知不觉滑入了内官们手中。

开始，刘瑾还不敢做得太过分，总是在皇帝玩兴正浓时拿各司章奏来请裁决。朱厚照不耐烦了，说：你是干什么吃的？干吗老是拿这些破事没完没了地来烦我啊？刘瑾要的就是皇帝这句话，以后事无大小全都恣意而为了[①]。

———

① 《明通鉴》卷四二。

正德元年（1506）十月，皇帝大婚。这是一场豪奢的婚礼。户部的账册上记录送银三十万两，但实际耗费高达金八千五百二十余两，银五十三万三千八百四十余两[①]。婚礼如此隆重，并不说明皇帝对皇后有多恩爱，而只是因为他性喜铺张，一切都要操办得兴兴头头的才开心。事实上，婚后不久朱厚照就很少与皇后住在一起了。他更喜欢的是在太监们的陪伴下，在皇城里到处游乐，骑马、射箭、歌舞、角抵、斗鸡、掷骰子，每一样玩法都对他有着持久的吸引力。

婚后第二年，朱厚照开始在西华门别构禁苑，建造宫殿。一间间相互勾连的密室如历史上最为荒淫的君王隋炀帝所设计的"迷楼"一般，极尽幽深曲折之能事。他把这片建筑名之为"豹房"，专门用来养藏从全国各地搜罗来的美女。他总能找出借口，不是母亲病了就是祖母病了，取消年老的大学士们规定的每天的学习。他还常常喝得酩酊大醉，说出一些与身份不相符的让人惊讶万分的话。不久，在刘瑾的唆使下，他开始化装离开皇城，趁着夜色在北京的街道上闲逛。

尽管朱厚照执政时代的年号"正德"，取自于典籍中记载的上古时代的圣王禹所行善政"正德，利用，厚生"，但从心底里，他极端藐视父亲为他树立的儒家理想主义的那套东西，对父亲倚之为臂膀的文官们也是随心所欲地退黜。先是借故让吏部尚书马文升致仕，代之以刘瑾的私人焦芳，再是找理由免去了阻拦内官出任各地镇守的兵部尚书刘大夏的官职。

刘健和武英殿大学士谢迁决定合外廷九卿之力除掉刘瑾一伙，宫中另一派内侍的头脑人物王岳也答应借势发力。

---

① 《明武宗实录》卷一八。

弹劾"八虎"的奏疏由当朝文章高手、户部郎中李梦阳拟写。呈送于朱厚照面前的这封劾状，对刘瑾等八个宦官的罪状作了大量细致的揭发，诸多场景和细节令亲身参与其事的朱厚照看了也是面红心跳。"造作巧伪，淫荡上心，击球走马，放鹰逐犬，俳优杂剧，错陈于前，至导万乘与外人交易，狎昵蝶亵，无复礼体。日游不足，夜以继之，劳耗精神，亏损志德。"大臣们接着指出（李梦阳只是忠实地传达了他们的意思），祖宗大业皆系在陛下一身，万一游宴过度伤了心神，起居失节，把那些人碾成碎末也于事无补了，希望皇帝"奋乾纲，割私爱"，把这八人明正典刑，以确保国祚长久。

这文章义正词严掷地有声，朱厚照读完就像一个犯了错误的小学生一样哭了起来，连吃饭都没了心思。也不知他是后悔而哭，还是被预言里的那些可怕后果吓哭了。他派了司礼太监陈宽、李荣、王岳三人至内阁和大学士们商讨处置办法。开始，商议的结果是把刘瑾等人赶到南京，刘健、谢迁等人认为处置过轻，坚决主张诛杀刘瑾，说到激愤处，刘健忍不住失声大哭：先帝临崩时执着我们一班老臣的手，付以大事，今陵土未干，国事已让此辈败坏到了如此地步，我等还有何面目见先帝于地下？继刘大夏为兵部尚书的许进劝刘健适可而止，过于操切恐生变。中官李荣也透露，皇帝的本意是对刘瑾等八人稍作惩处，还是给皇帝留点面子，没有必要赶尽杀绝。但刘健一句也听不进去，他与诸大臣相约，明日早朝一起伏阙面争，就算刘瑾这伙人头颈上裹着铁皮，也要把他们的脑袋给砍下来。唯有大学士李东阳一言不发。

被安插到吏部任主官的焦芳派人向刘瑾驰报了大臣们议决的处置意见。接到这一消息，刘瑾连夜和马永成等八人跑到乾清宫围跪着皇帝哭泣。刘瑾更是叩首如捣蒜，哀告说，要是皇上不救我们，奴才们明天就要剁碎了喂狗去吃了——"微上恩，奴侪磔喂狗矣"。看到皇帝脸色稍缓，刘瑾借机挑拨皇帝和外廷文官们的关系，称这一切都是司礼监太监王岳从中作祟，诬告王岳勾结外廷官员，试图达到挟持天子的目的。

这话一下子击中了朱厚照的软肋，能不能控制外廷、文官们会不会爬到自己头上来一直是他的心病，他好像有些醒悟过来为什么大学士们这么不肯放过"八虎"了。"八虎"是什么？他们是皇帝身边的工作人员，是亲信、耳目、臂膀，剪去了这些耳目和臂膀，他们的阴谋不就可以得逞了吗？他连夜下令逮捕司礼监太监王岳迁送南京。命刘瑾掌司礼监，马永成掌东厂，恢复西厂建制，由谷大用掌管。

刘健、谢迁见事已至此，便向皇帝递交了退休报告。刘健还跑到祖庙大哭一场，为没能把朱厚照教育成一个有道之君深感对不起九泉之下的先帝。对两位大学士的请辞报告如何答复，按惯例都要经司礼监批红。刘瑾接到这两份报告，连客气挽留一下都没有就打发他们回老家去了。此前几日，前司礼监太监王岳在迁送南京的途中，已被刘瑾派人于半途劫杀。

刘、谢一走，刘瑾即提议焦芳任文渊阁大学士，正式入阁办事。不久又引私党刘宇、曹元等矫旨入阁。旧阁臣中，唯有李东阳一人留任。李东阳名义上为首辅，实不过是一个修补匠的角色。

前顾命大臣刘健、谢迁离开京城前，曾为同僚的李东阳为他们饯行。席间，李东阳数度呜咽出声，刘健说：你现在还有什么好哭的？要是当初你多说一句话，你也要和我们一同回老家了。对李东阳在"倒刘"行动中的表现，时人就有诸多争论，誉之者说他忍辱负重保全善类；诟之者说他委蛇避祸、保全禄位，全无大臣的原则和操守，嘲之为"伴食""恋栈"，李东阳以内阁重臣兼文坛领袖，向来爱惜自己羽毛，至此竟至名节蒙尘，想来这滋味也是甘苦自知。

内阁既已轻松搞定，宦官们的黑手自然还要伸向中央六部，安插党徒亲信。一时，吏、礼、兵、刑、工、户六部正副堂官阿附阉宦者竟达二十余人。其他如都察院、大理寺、通政司、翰林院各要害部门官员及地方大僚，依附者也不在少数。

事态发展到如此地步，宦官集团已然控制了帝国的军政大权，本有宰相之实的内阁反成了他们的附庸。以至内阁秉笔票拟都要事先探明刘瑾意图，凡事关重大还要先送到刘瑾处请明，然后下笔。主事官吏搞出了两种红白帖本，"先具红揭投瑾，号红本，然后上通政司，号白本"①。所谓白本送呈御览，也不过是徒具形式，决定权还是操之于刘瑾之手。到后来，刘瑾竟把批答章奏这样的朝廷要务都放到了自己的私宅里，自己才学识断不行，让亲信张文冕和在礼部任司务的妹婿孙聪一起帮着决断，这几人粗鄙少文，批答的文字最后都由焦芳修改润色。各府部衙门的官员禀报公事，自科道部属以下都要在刘府前长跪，大小官员不管你是奉命出外还是调任回京，朝见结束后就要到刘瑾那里拜会②。大臣上书刘瑾，还要自称"门下小厮某，上恩主老公公"云云，真个是斯文扫地。

尤其是焦芳，此人赖刘瑾之力入阁，以内阁大学士之重臣地位

①《明武宗实录》卷六六。
②《明史纪事本末》卷四三，《刘瑾用事》。

甘作阉宦爪牙，可说是无耻之尤。他有个儿子叫焦黄中，是个不学无术的纨绔，有一年参加会试非要做状元不可，焦芳要内阁同僚李东阳等人关照，李等认为此子才绌，能否得中三甲都还未知，真要取为状元实在贻笑天下，但焦大学士的面子不能不给，于是置为二甲之首。在李东阳看来这已经是破格之举了，但焦芳还是很不高兴，一有机会就在背后大骂李东阳，不久他把儿子由检讨、编修一路提拔为翰林院侍读学士。

凡此种种情形，就如同一个多世纪后明朝制度最为有力的批评家黄宗羲所指出的，"宰相六部，为阉宦奉行专员而已"①。在他看来，这些国家重臣担着宰相的名义，说白了不过了一群"宫奴"。黄宗羲认为，阉宦之祸自汉、唐、宋朝以来历朝皆有，但为祸之烈本朝可为第一。如果说以前的宦官还只是干预朝政，本朝正统年后，宦官们则是直接把持了朝政。之所以会形成这样的局面，黄宗羲认为根本的问题还是出在制度层面上：内阁和中央六部，从理论上说应该执朝政之总纲，"而本章之批答，称有口传，后有票拟"；再有"天下之财赋，先内库而太仓"，"天下之刑狱，先东厂而后法司"，所以黄宗羲说，有明一代宦官把持朝政"格局已定，牵挽相维"，究其根本，就在于"人主之多欲"。

　　阉宦之如毒药猛兽，数千年以来，人尽知之矣。乃卒遭其
　　裂肝碎首者，曷故哉？岂无法制之与？则由于人主之多欲也。
　　夫人不受命于天，原非得已。故许由、务光之流，实见其以天
　　下为桎梏而掉臂去之。岂料后世之君，视天下为娱乐之具。崇

---

① 《黄宗羲全集》第一册，《明夷待访录·阉宦》。

其官室不得不以女谒充之。盛其女谒，不得不以阉寺充之，此
相因之势也。

就像本书开篇时所述，当朱元璋以胡惟庸一案为口实取消丞相
之职时，他留给他的子孙们的是一个严重受损的政府结构。为了修
补这一结构，后世的君王不得不借重于内廷的宦官。虽然从理论上
说，文官集团和内廷宦官应通力合作，但事实上，两者的关系总是
复杂而微妙。内廷为了巩固其利益，必在外廷广植党徒，而一个外
廷官员想要有所作为，也必得引内官们为奥援，与之建立起良好的
合作关系，尤其后一点，在万历朝以后的几位内阁首辅身上可以更
清楚地看到。

文官们反击了。但这反击的力量是那么弱小。首先站出来的是
戴铣、李光瀚等留都南京的六个科道官。他们连章奏留刘、谢两个
顾命大臣。宦党对这几个不识时务的反对者的处置是一律"廷杖除
名"，即派缇骑逮到京城，杖责一顿后开除公职。有个别官员上疏试
图营救他们，也遭受了同样的屈辱。其中有一个叫蒋钦的南京御史，
和戴铣等人同日被捕，出狱三天，就上疏弹劾刘瑾，疏中说，请皇
帝急诛瑾以谢天下，然后杀臣以谢瑾。奏疏递上去后，再杖三十，
下狱。当他在狱中恢复了知觉，第一件事就是继续上疏请诛刘瑾，
且言辞更为激切，说陛下不杀此贼就先杀臣，使臣得以与历史上的
龙逢、比干等忠臣同游地下，因为与刘瑾这样的奸贼并生于世实在
是最大的耻辱。回答他的又是廷杖三十。不几日，蒋钦终因伤势过
重在狱中死去。

《明史》的蒋钦传记把他抱着必死之心起草奏疏的情状写得如同

一篇聊斋故事，这在数百篇列传中可说是绝无仅有。传记中说，当某个夜晚蒋钦伏案起草时，灯下窸窸窣窣似有鬼声。蒋钦想，这可能是哪位先人的灵魂深夜造访，让自己停止上奏，以免罹祸吧。他不慌不忙地整了整衣冠说，如果是先人，就请言一声吧。不一会儿，从墙壁中间传出一个凄怆的声音，说，既然你已决定捐躯，那就切不可再有私心杂念了，这样的紧要关头如果你缄默着不发一言，那才真的让先人蒙羞了，那才是更大的不孝。于是蒋钦坐下继续奋笔，说，死即死，此稿不可易。墙壁中间的那个声音消失了。

不甘缄默的官员中，还有一位日后成为 16 世纪中国最伟大思想家的王守仁，时任兵部武选司主事。

自从 1499 年春天的一次会试中进士及第后，王守仁一直辗转于六部中的工部、刑部、兵部等多个部门，担任的都是观政、主事等低级官职（任刑部主事时他有过一次任山东省乡试副主考的经历），论品秩从没有超过从六品。这个三十出头的年轻京官渴望着建功立业，并对时局有着异乎常人的见解。当戴铣等几个言官从南方逮至京城时，道义的冲动使他不知天高地厚地向皇帝递交了一份奏折，试图救下这些正直的官员，再不济也要争取减轻对他们的处罚。

他在奏折里开宗名义地说，"君仁臣直"，戴铣等六人以言获罪，想必是触犯了皇帝，但他们身为言官，对朝政提出批评意见本就是职责所系，所以，其言如善，自应嘉纳，即便说错了或者说得不完全对，皇上也应该包涵他们，以开忠谏之路。现在却派锦衣卫把他们押解赴京，在皇上或许只是稍示惩创，不是有意要拒绝一切不同意见，但群臣由此产生疑惧心理，如果再有关乎国家安危、不合祖宗体统的事情出现，皇上哪里还能听到那么恳切的谏议？这将是多么让人遗憾的事啊！他请求皇帝追收前旨，恢复戴铣等人名誉和职务。

等待他的结果，是在正德二年三月和前大学士刘健、谢迁，尚书韩文、林瀚，都御史张敷华、郎中李梦阳等五十三名文官一起被列为"奸党"，在金水桥南宣戒群臣，"榜示朝堂"。在责打四十大棒后他被关进锦衣卫诏狱，并在短暂的关押后勒令离开京城，前往贵州省修文县龙场驿当一名驿丞。此前不久，他父亲王华——成化十七年会试状元、前礼部右侍郎兼东宫讲官——已因他的牵累，被平调到南京出任一个闲职。

此番在抑郁屈辱中仓皇出京，日后，他要掀起一场席卷整个时代的思想风暴。

刘瑾像受伤的老虎一样开始反噬。刘、谢已去，不足为患，首先拿来开刀的是户部尚书韩文。刘瑾指使人诬告内库有假钞输入，把韩文诏降一级勒令致仕。给事中徐昂上疏抗辩，被指斥为结党相护。史传韩文出京时，身无余资，只骑一羸弱老骡，一路都是寻鸡毛小店宿夜，历尽困苦才回到家中。韩文的下属、草拟倒刘奏疏的户部郎中李梦阳也在清洗之列，先是贬为山西布政司，未及上任就勒令致仕，不久又随便找了个借口把他下狱。

李梦阳有一好友，名叫康海，是刘瑾同乡，此人乃弘治十五年殿试第一的状元，供职于翰林院，刘瑾数度拉拢都没有就范。康海接到李梦阳从狱中送出的求救书信，去找了刘瑾。刘瑾大喜，倒屣相迎，李梦阳终于获释。据说，都御史张敷华的开释也是康海之功。后来刘瑾落败，康海遭弹劾削职，传闻说，他曾向李梦阳求助，但遭拒绝。退出官场的康海放浪形骸，和朋友王九思一起过着隐居生活，有官员来见，他们就喝酒、唱歌、弹琵琶，让来访者自讨没趣离开。也有人劝他重回官场，他说官场行事黑暗，私下里残忍害人，倒不如待在家里教女孩儿们唱自己作的散曲更有意思。指斥官场环境下的朋友关系也不免忘恩负义的杂剧《中山狼》，据说即出自康海之手。

刘瑾做得最为张狂的一件事，乃是在正德三年六月，把三百多名文官集体下了锦衣卫诏狱。事情的起因，是这月二十六日午朝后，锦衣卫校尉在御道上发现了一封公布刘瑾罪状的匿名信，喝问群臣，没有一个人承认，于是刘瑾矫旨让官员们全都跪在奉天门下。京城六月骄阳似火，到天色向晚，已有三人因体力不支倒地，施救不及身亡。刘瑾见无人出来承担责任，便命校尉把文官们全都关进了诏狱。幸有李东阳等力救，厂卫特务也查实了匿名信是内廷同类倾轧，这些官员才于第二日放归。

前大学士刘健、谢迁在致仕三年多后继续遭受打击，被削籍为民。紧随其后，不听话的大学士王鏊也被罢斥，代之以与宦官集团交好的刘宇。刘宇本是一介武夫，由焦芳介绍结交刘瑾后，由宣大总督升任左都御史，此人出手阔绰，第一次拜谒刘瑾以万金为礼，刘瑾那时候收受贿赂最多不过数百金，面对这笔巨大财富不由得大喜，说"刘先生何厚我！"竟马上升任他为兵部尚书加太子太傅，不久，进为六部之首的吏部尚书。

前兵部尚书刘大夏的遭遇更令人扼腕叹息。几年前，刘大夏还在兵部尚书任上时，曾处理过广西的一桩地司争斗事件。当时，思州、思恩的两个土司岑猛和岑睿相互仇杀，闹得不可开交，边务一向属兵部管辖，在刘大夏的干预下，岑睿被杀，岑猛迁置福建，这两个地区改土归流。几年后，岑猛贿赂刘瑾，想把案子翻过来，刘瑾指控刘大夏当年处理这桩事件时举措失当以致酿成激变，罪当论死。后在内阁和都察院的一致反对下，刘大夏改充军广西。焦芳说，广西离刘的老家湖北华容太近，不能太便宜他，于是再改为充军肃州。刘大夏时年已七十有三，耄耋老臣，徒步荷戈，蹒跚着前往大明门下叩首而去，观者无不叹息。

在其他内官们看来，身为"八虎"之首的刘瑾理当是他们共同利益的代言人，当初也正是出于这一目的，他们才合力把刘瑾推到了前台。但不久他们就见识了此人脸一阔就变的秉性，手中权柄不容他人染指不说，还处处故意刁难、排挤。这样，阉宦内部渐渐生隙。刘瑾想把同样见宠于皇帝的张永赶到南京去，两人甚至当着朱厚照的面大打出手。皇帝命谷大用居间调解，酒席上两人表面看来是握手言和了，背地里却连吃了对方的心思都有。正德五年四月，封地在宁夏的安化王以讨伐刘瑾为名起兵叛乱，想效法成祖取而代之。朝廷派右都御史杨一清总制军务、太监张永为监军前往处理。大军行前，朱厚照身着戎装亲自送至东华门，对张勉励有加，刘瑾心怀忌恨却又无奈何。

杨一清知张永与刘瑾有隙，有意结纳。杨一清说，安化王不足为患，这一小股叛乱很快就可平息，令人担心的是国家有内患。于是连席画掌，张永对着杨一清掌心所写"瑾"字，半响不语，面露难色。杨一清开导说，此番平叛，皇帝让你监军，正可见出对你的信任，功成奏捷，以发瑾奸，皇帝必然会杀了刘瑾。

张永乐得有此援手，当即一一计谋停当。几个月后，回京报捷献俘，皇帝大摆筵席劳军，张永连夜密奏刘瑾反状。为了说动皇帝，他还拿出了安化王声讨刘瑾的檄文。

朱厚照酒醒大半，俯首对张永耳语说："奴负我。"于是连夜下令逮捕刘瑾，并封其内外私第。次日一早，内阁接到皇帝转发的张永奏条，一时科道官员纷纷上疏弹劾刘瑾，定其罪共计三十余条。

都到这个时候了，朱厚照还不想杀了这个从东宫起就服侍自己的老奴，只打算把他安置到凤阳闲住。但当他看到锦衣卫校尉抄灭其家时收缴上来的数百万金银，无数珠玉宝玩，衮衣玉带、甲仗弓弩等违禁物品，尤其是从刘瑾经常拿在手中的一柄扇子里搜出两把锋利的匕首，他这才杀机萌动，盛怒中的他只说了三个字："奴果反。"就把刘瑾下了诏狱。

言官们纷纷上疏请求杀了刘瑾。一个叫李宪的都给事中，原是刘瑾私人，也在上疏者的名单中，刘瑾见了他的名字就笑道，这个人居然也来弹劾我了。刑部、都察院、大理寺三堂会审之日，在场多名官员都系阉宦集团成员，刘瑾大喝："公卿多出我门，谁敢问我！"这些官员竟都作声不得。后来还是驸马都尉蔡震以国戚的身份主持审讯，才使刘瑾对罪行供认不讳。

紫禁城里的帐篷

刘瑾倒台，起因于宦官集团内讧，内外廷对立的情况并无多大改观。或许在朱厚照看来，这种对立和冲突并不是本朝才有的，而是他的祖先们早就埋下的。况且，以朱厚照好冒险、易冲动、富于想象力的个性，他才不想落入大学士们为他预设的人生道路，去做一个所谓的明君呢，相反，他更乐意以一种几乎是恶作剧式的心态，干出一些让朝臣们目瞪口呆的事来。

他爱着戎装，喜欢举行军事行动，身边亲信也多是一些年轻的军官。他把自己弄得像个军政府的首脑，不肯放手让内阁或外廷的办事机构施为，这与官员们期望他实行的文官政治的准则无疑是不相容的。而他的好色、酗酒与一意孤行，也被认为与皇帝的身份太不相符，不时受到以维护道统自居的文官们的谴责。追究起原因来，他打小就不爱读书，他的母亲张皇后忙着打理庞大的家族资产也从没好好管过他，他似乎从没有一天享受过人伦的温暖，或受到人伦的束缚。

在本朝，"朱"乃是尊崇无比的国姓，他却动不动就拿来赏赐给别人。只要他喜欢，管他是宦官、奴卒还是俘虏，他都收为义子，赐姓为朱。最多的一次，他赐予一百二十七个义子国姓。其中有一个叫钱宁的，原本是宫中某太监的家奴，刘瑾时代当上了锦衣卫百户的小官，自从被赐予国姓，成为皇帝的亲信和玩伴，很快平步青云升为左都督，成为令人谈之色变的锦衣卫诏狱的领导人，每出行拜客，名刺上赫然写的是皇庶子。1512年，钱宁主持了臭名昭著的豹房的扩建工程，加设了精舍、猎房等新设施，使这一皇家游乐场在原有基础上增加了二百多间。工部为这笔庞大的经费支出叫苦连天：豹房之造，迄今五年，所费白金二十四万余两，今又增修房屋二百余间，国乏民贫，何以为继？[①]

一时间，倡优、乐工、喇嘛、术士，种种奇模怪样的人马从四面八方汇集豹房。日日笙歌燕舞的此处实际上已成了皇帝的第二宫廷。他已经很少回乾清宫了，喝醉了就拿钱宁当枕头在豹房过夜。他微服出行的嗜好多年没有消退，出了皇城，一切节目自有钱宁给

① 《明通鉴》卷四四。

安排妥当。后来，一个叫江彬的青年军官经钱宁介绍出现在了皇帝身边，去教坊司找乐这样的事就改由江彬操办了。乔装打扮的皇帝带着内侍和校尉们，趁着夜色在京城大街上快马驰骋，想喝酒了，或者想找女人快活了，就随便找个大户人家闯进去，这豪侠般快意的日子，真要比做一个大明天子自在多了。

据说江彬长得体格魁伟，尤擅马上骑射等功夫。此人本为大同游击将军，调防到京畿时参加了几场平息小股叛乱的战斗。江彬其人大胆、机敏，在战场上更是勇猛无比。在某场遭遇战中他曾身中三箭，其中一处贯通伤，箭镞自腮帮入耳根出，观者无不心惊，江彬却没事一般拔下箭杆继续厮杀。其人骁勇如此，正好与朱厚照尚武、爱冒险的天性一拍即合。在经过必要的审查考察后，江彬和另一位宣府边将许泰留了下来，充任皇帝贴身侍卫，他最新得到的官职是都指挥佥事。很快，江彬就与朱厚照形影不离，出入豹房同卧同起了。

朱厚照选择江彬这样英勇善战的军官为侍从，一个目的是要让他们协助他在皇城里练兵。尽管之前，皇帝也曾主持过京军小范围的操练，但若论仪式之正规、甲仗之齐整，那都只能算小打小闹，不够尽兴。江彬也有自己的小算盘，他以一个下级官员骤获圣宠，早先把他引见给皇帝的钱宁早就不高兴了，他担心钱宁迟早有一天会对自己动手，赶紧抓一支军队在手，也可备不测之需。于是他以边镇将士骁悍善战、战斗力远在京军之上为由，数次蛊惑皇帝调边军入京，以备操练。虽有李东阳等人提出反对，但圣意已决，江彬的建议还是得到了批准，不久敕谕调辽东、宣府、大同、延绥四镇军入卫京师。

当演练部队的将士们以整肃的军容列队于皇城内校场时，威武的场面怎不让朱厚照心花怒放。甲光映照宫苑，士兵们的呼噪声在九门上空久久回旋。将士们铠甲鲜明，上方一律饰以表明特殊身份的黄色围巾，将官们簇新的遮阳帽上则插着笔挺的天鹅翎毛。操练时，士兵们被拨两营，一营由江彬指挥，系从边军中挑选精壮之士组成，皇帝亲率宦官中善于骑射者为一营，号为中军。皇帝穿着和江彬几乎差不多模样的盔甲，又骑着同色的战马，在演习场驰骋来去，不仔细看几乎很难区分开来。只要皇帝高兴，操练可以不分晨夕地进行。文官们惯读诗书，总以刀兵为不祥之器，平日里避之唯恐不及，今见大内重地竟上演如此一幕，皆以为实在太过荒唐。

尽管朱厚照偶尔也临朝，或出于对文官们的安慰，出席一两回经筵，但他更大的兴趣还是在皇城中进行这些军事游戏，或者在御花园里打猎。1514年9月，皇帝在一次狩猎中被一只老虎扑伤，幸亏江彬及时施以援手才幸免于难，这使得他不得不休息了一个多月。有个官员上疏劝他保重身体，当即被贬到远离京城的一个无关紧要的职位上。朱厚照对文官们的憎厌与日俱增，这些人明着是为你的身体着想，真正目的还是要把你拉回到他们设计的君王的模板上来，在他看来这才是真正的心口不一。

如果不是大臣们坚决反对，朱厚照真的会把紫禁城里所有的宫殿都换成巨大的帐篷。如此蓬勃的想象力即便是那个时代最优秀的艺术家也望尘莫及。这些搭建在宫殿庭院边上的帐篷，有一些被用来存放在紫禁城中进行演习战斗的火药。1514年，作为新年庆典的节目之一，朝廷拟在元宵节举办一次大型灯节，为此，宫中早在年前就派出中官去全国各地采购装饰精巧的花灯，这些花费大量款项购置的花灯被悬挂在宫殿的庭院中。

封地在南昌的宁王朱宸濠为了博得皇帝的好感，特地派侍者上京安装了一批式样非常新颖的花灯。这些花灯不像寻常那种是悬挂起来的，它们直接被固定在了房屋和回廊的大梁和圆柱上。皇帝命令把这批花灯都安装到他的寝宫。当夜幕渐启，宫中一片火树银花，尤其是乾清宫前的庭院，更是映照得如同白昼一般，那情景几让人疑以为置身天上仙阙。

然而就在灯节开张的元宵节那天晚上，帐篷中的火药不慎爆炸，蔓延到了朝觐大殿和皇帝的寝宫。大火持续了整整一夜，包括乾清宫在内的数座宫殿化为灰烬。火势刚大起来时，皇帝已经在一大帮内侍的簇拥下安全地撤到了豹房。一点也看不出他有什么伤心的样子，相反，他像一个过节的孩子一样兴高采烈，看着几乎映红半个天空的火光，他以一种乐不可支的语气对身边的人说："此是一棚大烟火也。"

这场大火后大约八个月，他命令陕西的镇守太监购置按照他的详细说明制造的一百六十二顶帐篷。这些帐篷于1515年晚期送到北京，很快在紫禁城里组装成了一个另类宫殿区，有全套的大门、居住区、庭院、厨房、马厩和厕所，后来皇帝每次巡幸各地，都会带上这批帐篷。

时日一久，这种皇城内过家家式的军事游戏已逗引不起朱厚照多大的兴趣。江彬也有让皇帝疏远钱宁的意图，数次撺掇他出关游猎，以便挟帝自重声威。自1517年秋天起，江彬开始诱导皇帝走出紫禁城，先是京城郊外，不久就由昌平而居庸关，走得越来越远了。

这队人马来到居庸关下时，一个叫张钦的巡关御史坚决阻止了皇帝的冒失行动，朱厚照表面上应允了，但不几日后的一个夜晚，他还是偷偷越过这个关隘继续北上。为了防止文官们追谏，皇帝撤销了这个巡关御史的职务，代之以宦官谷大用，并下令不许任何一个文官出关。此后的几个月，北京的臣僚们和皇帝几乎完全失去了联络。送信的专使送去极多的奏本，但都只带回极少的御批，大多都让江彬中途拦截了。

江彬建议朱厚照巡幸宣府。他告诉皇帝，宣府有比北京多得多的乐师和标致女人，而且，在那里可以看到真实的边境小规模战斗，比起皇城里的模拟战，这无疑更刺激，当然同时也是安全的。对皇帝来说，性这种极端的体验乃是这世界最迷人、最有魔力的东西之一，身上咆哮的肾上腺素使他一次次地游走于禁忌与危险的边缘乐此不疲，而借机可以亲临战事，更让这个年轻人血脉偾张。有此两者，他怎不欣然前往？

江彬早在宣府建好了镇国府第，把京城豹房的珍玩、美女提前带到了这里。但这还是满足不了皇帝层出不穷的嗜好，一到夜间，这个精力过人的年轻人就乔装打扮成富商、阔少或者强盗的模样，带着一大帮侍卫强行闯入民家，看到有中意的女人就裹挟着呼啸而去，或者立马就成其好事。皇帝还喜欢独自行动，当他撒马飞奔时，侍从们总是被扔得远远的，好半天才可以跟上他。没有了喋喋不休的臣僚成天盯着，这纵情快意的日子实在把皇帝乐坏了，直把宣府作"家里"了。

然而，以一国之君轻入边地毕竟是极具冒险性的。自景泰五年，也先杀元主脱脱不花，阿剌知院又杀也先，瓦剌部落已一蹶不振，但随之而起的鞑靼部落声势更壮，入窥中原之心也更盛。当朱厚照带着一批军官、内侍在宣府、大同恣意玩乐时，鞑靼小王子伯颜猛可率领的一支五万人的骑兵在阳和围住了大明的一营官兵，并且抢掠了应州。皇帝亲自指挥了边关守将对敌作战，为那一营官兵解了围，取得了斩敌十六名的成绩，不过己方付出的代价是折失了六百余人。

这在本朝历史上已足够写上浓墨重彩的一笔。比之被瓦剌军俘虏的曾祖父，朱厚照在战场上的表现也堪称英勇。据事后皇帝的某次谈话披露，在战场上他总是冲在最前面，并亲手搏杀了一名蒙古骑兵。当捷报以八百里加急的速度飞进京城时，满朝文武都为捷报后面的署名"威武大将军朱寿"百思不得其解。他们搞不清这个威武大将军到底是何方神圣，后来才知道，那是皇帝给自己封的一个官职。

皇帝车驾于1518年正月回到京城。京城文武官员事先接到通知，迎驾时须穿上新制的朝服增添喜庆气氛。为此，内务库的太监从仓库里取出了大量绸缎布匹，按官员的品级高低一一发给。满朝文武忙着在皇帝返京前把新朝服赶制完成，竟忘了还有一件极重要的事没去做，他们竟没有排定迎驾的仪式并进行一次预演。

如果追究责任的话，那应该是礼部的失职行为，内阁也难辞其咎。但皇帝的不在场使得这样的指责和追究变得毫无意义，言官们谁也不想浪费口水来做这不讨好的文章。傍晚时分，朱厚照出现在他的朝臣们面前时，这些可怜的大臣们已在雨雪中苦苦等待了整整一天。整个迎驾过程嘈杂凌乱，几无章法可言，但朱厚照似乎毫不为忤。在悬挂着写有颂扬皇帝功勋的巨幅布幔的城门下，朱厚照下马接过内阁大学士代表百官奉上的酒一饮而尽，然后令侍卫们打着火把在前面开道，送他回豹房休息。又冷又饿的官员们狼狈地站在城门下，他们还得在泥泞的街头跋涉大半夜才能回到自己家中。

官员、仪仗队、负责安全的京城卫戍部队将士，这么多人聚集一处，再加又是夜晚又是雨雪，要安全把他们疏散也不是一桩容易的事。有官员难耐饥冷拔腿想跑，马上被同僚制止了，只得回到队列中迟缓、有序地移动脚步。文武官员们应该对两年前发生在散朝后的一次踩踏事件还记忆犹新。那天是举行新年朝贺的日子，官员们也是苦等了一天，皇帝才在御座上出现。等到朝贺仪式结束，天色已暗，百官们还都饿着肚子。散朝的号令一下，上千官员竞奔赴家，前仆后踬，相互踩践，有一个武臣奔走不及竟被踩踏而死。出得午门，只听得下级找上级的、儿子喊父亲的、奴仆寻主人的叫成一片，闹哄哄有如菜市场一般。挤出来的官员们不是失笏丢簪，就是朝服被撕裂，一见面就以能活着出来相互庆贺。前事不远，今日可鉴，虽然冻馁难忍，大家还是秩序井然地在城门下疏散了开来。

为了纪念对鞑靼作战的胜利，皇帝命令把缴获的一些武器专门陈列，还专门制作了纪念银牌。但翰林院的官员们集体拒绝上表致贺，科道官员甚至有人自劾阻谏不力，请求辞职。他们还泼冷水说，这次对鞑靼作战师出轻率，皇帝能安然回来已是侥幸万分，至于我方是否获胜实在大可质疑，因为战报上明明写着，蒙古兵仅十六人被杀，而我方将士死五十二人，重伤达五百六十三人[①]，尽管不能仅凭参战双方折损人马多少为胜败评判标准，但这比例也实在是太悬殊了一点。

---

① 此为明军在此役中的实际损失数据，见《武宗实录》。

　　也许是宣府之行的声色犬马、惊险刺激给皇帝留下了过于美好的记忆，相较之下，宫中的日子实如死水一潭。既然身为皇帝，何必郁郁居大内，为廷臣所制？时日一久，朱厚照又生出了外出巡幸的念头。这一次江彬建议去大同。但扫兴的是他前脚刚离开京城，就传来了太皇太后去世的消息，他不得不回京发丧。回京主持葬礼毕，他又前往昌平县祭陵，同时捎带着在周边的黄花、密云巡幸一番，这一短途旅行的收获是江彬为他物色到了数百名良家女子，这些女子像牲口一样被分装在皇帝车驾后面的数十辆大车里。不知皇帝是怎样看待这些长在乡野的女子的，是嗡嗡叫着的蜜蜂还是狂跳的鹦鹉，他只是不知疲倦地收藏她们，他成了他那个时代最大的妇女收藏家。

　　当皇帝的车队再次向着西北边境进发时，朝臣们接到了一道奇怪的诏书，诏书称"威武大将军总兵官朱寿统率六军"。这一严重不合礼制的诏书是随行的大学士禁不住他的高压发出的。同时被封威武副将军的是皇帝的亲密玩伴和战友江彬。更让人匪夷所思的敕旨在随后几个月里送到，皇帝封自己为镇国公，岁支俸米五千石。官员们不无惶恐又啼笑皆非地看到，皇帝成了由他自己亲自任命的职位最高的文官和将军。

　　冬日西部边境，风雪时常肆虐，朱厚照却一路精神焕发，他坚持不坐舒适的乘舆，始终手执武器端乘坐马，全然不顾跟从者们步履踉跄、瑟缩委顿。第二次北行由于鞑靼方面刻意避免正面冲突，连小规模的战事都没有发生，这使得名义上的御驾北巡成了一场带有狂欢色彩的声色之旅。

　　先是由大同渡黄河，次榆林，至绥德。在这里皇帝把一个总兵官尚待字闺中的女儿纳为了妃子。随后，车驾发西安，经短暂停留后，直指太原。在太原城里，他们四处寻找民间女乐师，以充实豹房，有人还把晋王府一个乐工的妻子捆来送到了皇帝床上。凡车驾所至，近侍们先打前站，四处抢掠良家女子，不装满数车不会止手，以至车驾经过的地方就像大水冲过一样，缙绅百姓全都逃得干干净净。

某日，朱厚照巡幸一个总兵官的府第，想把他的一个宠妾带走。这个总兵官流露出不太情愿的样子。朱厚照胡乱找了个理由罢了他的官。后经人指点，总兵官把自己的爱妾进献给了皇帝，遂得以官复原职，并得到了一幢大房子的奖赏，大喜过望的总兵官又进美女四人谢恩。

到年底，皇帝再次来到给他留下美好记忆的宣府。一路陪驾有功的江彬被命提督十二团营，并执掌东厂。

这一次朱厚照在外整整晃悠了大半个年头，到得回京，已过了1519年旧历新年。这几个月间，廷臣抗议他擅离京城外出巡幸的奏疏已积了厚厚一摞。他们不解的是，身为帝王之尊，这个年轻人为什么这么喜欢把自己降格为一介武夫？他如此出格的行为到底是出于什么缘由？

由于皇帝一意孤行，把他们视作天经地义的观念和种种戒律肆意践踏，他们普遍感到惶惑和悲哀。有大学士质问说，陛下放着好好的皇帝不做，自我降级为公爵，如果追封三代，岂非要使先皇三代同样地降级？对这样的谏劝与抗议，朱厚照总是习惯性地不予以理睬。没多久，他又手敕谕吏部："镇国公朱寿宜加太师"，又给自己升了一级官。

但当回京没多久的朱厚照做出到南方各省巡视的决定时，他所遭到阻谏的激烈程度连他自己都始料未及，文官们反对的声音一浪高过一浪。

这年初，他给礼部和工部颁发了两道上谕。给礼部的谕旨称，"威武大将军太师镇国公朱寿，今往两畿、山东祀神祈福"，给工部的一道命令是让他们急修黄马快船备用。祀神祈福云云，不过是他南巡的一个借口，朝臣们早就看出来了，皇帝的屁股又坐不住了。

兵部郎中黄巩上疏切陈：自陛下即位以来，纪纲法度一坏于刘瑾，再坏于佞幸，又再坏于边帅，可说是一坏再坏荡然无余了，乱本已生，祸变将起，须从六个亟须解决的方面着手，未雨绸缪，以保障国家安全。黄巩剀切陈奏的这六条，在朱厚照听来不过是老调重弹：一崇正学，二通言路，三正名号，四戒游幸，五去小人，六建储贰。这份奏疏经给事中办公室抄写，很快流传了开来，礼部、吏部、刑部、兵部的中下级官员十人、几十人一批地联名诤谏劝阻。本来只是一个单纯的谏阻行为，这时升格成为对皇帝施政的一次火药味浓烈的全面声讨和批判。文官们怨气的喷发如此集中、如此迅疾，着实令人吃惊，这只能解释为他们实在是压抑得太久了，他们逮住这一机会是在一抒胸中的愤懑和不满。

翰林院修撰舒芬，在邀集七个同僚共同署名的上疏中，把皇帝一次次巡幸与古代帝王的巡狩做了个比较。他认为古代帝王巡狩的目的在于保境安民，一路都是访老问苦，黜陟幽明，是体察民情的重要手段，而今上之出，渔猎女色，佚心为乐，实不可一概而论。他描述这些年皇帝巡幸西北诸镇的情状，"四民告病，哀痛之声，上彻苍昊，传播四方，人心震动"，以至百姓一听圣驾将至就作鸟惊兽散。且圣驾出行，开支无度，民间已不胜其烦，万一有不逞之徒乘势倡乱，人身安全也难以保证。

对皇帝以镇国公自命，舒芬认为，这是倒乱礼制，遗患无穷，他质问道：陛下到了亲王领地，那些亲王们到底是该以迎接皇上的礼仪还是迎接勋臣的礼仪来迎接？如果有亲王循名责实，深求悖谬之端，陛下又何以自处？话既已说到这个份儿上，舒芬暗示说，他这些话并不是空穴来风，种种迹象表明，分封各地的藩王中的确有这样心存异志的人，前些年宁夏的安化王已经自我暴露，焉知没有后续者？只是陛下左右的宠幸之辈怀着种种目的没有直言相告，以至陛下闭目塞聪身处危崖而不自知。"宗藩蓄刘濞之衅，大臣怀冯道之心，以禄位为故物，以朝署为市廛，以陛下为弃棋，以革除年间为故事。"——这才是"事堪痛哭不忍言者"。末了，他像老师教训不听话的学生一般发问："尚敢轻骑慢游哉？"

如潮水般涌来的奏章让朱厚照大光其火。朱厚照不糊涂，他早看出来了，文官们所期待和需要的君王，乃是足不出紫禁城又行礼如仪的一个偶像。这个偶像端踞天道、仁道、皇道的中央，对品行端庄、办事勤勉的官员发布嘉奖以资鼓励，对不符合要求的官员则做出训诫，甚至清除出局。让朱厚照恼怒不已的是，当他的臣僚们拿着这样一个模板来塑造他，实际上是把他抽象化成了一个机构，一个君父的象征物，而忽略了他是一个活生生的人。

个性柔弱一点的，如他的父亲朱祐樘面对廷议汹汹可能收手了，但以朱厚照不甘约束的个性，又怎会屈服于文官们的意志？黄巩等多名部曹官员被下锦衣卫诏狱，舒芬等一百零七名朝臣责令在午门外罚跪五日。五日罚期一满，又对这些官员施以廷杖之刑。有十一名体质较弱的官员被杖责致死。

皇帝还下令，通政司禁收一切奏本，因为这些奏本所讲全是同一件事：谏阻他出巡。言路既被堵上，乃有一个叫张英的金吾卫指挥佥事做出了一个极端行为，他赤着上身，一手持谏疏，一手持刀，在御道上跪着大哭，见无人上来接疏，他竟操刀自戕，一时鲜血淋漓淌满一地。卫士夺下了他手中的刀，把他缚送诏狱，责打了八十杖后一命呜呼。这么一闹腾，皇帝游兴大减，也就不再提南巡的事了。

几个月后，宁王朱宸濠在南昌叛乱的消息传来，朱厚照闻讯欣喜欲狂，他终于有一个理由可以堂而皇之地出巡了。

宁王朱宸濠是太祖皇帝第十七子朱权的玄孙，论辈分还要比朱厚照高上一辈。朱权封地本在大宁①，东连辽左，西接宣府，为喜峰口外一大镇，宁王朱权带有甲兵八万、战车六千，时常出塞作战。燕王称帝后，将这个助他登上皇位又手握重兵的弟弟改封到了南昌。到朱宸濠起兵叛乱的1519年，宁王一支在南昌，已历九帝一百余年。

终正德一朝，朱宸濠是觊觎帝位的第二个藩王。眼看今上无嗣，他最初的计划是让儿子入嗣，承接大统，因为这样既能达到目的，又最省心。为此，他不惜重金贿赂钱宁、臧贤、张忠等一班皇帝眼前的红人。钱宁为他争取到了让他儿子司香太庙的一个机会。当召他儿子进京的圣旨下达时，书写圣旨所用的是尊贵无比的异色龙笺，按本朝礼制，这是召监国的皇室成员才有的规格，不消说是钱宁在幕后做了手脚。在朱宸濠看来，这一份超规格的诏书，乃是预示着他儿子日后即位的一道曙光，他在南昌城以极为隆重的仪仗迎接了这份诏书，并鼓动本城镇巡官和地方缙绅联名上奏，内容则千篇一

---

① 今内蒙古宁城。

律地称颂他和儿子既孝且勤。

但计划被钱宁的对头、同样深得皇帝宠幸的江彬破坏了。江彬向皇帝进言说，钱宁、臧贤称颂宁王孝行，那就是讥陛下不孝，称颂宁王勤，那就是讥陛下不勤。于是朱厚照突然觉得宁王面目可憎起来，他把宁王的儿子赶回南昌，并严令所有藩王及王府成员一概不得在京驻留。

朱宸濠并不死心，他看到朱厚照四处巡幸引得朝野怨声四起，断定失德的皇帝已陷入四面楚歌的境地，只消自己登高一呼，重演革除年间的故事也不是没有可能。他决意拿自己的身家性命来做一场豪赌，赢了得天下，输了也就不管身后洪水滔天了。

京中内线来报，皇帝已派出勋贵大臣前往南昌宣谕，要削去王府护卫。朱宸濠急召两个亲信智囊商量对策，这两人一个是举人刘养正，一个是致仕都御史李士实，两人都认为事不宜迟，应马上动手。江西巡抚、副都御史孙燧早已盯着王府动静，连上七折密奏，幸亏都被宫中内线拦截，起事前，必须先把这些碍手碍脚的地方官员铲除。

夏日的某一天，朱宸濠以举办生日酒宴为名，把南昌城里自巡抚以下大小官员都请到了府邸，当官员们发现这是一场包藏祸心的鸿门宴时，全副武装的士兵已把他们团团围住。朱宸濠发表讲话，指斥北京城里那个端坐龙庭的叫朱厚照的家伙其实并无皇家血统，而是当年误抱的一个来自民间的孩子。他诡称，已接到太后起兵征讨的诏令。官员们相顾愕然。巡抚孙燧、按察司副使许逵当场发难，朱宸濠为了震慑众人，立即把他们杀了。庭阶血迹未干，其他官员在胁迫下战战兢兢地在反状上签下了自己的名字。

不几日，朱宸濠以李士实、刘养正为左右丞相，以经营多年的王府护卫兵再纠集部分鄱阳湖匪，号称十八万兵马，沿长江挥师东下，连克九江、南康，一时江左震动。

南昌城发生这场变故时，王守仁正在从南赣前往福州的途中。自从1510年春天结束在贵州修文县的流放生活，近十年间他已历任江西庐陵知县、南京刑部主事、吏部司封、南京太仆寺少卿等职，并在三年前经兵部尚书王琼荐举以都察院右佥都御史衔巡抚南赣及汀、彰等地①。他此行前往福州是奉命去处理一桩士兵哗变事件，这使他得以侥幸避开了南昌城里的那个陷阱。

行至丰城，宁王作乱消息传来，他急忙改变线路，前往吉安府会同知府伍文定部署平叛事宜。尽管当初下达给他的任务是前往福建戡乱，并没有让他来对付宁王，但这个沉沦下僚多年却时时慨然以天下为己任的文臣出于对帝国的忠诚还是做出了这一应变决定。途中他给皇帝发出一个奏折，报告了此间发生的变故，并按捺不住激愤地说，陛下在位十四年，国家屡经变难，民心骚动，还巡游不止，致使宗室谋动干戈，冀窃大宝。当今天下想夺权的岂止一个宁王！天下之奸雄，又岂只在宗室？言念及此，实是凛骨寒心。"伏望皇上痛自克责，易辙改弦，罢黜奸谀，以回天下豪杰之心；绝迹巡游，以杜天下奸雄之望，则太平尚有可图，群臣不胜幸甚。"要是两个月前，王守仁此疏肯定会惹祸上身，但此时情势陡变，皇帝并没有怪他多嘴，且颁下圣谕要他"著督兵讨贼，巡抚江西地方"。

王守仁不知道，当他星夜就道赶到吉安府时，在左顺门召开的御前紧急会议上，内阁和六部长官却举棋不定。可能他们都以为眼

---

① 《明史》卷一九五，《王守仁传》。

下局势未明，宁王招兵买马经营多年，难保不会上演革除年间故事，再加宫中布满宁王眼线，竟没有一个大臣站出来谴责朱宸濠的悖谬举动。本朝历史上皇室成员争抢权柄这种事已不算新鲜，以往的教训是搅和到皇家权力争夺旋涡中去的大臣没有一个落得好下场，趋利避祸的心态使高级文官们坚持了这样一种态度，即王室内部的矛盾是家事，外廷臣子是不必也不宜过度关心的。最后还是兵部尚书王琼打破冷场，指出这是一起意在颠覆帝国的重大的恶性的反叛事件，应该调集各处勤王军马迅速予以打击。

此时江西省的行政系统已告瘫痪，各处的勤王部队不可能这么快抵达，王守仁从赣南所属的各府县调集驻军，并在吉安知府的帮助下招募人马，这样总算有了两万余名士兵，当然这样一支临时拼凑的军队与宁王麾下的十八万兵马比起来力量过于悬殊了。王守仁带着这两万多人火速开到了临江府的樟树镇，他对下僚们说：朱宸濠如果出上策，带着这十八万兵马直捣京师，那国家就危险了，如果他出中策杀向南京，那大江南北也要被他糟蹋，如果他出下策，盘踞在南昌老巢，事情就好办多了。

蓄谋多年的朱宸濠当然不至于蠢到会老老实实待在南昌按兵不动。他的意图是沿长江直下龙盘虎踞的南京，而后划江而治再图中原。王守仁派出各路哨军，到各府县散布朝廷已征集南赣、湖广、两广地方驻军十六万攻打南昌的流言，拖延朱宸濠出兵东下的时间。当朱宸濠发现上了一个小小的当，他已浪费了宝贵的半个月的时间。醒悟过来的宁王亲率主力东下，穿过鄱阳湖，包围了安庆。当有人建议王守仁领兵去解安庆之围时，他援引战国时的围魏救赵之策告诉他们，目下九江、南康两城都被宁王的军队控制，如果去救安庆，这两城的军队势必抄我后路，不如直接攻打敌人守备空虚的南昌，到时朱宸濠必定回救，这样安庆之围自解，我军又可以逸待劳，打他个措手不及。

战事果然朝着王守仁预料的方向发展。官军攻下南昌，在半途设伏以待。回援的宁王与官军在赣江东岸的黄家渡相遇，大战一场，朱宸濠退保八字垴，他不甘心，把九江、南康的兵力投入再战，败退樵舍。这时朱宸濠做出了一个愚蠢的决定，把战船用铁索相连构成一座水上方阵来与官军抗衡。也是天不留他，朱宸濠的水上方阵正好处于下风口，王守仁急令征调数百上千条小船，装满桐油及柴薪、苇草等易燃物，乘风纵火，宁王那个水上大营顷刻化为了灰烬。

朱宸濠束手就擒，当他被押着去见王守仁时，望见远近街衢行伍整肃，坐在马上的他竟然笑出声来，"此我家事，何劳费心如此！"他请求王守仁把他一个投水自尽的妃子的尸体打捞上来厚葬，因为这位素称贤淑的娄妃曾对他的叛乱行为提出忠告，在他失败后又以身相殉了。王守仁答应了他的请求，但当朱宸濠提出留他一命，从此以后做一个普通庶民度过余生时，不管他再如何乞求，王守仁回答他的只有这句话：有国法在。

欢乐颂

事情要是这样收场也算是个不坏的结局，然而远在京城的朱厚照坐不住了。年初，他的出游之兴因文臣们强谏不得不中止，眼下江西叛乱，正好以率师亲征为名巡幸南方了。不顾大学士杨廷和等人的反对，一帮内侍和武官拟定了一套皇帝御驾亲征的方案。皇帝自封为"奉天征讨威武大将军镇国公"，穿上厚重的甲胄，乘坐六匹马拉的战车，在江彬等扈从的簇拥下祭告了太庙后，带着上万京军，兴高采烈地上路了。

当王守仁奏凯的捷报送达皇帝跟前时，朱厚照带领着这支打秋风的队伍刚好开到涿州附近。这封来得太过不识事务的捷报引得皇帝老大的不高兴。既然前线已经大捷，天宇肃清，还急巴巴地赶去干什么呢？皇帝身边的亲信们为讨他欢心，想出了一个荒唐的主意，让王守仁把已经俘虏的亲王重新放回到鄱阳湖中，然后乖乖地等着皇帝去捉拿，以显天威浩荡。于是，作为先头部队，副将军许泰和提督军务太监张忠提了数千人马，溯江先往南昌而来。

朱厚照自率中军不紧不慢地前进。驻跸保定，府堂大摆筵席，朱厚照与一个随驾的官员玩藏阄的游戏，输了竟然使起小性子，直到把那名官员灌醉方才开怀大笑。为了爱情他还做了一件疯狂的事。当初离开京城时，他最宠爱的一个姓刘的宫女因小恙染身没有随行，他让她在张家湾养病，临走拿走了这名宫女的一柄玉簪，相约等刘姬病好了以玉簪相召。但在过卢沟桥时，皇帝快马驰骋不慎失落了这件爱情信物，到了临清地界，派人去张家湾接刘姬，刘姬竟以没有信物说什么也不肯前来。一个晚上，皇帝带着几个贴身内侍，又是骑马又是坐船赶到张家湾，带上这名宫女又随即赶回军营。除了极少数几名亲信，随驾文武官员谁也没有发觉，皇帝为了一个女人趁着夜色神不知鬼不觉地往返了数百里地。

开始，王守仁还不无天真地以为，只要把俘获的朱宸濠献给朝廷，就可以阻止皇帝继续南下。江西百姓刚经一场战事，再也受不起圣驾惊扰了。他押着朱宸濠前脚刚离开南昌，张忠、许泰派来索要俘虏的就到了。张忠、许泰以威武大将军檄命令他在广信待命。王守仁佯作不知，说，威武大将军算什么玩意儿？我奉皇上圣命以右副都御史身份巡抚赣南，论官秩也不比这个大将军低，凭什么要我听他的！

他亲自押着朱宸濠连夜过了玉山、草萍驿，向着杭州进发。张忠、许泰的人一路追到广信，眼看追不上，就转而向皇帝诬陷，说王守仁开始是与宁王一伙的，因为事情败露才把他擒获。后来王守仁才知道他们为什么要千方百计阻挠他向皇帝献俘，因为宁王早就用巨金贿赂把他们策反为内应了。

按照与提督赞画机密军务的太监张永的秘密约定，王守仁与他在杭州相见。王守仁对张太监说，江西的百姓经历了那么大的祸乱，又赶上罕见的旱灾，还要供奉军饷，已经困苦至极，如果这个时候再有大军入境，必然承受不住，跑到山上去当土匪，他们过去助朱宸濠还是胁从，要是现在再为穷迫所激，到时就真的很难收场了。张永听了这番话深以为然。他劝解王守仁，现在皇帝被一群小人包围，如果顺着皇上的意，多少还可以挽回一些，如果惹恼了他，只能激发群小的过激行为，也无救于天下苍生。临别时他再三告诫王守仁，不可径自去向皇帝陈奏。

俘虏已交了出去，圣驾会不会回转京师呢？王守仁还是没有把握。探知皇帝已到扬州，他决定抛开张永的警告，只身前往，恳请游玩了一路的皇帝回驾。这时，命令他巡抚江西的旨意下达了，军情紧急，他不得不疾驰南昌。此时的南昌城已乱作一团，张忠、许泰因王守仁没有把俘获的亲王交给他们，憋了一肚子气，就挑动京军扰乱地方，向地方部队寻衅冲突。他们还诬陷平叛有功的吉安知府伍文定，及曾往南昌城以讲学为名刺探军情的王守仁的学生冀元亨，给他们扣上通敌的罪名下了狱。将士们问王守仁该怎么办？王守仁说，谁也不准与京军发生正面冲突，病的给药，死的给棺，但以仁爱之心待之。

京军们都说"王都堂爱我"，不再为乱地方，张忠、许泰不死心，还要继续找碴儿。他们以为王守仁一介文臣，肯定不惯骑射，强拉他到军营比箭，存心看他笑话。史传记述王守仁的临场状态，"徐起，三发三中。"连围观的京军都欢呼叫好。两人问，听说宁王富甲天下，你攻下南昌城后，把那些金银财宝转移到什么地方去了？王守仁说，据我所知，宁王的财宝大多送去贿赂京师要人了，可笑的是他还要把这些人约为内应呢！

转眼到了冬至，此地民间习俗，这一日要祭祀祖宗和亡灵。战事刚过，城中又添不少新丧，一时哭声震野，北军将士离家久了，听着这样的悲音无不泣下思归。这时张永押着朱宸濠也到了南昌，催促张忠、许泰和他一起去朝行在，这两人才不得不下令班师。

离开临清后，皇帝銮驾继续向东南的扬州进发。从徐州起，朱厚照便舍马下船，悠闲地走起水路。随路不时停下来打猎、捕鱼、在致仕的官员家里宴饮。他经常把猎获的飞鸟和动物赏赐给各级官员和随从，他们则回报以无穷无尽的赞颂。只要合他的心意，他便接见朝臣，否则一律拒见。冬至的朝觐是在一个退休太监的住所举行的，在此之前不久，他曾在御船上接受了随驾官员们对他生日的祝贺。当抵达大运河西岸的繁华城市扬州，朱厚照玩得更加不亦乐乎。他把威武大将军的府第设在了民居里。江彬等人遍索城中处女寡妇，以满足皇帝越来越古怪的性嗜好。

　　1520 年 1 月，已是旧历的年底，这支一路声色渔猎的队伍来到南京，皇帝游兴方浓，至此尚无归意，他接下去的旅行计划是先到苏州，再下浙江，抵湖湘，反正这世上没有到过的地方都是好地方。扈行的两个大学士商量说，照这样下去，皇帝回銮不知要何年何月了，找出了各种各样的理由像哄孩子一样哄他回去。眼看年关将近，朱厚照也就暂时搁置了他的远行计划。好在南京山水形胜，更兼天子之都的气象，夫子庙、秦淮河等好玩的地方也自不少，足够他偕姬纵游一番了。此后的八个月他都留在这里优游度日。他变得越来越爱喝酒，简直可以说是嗜酒成瘾，有一个内侍专门负责带着一坛热酒和一把勺到处跟随着他，以便皇帝在任何想喝的时候都能喝上酒。某日，皇帝巡幸郊外的牛首山，到了晚上突然不见了人影，左右侍卫大惊失色，他们把整座山翻了个遍还是没找到，天亮后皇帝回来了，谁也不知道他一个人整个晚上去了什么地方。

　　转眼过了新年的正月，王守仁听说皇帝还在南京逛青楼、看大戏玩得不亦乐乎，决定去南京亲见皇帝，为自己洗刷干净张忠、许泰泼在头上的污水，并劝车驾返回大内。因为与他素来相善的张永不久前遣人报信，张忠、许泰二人在皇帝面前对他百般诋毁，说他存有反心必不敢亲朝行在。行至安徽芜湖，王守仁受到了在家赋闲的大学士杨一清的阻拦。这个帝国官场中的铁腕人物怕自己的位置受到威胁，也加入到了排挤王守仁的力量当中。及赴南京，张、许二人又千方百计阻挠他见到皇帝。王守仁一气之下便上了九华山。他登上这佛教名山的意图，是向皇帝暗示自己不是被诬称的那样脑后生有反骨的人，而只是个潜心学道之人。果然，得悉王守仁的行踪，皇帝命令他即刻赶回南昌，并重上捷报，把江彬、张忠、许泰等人悉数列入平叛的功臣名单。王守仁于是把捷报改为"奉威武大将军方略，讨平叛乱"，把皇帝近幸悉数以军功列入。当他途经庐山时，在庐山开先寺的读书台刻了一个石碑：七月辛亥，臣守仁以列郡之兵复南昌，宸濠擒，当此时天子亲统六师临讨，遂俘宸濠以归。在这里他玩了一个小小的文字把戏，把天子带领他的打秋风的队伍出发的时间提前了。一切功劳归于圣明的皇上。吾皇万岁，万万岁。他只想遂了皇帝的意让他早日回京。

俘虏们早已押在南京的大狱里，既然不能放归鄱阳湖重新开打，退而求其次，在南京城里玩一出猫捉老鼠的把戏，小小地满足一把也是好的。朱厚照命令在校场中央竖起威武大将军的大纛，命人把俘虏们放出囚车，解去桎梏，自己则披上鲜亮的战甲，煞有介事地指挥三军，擂鼓呐喊，又把俘虏们重新抓获了一遍。这时已经是 1520 年的秋天，距王守仁在鄱阳湖中擒获朱宸濠，已经过去了整整一年。

这场战争游戏结束后，朱厚照决定结束他的南巡，打道北归了。1520 年 9 月 23 日，他带着朱宸濠从南京出发，坐船沿运河向北行进。

驻跸扬州时，他在一次钓鱼时捕到了一条大鱼，他戏言值五百金，要扬州知府蒋瑶买下。蒋瑶把他妻子女儿的所有首饰全都交给皇帝，说库里没钱，他能给的就这么多了。朱厚照大笑着让他走人，竟然没有发作。不知怎的，他想起了隋炀帝下扬州观琼花的传说，让蒋知府取来一看，蒋知府说自从北宋时徽钦二宗被金兵掳掠北去，此花已久不见人世。

他又让蒋知府说说，扬州有什么特产好进贡，蒋知府报上名来的全都不是扬州所产。皇帝说，苎白布总是扬州产的吧。面对皇帝明目张胆的勒索，蒋知府无奈，只得献上五百匹搪塞过去。江彬想强占民居为威武副将军私第，蒋知府没有答应，皇帝车驾北上时故意扣着他不放，一直到临清才放他回去。

这次快乐的旅行因一桩突发事故于 10 月 25 日不得不提前结束了。过临清不久，到了一个叫清江浦的地方，喝醉了酒的皇帝坐在一只小船上独自捕鱼。船翻了，惊慌的侍卫们赶紧把皇帝从水中拽上来，他已淹了个半死。这次落水事件后，皇帝的身体就时时感到不适。当他感觉好些了又能上路时，已是意兴阑珊，只想早日回到京城了。1520 年 12 月，皇帝銮驾抵达北京东面大运河的终点城市通州。

在这里，他处死了叛王朱宸濠和他的一些主要随从者。并把交通宁王的朝中官僚自吏部尚书陆完以下数十人悉数拘捕。此前在临清，钱宁已被江彬告发遭到逮捕，另一个被宁王策反的内侍臧贤则已被钱宁杀人灭口。对这些他素来亲信的官员和近侍的背叛行为，他尤为愤恨，命剥去衣服，全都裸体反绑，把他们的姓名写在身后的小白旗上。

1521 年 1 月 18 日，一身戎装的皇帝耀武扬威地骑马自正阳门进入京城，在京的文武官员全都赶往正阳桥南迎驾。在皇帝身后，辇道两侧，则是被卫兵们严密看守的数千俘虏及他们的家属，生者标其姓名，死者则拿竹竿挑着首级，都标以白帜，放眼望去，连绵数里不绝。这是朱厚照最后的演出了，三天后，当他在北京正南方向的天坛献祭时突然病发，吐了一大摊血，连仪式都没来得及完成，他就被紧急送往了斋宫。有人提到，皇帝回京之日正阳门外的一片白帜遮天蔽日，认为正是不祥之兆。

　　新年在即，皇帝依然病重，无法主持国祀，更遑论上朝视事。整个 1521 年的春天，他都卧病在床，体重急遽下降，他那副形销骨立的样子与先前的生龙活虎判若两人。为了防止他看到自己的模样受到惊吓，内侍们撤去了寝宫里的所有镜子。事到这个地步，皇帝仍然没有指定他的继承人。或许他以为，自己马上就会痊愈，又可以骑马驰骋于西北的大漠或优游于江南的烟花丛中。

　　1521 年 4 月 19 日，即正德十六年三月十二日，三十一岁的朱厚照于深夜时分死于曾带给他无尽欢乐的豹房。两个在场的司礼监太监记下了他临终的话：

> 　　朕疾至此，已不可救了。可将朕意传达太后，此后国事，当请太后宣谕阁臣，妥为商议便了。从前政事，都由朕一人所误，与你等无涉。

　　当生命一点点地退出他那具已被无休止的性爱和酒精掏空的身体时，或许他是真的幡悟了？他终于承认了从前的政事之"误"，但却大包大揽地把责任揽于一身。如果天假以年，他会回到文官们所期望的传统的"礼"所规定的道路上来吗？

　　他应该感到快慰的是，在这场皇帝与文官集团的沉默的对抗中，他是胜出者。这场对弈的高潮，就是他用死亡抛弃了他们，又嘲弄了他们。

　　他的死是欢乐的颂歌，他到死都是个胜者。

秋

嘉靖元年——万历十年
（1522—1582）

悲哉秋之为气也！

——战国楚·宋玉《九辩》

第七章　四十五年春花秋月（上）

大礼议

1521年春天，朱厚照猝然去世时并没有留下关于皇位继承人的任何指示。他没有生下一个儿子，也没有过继皇族任何一人为嗣，一切事情都只能交托给足智多谋的大学士们。内阁首辅杨廷和援引《皇明祖训》中的"兄终弟及"①，力主让大行皇帝的堂弟、兴献王朱祐杬的儿子朱厚熜入继大统。

得知皇帝晏驾，杨廷和让掌司礼监的大珰们去请张太后懿旨，建议把这个时年十五岁的孩子作为已故皇帝的合法继承人。他的提议获得了张太后的赞同，一切便在太后懿旨的名义下有条不紊地进行起来。

---

① 《皇明祖训》："凡朝廷无皇子，必兄终弟及，须立嫡母所生者。庶母所生，虽长不得立。若奸臣弃嫡立庶，庶者必当守分勿动，遣信报嫡之当立者，务以嫡临君位。朝廷应即斩奸臣。其三年朝觐，并如前代。"

此时，朱厚照生前的亲信江彬（他的爵位是平虏伯）仍然掌管京城的军队。他在朱厚照重病期间矫旨改西官厅为威武团营，自任提督军务，计划以武力作后盾，拥立封地在大同的代王为帝。但这一计划尚未来得及实施，皇帝就驾崩了。一日之内，以杨廷和为首的文官们以雷厉风行之势控制了京城局势，以大行皇帝遗旨的名义令各边军归镇，撤销了直接听命于江彬的威武团营，并指挥京军各营兵，控制了皇城四门、内城九门及各南北要冲。

江彬见罢遣了边军，很是惶恐不安，派人到内阁探听消息，杨廷和等阁臣们却总是温语劝慰。江彬同党都督佥事李琮很是警觉，他认为这只是雷霆发作之前短暂的宁静，劝他不可坐以待毙，应率家奴兵丁，火速起事，即使不成功也可以北走塞外，再凭借手中实力跟朝廷讨价还价。江彬犹豫不决，只是称病不出。

文官们为拘捕江彬设下了一个圈套。当然这一拘捕计划得到了张太后的支持。他们以坤宁宫安兽吻入祭为由，骗江彬入宫祭祀。仪式完成后，司礼太监张永留饭款待，这一故意拖延使得江彬完全被孤立了起来。江彬这时才感觉有异常，他想从西安门出去，却见宫门紧闭。再走北安门，守卫齐喊：有旨留提督！江彬说，今天这日子哪里来的圣旨？宫中守卫不由分说将他拿下，江彬稍作挣扎，连颏下的胡须都给拔尽，只得放弃无谓的反抗。不一会儿，李琮等党徒也被拿获，李琮一见江彬就气得大骂：奴早听我，岂为人擒？

江彬以引诱大行皇帝渔猎声色、阴谋颠覆政权、勒索私人财产、奸污妇女等多项罪名被起诉，等待着他的是帝国最残酷的刑罚——凌迟处死。从他家中抄出了黄金七十柜，白银二千二百柜，其他珍宝不可胜数，所有财物都被充入了国库。

1521 年 4 月 21 日，即在朱厚照去世两天后，一个由内阁大学士梁储率领的由司礼监、吏部和勋贵、皇室代表等四十余人组成的使团前往湖广安陆①，迎接兴献王世子朱厚熜继承皇位。考虑到朱厚熜的父亲、兴献王朱祐杬不久前刚去世，首辅杨廷和已事先请得皇太后懿旨，要他缩短为父亲服丧的时间，并尽快承袭兴献王爵位。

未来的皇帝在他的藩邸接见了使团，并接受了这些官员的祝贺。5 月 7 日，使团从安陆启程向北京行进。一路上，朱厚熜的表现让整个使团吃惊而又感动，他吃住节俭，不畏旅途劳累，还拒绝了官员和勋贵们馈赠的礼物，比之前一任皇帝的放荡不羁，他们似乎从这个来自外省的年轻人身上看到了王朝中兴的新气象。

1507 年 9 月，朱厚熜出生于湖广安陆他父亲的一片封地里。他的父亲朱祐杬是宪宗十个儿子中的第二个，有别于其他皇室子弟的是，这个皇子自小就喜欢诗歌和书法。这种爱好艺文的气息也有部分遗传给了他的长子，据说，朱厚熜还很小的时候，他父亲教他吟诵唐诗楚歌，他只消听上几遍就能够准确背诵。本朝的历史学家照例记述了这个未来的皇帝诞生时一些奇异的征兆。比如——他们写道——他诞生的这一年黄河水清五日，紫色祥云布满天空。而这些历来被视作真命天子出世的预兆。

稍长，朱厚熜在他父亲的直接指导下，开始学习本朝历史和儒家典籍。他的表现证明他是一个聪明而勤奋的学生。兴献王除了亲自督促儿子的功课外，还有意识地让他参加王府的例行仪式和典礼，到北京觐见皇帝时，也把他带到宫廷里去。这样，未来的皇帝在他还是一个孩子的时候，便已熟悉了仪式和典礼的规矩。下面我们会

---

① 今湖北省钟祥市。

看到，这种过早掌握的礼仪知识使他一上台就显得格外的成熟，也格外的计较。

在朱厚熜抵达北京正式就位皇帝前的三十七天里，受太后委托总理朝政的，是内阁首席大学士杨廷和。他废除了正德朝时的一些冗政，关闭了豹房，遣散了僧人、教坊乐人和四方进献的女子，把宣府行营的所有资金和珍宝全都收归内库。正德朝时蒙恩得官的中贵义子大多被罢斥，累计革去锦衣卫、内监、旗校工役共十余万人，仅此一项，就减少漕粮供给一百五十三万二千余石。这些下岗官员对杨廷和恨之入骨，一些铤而走险之徒还埋伏在他上朝必经的路上伺机刺杀他。为了首辅的人身安全，经张太后恩准，以后首辅上下朝，都由一支百余人的卫队护送。

1521 年 5 月 26 日晚，从安陆出发、旅行了二十余日的朱厚熜抵达北京城外的临时住处。用迎接皇储的礼节还是用迎接皇帝的礼节来迎接他，大臣们犯难了。礼部尚书毛澄认为，严格的意义上来说，这个少年还不是正式的皇帝，他必须经过劝进、辞让、再劝进这些程序才能正式即位，如果现在就用天子之礼来奉迎，那以后劝进、辞让这些礼仪都要废止了吗？

杨廷和发布指令给负责奉迎仪式的礼部官员，应以皇太子即位礼的规格来迎接，由东安门入，居文华殿，而后择日登基。当朱厚熜被告知这样的安排时，他的心头肯定掠过了一丝不快的阴影，他这样答复大学士们：遗诏以我嗣皇帝位，非皇子也。

张太后见这孩子倔得厉害，说的话也不无道理，于是命群臣上笺劝进。第二日，朱厚熜于郊外的临时驻地受笺后，当日午间，就以皇帝礼从大明门进入都城，径赴奉天殿即位，定年号为嘉靖，大赦天下，并接受他的朝臣们的朝贺。

新皇帝与文官们可能当时都没有意识到，这是他们较量的第一个回合。这次较量，新皇胜利了。在以后的日子里，这种围绕着权力、威信和正统性的斗争还将长期进行。

当翰林院官员把起草的登基诏书送呈御览时，朱厚熜的目光在"奉皇兄遗命入奉宗祧"这行字上长久停留。好半天过去了，他才同意保留这样的措辞。

他不得不承认这样一个事实，他是以过继给大行皇帝为弟弟的身份，来延续帝系的。为了维系这一血脉的正统性，他只有先丢掉他的宗藩身份。

朱厚熜与已去世的父亲感情很好，做皇帝后第一个念头就是如何报答父恩。诚然，兴献王朱祐杬已长眠地下，不可能再来分享儿子的无上荣耀，唯一可行的就是抬高他的身份，去掉他的宗藩身份，以当今皇帝亲生父亲之尊入享太庙。1521 年 6 月 1 日，继位后的第五天，朱厚熜诏令礼部的官员们提出适合于他父亲的主祀和尊称的意见。之前二日，他已派出一批人去安陆迎接他的母亲蒋氏来北京。

给皇帝的生父以一个怎样的名号是合适的？礼部主官毛澄犯难了，向首辅杨廷和请教。帝国出台大政方针历来讲究遵循祖制，本朝历史上没有遇到过的，那就向前朝寻找。杨廷和身为首辅，自然熟习历朝典故，他认为皇帝提出的这一问题并不难解决，可以效法汉定陶王入继汉武帝和宋濮王入继宋仁宗的故事，"宜尊孝宗为皇考，称献王为皇叔考兴国大王，母妃为皇叔母兴国太妃"[1]，凡祭告兴献王

---

① 《明史》卷一九〇，《杨廷和传》。

及上笺于母妃，都应该自称侄皇帝，如此，则无论正统还是私情，于恩于礼都兼顾到了。这也就是说，朱厚熜必须把已故的伯父弘治皇帝和伯母张皇后当作父母，而自己的亲生父母则只能当作叔婶来对待。礼部把这个意见递上去，朱厚熜大怒道：难道亲生的父母也可以更改吗？再去好好商量吧！①

皇帝和大臣们分歧的焦点在于"统"和"嗣"，文官集团在内阁的主宰下一再坚持原议，他们认为"统"是王朝世系的合法延续，"嗣"则是家族惯例的血统继承或过继，作为帝国永续的一个基本原则，继承皇位的必须是先皇之子，即使不是亲生，也要过继为嗣，这乃是道统的需要，即便贵为皇帝，也必须遵守这个规则。

为了笼络杨廷和，朱厚熜每次召对时都赐茶慰谕，希望获得首辅的支持，但杨廷和就是不松口。有个叫王瓒的户部侍郎想拍新帝的马屁，提出异议，马上被杨廷和指使言官弹劾，调任南京礼部侍郎，论职务虽是平调，但一为实职，一为闲曹冷衙，相去何止万里。这一来，再也没有人敢冒舆论指责的风险说三道四了，但新帝又怎会示弱，议礼的事就僵在了那里。

朱厚熜现在迫切需要支持他的声音。在登基后主持的第一场殿试中，他给新科进士们出了一道题目，要求围绕着追封本生父母以何为宜这个主题展开论述。无疑，他是迫不及待地想诱导出某种对自己有利的立场和声音，让朱厚熜失望的是，这些文章的作者没有一个敢反驳内阁和礼部的主张。这让朱厚熜深感苦恼。

不久，他期待的那个声音终于出现了，一个刚取得进士资格不久尚在观政期的年轻官员张璁上了一封《大礼疏》，提出了和廷臣们

① 《明史纪事本末》卷五○，《大礼议》。

不同的看法。张璁把皇帝尊崇双亲的行为视作"大孝"，一下搔到了朱厚熜的痒处。张璁说，汉定陶王和宋濮王都是在前一个皇帝在世时预立为皇储并养育于宫中，而今上则不同，弘治皇帝在世时并没有指定他为继嗣，严格地说，今上是在正德皇帝去世后以伦序继位的，连遗诏上都称"兴献王长子"，怎么可以称为弘治皇帝的嗣子？再者，长子不得为人后，兴献王只有陛下一个儿子，又怎么可以绝其父母之义过继给他人？张璁还援引《礼记》言之凿凿，礼非天降，非地出，人情而已，认为"统"和"嗣"不可一概而论，不一定要父死子立，也不一定非要断了这边的父子之亲，再来续统。

张璁的上疏朱厚熜读了又读，几乎可以一字不差地背出来了，史传他当时这样说：此论出，吾父子获全矣。他让司礼监把这份疏议送至内阁让大学士们学习领会，杨廷和读后只说了一句话：书生焉知国体。朱厚熜当日在文华殿召见了他的大学士们，面谕杨廷和、蒋冕、毛纪三人说，至亲莫若父母，他已决定尊父为兴献皇帝，母为兴献皇后，祖母为康寿皇太后。三个大学士称不敢阿谀顺旨，当场封还了皇帝手敕。

身为首辅，杨廷和的精力全被议礼一事牵扯住了，这一期间，他领导下的内阁先后执奏抗议三十疏，封还御批四封。本朝历史上，皇帝与廷臣如此僵持，恐怕还未曾发生过。这一方面是杨廷和自恃迎立功高，有点不把小皇帝放在眼里，而另一方面，也是最重要的，乃在于文官们的价值谱系中，没有比"礼"更大的东西了。

1521年10月4日，派去湖广安陆迎接皇帝生母的使团抵达北京正东的通州，礼部提出由崇文门入东安门，皇帝不答应。廷臣经商议，改为从正阳左门入大明东门，皇帝还是不同意，坚持从中门而入，谒见太庙。一时朝议哗然，认为本朝从无妇人谒庙的先例，即便皇帝生母也不能例外。张璁又上疏《大礼或问》说，天子也是母亲所生，怎么可以屈尊从旁门而入？古时女人三日就要上一次庙，谁说从来没有妇人谒庙的先例？用什么样的驾仪迎接又有一番争论，礼部提出用王妃仪仗，皇帝坚持派锦衣卫迎接驾仪，还命宫中制衣局提前制好专用的太后法服。

蒋氏听说她将被当作王妃而不是当作皇太后受到迎接，她的儿子还要改口称她为伯母，她拒绝进入京城，甚至发脾气说要即刻返回安陆。她愤愤地责问使团成员，为什么我的儿子要给别人去当儿子？你们现在一个个都备极宠荣，为什么兴献王的尊称到现在还搞不定？朱厚熜听说了母亲这些话，泪流不止，他告诉张太后，自己不想当这个皇帝了，要和母亲一道返回安陆。

皇帝的威胁让大学士们感到了惶恐，他们不得不做出让步。经商议，礼部尚书毛澄请出一道盖有太后印玺的懿旨，给予皇帝的父母以兴献帝和兴献后的称号，并尊皇帝的祖母、宪宗贵妃邵氏为皇太后。当初兴献王朱祐杬之藩时，贵妃依例不得跟从，邵氏留在宫中，到朱厚熜即位，年老的祖母已双目失明，欣喜若狂的邵氏从头到脚摸遍了朱厚熜全身，她以这种特殊的方式来祝贺孙子荣登大位。

杨廷和还是留了一手，表明做出这样的让步是出于圣母慈寿皇太后懿旨，"仰承慈命，不敢固违"，而不是大臣们廷议的结果。而奉请兴献后入京的一切礼仪，也全都按照皇帝的要求，给予最高的规格和尊荣。

这一日，蒋氏从大明中门入，她的儿子迎于阙内，陪同着先至奉先、奉慈二殿。张璁和兵部主事霍韬、给事中熊浃等人提出还应该拜谒太庙，因大臣们坚决反对才作罢。

在首辅授意下，张璁等人遭到了言官们交章弹劾。这些遭到弹劾的官员，一个个腹笥充实，辩论起来引章据典，让首辅大人深感头疼又无可奈何。不久，熊浃外转边远省份，霍韬托病告退，张璁调任南京刑部主事。行前，首辅大人警告张璁，你就在南都好好待着吧，不要再拿大礼议来为难我。张璁只得快快出都，不过他相信，自己出头的日子很快就会到来。

到了年底，朱厚熜又提出要求，在兴献帝的尊称上再加"皇"的尊号，内阁毫不客气地奉还了敕令，责问道：陛下何能仍避而不顾正理以任一己之私情？

1522 年正月，皇帝祭天的当日，皇帝生母居住的清宁宫的后殿发生了一场起因不明的火灾。杨廷和等一班阁臣把这一事件看作是祖先不满于祭祀安排的一次警告，要求皇帝至少暂时停止再给他的双亲加称。一个叫邓继曾的给事中上疏说，五行之中，火具有主宰所有礼仪事务的超自然力量（"火主礼"），今日之礼，名紊言逆，火灾全都是废礼所引起。在天灾示警面前，皇帝暂时屈服了。

事情似乎可以尘埃落定了，但皇帝对廷臣们尤其是首辅领导下的内阁的怨望却日甚一日。1522 年 12 月，皇帝的祖母寿安皇太后去世，内阁规定丧礼的规格为哭灵一日，丧服十三日而除，政府行文只至南北两京，不再诏告天下。服制一满，杨廷和又催促皇帝御奉天门视事。对首辅这一几乎不近人情的做法，朱厚熜牢骚满腹却又无可奈何。

或许有人会说，皇权至高无上，既然不满意首辅，为什么不撤换他呢，只因为嘉靖初年政归内阁，首辅人望甚高，皇帝也不能不投鼠忌器。但明眼人已经预料到，大礼议只是暂时偃旗息鼓，首辅的落败只是迟早的事了。

首先去职的是礼部尚书毛澄。毛澄是内阁意图的忠实执行者，也是一个举朝公认的君子，其人饶有学行，论事侃侃不挠。虽然他一次次地忤旨，朱厚熜还是很看重这个老臣。为了议礼追尊的事，皇帝曾派一个内侍找毛澄商量。这个内侍一见毛尚书就长跪不起，拼命地磕头。中官传谕，如同皇帝亲至，应该是他跪接才是，怎么反过来了，他慌忙扶起那个内侍。内侍说，他之所以这么做，乃是皇帝的意思，皇帝让他转告，人谁没有父母，为什么我想要孝敬父母的心愿偏偏达不到呢，一定要让毛公回心转意来支持我。说着，内侍拿出了一袋金子，要毛澄收下。毛澄拒绝收下这袋金子，说自己都这把年纪了，怎么可以毁坏朝廷的典礼呢，"独有一去不与议已耳"。不久，毛澄请辞，汪俊取代他出任礼部尚书。

如果大礼议这种事发生在前几个皇帝执政时，很有可能会利用内廷的宦官们与外廷对抗，朱厚熜以宗藩身份入继大统，又熟习本朝历史，宦官乱政的惨痛记忆不会这么快就淡忘。况且，皇权与阁权的争执，都是引经据典力图从理论上压倒对方，宦官读书知礼的少，还担不起这样的重任。朱厚熜明白，要击倒现内阁，只有从外廷的文官中扶持另一股力量。廷臣之间分党结朋、相互攻讦的习气，就这么在朱厚熜执政的初年种下了。

新　宠

1524 年新春之际，朱厚熜期望中的新的一支文官力量已是呼之欲出。逐出京城就任南京任刑部主事的张璁与一个叫桂萼的同僚经常在一起议论古礼，私诋朝议，与他们气味相投的有南京兵部侍郎席书、员外郎方献夫等人。桂萼揣摩帝意已久，此时他收集了几份支持皇帝的奏疏上呈。这些奏议都是他们在北京朝廷刚开始议大礼时写下的，与张璁持论大同小异，只因北京的官员们把张璁之说斥为邪说，张璁也贬谪南都，他们才隐忍不发。桂萼认为让它们问世的时机已经到了。

桂萼递上去的奏议中有一份是席书写的，此人写这份奏议时还在巡抚湖广都御史任上。他提出，今上即位，既非继孝宗之统，亦非继武宗之统，乃是继祖宗之统，所以应该是继统而不继嗣。继统乃是天下之公，三王之道，而继嗣不过是一人之私，两者不可相提并论。

桂萼的奏议毫不客气地批评了北京的官员们附和内阁，使得今上身为人主却废去了父子之伦。他批评礼部官员因循守旧，强附末世故事，灭武宗之统，夺兴献之宗，乃是大大的失职行为。他责问，一个没有了父子人伦的君王怎么可以事天地、主百神？

至是，消歇了一段时间的大礼议又沉渣泛起，尽管朱厚熜为得到南京官员的支持喜不自禁，但还是惺然作态地说：此关系天理纲常，仍须文武群臣集议可否。礼部新主官汪俊把桂萼奏疏留中不发，却得知消息，称皇帝已特旨召张璁、桂萼、席书等一帮南京的官员至京集议。

北京和南京的文官们展开了一场大辩论，北京的官员们把反对追崇的意见集中在一起，以备采择；南京的张璁、桂萼再度上疏，申明统嗣之辩，一时势均力敌争持不下。廷议时，大学士们希望皇帝陛下要做有道的尧、舜，不做汉哀帝。朱厚熜回敬道：尧、舜之道，孝悌而已矣。话又绕了个圈子回到了老路上，饱读诗书的大学士们也不得不语塞了。最后，群臣们不得不做出让步，奉兴献帝为"本生皇考恭穆献皇帝"，兴国太后为"本生母章圣皇太后"，同时，圣母昭圣慈寿皇太后加尊号为"昭圣康惠慈寿皇太后"。

不久，首辅杨廷和引疾辞职。有关首辅大人突然去职的原因众说纷纭，流传最广的一种说法是皇帝想要派遣宦官提督苏杭织造，首辅以苏杭诸府连年旱涝为由提出反对，劝说皇帝爱民节财。据说首辅与皇帝争执时还说了几句不中听的话：我们举朝大臣的话，陛下都不愿听，对几个邪佞之徒倒是言听计从，陛下难道可以和这些小人一起共治天下吗？

有官员提出，既然大礼已定，就不必让张璁、桂萼来京了，朱厚熜同意了。这时张、桂二人已至凤阳，见邸报敕加尊号，又听说皇帝不让他二人来京了，赶紧又上一疏，认为应该只认兴献王为皇考，去掉尊称中的"本生"二字，这样才能让继统之义明明白白。皇帝接到此疏，又改了主意，遣使让张、桂二人即刻来京。

得到张璁、桂萼二人抵京的消息，愤怒的文官们商议仿照正统年间击杀马顺的故事，把他二人击杀于朝堂。刑部尚书赵鉴甚至在私下里说，只要旨意一下，他就会马上行动。闻知这一消息，桂萼害怕了，好几天都不敢外出。张璁也是躲藏了一些日子才去朝见皇帝，出来时怕被人跟踪，从东华门拐了个弯到武定侯郭勋家里。

郭勋是开国后因军功封为武定侯的郭英的六世孙，一番密议，他答应会站到桂萼一边来。日后，郭勋因附会大礼议得宠，他还想晋爵，竟想出了一个妙法，写了一本讲述本朝开国历史的平话《英烈传》，内中称，其祖郭英战功赫赫，鄱阳湖一战，陈友谅中流矢而死，致命的一箭也是其祖所射。郭勋买通宫中负责平话演出的太监，让他们拿这个唱本演给皇帝看，说这是流传下来的旧本，郭英终得"侑享太庙"，据说郭勋的青词也写得不错，后来又进封国公。

朱厚熜提出在奉先殿侧别立一祠，祭祀其生父。礼部尚书汪俊反对，说既然皇上入奉大宗，就不得祭小宗，再说为本生父立庙大内，从古所无，妥当的做法应该是在安陆特建献皇帝庙，皇帝只要每逢岁时遣官祭祀，就足以显示至情了。皇帝坚持己见，指斥汪俊放肆散漫，令席书代为礼部尚书。

席书此时被派到江淮督赈，到任之前，主持礼部事务的是侍郎吴一鹏。吴一鹏也和汪俊一样的态度，反对在大内建庙。吴一鹏同时提出要把散布邪说的张璁、桂萼按照国家司法处置。皇帝指斥吴一鹏这么做是欺他年小，既败父子之伦，又伤君臣之义，他愤怒地责问道，皇考陵园远在安陆，你们做臣子的就安心吗？

邹守益等翰林院官员也出来支持吴一鹏，皇帝命锦衣卫镇抚司逮捕了抗争得最厉害的两个，拷掠后发配到外省任小官。吴一鹏则被派遣和司礼监太监一同前往安陆，迎接皇考神主。

张璁、桂萼被进为翰林学士，方献夫被进为侍讲学士，他们和席书、霍韬等被斥退的官员重新活跃政坛。杨廷和的儿子、翰林院修撰杨慎和同僚舒芬、崔桐等三十六人，耻于与张、桂为伍，集体提出辞职，他们都被夺去一年俸禄。接替杨廷和出任首辅的蒋冕被停职，反对追崇的刑部尚书赵鉴、吏部尚书乔宇也被勒令去职。大礼议中主张崇礼的一派终于占了上风。

1524年8月，皇帝在左顺门召集群臣，宣布去掉他父母尊号中的"本生"二字。这道诏令立即遭到翰林学士、在京的御史和六部郎官们的抗议。翰林院修撰杨慎说，国家养士一百五十年，仗节死义，正在今日。百余文官集体跪伏在左顺门，要求皇帝收回成命。

朱厚熜在文华殿斋戒，逾墙传来的喊叫声惊动了他。他大为恼怒，派太监传旨，让文官们自行散去。但没有一个官员理睬太监宣旨，连大学士毛纪等人也加入了抗议的行列。

快近中午，跪伏示威的官员还没有散去的迹象。皇帝开始发飙，他让锦衣卫扣住了丰熙等为首的八名官员，令司礼监把抗议者的名单悉数记录在案，并下令驱逐他们出宫。文官们的情绪愈加激烈，有一些人开始号哭并敲打朝堂的朱漆大门。

几天后的一次早朝后，两百多名朝廷官员拒绝散去，继续跪在丹阙之下抗议皇帝的诏令。皇帝迅速做出反应，为首的官员被谪戍，所有五品以下低级官员全都遭到杖责，四品以上官员夺去一年俸禄以示惩罚，包括翰林院官员在内的十七人在廷杖中受伤致死。

少有神童之誉、正德六年殿试第一的翰林院修撰杨慎，在连续两次廷杖后被削籍流放云南的一个边境小镇——永昌卫。他的父亲杨廷和当政时，支持废黜边镇宦官势力，得罪了大批厂卫官员，朱厚熜明知永昌卫的奸人肯定会趁此机对杨慎不利，还是把他流放此地，正可见出其险恶用心。一些人伺机要把杨慎暗害于途中，多亏他机敏，也多亏贤惠的妻子一路照应，才幸免于难。扶病奔波万里，他到戍所时都病得快起不来了。以后的三十五年里，杨慎的足迹遍布云南全境和四川省的大部分地区，最后在昆明西部风景如画的碧鸡山脚下搭建了小屋定居下来。他是一个对世界充满好奇的学者，每到一地就阅读、记笔记，还写下了一份不长的自传。

直到七十二岁那年去世，杨慎都没有机会重返北京权力中心。朱厚熜因为议礼的缘故对杨氏父子特别嫌恶，每每问起杨慎现在怎么样了，阁臣们就以老病相对，尽可能地回护他。杨慎听到皇帝对自己这般放心不下，愈发地纵酒放诞。嘉靖朝的另一位大学者王世贞就曾根据道听途说，向皇帝报告说杨慎头插鲜花，和他的女弟子们招摇过市的情景："杨升庵（升庵是杨慎的号）先生放滇时，双髻簪花，数女子持尊，踏歌行道中。"杨慎的这一行为或许发生在歌舞之风盛行的当地的一个传统节日上，但在自居正统者看来，这位昔日的翰林学士已经自甘堕落了。

流放生涯给了这个学者自由的心性，最终造就了一代学术大家，到他死后，他的一个侄子整理他的遗作，除了直抒性情的诗文之外，尚有杂著一百余种，内容包括天文学、地理学、动植物知识和一部分边疆历史。尽管有王世贞这样的学者批评杨慎在经典的解读上并不可靠，详于稗史忽略正史，但明朝近三百年若论记诵之博、著作之富，还推杨慎第一。由于流放时间委实太长，杨慎与妻子黄娥绝大多数时间是分离的，黄娥留守四川新都老家，他们只能互赠诗词和曲，寄托相思之念，时人只要提起本朝的"曲中李易安"，都知道说的是表字"秀眉"的黄娥。

皇帝在几日后正式公布了大礼，孝宗和昭圣皇太后被称为皇伯考、皇伯母，皇帝生父朱祐杬和母亲蒋氏则被正名为皇考、圣母。不几日，皇帝生身之父的神位自安陆至京师，皇帝以至为隆重的礼仪亲迎于阙内，奉于观德殿，正式册尊号为"皇考恭穆献皇帝"。他还要给死去的父亲以列帝一般的待遇，为他修缮一部实录，这可难倒了首辅费宏，不知何从下手，后来总算找到了兴献王府长史撰写的一份实录，以此为蓝本加水添注，总算完稿交差。

世称"左顺门事件"的抗议活动的落败，使反对派遭到了致命的打击，自此以后，除了个别秉性耿直者，原先争大礼的朝臣大多放弃了最初的立场，"依违顺旨"。大礼议以皇权的胜利告终，文官集团的败退，标志着专制的再度复兴。以后数年，大礼议还是余绪不断：

1525年，朱厚熜决定崇祀献皇帝于太庙，毕竟他的生父在世之日从来没有当过一天皇帝，祭祀于太庙实在太过牵强，这一次，靠着议礼上台的席书、张璁也都觉得过分，委婉提出反对。折中之计，群臣提出在皇城内另建一庙，专门用来祀奉献皇帝世系，规格与文华殿等同，以避两庙一体之嫌，皇帝这才同意，并亲定庙名为世庙。

1527年，开馆纂修《大礼全书》（后正式定名为《明伦大典》），以阁臣费宏和席书为总裁官，张璁、桂萼为副。书编成时，费宏已被张璁等人逐出内阁，席书病故，所有功劳都落在了张璁、桂萼头上。张璁预见到，这将使自己与朝臣们愈发对立，假意提出病退，称臣与举朝抗四五年，举朝攻臣至百十疏，现在书正式编定出版，必将使元恶寒心、群奸侧目，而他们对臣的误解也会越来越厉害，所以臣现在提出病退应该是最明智的。皇帝自然百般慰留，加他为少傅兼太子太傅、谨身殿大学士。

几乎同时，皇帝惩处了所有在大礼议中反对过他的官员。杨廷和名义上被判处死刑，为示皇恩浩荡又减轻了处罚，只是褫夺官阶，削籍为民。之前三年，他的长子杨慎已经被谪戍云南。蒋冕、毛纪、毛澄、汪俊、乔宇、林俊等所有卷入的高级官员都丢了官，何孟春、夏良胜等年资稍浅的官员则被贬黜为民。皇帝特别指示，以后每次大赦，这些犯官都排除在外。

1534年秋，南京太庙在一场火灾中被焚毁，朱厚熜命朝臣们讨论应办事宜。时任内阁大学士夏言知道皇帝想要的是什么，建议重新安排太庙位次，在京城举行所有祖先的祭祀。在这个新的安排中，每个皇帝都将有一座单独的庙。工程于嘉靖十四年春开工，九个新庙第二年即告完工。开国皇帝和他的祖先的神主留在中央向南的庙里，其他皇帝的神主被安放在较小的庙里，这些庙排列在中央那座庙的前面两侧。皇帝趁机更定他父亲的世庙为献皇帝庙。

1538年夏，曾在大礼议时廷杖流放的翰林学士丰熙的儿子丰坊（不久前他在扬州府同知任上致仕），想效仿昔年张璁、桂萼的进取捷径，上疏建议尊皇考为宗，配享太庙。皇帝命下礼部议。礼部尚书严嵩提出应该加宗皇考，但却不言祔庙，皇帝心中不悦，留中不发。严嵩惶恐不安，赶紧改口称皇考与孝宗当同一庙，而且把称宗祔庙所需礼乐一一安排妥当。于是上献皇帝庙号为睿宗，正式入祔太庙，位置是这样排的：太祖居中，左四序，成、宣、宪、睿；右四序，仁、英、孝、武，皆南向。德、懿、熙、仁四祖为祧庙，亦南向，睿宗位于太庙之左第四序，位列武宗之上。在掀起大议礼争端十七年后，朱厚熜终于对这一排列顺序满意了。

与张璁有同年之谊的南京太仆寺卿胡铎在议礼之初曾这样预言："主上天性固不可违，天下人情亦不可拂。考献王不已则宗，宗不已则入庙，入庙则当有祧。以藩封虚号之帝，而夺君临治世之宗，义固不可也。入庙则有位，将位于武宗上乎，武宗下乎？生为之臣，死不得跻于君。然鲁尝跻僖公矣，恐异日不乏夏父之徒也。"至此，他的预言已一一应验。

一个从没当过一天皇帝的藩王，经十余年间无数反复、迂回和曲折，最后终于堂而皇之配享太庙，这是至高无上的皇权的胜利。可笑的是丰坊，自从献上了那份上疏，这个热衷之徒还一直在等待着提拔的消息，但皇帝利用了他又远远地抛弃了他。他一直都没能等来那一纸提拔的命令。被巨大的失望淹没的丰坊还要承受朝野人士的指责和嘲笑，最后在贫寒中郁郁而终。

平心而论，新皇即位后想要尊崇自己的亲生父母，也是人之常情，一班大臣却要他改称亲生父亲兴献王为皇叔父，亲生母亲为皇叔母，确实有违人伦，没有顾及皇帝的内心感受。可是到后来，追封无休无止，朱厚熜明显是走火入魔了。如果文官们从一开始不那么过分拘泥，事情会不会是另外一种结果？

然而文官集团这么做也不是有意与皇帝过不去。他们所秉持的"礼"，乃是本朝的立国之基，它不是成文法，但来自于历史深处的这一传统的力量比成文法有着更大的威力。所以他们可以理直气壮地要求皇帝，甚至像首辅杨廷和那样，强硬地封还皇帝不恰当的敕令。议礼表面上虽为皇帝与群臣们意志的较量，究其实质，乃是皇权与传统力量的对抗。

16世纪初叶来到中国的意大利传教士利玛窦在他的《中国札记》中，对皇室内部礼仪有一份详细的记述，从中可以见出传统如何成为人人都须遵守的行为准则：

> 皇上只有一个唯一合法的妻子或皇后，虽然他和他的儿子们可以另有九个妻子和另外三十六个称作妻子的人。除此以外，

他还有一大批妾，她们既不称后也不称妻子。替他生了儿子的最受宠，他的女人中任何一个给他生的第一个儿子就总是皇位的继承人。这是一个公认的事实，不仅皇上和他的家族如此，全国都如此。只有第一个和公认的配偶才准许和皇上一起坐在桌前。所有其他人，除非与皇上沾亲，都是皇上的奴仆和皇后的侍从，在皇上皇后面前总是站着。皇上生的所有儿子都把合法皇后当作母亲，也这样称呼她，这个称呼只属于她一个人。他们的生母死时，他们也不守习惯的三年之孝，而是只给皇后服丧，为她进行前述的丧礼，无论他们当时可能担任任何官职都必须告职守孝。

这种皇权与传统力量的对抗和较量，在前一任皇帝朱厚照身上发生过，现在也落到了朱厚熜的身上。所不同的是两任皇帝在较量中的策略和姿态，前者以近乎无赖的手段戏弄了他的大臣们，后者则步步为营，不惜动用高压手段，迫使他的大臣们就范。

孟森在《明史讲义》中将明史重新梳理为七个章节讲述，以议礼一章概述正德、嘉靖、隆庆三朝历史，可见史家心目中这一事件对明朝历史影响之深远。表面看来，议礼无关国家大政，于国计民生也没有太大关系，但正是这一事件把皇帝与文官集团的对立推至本朝开国以来的最高点，自此以后，政坛将重新洗牌。本来同进共退的文官集团也将逐渐趋向分化和斗争，这种永无止境的分化、斗争与相互扯皮将耗尽明朝的有生力量，直至它走向灭亡。所以有论家认为，明亡并不是始于万历，而应是始于更早的嘉靖初年。

大礼议促使了一批新贵的出现，张璁和桂萼成了皇帝最为亲信的文臣。论出身和履历，张璁七试不第，四十七岁才取得进士资格，桂萼不过是正德六年的进士，以知县起家，他们在一班文官中远非翘楚。张、桂二人也明白，能够骤获荣华，位列翰林院这一专门出产台阁辅臣的国家最高学术机构，全都是因为在议礼之争中明智而又坚定地站在了维护皇帝威权的一方。作为这一荣华的副产品，当然他们也收获了文官们的仇恨。张璁、桂萼怎会忘记，当他们从南京召往京城就任翰林学士时蒙受的屈辱，当时连翰林院里最低级的官员都拒绝向他们致意，更不必说杨慎等一班学者以集体辞职对他们入院表示不满。

不久后发生的李福达案，就是他们展开报复的一起典型案例。山西人李福达因参加秘密宗教活动被充军，逃脱后更名李午，继续以弥勒教号召起事，事败后改名张寅，混入京师，靠着行贿当上了太原卫指挥使，并且获得了武定侯郭勋的宠信。事情败露，李福达逃回山西，遭到逮捕，他的庇护者郭勋也受到了御史巡按马录、刑部主事唐枢等人的弹劾。郭勋为了自保，上书皇帝，自辩是大礼议中触犯众怒才遭来诬告，又请张璁、桂萼相助。张璁、桂萼于是发布流言称这一案件完全是大臣们内外交结，借端陷害郭勋。

只要一牵涉到议礼上面去，朱厚熜就头脑发热，当即认定郭勋、张璁、桂萼说得有道理，他要亲自审问此案。经大学士杨一清劝解才罢休。于是重新任命了三法司，命张璁署都察院、桂萼署刑部、方献夫署大理寺，重新审讯此案。在指鹿为马式的审讯下，这一案件最后被可笑地审结了，所有张璁、桂萼的政敌都列入了黑名单，而此案中的小人物张寅，也就是李福达，不仅无罪开释，还官复原职。案件审结后还编定了《钦明大狱录》，颁示天下。

从 1527 年开始，张璁开始集中力量对付曾经带给他屈辱的翰林院。他建议皇帝对翰林官进行考察，把一些不合要求的人发送到地方任职。有二十多个官员被贬黜，一些不听话的庶吉士，则被派到各部任下级属员，或任命为最基层的知县，一时翰苑为空。重入翰林院的自然都是张、桂二人信得过的官员。摆平了翰林院，张璁又把手伸向了科道言官，钳束巡按御史。就在这年冬天，张璁晋礼部尚书，兼文渊阁大学士，入参机务，此时距他取得进士资格不过六年，晋升速度之快也算是个奇迹了。

此时的内阁首辅一职，杨廷和致仕后，已由费宏接替蒋冕。费宏是个正人，没有杨廷和的政治能量和胆识，但出于道德上的鄙视，他竭力抑制张、桂二人参与到内阁的重要事务上来。为了把费宏逐出内阁，张、桂二人策动让赋闲在家的前大学士杨一清重回内阁。在他们看来，杨一清年长资深，是把费宏排挤出内阁最合适不过的人选。

首辅的产生，常常是论资格，首辅和其他阁臣职权的分限，并没有明文规定，只有沿袭习惯，因此在首辅和其余阁员之间时常波涛暗伏。阁臣中的不甘被压制者（往往是次辅）觊觎首辅大权，便要攻击首辅，首辅要去除威胁，也要驱逐次辅。但为了维护内阁的整体形象，往往外表波涛不惊，内里则狂澜深潜。阁臣的任命出自皇帝，这种暗斗的第一步，不外是攻击对方，使之失去皇帝的信任，对之加以贬斥或降调。因此这种政争的背后，总是充满着诬蔑、谗毁、阴谋和杀机，嘉靖一朝之后，内阁总是飘荡着挥之不去的血腥之气。

杨一清是他那个时代的资深政治家，为官持重，又惯于耍弄手腕，重回内阁当上首辅之初，与张璁、桂萼合作很好，时日一久，

"难免生隙，以至龃龉不断"①。但以张璁在皇帝那里"受知特深"，每回都是他压着对方一头。皇帝赐他两枚章，一为"忠良贞一"，一为"绳愆弼违"，还谕示张璁："朕有密谕毋泄，朕与卿帖悉亲书。"可见圣眷之隆。久而久之，杨一清名义上虽为首辅，内阁权力实际上控制在张璁的手里。

1529年秋，一个叫孙应奎的给事中弹劾杨一清、张璁和吏部尚书桂萼，把他们三人的言行一一罗列，请皇帝和列位大臣鉴别三臣贤否。证据对桂萼尤为不利，因为他接受一个江湖游医的贿赂荐举为御医一事，经太医院等部门调查实为板上钉钉的事实。张璁上疏乞休，却在辩白中把好多责任都推给了杨一清，皇帝相信了他的一番话，特旨褒谕，对桂萼则勒令致仕。

然而这次弹劾看上去更像是一次有预谋的行动，当张璁还在为侥幸逃过弹冠相庆时，另一个叫陆粲的给事中再次上疏，弹劾其擅作威福，报复恩怨。朱厚熜似乎明白过来了什么，把张璁的职务也给罢免了。这时，张璁的同党霍韬出场了，上疏力言御医案是杨一清与司法部门一手策划的冤案，并竭力为张璁洗刷罪名。朱厚熜命将此案发还三法司，会同锦衣卫镇抚司重审，也不知霍韬施展了何等手眼通天的手段，会审推翻了第一审的结论，结果杨一清被允准致仕。

朱厚熜手敕召张璁速回京城。此时的张璁正心灰意懒踏上南归的途程，只想早日回到浙江温州老家，当那道改变了他的命运的手敕送到时，他已行至天津地界。那一刻，他一定对皇帝充满了无限的感激之情，他终于战胜了对手，出任帝国名副其实的内阁首辅。

① 《明史》卷一九六，《张璁传》。

出于感恩，他请求皇帝允许他改去名字中犯了御讳的"璁"字，于是获赐名孚敬，字茂恭。

张璁召还时，一班势利之徒已预见到桂萼也将重获起用，在皇帝面前纷纷争颂其功，搞得朱厚熜也不胜其烦，愤愤地说："大臣进退，么么敢与闻耶？"

桂萼于第二年春天回到朝中，仍任原官，预机务。但经此摧抑，桂萼性情已大变，不再像当初那样锐意功名，不恤物议，而是变得畏畏葸葸有如惊弓之鸟，到任没几个月就引疾辞归，皇帝的优旨慰留也没有让他改变主意。1531年2月，桂萼被恩准致仕，没几个月后就在老家去世。

张璁在大礼议时的行径是一个标准的政坛投机客，但在继杨一清为首辅后，却颇有一番整顿朝纲的决心。史传称他"刚明果敢，不避嫌怨"，对于皇帝并不唯唯诺诺，"时进谠言"，这自然触犯了皇帝刚愎自用的心理。再者，张璁以议礼骤荣得罪了许多朝臣，他虽可凭一时权势将他们压服，但一有机会，这些沉默的怒火还是会反噬过来伺机将他吞没。是以，虽为首辅，他的日子也不好过。

1531年后，张璁渐渐失去皇帝的宠信，李时、翟銮在阁对他牵制颇大，后来又有方献夫相继入阁，张璁再也不能像他刚任首辅时那样专恣了。这年秋，彗星见东井，疑心颇重的朱厚熜心疑大臣擅政，首辅张璁只得象征性地提出致仕请求，却不料都给事中魏良弼、给事中秦鳌等一批言官纷纷交章攻击。张璁抗辩称，言官们是在挟私报复，言官们则攻击他"强辩饰奸"。张璁不得不暂时离开首辅的位置归家养病。虽然皇帝又很快起用了他，但朝臣们对他的攻击一直没有停止。

1532 年秋天，张璁被迫二度致仕回乡。他离任的时候，一度由吏部尚书方献夫代行首辅职权。然而，对张璁的首辅地位有着更大威胁的，是皇帝的另一位新宠夏言。

掘墓人

如同十五岁那年从湖广安陆来到京城时表现出来的那样，朱厚熜对一切跟"礼"有关的事物充满着先天的热爱。1529 年，他改变了朝臣出席典礼的正式服饰。1530 年初，他又提出要改定朝廷主要的大礼，对天、地、日、月进行四种单独形式的献祭。

张璁婉言拒绝了皇帝礼仪改革的主张，包括詹事霍韬在内的一班大礼议中站在皇帝一边的官员也都反对。但皇帝很快找到了愿意支持他的人，此人就是时任吏科都给事中的夏言。夏言在上疏中对把皇帝的礼仪改革解释成王朝复兴的一个重要方面表示赞成。朱厚熜陡然发觉，这个性情警敏的监察官员还是一个不错的代言人，于是命他就朝廷事务直接向皇帝本人汇报意见。

4 月 7 日，反对礼仪改革最激烈的霍韬遭到逮捕。4 月 8 日，礼部上报了朝廷的舆论：一百九十二名官员赞成某种形式的分别献祭，二百零六名反对，一百九十八名没有发表意见。皇帝立刻批准了夏言对天、地、日、月单独献祭的建议，命在南北郊建圆丘、方丘二坛，在东西郊建朝日、夕月二坛，并敕命礼部官员赶紧与夏言商议祭祀的相关细节。郊坛的建设工程，也交给了夏言监管。

1530 年 12 月，皇帝在新建的南郊圆形祭坛主持了首次对天的献祭。1531 年 6 月，在北郊的方形祭坛主持了对地的献祭。夏言由此开始大蒙帝眷，以一个区区七品给事中，获玺书奖言，又赐四品服俸。他虽官秩不高，自恃有皇帝作靠山，很不把颐指百僚的首辅张璁放在眼里，张璁更是欲把这颗政坛新星除之而后快。

帝国向有成例，都给事中的职责乃在纠察风纪，夏言于是用这朝廷公器抗疏弹劾张璁及吏部尚书方献夫。张璁不得不疏辩求去，后经皇帝亲自调解，张璁没有去职，但敢与公卿叫板，明摆着夏言的地位已扶摇直上。为把这次礼仪改革的文件编纂成书，皇帝第一个想到的人选就是夏言，把他擢升为翰林院侍读学士充纂修官，还任命他为经筵日讲官，仍兼吏科都给事中。不久，又擢升他为少詹事，兼翰林学士。

夏言长得眉目疏朗，颏下一部美髯更给他添了不少俊逸神采，史传他在经筵上讲解典籍时，吐音弘畅，一点也不带江西贵溪乡音。每次进讲，皇帝总是久久地望着他，这份喜爱之情任谁都能看出来他将要获得大用。这怎不让首辅张璁既妒且恨，他想设计陷害，可自己也正被朝臣们的交章围攻弄得应接不暇，只能眼睁睁地看着这个政敌一天天坐大。1531年秋天，四郊的祭祀工程建设完工，夏言进为礼部左侍郎，仍掌院事。不出一个月，又代李时出任为本部尚书，才一年多的工夫，就由谏官升为六部堂官，这份荣耀真是从前少有。

夏言饶有文才，见皇帝喜欢作诗，他就把皇帝原作附上自己的唱和，勒石进献。他所写的青词①也最称皇帝的意，这为他博得了进一步的好感。他又素性机敏，善于窥探上面心思，奏对应制更是倚

---

① 在斋醮仪式上献给上天的奏章表文，其格式一般为四六骈体，因用朱笔写于青藤纸上，故称青词。

待立办，不久就以武英殿大学士的身份入参机务。皇帝还赐予他一枚镌刻有"学博才优"四字的银章以示奖掖，其他如绣蟒飞鱼麒麟服、玉带、珍馔等赏赐更是每月都有。

1535年，断断续续执政达六年之久的张璁因处理大同兵变措施不力，终于被他的政敌们赶下了台，继之为首辅的是阁臣中排在第二位的李时，这是一个没多大主意的老好人，名为政府首揆，实则好多施政主张都是夏言在幕后出的。这样又过了三年，李时因病去世，夏言理所当然地继任首辅。

夏言抵达权力的顶峰时，已在不经意间为自己找好了一个掘墓人。此人即他的同乡，江西分宜人严嵩。起先，严嵩想着法子刻意巴结夏言，虽然他的科第早于夏言六年，却"必称先达，事言甚谨"。夏言出任首辅时，力荐这位在翰林院任职的同乡接任礼部尚书一职，严嵩开始显达。1538年，丰坊上疏尊皇考为宗入享太庙，严嵩开始并没有摸准皇帝心思，避而不谈祔庙，想与群臣合议劝阻，及至觉察到皇帝不悦，赶紧尽改前说，条画礼乐甚备，又献上《庆云赋》《大礼告成颂》，这使他初步获得了皇帝的好感，不仅未受责备，反而在礼成之后得到金币赏赐。

地位显达后，严嵩看人看事的眼光就不一样了，见首辅还是拿自己当门客指使，他心里就不大乐意了，想着法子排挤这位曾提携自己的同乡前辈。某日，朱厚熜拜谒显陵，预定的仪式结束后，严嵩请再加拜谒，夏言却坚请回京。首辅竟然不顾圣意擅作安排，气得皇帝直说，"礼乐自天子出可也"。尽管后来在朱厚熜的坚持下继续进行了拜谒，但他对首辅已满是一肚子气。不久后，皇帝到大峪山巡游，夏言又因一次失礼遭到切责，令他交还先前所赐的银章、手敕等物，朱厚熜在盛怒中连带着把首辅大人的老底都给刨了出来："言自卑官，因孚敬议郊礼进，乃怠慢不恭，进密疏不用赐章，其悉还累所降手敕。"夏言谢罪不止，请求放还将养病体，盛怒中的朱厚熜当即命他致仕。不几日，朱厚熜怒气消了，又让他继续留任。

内阁为朝廷之中枢，首辅为阁臣之首揆，其地位更是一人之下、万人之上的显赫，然而在朱厚熜眼里，还不是一个个随他拿捏的木偶，要你去便去，要你留便留。由此也可见，帝国文官制度经近两百年的发展，已愈益成为皇帝的钳人术。

史称夏言"豪迈有俊才，纵横辩博，人莫能屈"[1]，可见其人还是不脱恃才傲物的士人习气。一旦掌握了权力，这种习气就很可能使他志骄气溢。而先前的顺上悦下，也全都被视作了他谋取政治高位的策略和手段。首辅大人的士人习气遇上严嵩的市侩习气，又焉能不败。

夏言虽也能投皇帝所好，填写青词，但内心里并没有真正拿这套玩意儿当回事，以致屡失帝意，皇帝在斋醮时很少再用他写的青词。而严嵩出身翰林，文才自非谏官出身的夏言可比，再加一心投皇帝所好，精治其事，词臣以青词干进，他是越来越尝到甜头了。

对斋醮兴致日浓的朱厚熜曾经赐给他的阁臣们道袍和道履，还有斋醮时专用的香叶冠，希望阁臣们天天穿着这样的服饰来西苑上班。夏言对这份隆遇却颇不以为然，说这不是大臣应有的装束，拜谢不受，而严嵩却不放过这一向皇帝献媚的机会，不仅召对时穿上道袍戴上香叶冠，还把道冠笼上轻纱仔细修饰。对待皇帝近侍的态度两人也很不一样，当宦官们来首辅大人的府第传旨时，夏言总是

---

① 《明史》卷一九六，《夏言传》。

把他们视作奴才，不屑一顾，而严嵩对他们则礼敬有加，还亲自动手，把贿赂的钱财塞进他们的衣袖。因此太监们回宫后总是说严嵩的好话，而对夏言则极尽污蔑之能事。

昭圣皇太后去世那年，皇帝下诏问太子服丧时应穿的服制，夏言回报的奏章上不慎出现了讹字，这让皇帝十分恼怒，命令他的首辅再次退休。夏言急忙献上有关国家边境问题的十四道策论，不久又恢复职务，重新执政。到1542年，夏言身居一品官已满九年，年初，皇帝按成例派太监赐予首辅银币、宝钞、羊酒、内馔，并赐宴礼部，命尚书严嵩会同侍郎、都御史等陪侍，看上去，朱厚熜待他的首辅优厚如故，但时势已移，夏言怕也感同身受，这份优渥已近同回光返照了。

就在这次礼部宴会不久，严嵩秘密造访了皇帝宠幸的方士陶仲文，对首辅的压制大大发泄了一通不满，并声言要把首辅拉下马，取而代之。夏言获知严嵩背着自己搞阴谋，大为恼怒，发动言官弹劾严嵩。受了委屈的严嵩到皇帝那里哭诉首辅对自己的欺凌，皇帝摆出一副要为严嵩做主的架势，严嵩把这些年所受的憋屈像个小媳妇一样一股脑儿倾吐个干净。皇帝大怒，手敕礼部，一一历数夏言罪行，指责他操纵专为朝廷耳目的言官，把持舆论，把军国重事全都私家取裁，欺谤君上，甚至把不久前洪水冲毁稻禾这样的罪过也归结到了夏言的头上。

夏言骤然遭受打击，只得上疏乞骸，朱厚熜把他的疏议留中不发有七八日。看来要不要驱逐首辅，皇帝也在犹豫不决。这时正好发生了一次日食，被严嵩买通的钦天监说，这是下属轻慢上司的警告所致，于是朱厚熜终于下定决心，让夏言落职闲住。阁臣中的老二翟銮继为首辅。严嵩也终于朝他的目标迈出了关键的一步，不久就以武英殿大学士的身份入直文渊阁，仍掌礼部。

此时的严嵩已经六十出头，对权力的热望却没有随着身体的衰老消歇下去，反而更加地蓬勃，"精爽溢发，不异少壮"。据说他刚入阁不久，一连好多个时日都不归家，工作和休息都在西苑板房，这让皇帝愈发地认为他勤勉，赐其"忠勤敏达"四字，对他的信任甚至超过了首辅翟銮。严嵩趁机排挤翟銮，终于在两年后得着一个机会，代替削籍的翟銮出为首辅。敏感多疑的朱厚熜已察觉到了这个新首辅的专横，于是新内阁才一年，他又重新召回了在老家赋闲的夏言。

自从三年前被逐出权力中枢，夏言时时刻刻都在想着回到内阁重申抱负。此番重回首辅之位，只想着一报君恩，积极纠正时弊，对严嵩任用的私人一一斥逐，处理政事更是不把严嵩放在眼里。他甚至要把任尚宝少卿的严嵩之子严世蕃下狱，严嵩父子长跪皇帝御榻前哭泣求情，最后皇帝出面，他才放过严世蕃。看来前番的落职并没有让夏言变得更圆通些，他傲岸不群的个性使他得罪了朝中一大批权贵及宦官，并将最后葬送掉他的性命。严嵩与陆炳、皇帝宠幸的方士崔元及一批本就对首辅不满的内侍们，始终没有停止过背地里的攻击。危险迫近了，而猎物竟惘然未觉。

夏言落败的起因，在于对一项边务的处置失当。1547年，兵部侍郎、总督陕西三边军务曾铣上疏，请求出师收复河套。自土木之变明京军精锐化为乌有，北元势力便扩张到了黄河南岸河套地区，即今宁夏及内蒙古贺兰山一带。虽迭经明军打击，但在精明强干的达延汗的领导下，蒙古人牢牢地控制了河套平原并把它视作了自己的牧场。达延汗于正德十二年死后，汗位传于长孙博迪，至本文故事发生的这一年之前，已再传于其子俺答。令本朝文武官员思之犹惊的是，早在五年前的1542年，俺答所部进雁门关直下山西，一路风驰电掣般掳掠而去，兵锋及于太原、长治、临汾，"套寇"实已成本朝北疆最大之威胁。

说到总督曾铣，此人与夏言还有一层私人关系，夏言继妻的父亲是曾铣的朋友，经常在夏言面前称道曾铣，夏言也觉得此人可用，密疏荐于皇帝。皇帝命内阁拟旨嘉奖。这如同一针兴奋剂让曾铣建功立业的欲望迅速膨胀，上疏称，俺答所部占据河套侵扰边鄙将百年，孝宗欲复而不能，武宗欲征而不果，今北元以河套为巢穴，出河套则直接威胁到宣府、大同，以震畿辅，据河套不出则侵扰关中一带，实为本朝大患。他自告奋勇，请将精锐之师六万，每个将士自带五十日干粮，趁冬深水枯、马无宿藁之际直捣其巢，收复河套失地，把蒙古人赶回漠北去。

夏言重获起用后，"慷慨以经济自许，思建立不世功"，对曾铣的这一主张自然竭力赞成。开始，朱厚熜是赞同这一方案的，但随即却觉得没有把握而犹豫不定。皇帝的反复让首辅也不知如何是好，于是上表请皇帝自己裁决。几日后，朱厚熜发下的诏令全是诘问语气，"逐套贼，师果有名乎？兵食果有余，成功可必乎？一铣何足言，如生民荼毒乎？"

显然，皇帝是在严嵩影响下发布这道诏令的。当夏言再次重申出兵的理由时，皇帝给他这一行为的谴责是"强君胁众"。1548年春节前后，皇帝下令免去夏言的所有职务，命他荣誉退休。

迭经政坛起落，夏言意识到，此番出京怕是再也难以回到帝国中枢了。但他没有想到，他的那位同乡还要置他于死地。担心皇帝再次起用夏言，严嵩进谗说夏言离朝时心怀不满，怨谤不止，还唆使人检举夏言曾经收受曾铣的贿赂。

朱厚熜果然大怒，将曾铣打入诏狱，并派锦衣卫火速追赶正在回老家途中的夏言，务将其逮捕归案。此时，夏言正带着家人行至通州地带，获悉曾铣下狱的消息他连惊带惧，竟从车上跌摔下来，长叹一声：噫！吾死矣。但他还想作最后的努力，上疏讼冤并揭发严嵩，称严嵩谦恭下士的外表下，包藏着历史上的大奸臣王莽一般的野心，与儿子严世蕃奸巧弄权又直似三国时期的司马懿父子。最后他哀告："臣生死系嵩掌握，惟归命圣慈，曲赐保全。"

但这一番陈情并没有打动皇帝。或许皇帝还记恨着夏言不拿他赏赐的香叶道冠当回事而不肯原谅呢。当失魂落魄的前首辅带着家人在大运河上乘船至江苏丹阳时，从京城出发前来逮捕他的校官们追上了他，把他打入囚车押回京城。

至此，夏、严两个江西人的首辅之争毫无悬念地结束了。1548年冬天，夏言在北京被斩弃市，他的妻子流放广西，从子从孙削籍为民。曾铣在这之前已被处决，据说死前的唯一遗言只有"一心报国"四字。

"言死，嵩祸及天下"，随后的十余年里，再也没有人能与严嵩抗衡了。

但严嵩也不是笑到最后的人，夏言落败前紧急提拔的江苏华亭人徐阶，将成为严嵩的掘墓人。

第八章　四十五年春花秋月（下）

祥瑞与长生

　　在位长达四十五年的朱厚熜是明朝十六帝中享位时间仅次于明神宗朱翊钧（在位四十七年）的一位皇帝，在他近半个世纪的执政期，先是以大礼议牵动朝臣报复奔竞，中年后又着迷于通过药物、养生术和一些神秘的宗教仪式祈求长生不老，致使百余年富庶治平的局面转为危机四伏。史传称他"中材之主"①，实为言过其实，明朝走向败亡的种种伏笔，在嘉靖一朝早已埋下。

　　一般认为，朱厚熜出生并度过整个童年的湖广安陆地区，从古时楚国开始就比较迷信。不知道他一心寻求长生不老是否与此有关。最初引诱朱厚熜走上奉道这条路的是暖殿太监崔文。1523 年，时年十七岁的朱厚熜由贪看打醮的热闹，发展到了在宫中建醮，且日夜

---

　　① 《明史》卷一八，《世宗本纪》。

鼓捣不止。时任首辅杨廷和、给事中郑一鹏等人再三阻谏，他的兴趣暂时消歇了一阵，但到了第二年，他奉道的热情再度燃烧了开来，且势不可当。

杨廷和屡次劝谏下，朱厚熜于 1527 年生日那天，特发上谕向辅臣们表示，他认识到了人君之长寿不是通过斋醮得来的，禁止一切于身体有害的活动才是长生之道，"一应斋事，悉行禁止"。然而，随着对道教的兴趣越来越浓，他早就把当年说过的话抛到了脑后。宫中专门建了一批用于斋醮的场所，仅营造费用一项，一年就需耗费六百万两白银，更不必说还有采购珍珠、黄金、龙涎香和各类珍宝的费用。凡事必先行作法，请示玄坛，事毕，再设坛谢恩。每次斋醮仪式，门坛上的青词都要用赤金书写，把赤金研成屑，再和上泥，装上数十碗，不计其他费用，仅此一项就要用去赤金数千量。负责缮写的中书舍人趁机捞上一把，有知情者披露他们作弊的秘法，用大号的毛笔蘸满墨汁，故意滴入袖管，凡写毕一联，落入袖中的金屑可以有数十铢 ①。

皇帝在西内日夜讲道修玄，大多日子都不开荤腥，但寻常的素食又难以下咽，沈德符《万历野获编》里说，"茹素之中，皆以荤血清汁和剂以进，上始甘之"，以至于要"卖一大第"，才能供皇上一顿素食。史载朱厚熜一次斋醮，"蔬食之费为钱万有八千"。

在宫中内侍的举荐下，朱厚熜特旨召江西龙虎山上清宫道士邵元节来京，据说此人神通广大，能呼风唤雨。朱厚熜对道教最初的兴趣，乃是起于房中术，即某种据说能增强男子生殖力的斋醮仪式和药物。邵道士蒙恩图报，自愿为皇帝打醮求子，用道家嫡传的炼

---

① 古代衡制中的计量单位，为一量的二十四分之一。

丹术为皇帝配制春药。这些春药一般以铅丹和砒霜为主，配以人参、鹿茸、肉苁蓉、海马、淫羊藿等，做成丸子大小供皇帝进食。这些含有致幻作用的药物，据说一经服用，就会让人感到飘飘若仙，并伴随强烈的性冲动。

显然，一个人如果长期服用这种"不死药"，其间包含的毒素会在他身上沉积下来，并最终夺去他的性命。但在16世纪初叶的明朝中国，人们往往只是看到它助勃起的功用，而忽视了它可能带来的负面作用。年过三十的朱厚熜令他的妃嫔们接二连三地怀上了龙种，他把功劳一股脑儿归于替他打醮和进献春药的邵道士，给他官封一品并挂上礼部尚书的虚衔。

邵元节于1539年去世，死前他给皇帝选定了自己的接班人，此人即湖北黄冈人陶仲文。

陶仲文在黄梅县当过县吏，后来又做过辽东库大使，一直是个不入流品的小吏。秩满路过京师时，他曾慕名去邵元节的真人府拜谒。年老的邵道士正苦于找不到合适的接班人，有心试试他本事，举荐他去宫中捉了一回妖，他居然弄得头头是道。还有一次，一位皇子出水痘，许久不见痊愈，也是陶仲文念咒后病好了。这让陶仲文很快就吃香了起来。

这年，朱厚熜有过一次短暂的南巡，往常，这样的活动都是邵元节陪同的，因邵已病得厉害，就让陶仲文随驾。当他们来到一个叫卫辉的地方时，一股旋风绕着御驾盘旋不止，朱厚熜吃惊地问这是什么征兆。陶仲文说，此兆主火。果然这天夜里行宫发生火灾，烧伤烧死无数宫人，皇帝因陶仲文示警在先，没有住在行宫，避免了意外发生。此后不久，朱厚熜就封他"神宵保国高士"，邵元节死后不久再进封为"忠孝秉一真人"。

1540年，一个叫段朝用的方士通过陶仲文、郭勋的关系，向皇帝进献了百余件白金器皿。这个方士吹嘘说，只要用这种器皿在斋醮时盛饮食物，神仙立马可至，如果深居修炼，则黄金可成，不死药可得。想当神仙都快要想疯了的朱厚熜闻言大喜，决定采纳陶仲文的意见，把政务交给五岁的太子以"监国"的名义处理。

举朝文武心知皇帝此时已走火入魔，谁也不敢阻谏。也有胆大敢言的，比如太仆寺卿杨最，他不无揶揄地说，陛下春秋方壮，听信方士的话竟然想服食求神仙，可是您知道吗，神仙都是住在深山不食人间烟火的，岂有高居黄屋紫闼、衮衣玉食，而能白日飞升的？朱厚熜大怒，把杨最打入诏狱责以重杖，杨最竟被活活打死。一些官员在上疏言事时只因稍稍提及"日事祷祠"等语，就被下狱拷掠，吏部尚书熊浃甚至为此罢官削籍。

第一个进献祥瑞获得提拔的，是以右副都御使巡抚南赣的汪宏。朱厚熜刚登基时，此人就首献甘露媚上，立马进为刑部侍郎，不久，进为掌院学士吏部尚书、兼兵部尚书，宠遇不在张、桂之下。礼部侍郎顾鼎臣拍马说，皇上设醮时，先一日阴云解散，再一日云物一色，天降瑞雪，此乃是皇上的精诚感动上天所致，进《步虚词》七章以进，马上被晋升为吏部左侍郎兼文渊阁大学士，入参机务。

此后，进献祥瑞者越来越多，朱厚熜在收下这些寓意吉祥的白色的龟或鹿之类后，照例命翰林院或礼部官员撰写贺表。胡宗宪巡按浙江办理平倭事务，一直劳而无功，受到朝廷斥责，怕皇帝怪罪，在舟山捕获了一只白鹿献至京师。出于南方才子徐渭之手的一篇贺表写得文采斐然，令朱厚熜心花怒放。为了此事，他还特意告于太庙，还立马给胡宗宪加官晋爵。

沈德符在《万历野获编》中讲了一则故事：皇帝养在西苑永寿宫的一只狮猫死了，非常伤心，用黄金打了一口棺材，安葬在万寿山麓。他还要求在值的官员写祭文超度。这文章不好做，皇帝都不满意，唯有浙江慈溪人、侍读学士袁炜，文中有"化狮成龙"等语，最称他心意。不久袁炜就迁礼部尚书，兼武英殿大学士，入阁预机务，时人称"青词宰相"。

陶仲文在扶乩作法、配制春药等方面，真可谓是青出于蓝，在他的引导下，皇帝对道教奥秘的探索兴致越来越高。随后的两年中，陶仲文的地位越抬越高，升到少保兼礼部尚书；其后，再升为少傅，仍兼少保；又其后，升为少师，仍兼少傅、少保。明朝官制，少保、少傅、少师为三孤官，一人兼领三孤，在本朝历史可谓空前绝后。

1542 年秋天，杨金英等十六名宫中婢女试图刺杀这个喜怒无常的皇帝。这些宫女好多还是未成年少女，是作为炼制长生不老药的"药引"被挑选到宫里的。一个深夜，她们趁朱厚熜熟睡之际，用绳子勒住了他的脖子，拿布塞住他的嘴，数人爬上御床，用力绞紧绳索。黑暗中，宫女们手忙脚乱，打的竟是一个活扣，方皇后闻声来救，致使她们功亏一篑，本来已经人事不省的朱厚熜又悠悠醒转。

在朱厚熜还没有彻底恢复意识之前，皇后已经处决了这十六名胆敢犯上作乱的宫女。这个妒火中烧的女人还以追查幕后黑手为由，处死了皇帝宠幸的两个嫔妃。朱厚熜把这次大难不死视为上天对他的无上恩典，等他恢复了意识，说的第一句话是：朕非赖天地鸿恩，遏除宫变，焉有今兹！朕晨起至醮朝天宫七日。

这次未遂的宫廷谋杀案后，朱厚熜完全退出了朝廷和紫禁城的正常生活。他的疑心更重了，总以为有人要暗中对自己下手。他带着皇后和几个宠幸的嫔妃搬到了皇城西苑的万寿宫，撤换了所有内侍，再也没回大内寝宫居住。

事实上，三年前章圣太后去世后，朱厚熜就已不再出席惯常的朝觐活动，除了一小批被信赖的大臣外，他和帝国的官僚已很少再有直接的接触。但皇帝不会放弃手中的任何权力，他通过几个亲信和发布让大臣们不知所措的谕旨，牢牢地控制着整个朝局。

陶仲文是少有的能时常见到皇帝的人之一，朱厚熜很少直呼其名而称之为师。还有一个有着同样殊荣的是严嵩，他以虔奉焚修和一手漂亮的青词正越来越得到皇帝的信任。

丹心照千古

日后臭名昭著的权臣严嵩，刚入仕途时是一个清誉颇著的官员。严嵩长得身材挺拔，眉目疏朗，说话中气很足，一见就让人感觉有亲和力。他在弘治十八年考中进士，且名次靠前，被授翰林院编修，不久就因病告归。有十年时间，他在江西钤山读书、写作，过着闲云野鹤般的生活，正德年间皇帝与大臣们的冲突纷争，丝毫也没有波及他。十年观望，这个权欲旺盛的人竟然为自己博得了恬淡的美誉。

积累了声望资本的严嵩复出后，很快就进翰林院侍讲，再任国子监祭酒，到嘉靖七年奉命到湖广安陆祭告显陵（兴献王的葬地）时，已是礼部右侍郎的身份了。祭告还京，他奏称发生在显陵的种种祥瑞，诸如上宝册及安神床时，雨突然停止，群鹤集绕，碑入汉江时河水骤涨等等，他请求把这一切撰文刻石，以纪天眷，马屁拍得龙颜大悦，马上升为礼部左侍郎，挂南京礼部尚书衔。

自 1548 年夏言被处死直至 1562 年，严嵩执掌内阁达十五年之久。本朝历史上历任内阁首揆的结局告诉他，如果没有皇帝的信任，再大的权力也会在一夜之间被褫夺，因此在他初任首辅时，即便是在他完全可以做主的事情上，也都顺从皇帝的心意。比如他把其他大学士的人选问题提交皇帝，说不敢自做决定，这种故作的低姿态使他获得了皇帝的进一步赏识，并为他后来的擅权打开了空间。凡欲排陷官员，或是回护自己的亲信，他更是摸准了皇帝脾气，"欲有所救解，嵩必顺帝意痛诋之，而婉曲解释以中帝所不忍。即欲排陷者，必先称其媺，而以微言中之，或触帝所耻与讳。以是移帝喜怒，往往不失。"[1]

深得御人术精要的朱厚熜，尽管把朝政大事交给了严嵩打理，有时在严嵩汇报时也要故作异同，独断专行一把，为的是杀杀严嵩威风，暗示他不过是前台的一个傀儡。每当这样的时候，严嵩无不逢迎得妥妥帖帖。其他廷臣可能数年也见不了深居万寿宫的皇帝一面，严嵩却独承顾问，有时一日之间有数道御札发下。而严嵩也俨然以丞相自居，各府部凡有题奏，都要先到他这里口头请示而后草奏。

严嵩毕竟年岁已高，精力不似当年旺盛，腿脚也不甚利索，过了八十岁后，经皇帝恩准，他出入禁苑都得坐肩舆。但他还是一天都不肯落下地去内阁上班。各府部来汇报请示的川流不息，有时不胜其烦，他就说：以质东楼。"东楼"是他的儿子严世蕃的别号，此

① 《明史》卷三八〇，《严嵩传》。

时已升任工部左侍郎。一时严世蕃在京城那座豪华的府邸俨然成了第二内阁，九卿以下的官员都要排着队才能见到他。

与其父大异其趣的是，严世蕃长得一点也不像他父亲，"短项肥体，眇一目"，这一画像活脱脱一副匪相。史传称严公子"剽悍阴贼"，依靠父亲在位，对金钱和权力充满着无限的追取热情。尽管貌不惊人，严世蕃却常以天下三大才俊之一自居，自诩精通本朝历史的一切典故，而且晓畅时务。

不止于此，严公子还是一个有着极高品位的享乐主义者，好古尊彝、好奇器、好书画、好醇酒、好美妇。他那坐落在京城繁华地段的府邸，堰水为塘，占地数十亩，里面有着无数布置清雅的园亭和连皇宫中都不一定能看到的珍禽奇树。在这个园林式的府邸里，严公子把大宴宾客和处理政务两件事并作了一件来做，边上还有咿呀唱曲的女乐相陪，权力与美色并陈于前，真个是其乐无穷。蒙邀来这个园子的除了一帮狐朋狗友，更多是他父执辈的朝中大僚，严公子在酒宴上非要把他们灌得烂醉才罢休。

严世蕃不似他父亲那样谨小慎微，再加熟谙官场关节，贪墨、勒索更加无所顾忌。户部每年派发的边饷，按理说全都应该发至各边镇，但实际情形却是朝出度支之门，暮入严府之门，实际送到边镇的不过四成，六成以上都让严嵩父子占了。刑部主事张翀弹劾说，严府私藏的资产，有一半以上系贪污军费，造成的后果是，"边卒冻馁，不保朝夕。而祖宗二百年豢养之军尽耗弱矣。"①卖官鬻爵更是明码标价，凡文武官员迁擢，全都按送钱多少分发官

---

① 《明史》卷二一〇，《张翀传》。

职,以致"不肖者奔走其门,筐箧相望于道"①。严府的家奴、幕客,也都一个个鸡犬升天,变得富埒王侯,张翀还检举说,严府一个叫严年的家仆短短数年间就积累起了数十万身家。"(贿赂者)未见其父,先馈其子。未见其子,先馈家人。家人严年富已逾数十万,嵩家可知。"

以这般的敛财速度,严氏父子很快就富可敌国,据说他们家名下的田产,遍布江西省数郡,金银财宝箱子装不下,只得埋到地下藏起来。一个名叫周玄炜的学者在一本叫《泾林续记》的私家笔记中称,严世蕃的妻子在自家府邸挖了一个地窖专门用来存放金银,此窖深一丈,方五尺,四周及底部全都砌以纹石,运了三昼夜才把这个地窖装满。江西分宜老家的那个地窖,比北京那个还要深广好几倍,藏好金银后又在上面覆土栽树,请园艺大师精心设计,运来太湖石堆成假山,一点也看不出一片花木和亭台下面竟然是金山银山。

"嵩好利,天下皆尚贪,嵩好谀,天下皆尚谄",严嵩用权的十余年间,整个社会的道德全面滑坡,"风俗大变"。文官集团汲汲守护的传统价值观念被逐次颠覆,盗跖之辈行贿赂而获荐举,守法度者被目为迂疏,巧弥缝者被目为才能之士,有操守的人被视作矫情和偏激,善于奔竞者则被视作干练会办事。就像杨继盛所说,"自古风俗之坏,未有甚于今日者。"

十余年间,自谢瑜、叶经、童汉臣、赵锦、徐学诗、王宗茂、何维伯、王晔、陈垲、厉汝进、杨继盛、吴时来、张翀、董传策以下,对严嵩父子的弹劾一直没有消停过。他们把严嵩父子视作一切罪恶之源,认为这源头一日不堵截,帝国之河就一日不清澈。

---

① 《明史》卷二一〇,《杨继盛传》。

这些官员大多都因得罪严氏父子去职，叶经、杨继盛等还招致了杀身之祸。

这一时期，太监们的权力又开始膨胀，司礼监掌握"批红"之权，有时令阁臣们也相形失色。如果说20年代张璁掌权时，内阁诸臣还为司礼监的太监们所尊重，到了30年代夏言掌权时，这些太监已为首辅不把他们放在眼里而恼怒，在权力空间的争逐上，他们已渴望与内阁平起平坐。到50年代严嵩任首辅时，实际上他已需要通过同太监搞好关系来窥测皇帝的喜好了。随着皇帝对道教热情的增加，严嵩要着力搞好关系的还有皇帝近前扶乩作法的道士们。巧的是，1562年严嵩内阁的倒台，也与一个叫蓝道行的道士大有干系。

1550年，蛰居河套的俺答以求贡开边贸为由，率数十万马队，间道从古北口入犯，怀柔、顺义、通州尽遭蹂躏，不日兵临北京城下。事势紧急一如正统年，把朱厚熜从乩坛上震醒了。当时，京城守军仅四五万，且老弱之卒过其半，朱厚熜急召首辅严嵩及阁臣李本（此人也是在夏言败后入阁）、礼部尚书徐阶入对西苑便殿。身为首辅的严嵩居然对此无所规画，把责任全都推给了徐阶为主官的礼部。

严嵩称，来犯的不过是一群饥贼，不足为患。徐阶说，对方行列整齐有序，杀人如同刈草，怎么会是饥贼呢？朱厚熜问俺答的求贡书在哪里，严嵩从袖中拿出来说，这应该归礼部答复。皇帝转头问徐阶，徐阶并没有像首辅一样撂挑子，他说，套寇兵临城下，不答应条件恐怕会激怒他们，酿成更大的冲突；要是答应了他们呢，他们又贪得无厌，应该一边拖延，一边加紧备战，召集各地军马勤王。史称"庚戌之变"的这一危机不久得以解除，尽管朱厚熜也没拿严嵩怎样，但不满的种子已然种下了。

蒙古骑兵在北京城外耀武扬威时，时任兵部尚书的丁汝夔束手无策，从大同、保定等处赶来勤王的明军也大都畏战不前。丁汝夔按兵不出，是因为首辅曾明确告诉他：如果在塞上与敌接战，即使战败了还可以掩饰，在皇城脚下打，要是失利了，皇帝马上就会知道，战败的责任谁来负？所以唯坚壁为上策。明军听任俺答所部在北京城外抢掠达八日之久，"捆载而去"①。大同总兵咸宁侯仇鸾，所率"凡十余万骑，相视莫敢前发一矢"②，敌退时，他才捡个便宜带兵尾追，却被俺答杀了个回马枪，死伤千余人，眼睁睁地看着俺答由古北口出塞去了。

北京之围解后，皇帝要杀临敌畏战的丁汝夔，严嵩生怕丁汝夔招供，说是受了自己的指使，给他吃定心丸说，我在，毋虑也。可怜丁汝夔死到临头，才明白过来自己做了替罪羊，临死大呼：嵩误我！另一个替罪羊是国子监司业赵贞吉，他因不赞成与俺答提出的互开贡市，被严嵩构陷，杖责出京。

这次危机暴露了帝国边务的薄弱，尤其是军队战斗力萎靡不振。本朝开国已有一百八十余年，所打的硬仗实在是屈指可数，与北方游牧民族几次接战，在南方一些省份采取的军事行动和平藩之战，都称不上大的战事，承平日久，军官和士兵变得全无作战经验，甚至一两年都下不了几次操。再加军费常被截留，指挥系统在总兵官之上又有总督巡抚、镇守太监，叠床架屋多方牵扯，国家武备的松

---

① 《明史纪事本末》卷五九，《庚戌之变》。
② 《明史》卷三二七，《鞑靼传》。

懈实已到了触目惊心的地步。这次北元势力长驱直入威胁首都，给一心静修在追求长生的道路上越走越远的朱厚熜敲了一记警钟。

北京之围解后，皇帝发动廷臣献计，制订制敌之策，以防俺答再次入侵。文官言兵事，多不着皮毛，大都是些陈词滥调空头口号，刑部主事徐学诗的上疏却慷慨激烈又切中时弊，令人眼前一亮。

徐学诗此疏名为献计，实则是为讨伐严氏父子吹响了号角。他说，动乱的根本，乃在于大奸柄国，乱本不除，抵攘外患就只是一句空话。他指出，严嵩辅政十年来，只想着以手中的权力谋取私利，其为人之奸诈和贪婪已是有目共睹，其内结权贵、外比群小，大肆索贿、掊克军民，甚至侵占军费，正是造成这次寇患的根本原因。徐学诗还检举说，首辅曾收受某夺职总兵两千金，使之任蓟州总兵官，收受某年老退休总兵官三千金，使之捞到漕运总督的美差，凡此种种收受贿赂、又以权力安排私人的事实在是不胜枚举。更为骇人听闻的是，这次都城有警，首辅不思谋国，竟然只顾着把多年来积攒的财物秘密运往南方老家，大车装了数十辆，楼船又装了十余艘，且不说这批财物来路可疑，国家有事，如此大规模水陆载道秘输家财，难道是一个首辅应该做的吗？

徐学诗警告皇帝，严嵩父子势力膨胀到了如此地步，实在是内外盘结、积久势成。前番弹劾他们的给事中王晔、陈垲，御史谢瑜、童汉臣辈，一个个被迫去职，致使他们愈发地无所顾忌，"盖嵩权力足以假手下石，机械足以先发制人，势利足以广交自固，文词便给足以掩罪饰非。而精悍警敏，揣摩巧中，足以趋利避害；弥缝缺失，私交密惠，令色脂言，又足以结人欢心，箝人口舌。"① 只要罢免了严

---

① 《明史》卷二一〇，《徐学诗传》。

嵩父子，代之以忠良之士，内忧尽去，"外患自无不宁矣"。

朱厚熜接读这封上疏，颇有所动，与严嵩素有交结的方士陶仲文却说，徐学诗此论实为发泄私愤。这一来他的怒火又方向陡转，把徐学诗下了诏狱。严嵩故作姿态地请求辞去首辅职务，朱厚熜优诏慰谕。徐学诗与先前弹劾严氏父子的叶经、谢瑜、陈绍都是浙江上虞人氏，他们虽然没有把严氏父子拉下马，却也为自己挣下了彪炳青史的"上虞四谏"的名头。

锦衣卫经历沈炼是嘉靖十七年的进士，虽是科第正途出身，却疾恶如仇，颇有豪杰之风，每饮酒，辄箕踞笑傲，旁若无人，很受上司陆炳看重。陆炳与严氏父子尤其是严世蕃交情很深，有时也带着他共赴严府的酒宴。沈炼看不惯严公子以酒虐客强人所难，他凭着好酒量居然屡屡向主人叫板，搞得严世蕃对这个锦衣卫小官也颇为忌惮，不敢与他较真。这次北元威胁京师，沈炼认为都是因为士气低迷国中无人，才致使套寇猖狂，上疏建议以一万骑兵护陵寝，一万骑兵护通州军储，再集合各地来京勤王军队十余万人，必可一扫而平之。吏部尚书夏邦谟见这人面生，所论又大开大阖，知非寻常之辈，问他所居何官，沈炼不卑不亢地回答之：锦衣卫经历沈炼也，大臣不言，故小吏言之。

此次北京危机，要之在于武备松懈，边镇守将玩忽失职之罪也在所难逃。为了免于被追究责任，军官们争着以重金贿赂严氏父子。沈炼看在眼里，时时扼腕叹息。某日，他和尚宝丞张逊业一起饮酒，热酒入肠，说到严氏父子弄权误国，两人不禁慷慨骂詈，满脸泪水。回到住所，沈炼还是意绪难平，漏夜给皇帝又上一疏，把严嵩罪行作了一次总清算。"今大学士嵩，贪婪之性疾入膏肓，愚鄙之心顽于铁石。当主忧臣辱之时，不闻延访贤豪，咨询方略，惟与子世蕃规图自便。忠谋则多方沮之，谀谄则曲意引之。"[1]

沈炼所揭发的严嵩罪行有：要贿鬻官，沽恩结客；纳将帅之贿，以启边陲之衅；索地方官员之岁例，虽州县小官也不放过，致使吏治大坏；妒贤嫉能，忤意则死；纵子受财，敛怨天下，运财还家，月无虚日，致道途驿骚；久居政府，擅宠害政，却不能解君父之忧，等等。和徐学诗一样，他也认为欲要制胜必得先去奸邪，罢斥严氏父子。疏入，皇帝大怒，把他发配到了塞外一个叫保安的地方。

刚到保安，地方官欺沈炼是个遭谪的罪臣，连个落脚的地方都没有给他安排。当地一个商人知道他是因得罪严嵩被贬，腾出了自家住宅让他居住。百姓们还经常送米送柴，把子弟送到他那儿就学。北人秉性戆直，议论起朝政来无所遮挡，沈炼又性情豪放，他们经常聚在一起吃羊肉喝烈酒，酒至半酣就议论风生大骂朝中奸邪。教弟子们骑射功夫时，他还叫人扎了几个草人，分别贴上历史上的大奸臣李林甫、秦桧以及严嵩的画像，一箭一矢都发泄着胸中的愤懑。有时，他也单骑来到居庸关口，面向着南边京城的方向，戟手大骂严嵩，沿着长城脚下策马狂奔，大哭而返。

宣大总督杨顺在俺答入侵时丢城弃寨，为逃避罪责就杀良民冒功，沈炼闻知此事，写下一篇祭文，祭告那些无辜的死难者。杨顺是严党人物，于是找到严世蕃，举报沈炼密结死士，日夜击剑习射不止，让严公子拿主意。严世蕃让杨顺找巡按御史路楷想法子除掉沈炼，许以厚报。于是杨顺、路楷日夜构计陷害沈炼。

机会很快来了，蔚州发生白莲教动乱，其为首者阎浩被官军捕

---

[1] 《明史》卷二一〇，《沈炼传》。

获。杨顺大喜，对路楷说，是足以报严公子矣。他们捏造事实，称白莲教头目是沈炼的弟子，所有动乱都是沈炼在幕后指使。1557年秋天，沈炼在宣府的闹市区被公开处决。他的一个儿子沈襄被判流放。

制造这起冤狱的巡按御史路楷候选五品卿，杨顺的儿子则被提拔为锦衣卫千户。杨顺认为对自己的奖励不如路楷，说，严公对我的封赏要薄得多，是不是这事办得还没有称他老人家的意呢？把沈炼的两个儿子沈衮和沈襄逮来杖死，又派人持公文去逮捕已被流放的沈襄。也是沈襄命不该绝，正当对他进行审讯时，杨顺、路楷因他事被逮，他才得以逃出生天。隆庆初年，沈炼平反，追赠光禄少卿，沈襄上疏检举杨顺、路楷捏造事实、杀人媚奸的罪行，杨、路认罪伏法，此是后话不提。

沈炼被谪保安时，刚由中书行人擢升南京都察院御史才三个月的王宗茂就愤然上书，为其鸣不平，称"嵩本邪诣之徒，寡廉鲜耻，久持国柄，作福作威，薄海内外，罔不怨恨"，抱着必死之心揭发严嵩负国八大罪状：其罪一为，操纵官吏选拔，致使文武将吏尽出其门。其罪二为，任用私人主持京察大考，外官迁擢不察其行能、不计其资历，唯贿是问，致使才能之士不得为国家用。其罪三为，秘密储运财物南返，车载船装，不可胜数，甚至连溺器也是金银打造，"不知陛下宫中亦有此器否耶？"其罪四为，身为首辅却大肆敛财，营建秘窖贮藏这些不义之财，对国计民瘼却丝毫不挂于心。其罪五为，广畜家奴，竟多达五百余人，这些严府奴才仗着主子的威风，骚扰驿传，虐害居民，以致地方官员敢怒而不敢言。其罪六为，其个人生活极端奢侈浮华，殊方异产，莫不毕致，难道九州万国待他严嵩居然要超过待陛下？其罪七为，前年套寇迫近京畿，正上下忧惧之日，严嵩却贪墨愈甚，以致民间都把他的罪行编成了歌谣传唱，祈祷上天让其早亡，而严嵩却恬不知耻，依然上下其手，操纵政局。其罪八为，把一些没有廉耻的衣冠之盗招为干儿子，充其爪牙，助其虐焰，致使朝廷恩威不出于陛下。

王宗茂认为，天下欲要长治久安，所赖者不外是充足的财政与强盛的武装力量，他质问：一些没有操守和治国才能的文吏，因贿赂首辅担任实职，一有机会必定盘剥民脂民膏，老百姓怎么会不贫困？一些没有责任心、缺乏军事才能的武将，同样因贿赂得官，他们在任上必定扣克军饷，或缺伍而不补，或逾期而不发，这样的军队怎么会有战斗力？陛下宫中帑藏可能还不足支付各边镇一年开支，严嵩所积钱财，可能支付数年都没问题，与其开卖官鬻爵之令以助边，何不去此蠹国害民之贼，籍其家以纾患？

但王宗茂的奏本并没有直接送到皇帝手上。严嵩多年经营，其耳目爪牙遍布朝中各个部门，专门接递大臣奏本的通政司就有他的亲信赵文华。赵接到此疏，送呈御览前秘密让严嵩过目，使他得着先机，可以预为批驳。结果，王宗茂以诬诋大臣的罪状，被谪为平阳县丞。王宗茂本已抱定破釜沉舟之心，此番被贬也早在意料之中，让他没想到的是，严嵩虽然杀不了他，却夺了他父亲太仆卿的官职，致使其父在愤怒和郁悒中去世。

北元骑兵威胁京师安全时，咸宁侯仇鸾因勤王有功，大获宠幸，擢升为大将军，专门办理抵御套寇军务。仇鸾对剽悍的北元一味退让，只想通过边境互市与俺答媾和，换取短暂的和平。兵部员外郎杨继盛认为，前耻未雪，就匆忙议和示弱，实在是有辱国体，互市就如同以前的和亲，是外示之以弱，内失信于天下，边镇将帅打着和议的名义愈发的享乐、松懈，只会使国家的武备越来越弱。他建言，皇帝应该积极备战，发明诏选将练兵，不出十年，我一定提着俺答的人头来见——"臣请为陛下竿俺答之首于藁街"。

朱厚熜接读此疏，觉得杨继盛所说不无道理，但又委实决定不下，于是让仇鸾会同成国公朱希忠，大学士严嵩、徐阶、吕本，兵部尚书赵锦，侍郎聂豹、张时等人一起商议。在皇帝亲自主持的御前会议上，仇鸾大骂杨继盛"竖子"，诸位大臣也都说，派遣和谈的使节也已上路，势难阻止。会后，仇鸾又秘密上疏谴责杨继盛。最后朱厚熜下决心支持仇鸾，把杨继盛下了诏狱，继而贬为北方一个僻远小城的典史。

杨继盛去的是一个多民族杂居的地区，虽不开化，倒也民风淳朴，他一到，就卖掉了自己的马和妻子的衣服，拿这些钱来资助城中有限的几个读书人。他还聘请教师，教当地孩子识字念书。城外有一座煤山，被一个当地的头目占据着，城中百姓烧柴，都要到两百里外的地方去砍，极为不便。杨继盛召这头目商量，那头目说，杨公就是要把我住的帐篷拿去我也没二话说，何况只是一座煤山。杨继盛以他的公正无私在当地博得了极高的威望，当地人都叫他"杨父"。

俺答撕毁与明朝签订的和约，继续多次入侵，朱厚熜极为恼怒，把仇鸾逮至京城，仇鸾不久因背疽发作而死。想起杨继盛当时的建言，朱厚熜已心生悔意，把他提拔为诸城知县，不久调南京户部主事，再迁刑部员外郎。严嵩对仇鸾本就不待见，看在杨继盛首攻仇鸾的份上，想要笼络他，把他改任兵部武选司，即兵部负责武将选拔的要职。但杨继盛却不买他账，到兵部上班才一月，就疏劾严嵩了。

像那个时代弹劾大臣的官员一样，杨继盛列举去年以来种种怪异的天象，如春雷不作、冬日下有赤色、四方地震、日月交食等等，认为这些灾异都是严嵩专政所致，"臣恐今日之患不在境外而在域中"。杨继盛明白，要让皇帝嫌恶严嵩，最紧要的是要让他意识到君权所遭受的威胁，在杨继盛所举严嵩"十大罪"中，有关此者占了三条：

> 高皇帝罢丞相，设立殿阁之臣，备顾问视制草而已，嵩乃俨然以丞相自居。凡府部题覆，先面白而后草奏。百官请命，奔走直房如市。无丞相名，而有丞相权。天下知有嵩，不知有陛下。是坏祖宗之成法，大罪一也。
>
> 陛下用一人，嵩曰"我荐也"；斥一人，曰"此非我所亲，故罢之"。陛下宥一人，嵩曰"我救也"；罚一人，曰"此得罪于我，故报之"。伺陛下喜怒以恣威福。群臣感嵩甚于感陛下，畏嵩甚于畏陛下。是窃君上之大权，大罪二也。
>
> 陛下有善政，嵩必令世蕃告人曰："主上不及此，我议而成之"。又以所进揭帖刊刻行世，名曰《嘉靖疏议》，欲天下以陛下之善尽归于嵩。是掩君上之治功，大罪三也。

杨继盛说，严嵩身为阁臣之首，对大臣题本作出票拟，本系职责所在，但他竟视国家大事为儿戏，取回家让其子严世蕃、义子赵文华辈代拟，臣窃君权，子盗父权，以致民间都有"大丞相、小丞相"的说法，这是"纵奸子之僭窃"。至于两个孙子严效忠和严鹄，都是乳臭小儿，从没当过一天兵，却先后授锦衣卫镇抚使、千户，这是"冒领朝廷军功"。杨继盛援引不久前因叛国罪查处的仇鸾一案，言之凿凿称，仇鸾为了得荐大将，曾送给严世蕃三千金，仇鸾还没有暴露的时候，严氏父子自夸能荐人，等到陛下对仇鸾起了疑心，他们父子二人又推得一干二净，引悖逆之奸臣，这与叛国罪无异。

杨继盛的这封疏状检举的严嵩罪行还有误国家之军机、专黜陟之大柄、失天下之人心、敝天下之风俗等等。他正告皇帝对严嵩的弄权引起足够的警惕，因为种种迹象表明，严氏父子势力连络蟠结，深根固蒂，各部堂司大半也都成了他们的羽翼，而皇帝则被架空了。皇帝的左右全成了贼嵩之间谍，皇帝的爪牙全成了贼嵩之瓜葛，皇帝的耳目全成了贼嵩之奴隶，皇帝的臣工全成了贼嵩之心膂。他以激愤的语气质问道："陛下奈何爱一贼臣，而忍百万苍生陷于涂炭哉？"

同为阁臣的大学士徐阶不敢与严嵩相争，杨继盛对之也提出了尖锐批评，称之为"负国"。他建议皇帝跳出身边人的包围，召裕、景二王入京，听听他们的意见，或者召其他阁臣进行公决，对严嵩重则置宪，轻则勒令致仕，内贼既去，外贼自除，如此一来，"虽俺答亦必畏陛下圣断，不战而丧胆矣"。

杨继盛检举的"十大罪"，如一记重磅炸弹炸得严嵩心魄俱飞，再看此疏后面所说的召二王入京语，严嵩转忧为喜。本朝定制，召藩王入京向有成例，岂容大臣议论，严嵩以此为把柄，倒打一耙。杨继盛此疏没有把严嵩怎么着，倒把自己赔了进去，遭受廷杖后，他被送进锦衣卫诏狱。

在狱中，杨继盛受到了严嵩指使的陆炳的严厉审讯，让他交代召二王入京背后有什么企图，系受何人指使。杨继盛说，除了二王，举朝谁不怕严嵩！皇帝令刑部定罪，严嵩指使私人、刑部侍郎王学益，想给杨继盛安一个诈传亲王令旨的罪名，处以绞刑。主办此案的一个叫史朝宾的刑部郎中提出反对，被贬任外官，刑部自尚书何鳌以下，再无一人敢反对。

大学士徐阶告诫陆炳，此事牵涉到皇子，一有不慎就会动摇国本，劝他适可而止。他又警告严嵩，皇上就这两个儿子，把他们牵涉进来，结怨于皇家，将来不会落着什么好。严嵩被此语点醒，才不再拿此说事。

杨继盛遭受廷杖前，有人送给他一副蚺蛇胆，因为据说把蛇胆和酒吞服，可以让人变得大胆。杨继盛拒绝了，他说我自己有胆，要蚺蛇胆做什么！受刑被打得不能动弹，夜半痛醒了，他打碎了一只瓷碗，自行动手割去坏死的肌肉。腐肉刮尽，只剩下筋还勾连在一起，他又剪去了这些筋。一旁的狱卒，惊颤得手中的灯都拿不住，他却意气自如，好像这具躯体不是自己的。

杨继盛在刑部大狱关了三年，处决的命令一直没有下达。一些官员试图营救杨继盛出狱，严党人物胡植、鄢懋卿说，杨继盛是一只虎啊，把他放了那真成了养虎遗患了。严嵩听了深以为然。不久，都察院的两名御使论罪当斩，秋审时，严嵩把杨继盛也加入名单附奏上去，死刑执行命令很快下达。杨继盛的妻子张氏还想把她丈夫从死亡线上拉回来，说，如果丈夫真的罪不可赦，她自愿代夫伏诛，只求留夫一命让他去效死疆场，以报君父。

但张氏的这番陈情哀告皇帝根本不可能看到，严嵩早就把它半途截下了。1555 年秋，年仅四十岁的杨继盛在北京西市被处决，史传记载下了他临刑前写下的一首诗，其间荡漾的道德理想主义气概让这首二十字的小诗传诵一时：

> 浩气还太虚，丹心照千古。
> 生平未报恩，留作忠魂补。

狂歌袅袅天风发

杨继盛们被当作挡道的杂草被一一铲除，躲在西苑帷幕后、被方士们包围的皇帝，却在追求长生术的歧途上越走越远。令人啼笑皆非的是，早在处死杨继盛前十年，朱厚熜已经在陶仲文的指导下，开始依靠扶乩决定国家事务。

扶乩所用的工具，是悬挂在沙盘上的一个 T 字形物件，从 T 字的长臂吊下一个锥子，两个降神者扶着短臂的两个末端。锥子在沙上写下对祈祷和请求的事情的答复。祈祷和请求的事用金色墨汁精心地写在暗青色的纸上，焚化后向某个道教的神致意。这一套扶乩、降神仪式全是在陶仲文的控制下进行的，他还被认定为沙盘上字迹的唯一的阐释者。这样，这位素性警敏并善于察看皇帝脸色的方士就能随意决定帝国的政策和人事安排。

在整个 16 世纪 50 年代，陶仲文源源不断地向皇帝提供着获致长生不老的新方法，将近知天命之年的皇帝自觉自愿地作他提供药物的试验品，且乐此不疲。这一不老术的理论依据是，人能够通过自我修炼，达至肉体的永生，这种修炼的过程就是提炼内丹、外丹。

外丹是专门为皇帝制作的把植物和矿物质通过一种古怪的方式组合在一起的合成物，即所谓的不死药。所谓内丹的提炼，则要靠增强生命的"阳气"来达至。

陶仲文为皇帝提供的秘法是，通过与刚刚及笄的处女的交媾来加速内丹的提炼。因为据说这个年龄段的女孩"阴"中的"阳"最旺，这种能量可以通过交媾被吸收。陶仲文为此建议皇帝，从全国各地广泛征集年轻姑娘。1552 年，宫廷内设机构为皇帝搞到了八百多个十岁上下的女孩，这些女孩被秘密安置在西苑供皇帝"采用"。尽管这种非人道的做法招致了大臣们的批评，但挑选"药引"一直没有停止。

一些惯会谗媚的官员还竭力赞襄其事，以此邀宠。前浙江参议顾可学，被劾斥归，他厚赂了严嵩，向皇帝进献"秋石秘方"（以童男童女尿液炼制的丹药），得召为礼部尚书，加太子太保。他还向皇帝报告说，道教典籍中曾提到有一种能够延年并使人变成神仙的植物，叫灵芝，历史记载中就有古人食用灵芝成仙的，皇帝听信他的话，派出中使到各名山大川采芝问药。

1556 年，朱厚熜敕文礼部，要求迅速查明何处生长着这种传说中的神奇植物，以及如何把它炮制成药。礼部尚书徐阶说，他不知道是否存在这种植物，也不知道何处可以找到。但他还是呈上了一份从古籍中摘录的有关这种神奇植物的引文以供御览。朱厚熜自然很不满意，命令全国所有地方官员，从北方高寒地带的山区到南方多雨地区的丘陵，展开地毯式的搜索和寻找。事实证明，这种菌类植物确实存在。1558 年，礼部呈献了从帝国各地收集来的一千八百六十株新鲜灵芝，此后南方各省又陆续呈献，西苑堆满此物。皇帝把炮制此药的任务作为一项恩宠交给了信任的几个阁臣，他自己长年服用，还督促各地不断进献这种药材。

1560 年 11 月，年八十岁的陶仲文去世。陶在皇帝跟前得宠近二十年，位极人臣，却始终小心缜密，不敢恣肆，在凶险万状的名利场中自如穿梭又安然着陆，虽没有成仙，其官场登龙术实已在神仙之上。陶仲文去世后，皇帝试图寻找接替他指导长生术的道教名家，但一直没有中意的。至少从这一年开始，朱厚熜开始患失眠症。知情者知道，这实际上是丹毒发作的症状。

虽然住在西苑，给人不理政事的假象，实际上，专横、刚愎的朱厚熜还是牢牢地控制着权力。他常常彻夜工作，批阅奏疏和案卷。但从这一年开始，他时常感到精力不济。无节制的性生活蚀空了他的身体，多年求仙不得又使他的情绪变得特别容易波动，时而抑郁，时而激怒，随侍的太监只有尽力顺着他才能保证自己第二天还活着。但一直劳而无功地发明长生药的方士们却倒了霉，在陶仲文去世前后，因为越来越深的失望，失旨服诛的方士先后有段朝用、龚中佩、蓝道行、蓝田玉、胡大顺、胡元玉、何廷玉、罗万象等数十人。

1560 年，严嵩已是一个年届八旬的耄耋老人，任政府首揆也已十二年之久。他的心力和身体都已衰弱，不能再像刚出任首辅时那样勤勉地侍奉皇帝。这些年来，他入直时，都是严世蕃陪伴着他，内阁票拟及对皇帝敕令的回复，大多也是严世蕃草拟的。1561 年，严嵩的妻子欧阳氏去世，按例，严世蕃应护丧回江西分宜老家，严嵩以自己老病需要照料为由，请求皇帝让他的儿子留在京师。严世蕃服孝在身，不能陪着他出入皇城西苑代笔票拟，没有了儿子的帮助，他甚至看不懂皇帝的手诏。他毕竟太老了，脑子时常犯糊涂，处理这么一个大国的政务实在是勉为其难了。

为了及时回奏，严嵩把皇帝的诏令带回家中给他的儿子，但这时候的严世蕃已经被酒精和女人迷住了。因为有孝在身，不宜再公开出席京城的任何社交活动，他把自己的府邸搞成了一个巨大的游乐园，日日笙歌燕舞，觥筹交错。当严嵩去找他时，他总是喝得醉醺醺的什么也做不成。皇帝派来的太监催要答复时，一向擅权的严嵩又不放心其他大学士们，不得不自己动手起草。他的票拟要么答非所问，要么思路极度混乱，经常受到皇帝的责难。他请人捉刀的青词也写得越来越差劲了。当又老又病的严嵩失去信任时，朱厚熜开始在内阁物色一个可以代替他的人，他看中的是严嵩的副手、大学士除阶。

来自松江府华亭的徐阶貌不惊人，长得短小白皙，却颖敏而有权略，天生就是一个政治家的料。还在张璁执政时，身为翰林院编修的他就以敢做敢当"有声士大夫间"[①]。张璁想要废去孔子的王号，把塑像也改成木主，廷议时只有徐阶坚持认为不可。张璁召来徐阶，盛气凌人地指责他背叛自己。徐阶正色道，有依附才有所谓的背叛，我从来没有依附于你，又何来的背叛？言毕，长揖而出，把张璁气得直瞪眼，不久就把他斥为延平府推官。在地方，徐阶政声卓著，历迁黄州府同知、浙江按察佥事、江西按察副使等职，在皇太子出阁那年重回朝廷，拜为司经局洗马兼翰林院侍讲。正是他正直敢言的秉性和这一百折不弯的劲头，才被夏言看中，擢国子监祭酒，迁礼部右侍郎，寻改吏部，预埋下了专为对付严嵩的一颗地雷。

徐阶的政治智慧，在于懂得迂回之术，比之夏言，弃皇帝亲赐

---

① 《明史》卷二一三，《徐阶传》。

的香叶冠而不戴的执拗劲，他显得更圆通，更乖巧，也更容易博得皇帝的信任和好感。比如他花在青词上的功夫不会比任何一个大学士少，处理起上下左右的关系更是处心积虑，这样，他在夏言倒台之后还能顺利掌翰林院事，进封礼部尚书。

徐阶仕途上的最大一次危机，发生在40年代末担任礼部尚书后不久。那一年，孝烈皇后去世，朱厚熜想要把她祔太庙，下礼部议时，徐阶提出不同意见，认为皇后去世从没有祔庙的先例，放在奉先殿祀奉就足够了，朱厚熜大怒，命徐阶即刻出京前往河北邯郸，主持吕仙祠的落成仪式，实际上是变相驱逐。徐阶惊恐万状，只得退步，同意让孝烈皇后祔庙，朱厚熜才不再坚持让他去邯郸。

这次危机给了徐阶一个教训，那就是，皇权的强大足以把一切障碍研为粉齑。他以前不是没有认识到这一点，但那是从他人的沉浮中得来的间接经验，这一回则是有着切肤之痛的亲身感受。这一事件稍稍平息后不久，一日，朱厚熜单独召对严嵩，谈及徐阶时，严嵩借机中伤说：徐阶这人，缺乏的并不是才干，只是存有二心，"阶所乏非才，但多二心耳"。话传到徐阶耳中，他这才明白，目下自己还远非严嵩对手，必须韬光养晦，才能让日后打出去的拳头更有力，于是对严嵩越发地恭顺，在青词写作上也愈加地肯下功夫。

自1552年成为文渊阁大学士后，徐阶等待向严嵩发动攻击已整整八年。八年中，他无时无刻不在努力削弱严嵩对皇帝的影响，对严嵩提出的各项政策阳奉阴违，暗中指使对严党势力的弹劾活动。在严嵩看来，徐阶是前首辅倒台前提拔的官员，他怀疑，貌似恭顺的徐阶在暗底下参与或支持了所有对自己的弹劾，但办事警敏的徐阶总让他抓不到把柄。严嵩试图让他在皇帝跟前失宠，几次努力都失败了。

"庚戌之变"后，朝廷采纳咸宁侯仇鸾的意见，与俺答签订了互贡协议，当徐阶发现和谈协议徒具空文，蒙古骑兵一次次南下掳掠更为变本加厉时，即向皇帝秘密揭发仇鸾畏敌不战粉饰太平之罪。但严嵩还蒙在鼓里，他还想打仇鸾这张牌，迫使次辅去职呢，因为据他掌握的情报，徐、仇两人在1550年北京之围后一直私交不错，处理了仇鸾，正可堂而皇之地挖倒其身后的大树徐阶。然而当他惊愕地得知最先向皇帝揭发仇鸾的正是这个徐阶，不得不中止了行动，看来自己以前一直都低估了对手的政治谋略和能量。

其实，自从徐阶进入视野后，朱厚熜对严嵩的信任已大不如前。帝国边务上的一些重大事项，如发兵征讨东南沿海的倭寇，再如调配军粮充实宣府、大同等等，他都绕开首辅直接传谕徐阶施行。

整个50年代，朝臣们对严嵩的弹劾一直没有消停过，徐学诗、赵锦、王宗茂、杨继盛之后，到了1558年，又有刑科给事中吴时来、刑部主事董传策、张翀三人同日上疏弹劾。三人同时发难，疏状又都是从边务问题着手，列举严嵩坏边防、鬻官爵、蠹国用、党罪人、骚驿传、坏人才等罪项。再加三人的背景，董传策系徐阶同乡，吴时来、张翀则是徐阶门生，没有理由不让严嵩怀疑徐阶是他们的背后指使人。严嵩在疏辩中就是这么说的，但这些话对朱厚熜来说只是风过耳，他不仅没有疏远徐阶，反而对之信任有加。后来这三个官员虽然都遭遣戍，但比之当初杨继盛的罹祸之烈，已不可同日而语。这正说明，徐阶在皇帝心目中地位提高了，已隐隐成为反严一派的保护人。

1561年，西苑发生一场大火，烧毁了皇帝所居的永寿宫，暂居的玉熙殿又过于狭小，想要重新建造。在征求内阁意见时，严嵩提出，请皇帝还归大内，住到皇城南边的离宫去。严嵩可能真的老糊涂了，南城离宫是一个世纪前在土木之变中被瓦剌俘虏的英宗放还后幽禁的地方，这一不祥之地怎可让痴迷于醮天、祥瑞的今上去住！再说，十九年前皇帝在宫内差点被一群宫婢勒死，自从那时候移居西苑起，大内已成了他心头一个挥之不去的噩梦。

果然，朱厚熜心下不悦，找徐阶商量去了。徐阶责令工部尚书雷礼，把最近重盖奉天殿、华盖殿、谨身殿所余的建材全都用上，火速为皇帝赶造一处寝宫。朱厚熜大为高兴，让徐阶的儿子、尚宝丞徐璠兼工部主事，负责督工。新住所落成之日，朱厚熜亲自命名为万寿宫。徐阶不久进少师，兼支尚书俸。他的儿子徐璠超擢太常少卿，另一个儿子授予中书舍人。《明史·徐阶传》叙述至此，也顺带提了一笔严嵩——"嵩乃日屈"。不久后，朱厚熜把灵芝炼制不死药的任务也交给了徐阶，而这项工作以前都是首辅的荣誉。

帝眷日衰，儿子又不争气，严嵩的日子是一天比一天不好过了。为了给自己留条后路，他开始放下身段，示好于次辅。某日，他在府中摆下酒宴，专门宴请徐阶。他把家人都叫了出来，让他们面向徐阶跪了一圈，他端起酒杯对徐阶说："嵩旦夕且死，此曹，惟公乳哺之。"[①]——我已是一个不中用的老人了，说不定哪天说死就死了，我的家人全都拜托给你了。慌得徐阶赶紧辞谢了。

此时，朱厚熜身边最为宠幸的方士是蓝道行，此人对严嵩素无好感。1562年，某日扶乩时，若有所思的朱厚熜突然发问：天下何以不治？蓝道行突然意识到这是一个向皇帝进言的好机会，在他的

---

① 《明史》卷三八〇，《严嵩传》。

操纵下，乩盘上的字迹显示为：贤不竟用，不肖不退耳。当皇帝追问不肖指谁时，蓝道士就一一历数严嵩父子弄权的罪状，还诳称，这都是来自于乩语，是上天某个神的晓谕。

这一招对朱厚熜果然管用。但他还有疑虑，又问：既然严嵩罪行如此沉重，上仙何不殛之？蓝道行答得更巧妙：留待皇帝自殛。嘉靖颇有所动，放弃严嵩的念头越来越强烈了。

就在蓝道行向皇帝进言后不久，一个叫邹应龙的御史在宫中一个内侍家避雨，听说了这件事。他意识到倒严的机会来了，回去即刻上疏检举严氏父子种种不法。他知道严嵩任政府首揆十余年，其势力如大树盘根错节，轻易撼不动，选择了严世蕃为突破口，并顺带着举报了其家人和幕客：

> 工部侍郎严世蕃凭藉父权，专利无厌。私擅爵赏，广致赂遗。使选法败坏，市道公行。群小竞趋，要价转钜。刑部主事项治元以万三千金转吏部，举人潘鸿业以二千二百金得知州。夫司属郡吏赂以千万，则大而公卿方岳，又安知纪极？平时交通赃贿，为之居间者不下百十余人，而其子锦衣严鹄、中书严鸿、家人严年、幕客中书罗龙文为甚。年尤桀黠，士大夫无耻者至呼为鹤山先生。遇嵩生日，年辄献万金为寿。臧获富侈若是，主人当何如？

> 嵩父子故籍袁州，乃广置良田美宅于南京、扬州，无虑数十所，以豪仆严冬主之。抑勒侵夺，民怨入骨。外地牟利若是，乡里又何如？尤可异者，世蕃丧母，陛下以嵩年高，特留侍养，令鹄扶榇南还。世蕃乃聚狎客，拥艳姬，恒舞酣歌，人纪灭绝。

> 至鹄之无知，则以祖母丧为奇货。所至驿骚，要索百故。诸司
> 承奉，郡邑为空。①

邹应龙说，方今天下，水旱频仍，南北多警，而世蕃父子日事掊克，以致内外百司不得不搜刮民脂民膏来满足他们无穷无尽的欲望，如此下去，"民安得不贫？国安得不病？天人灾变安得不迭至也？"他建议应该将严世蕃斩首，以作为人臣凶横不忠之戒，至于其父严嵩，"溺爱恶子，召赂市权"，也应该让他告老还乡了。最后，邹应龙保证说，他所检举的全都有事实可据，但有一言不实，他情愿一死以谢天下。

这个嘉靖三十五年的进士注定要一疏成名。十多年来，弹劾严氏父子的言官和大臣如王宗茂、赵锦、杨继盛、吴时来、董传策、张翀等，前赴后继，皆劳而无功，或贬或死，独有这个御史看准了时机，一矢中的。1562年6月，严嵩内阁倒台。皇帝降旨严嵩回籍休养，严世蕃交法司审讯。几个月后，判处严世蕃和他的两个儿子严鹄、严鸿及一个叫罗龙文的幕客充军边远地区。邹应龙弹劾有功，擢升通政司参议。判决下来时，时为右春坊右中允、国子监司业的三十八岁的张居正（位居国子监祭酒高拱之后）写了一首七绝表达他的欣喜之情：

> 狂歌袅袅天风发，未论当年赤壁舟。
> 佳辰已是中秋近，万里清光自远天。

---

① 《明史》卷二一〇，《邹应龙传》。

地处东城大街石大人胡同的严嵩府第，英宗时为忠国公石亨赐第，石亨因谋反罪处死后，这座房子为咸宁侯仇鸾所得，仇鸾死得比石亨更惨，斩首后被悬挂示众，传首九边。到严嵩，这幢房子已经是第三次被籍没了。嫌风水不好，再也没有大臣敢住进去。寻常人家又买不起这么大的宅第，所以这房子一直空着，蛛网空结，杂草丛生，直到一个铁匠把它盘下来，把它做了开炉铸冶的一个工场。

严嵩离开后，朱厚熜每逢西苑修醮，想起这个善写一手漂亮青词的老臣就惆怅莫名。他向晋升为首辅的徐阶表示，想把皇位传给儿子，自己退居西苑，专祈长生了。自 1549 年十四岁的皇太子去世后，皇帝听信道士们的二龙不相见之说，一直未立太子，东宫虚位已有十余年，他现在突然说出这样的话来，徐阶听出了里面包含的意气，坚决反对他退位。

朱厚熜说，你们不肯让我退位，那就必须支持我修道，现在严嵩已经走了，他儿子也受到了应有的惩处，如果有谁再提起这件事，就连带着邹应龙一起处斩。此言一出，吓得邹应龙好久不敢到通政司履新。正好有个叫张槚的巡盐御史，不知就里，上疏请求为王宗茂、赵锦等因弹劾严嵩落职的官员平反，朱厚熜大怒，把张槚逮至京城，狠责六十大板，削籍为民。

1563 年，是为嘉靖四十二年，在大明近三百年历史中实为一个动荡不宁的年代。东南，浙闽两省沿海的倭寇还在不断骚扰，幸亏刘显、俞大猷、戚继光几位名将，打了几个漂亮的胜仗把他们防堵住了。北部边境也不太平，北元骑兵在俺答和儿子辛爱的率领下，年头年尾两度入侵，先攻宣府、陷隆庆，再掠顺义、三河，以致北京全城戒严。所赖新任首辅徐阶着力维持，没有让地方的骚动蔓延成全国性的危机。

让朱厚熜深感欣慰的是，新首辅没有趁着政权的嬗递进行大规模的清洗，在对待曾经阿附严党的官员时，表现出了难得的持平态度。这年初，接到弹劾浙闽总督胡宗宪的奏疏时，皇帝为之辩护说胡不是严党中人，而徐阶也没有催逼这个问题。如果内阁真的齐心成了铁板一块，皇帝就会睡不好觉，会去掺沙子，目下天下不靖，朱厚熜还是希望他的臣子们能够摒弃异见、和衷共济。

这一年里，朱厚熜实际关心的只有一件事。而这件事也不过是他即位之初就闹腾起来的大礼议的一个延续。他决定，把他的出生地、已经升格为承天府的湖广安陆的一部地方志重新修缮。他命仅有的两个大学士徐阶和袁炜总裁其事，翰林院的文学侍从之臣悉数参与，以最快的速度完成了这部《承天大志》的修订。皇帝对他度过整个童年时代的家乡的这一态度，正是一个进入颓唐老境的人对故土的那种钟爱和怀恋。

其他的时间，嘉靖基本上把自己交给了醮坛上的斋戒祷祀。他的性情越来越喜怒无常，忌讳也越来越多，令人捉摸不定。沈德符在《万历野获编》里披露的一则故事说：某日，皇帝小恙，招太医徐伟把脉。皇帝坐在小榻上伸出手去，礼服的一角拖曳在地上，太医不敢上前，皇帝问他什么缘故，太医答：皇帝龙袍在地上，臣不敢进。诊毕，皇帝对值班的阁臣说：刚才太医说地上，可见其忠心，地上人也，地下鬼也。话传到徐伟耳中，他这才明白过来，不知不觉间竟去鬼门关转了一遭。

但皇帝也有好哄的时候。1564 年夏天的某个晚上，内侍们在朱厚熜睡着时把桃子放进他的床上，过后告诉他是从天上落下来的，是神仙所赐。朱厚熜醒来后像一个老小孩一样高兴。他们继续哄他开心，今天是白兔生子，明天是鹿生二子，后天又是世庙殿柱长出一株金色仙芝。有一天晚上，他们甚至让一只仙桃降到了御座上，皇帝依然深信不疑这是来自上天的恩赐。

和智力萎缩几乎同步，皇帝的身体机能也在迅速溃败中，这些溃败的症状，包括胃肠功能紊乱、性欲减退、高血压、皮肤病、视力减弱等等。内侍们还发现，皇帝经常无缘无故地发怒，或者像入定的老僧一般发呆。这些都是几十年服用长生药导致的，小剂量铅和砷中毒的症状，在他接近六十岁时全都爆发了出来。

1564年9月，朱厚熜生日那天收到了回到江西的严嵩的一封信。严嵩在信中说，他在南昌铁柱宫请一个叫蓝田玉的道士建醮为皇帝祈福，蓝道士能召来云中的仙鹤，他取来了符箓和一篇如何召鹤的文章呈上，同时请求皇帝看在他年已八十有四、只有一个儿子的份上，让远戍的儿孙们回来照顾他。

朱厚熜拒绝了他的请求，因为他听说，遭到处分的严世蕃并没有前往戍地雷州报到，谪戍途中就折返回到了江西，并用先前藏匿的浮财在那里大兴土木，为自己建造豪华园林。

1564年12月，曾经弹劾严党人物鄢懋卿的御史林润举报说，严世蕃实际上住在江西老家，并且招募了四千多人欲图不轨。严世蕃和他的同伙被逮到北京下狱，皇帝命三法司审讯此案。刑部尚书黄光升、左都御史张永明、大理寺卿张守直拟定的疏状中，把严氏父子坑陷杨继盛、沈炼的罪行悉数罗列。严世蕃在狱中闻讯，不忧反喜，安慰同党说，任他燎原火，我自有倒海水，我们马上就可以出狱了。狡猾的严世蕃认定，如果一提沈、杨案，那把皇帝也给卷进来，这狱就不解自解了。

三法司会审的疏状送呈御览前，先交徐阶过目。徐阶一眼就看出了问题，他问，你们办这个案子，是想要杀严公子呢，还是要救他？三人答道，当然是要杀他，疏状里提到杨继盛、沈炼的冤案，正是为了坐实他的死罪。

徐阶说，要真是这样报上的话，那就是救他了，冤杀沈、杨，当然是严氏父子犯了天怒，但沈案是严嵩把沈炼的名字放在了白莲教徒的供词中，只算杀了一个白莲教徒，杨案呢，因为杨继盛当日疏中有召问裕、景二王一句，被严嵩抓住诳传亲王令旨的把柄，以致圣上大怒，成为日后被杀的张本，这些都是严嵩巧取皇上令旨做下的冤案，但皇上永远是圣明的，永远不会有错，诸位的奏疏一上，天颜必定大怒，责怪你们借此归罪皇上，到时候诸君不免被问罪，而严公子却可以堂而皇之地回家了。

于是徐阶亲手修改三法司疏状，把严世蕃的罪名定为"交通倭寇，潜谋叛逆"。指控严世蕃幕客罗龙文与海盗汪直，以姻亲关系为交通，通过贿赂严世蕃乞官，罗龙文又招汪直余党五百余人，积极为严世蕃投靠日本而奔走。严公子在狱中听到徐阶修改疏状的消息，哀叹道，这下完了。

1565年4月，严世蕃斩于市。严嵩和他的孙子们被贬为平民。严家被抄，得银还有两百余万两。再过两年，无家可归、寄食墓舍的严嵩在饥饿和寒冷中去世。

政局落入了徐阶之手。有人赞他铲除大恶，他的一番话却颇值得回味："严惟中（嵩）杀夏公谨（言），惟中的儿子，又由我杀了，必然有人不会见谅，我的心境，也只有上天知道罢。"

就在这年，内阁因袁炜重病罢归，补入了严讷、李春芳二人。到了年底，严讷又病了，内阁只剩徐阶和李春芳二人。第二年春，徐阶又引入了郭朴、高拱二人。郭朴久历吏部尚书，论资排辈入阁当无异议，高拱为国子监祭酒，曾任裕王府讲官，又是公认的干练之才，入阁是早晚的事，徐阶及早引进，以为高拱必定对自己感激涕零。但这一步棋徐阶却下错了。

朱厚熜已经走入生命的末境。他的体力和心智都在无可奈何地走向衰竭。他因求仙而得病，加重的病况又使他变本加厉地投身到求仙斋醮中去。西苑香烟袅袅，督抚大吏争上符瑞，朝章国政却全都弃置到了脑后。这情形让一个叫海瑞的户部主事看不下去了，买好棺材准备好后事，拼着一条命不要上疏直谏了。

海瑞说，臣听说，君主是天下臣民万物的主人，其责任最为重大，要名副其实，也只有委托臣工，使臣工尽心陈言而已，臣请披沥肝胆，为陛下陈说：

从前汉文帝是贤良君主，贾谊还痛哭流涕而上疏言事。并非是苛刻责备，因汉文帝性格仁慈而近于柔弱，虽有美德，仍不免于怠废。陛下天资英明，超过汉文帝远甚。然而汉文帝仁义宽恕，节用爱人，使天下钱粮丰富，几乎达到不用法律刑具的境地。陛下治国时间不长，就被狂谵想法牵涉，把刚毅圣明的本质误用了。以致一心学道修行，倾尽民脂民膏滥兴土木，二十余年不视朝，法律纲纪废弛，毁坏了国家名器。二王不得相见，人以为薄情于父子，猜疑诽谤杀戮污辱臣下，人以为薄情于君臣，在西苑尽情享乐不返回大内，人以为薄情于夫妇。再加官吏贪污骄横，盗贼滋蔓炽烈，请陛下看看今日之天下，究竟成了什么样子？

对于皇帝斋醮不止，海瑞批评说，自古圣贤留给我们的训条是顺受其正，只要顺理而行，所受的便是正命，从没有听说过所谓长生不老的说法。历史上的尧、舜、禹、汤、周文王、周武王都是圣人中的典范，他们没一个能永生在这个世界的。连授给陛下长生术的陶仲文都已死了，陛下又怎么能够独自求得？至于仙桃、天药这些东西，最是荒诞不经，那都是奸邪的方士们编造出来蒙骗陛下的呀，您竟然会相信他们，以为是真的，这实在是太过分了。

如此这般激愤的话，在重疴染身的朱厚熜听来不啻一剂猛药：

> 一意修真，是陛下之心惑。过于苛断，是陛下之情偏……陛下诚知斋醮无益，一旦幡然悔悟，日御正朝，与宰相、侍从、言官讲求天下利害，洗数十年之积误，置身于尧、舜、禹、汤、文、武之间，使诸臣亦得自洗数十年阿君之耻，置其身于皋、夔、伊、傅之列，天下何忧不治，万事何忧不理。此在陛下一振作间而已。释此不为，而切切于轻举度世，敝精劳神，以求之于系风捕影、茫然不可知之域，臣见劳苦终身，而终于无所成也。[1]

可气且可恨的是，这个小小的户部主事竟然还说自己"不胜愤恨"：

> 今大臣持禄而好谀，小臣畏罪而结舌，臣不胜愤恨。是以冒死，愿尽区区，惟陛下垂听焉。

---

[1] 《明史》卷二二六，《海瑞传》。

朱厚熜读毕奏疏，果然大怒，把奏疏扔在地上，吩咐左右，赶紧把这个人逮住，不要让他跑了。太监黄锦在一旁说，此人素有痴名，上疏时自知冒犯天威必死，早就让人买好了棺材，他是不会逃的。

朱厚熜默然了好一会儿，又取扔在地上的奏疏，读之又读，长叹道，此人可比历史上的忠臣比干，可我不是纣王啊。召徐阶等商议禅让帝位给皇太子一事时，自感委屈万分的朱厚熜说：海瑞说的也不无道理，可是我病得这么厉害，又怎么能够临朝听政？又说，朕确实不自谨，导致现在身体多病。要不然，又岂会遭受这个人如此责备辱骂呢？

徐阶眼见皇帝将不起，却也不敢劝他退位，只得百般安慰。余怒未消的朱厚熜命把海瑞下诏狱，追究幕后系何人指使，寻又下刑部论死。狱词送上后，仍然留在宫中不见发布。户部有个司务叫何以尚的，揣摩皇帝没有杀死海瑞的心意，上疏陈请将海瑞释放。皇帝大怒，命锦衣卫杖责一百。徐阶有心为本朝留下一点忠良的种子，迟迟不签署死刑令，于是海瑞继续被关押在刑部大牢里，命悬一线。

整个 1566 年，朱厚熜的病情都没有好转的迹象。他想回到湖广承天府的出生地重聚元阳，又想南幸兴都取药，每次都被徐阶劝阻。徐阶认为，以皇帝目前的健康状况，已经不起旅途的颠簸，还是安居西苑静摄为好。

1566 年 12 月，朱厚熜在服用了方士王金所献的丹药后，因药性过燥导致内火加重，病情再度恶化。大明自开国以来十一帝，除了武宗晏驾于豹房，其他没有一个驾崩于宫外，为防万一，徐阶力劝嘉靖回到宫中。

1567年1月23日晨，已经昏睡在榻人事不省的朱厚熜被抬回他离开二十余年的大内寝宫。他的健康状况恶化，正午时分，服过无数仙丹、经过无数斋醮又领受过无数上天恩赍的皇帝终于在执政四十五年后，于凄厉的寒风中去世。临死前发布的诏书中，他终于意识到，自己"过求长生，遂至奸人诳惑"。

皇帝刚去世，还没来得及把讣告发布天下，刑部大狱一个消息灵通的提牢主事已经提前得知了皇帝驾崩的消息，特置办了一桌酒菜，送到关押海瑞的牢房。海主事抗忤皇帝斋醮入狱，随着皇帝驾崩，肯定会无罪开释还会得到提拔重用，是以，他先行前来结纳示好。

海瑞以为主事送来的，是他在尘世间的最后一顿饭，吃过后就要绑赴西市，所以也就不客气地恣情吃喝。等到酒足饭饱，提牢主事凑在他耳边说：皇帝刚刚驾崩，先生马上就可以出去获得大用了。

海瑞问：这是真的？在得到肯定的回答后，海瑞放声大哭。他哭得实在太伤心了，几次晕倒在地，把吃下去的酒菜也全都呕吐了出来。狱卒们被他如丧考妣的哭声吵得整夜都没法入睡，他们不明白，这个抬着棺材上谏的海主事哭什么哭！

第九章　棋局屡变

等风来

皇位终于落到了朱厚熜的第三个儿子、裕王朱载垕身上，时为隆庆元年的 1567 年，他已经三十岁了。

朱载垕的继位看似顺理成章，回头看去却是一路凶险迭出。朱厚熜生有八子，五子早夭，成年的只有次子载壑、三子载垕、四子载圳。1539 年，朱厚熜把时年四岁的次子载壑立为皇储，十年后，刚行过成年礼的太子突然暴病而亡，自此以后，一心追求长生术的皇帝听信方士们的二龙不相见之说，一直没有再立太子，只是把朱载垕封为裕王，把他的弟弟朱载圳封为景王。而这位弟弟却野心勃勃，一直觊觎着东宫之位。

首辅严嵩对朱载垕也非常冷淡，他应得的岁赐三年都没有兑现，又不敢向父亲去提，只得送银一千两给严世蕃，才得补发。直到 1561 年景王前往湖北德安归藩，朱载垕的太子身份还是没有最后确定，而只是名义上的储贰。严嵩对他还是不放心，授意儿子去问裕邸讲官高拱和陈以勤，裕王是不是对自己有看法。多亏他两人从容应对，说了一大堆奉承严嵩的话，才算应付过去。朱载垕的地位得以保全，他的讲官们功不可灭，这也是高拱、张居正等人在隆庆一朝获得大用的缘故。

据张居正日后披露，大约在 1562 年至 1565 年间，朱厚熜曾经有过立景王为太子的打算，令内阁找出"成祖之于仁宗故事"。本朝历史上的第三任皇帝成祖朱棣曾经一度决心废太子，改立汉王朱高煦，所谓"故事"即是指此。多亏徐阶为之从容辩解，才打消了朱厚熜的这一念头。直到 1565 年景王在封地湖广德安死去，对朱载垕的威胁才正式消除。

朱厚熜虽然大半生事鬼不事人，晚年又坚僻怙过，性情越来越古怪，但他的干练和果断也被同时代臣民和后来的历史学家所公认。他崇信道教，在一帮方士的包围中日事斋醮，然而还是牢牢地握着权杖，至死都没有松手。嘉靖一朝四十五年间，先后出任首辅的杨廷和、杨一清、张孚敬、夏言、严嵩、徐阶俱是一时之选，他们没有一个能挣脱朱厚熜的控制就是证明。但朱载垕与乃父的专权、弄权完全不同，长年在父权加君权的高压下战战兢兢度日，连父皇的脸都不敢抬头来看，他几乎得了权力恐惧症。即便是做了皇帝，拥有了无上的威权，在他也还是一种痛苦不堪的体验。

据说朱载垕临朝时从来都不发一言，所有的批答和政令发布全都交给了大学士们，他自己则如同泥塑菩萨一般象征性地高居御座。这样的情形一直持续三年，以致大臣们都心生不满，有一个尚宝丞上疏如是质问:"陛下御极三祀矣,曾召问一大臣,面质一讲官,赏纳一谏士,以共画思患豫防之策乎?"

因即位不久就诏令户部购买珠宝,一个叫詹仰庇的御史批评皇帝:"玩好之端渐启,弼违之谏恶闻,群小乘隙,百方诱惑,害有不可胜言者。"这样几近攻击的话要是放到嘉靖时代,这个御史早就受廷杖了,但朱载坖只是把他的奏疏"留中不发"。这个御史甚至还管起了皇帝的私生活。朱载坖与皇后的感情不好,皇后分居别宫郁悒成病,他又上疏教训起了皇帝:先帝给陛下挑了这么贤淑的一个妻子,为宗庙社稷内主,陛下怎么就不听先帝遗命,笃宫闱之好呢?皇后移居别宫都快一年了,抑郁成疾,陛下连看望一眼都没有,要是皇后万一不测,那不是有伤圣德吗?这种事涉宫禁的话,在嘉靖时代怕也是没有人敢说出口的,朱载坖居然还有心情给他作一番解释,说皇后无子再加多病,心情不畅,夫妻分居两宫只是为了便于将养身体,并没有你想象的那样复杂,云云。

当然这不是朱载坖的智力出现了什么问题,他只是厌恶与政治相关的一切,厌恶日讲,厌恶朝会,甚至连操于自己之手的驾驭大臣的权柄也一并厌恶,而对一切有益于他舒展心灵的东西,诸如美酒、女人、宫苑、秋千、珠宝、珍玩、佳肴,他都表现出发自内心的喜爱。朝政反正有徐阶、高拱、郭朴一帮干练大臣在,他乐得放手逍遥。所以,朱载坖享国的六年,内阁权重更甚于嘉靖时代,形成了"政事倚成于内阁"的局面。阁臣们自徐阶以下,虽一个个都怀济世之才,但对权力的热衷却导致内阁中混斗不断,其情形恰如孟森所说,"多挟意见,无和衷之美,所形成一朝之政治,即诸阁臣意见之用事"。

当徐阶与严嵩的阁权之争呈现愈演愈烈之势时，来自湖广江陵的张居正还是一个没有多少人注意的青年翰林。

张居正是 1547 年会试中试选为翰林院庶吉士的，时年二十三岁。日后在本朝历史上熠熠闪光的人物如李春芳、殷士儋、王世贞、汪道昆、王宗茂，吴百朋、刘应节、王遴、殷正茂、凌云翼、陆光祖、杨巍、宋仪望、徐栻、杨继盛等，都是他丁未年会试的同年。这些人里，有日后杰出的政治家、一流学者、立功边关的将军和弹劾权贵的忠谏之臣，其得人之盛，在本朝开国近二百年的历史中也罕见其匹。

张居正虽年少成名，但跻身于同时代最杰出的人物当中，他最初的光芒并不耀眼。当他初入翰林院时，内阁大学士唯有夏言、严嵩二人，然而当其他进士们的目光还停留在诗词文章上时，他的注意力已移向了实际的政治层面。随后发生的夏言落败被杀、严嵩上台弄权等一系列事件，让这个新科进士亲眼见识了内阁实乃一血腥之地。这个机敏的年轻人开始揣摩，如何在权力场中从容缓进，如何借势发力，又如何在斗争中更好地保护好自己。

徐阶进入内阁后，深为严嵩猜忌，不久首辅、次辅就形同水火。处于劣势的徐阶在隐忍中积蓄力量，首先注意到了这个来自湖广的年轻人。张居正在内阁第一、第二号人物之间维持着微妙的平衡。"严嵩为首辅，忌阶，善阶者皆避匿，居正自如，嵩亦器居正。"[1]徐阶待他不薄，他与首辅严嵩的关系也很不错，为之代笔了《贺灵雨表》《贺瑞雪表》《得道长生颂》等不少应景诗文，进献过称颂严府

---

[1] 《明史》卷二一三，《张居正传》。

"三瑞"（瑞竹、瑞芝、瑞莲）的诗歌。一个刚入仕的青年士子，写这些无关痛痒的文字，也不过是一种生存策略。事实上严嵩也只是欣赏青年张居正身上的文学才华，视之为一个专事应酬诗文的作家，而徐阶则早就看出他是一个日后堪当大任的经国之才，一直都着意栽培。识人的眼光还是徐阶比严嵩更胜一筹。

三年后，庶常馆散馆，张居正例赐翰林院编修，官阶正七品。此时徐阶以吏部左侍郎兼翰林院掌院学士、教习庶吉士，是他正式的老师。其间张居正曾向朱厚熜上过一道《论时政疏》，指出政府的臃肿痿痹、血气壅阏之病。这份最初表露其政治天赋的奏疏不像言官们的弹章一般指斥人事、咄咄逼人，没有开罪于任何一方势力集团，但也如同投向深崖的一颗石子般无声无息。当政治触觉灵敏的张居正意识到，固执己见的皇帝不会接纳任何不同的意见，他再也不发表诸如此类的时政评论，只是一心在翰林院埋头于朝章国故的研究。死水般平庸的日子最能消磨一个慨然以廓清天下为己任的年轻人的锐气，好在他有异于常人的强大的意志力，"山川一何阻，云树一何长；安得随长风，翩翩来君傍；愿将云锦丝，为君补华裳"，一切障碍都要来粉碎他，他等待着那阵让他乘势飞扬的"长风"。

北寇南倭，天下不靖，皇帝为求长生术却又闭目塞聪，尚算干练的徐阶却又束手无策，把全部精力放到了精治青词逢迎帝心，政局的混浊让青年张居正心灰意冷。1554 年，张居正的心理和情感又受到了一次重大打击，和他同年会试及第的杨继盛因弹劾严嵩竟被附入张经一案处死。失望再加惧祸，他决心引退了。告病假回江陵老家前，他给次辅徐阶写了一封长信，对徐"内抱不群、外欲浑迹"、近乎固位希宠的和事佬做法隐隐表示了不满，寄希望于他"披腹心，见情愫"，"伸独断之明计，捐流俗之顾虑，慨然一决其平生"，自称要抗浮云之志、遗世独往，做一个"沉沦滓秽"的人物了。这一年他正好三十岁。

但这不过是一个政治家压抑时期的一时激愤之言罢了。回到老家，游武昌、登衡山，遍历名胜，虽有诗酒风流足可以怡情，但对热衷于权力的他来说，最牵念的还是京城的帝阙。在他看来，当下政治的糜烂，已不下于汉唐末世，"商贾在位，货财上流，百姓嗷嗷，莫必其命"，自嘉靖中叶开始的无穷无尽的加派，已经对民众造成了极大的伤害，也让帝国坐在了火山口上。

时日渐移，他也认识到了当初离开京城写给次辅的那封信是多么不成熟，与次辅的政治智慧比起来，自己实在是浅薄多了。在研读《晋史·七贤传》期间写下的一则笔记中，他这样说，一个人无论是为个人求不朽，还是为国家致太平，都要等待合适的时机——"遇适其位"。而这群魏晋时期的磊落奇异之士对他的最大启示，乃在于让他认识到了人生的胜利某种意义上就是意志力的胜利，"微妙之士，贵乎自我，履素之轨，无取同涂"，只要心有所惬，执于一念，所有的中伤、诽谤全都可以不当一回事。

此时，在他的内心已经暗暗生成了一种东西，那就是，为了权力，他什么都可以舍弃，包括亲情、友情和常人孜孜以求的声名。他已决意做这样的一个孤尚者、独行者。于是，在江陵老家只待了三年，他又回了京城。"国士死让，饭漂思韩，欲报君恩，岂恤人言！"这首充满着悲壮气息的《独漉篇》当是作于1557年他再度北上途中。

回到翰林院后，在写给友人的信中，他如是评述时局、自述心迹：

> 长安棋局屡变，江南羽檄旁午，京师十里之外，大盗十百
> 为群，贪风不止，民怨日深！倘有奸人乘一旦之衅，则不可胜
> 讳矣。非得磊落奇伟之士，大破常格，扫除廓清，不足以弭天
> 下之患。顾世虽有此人，未必知，即知之，未必用。此可为慨
> 叹也。

1557年的朝局还是晦暗不明，皇帝一意修玄，首辅继续大权在
握，次辅还是不动声色精心织撰青词，但外表的平静下已经孕育着
骚动，以"磊落奇伟之士"自我期许的张居正已在暗暗积蓄力量，
准备一飞冲天。

阁臣们

朱厚熜去世时，在西苑直庐的阁臣，唯徐阶一人，高拱、郭
朴等同僚都不在场，遗诏起草也都是出自徐阶之手。徐阶绕开了
其他阁臣，把他素来看重的翰林学士张居正拉进来秘密参与其事。
遗诏草成，朱厚熜已人事不省。所以，虽是以皇帝名义发布实行
的"德政"，实际上是首辅徐阶对嘉靖一朝弊政的一个总清算：废
止斋醮、土木、营织和珠宝采购，起复了在大礼议和李福达一案
中罢遣的官员。

这就是日后徐阶离开内阁后张居正在写给他的信中所说的，"丙
寅之事，老师手扶日月，照临寰宇，沈几密谋，相与图议于帷幄者，

不肖一人而已"。

以遗诏名义推行的这些政策，尤其是起复因言获罪的官员，都大得人心，一时间，所有好感与赞誉都落到了首辅徐阶身上。这一来，阁臣高拱、郭朴不乐意了，起草遗诏这样的大事，你绕开同班的我们不说，却拉一个门人来做，这难道仅仅是疏忽吗？怨气积聚成愤怒，继而成为仇恨，郭朴甚至在背后说，徐公诽谤先帝，连杀头都够了。

1567 年，即隆庆元年，四十三岁的张居正由翰林院侍读学士进礼部右侍郎，兼翰林院学士，不到一个月，又进吏部左侍郎兼东阁大学士，正式入阁，不久又进礼部尚书兼武英殿大学士。同时入阁的还有他参加丁未会试时的房师陈以勤。这样一来，此时的内阁，加上早先在阁的徐阶、李春芳、郭朴、高拱共计六人。张居正入阁并接连获得升迁，当然是因为他曾担任裕邸讲官的经历，但更关键的还是在于首辅的荐举。

张居正对徐阶的这一接引之功一直念念不忘。多年后，他在写给友人洪芳洲的信中说，"圣主念甘盘之旧，不弃簪履；元翁垂接引之慈，无遗管蒯"，信中所说"元翁"，即指徐阶。即便在徐阶被高拱排挤去职后，张居正也毫不避讳地称，"不肖受知于老师也，天下莫不闻，老师以家国之事托之于不肖也，天下亦莫不闻"。

六位大臣中，张居正和陈以勤是新人，李春芳是好好先生，郭朴是高拱同乡，唯高拱马首是瞻，最不安分的是高拱。高拱与张居正是国子监的同事，当时一个是祭酒，一个是司业，后来又同为裕邸讲官。东宫僚属一向是大学士的候补人，两人因此惺惺相惜。高拱虽也是徐阶援引入阁的，但素负经济之才的高拱不满徐阶独断专行，自己只担了一个辅政的空名头，再加他曾任裕邸讲官九年，与当今皇上的关系非同一般，所以对徐阶的做法越来越不满，积怨也日深一日。就在张居正入阁不久，徐阶、高拱之争就上演了。

首先向高拱发动攻击的是一个言官，吏科给事中胡应嘉。胡检举高拱，在先帝病重期间，偷偷溜出西苑直庐回西华门家中，有失阁臣的职守。因胡应嘉和徐阶同乡，高拱认为他一定受了徐阶的指使，以高拱睚眦必报的性格，这笔账自然记在在徐阶身上。

这年正逢六年一期的京察①，由吏部尚书杨博主持。按照成例，吏部尚书对言官没有降黜的权力，偏偏这一年京察有好几个言官被去职。杨博是山西人，山西籍的官员没一个降黜的，这激起了言官们的公愤，认为背后定有猫腻。这回，又是胡应嘉弹劾杨博。京察是吏部在都察院、吏科给事中的监督下进行的，身为吏科给事中的胡应嘉事先不提出异议，事后再行弹劾，这一自相抵牾的行为显然有违常规，皇帝责令内阁议行。在高拱、郭朴竭力主张下，胡应嘉遭到革职的处分。

处分决定一经公布，在京城言官中激起了强烈反弹。兵科给事中欧阳一敬，弹劾高拱"奸险横恶"，无异于北宋时的权臣蔡京。御史郝杰，批评高拱"无宰辅器"，又有给事中辛自修、御史陈联芳等联名上疏。徐阶为息事宁人，一边拟旨慰留高拱，一边建议减轻对胡应嘉的处分，改革职为降调建宁推官。言官们不满意。高拱更不满意，吵着要徐阶拟旨，对为首的言官予以廷杖。徐阶夹在中间落

---

① 京察系明代对在京官员的考成制度，弘治十七年奏准实施，京官五品以下由吏部会同都察院及各堂上掌印官共同考察，五品以上照例"遵诏自陈"，陈述个人阙失，由皇帝裁决，听候皇帝处分。每六年举行一次。

得个里外不是人。高拱又唆使御史齐康对徐阶纵容儿子及家人横行乡里进行弹劾。欧阳一敬又劾齐康，齐康再反劾。一时朝堂之上烟尘弥漫，你咬我，我咬你，乱作一团。

刚入阁不久的张居正对言官们的兴风作浪顿生恶感，认为"士习人情，渐落晚宋窠臼"。对齐康的胡乱咬人，连获释后调大理寺的海瑞也看不下去了，为徐阶辩护说，徐首辅没有把先帝从方士们的包围中拉出来，畏威保位的过错或许是有的，但自执政以来，为国计民生忧心操劳，件件事都办得头头有序，"忧勤国事，休休有容，有足多者"，齐康这么做实在是甘心作鹰犬，捕噬善类，其罪行比高拱还要严重。

得罪言官们的结果，是高拱、郭朴接连致仕。按理说，内阁的两个刺头已去，徐阶的位置现在应该坐稳了。但都察院和六科言官仗着有首辅撑腰言多过激，也激起了朱载垕的反感，再加徐阶对皇帝私生活多有阻谏，皇帝嘴上不说什么，惯会看脸色的内侍们早就看出他对首辅不待见了。

第二年七月，朱载垕要巡幸南海子，徐阶提出反对，朱载垕坚持要去，徐阶就以辞职相要挟。这时一个叫张齐的给事中在徐阶背后推了一把，对他进行弹劾，于是皇帝就顺水推舟地同意了徐阶的辞职报告。虽然陛辞时朱载垕对首辅说了许多褒美的话，赐给白金、宝钞、彩币，又给予"驰驿"的待遇，徐阶自己也明白，他在北京的政治生命结束了。他想不明白的是，十七年的大学士，七年的首辅，怎么一转眼说败就败了。其中关节，还是张居正看得明白，老师之败，乃败在结怨于内廷，所谓"谗言外哄、中人内构"是也。这是隆庆二年七月间的事。

在回江南老家前，徐阶把国事家事向他素来倚重的张居正作了一个交底。徐阶的三个儿子，在江苏老家无休止地敛财，确实也闹得太不像话了，以致在京城做首辅的老子也时常被人抓住攻击的把柄。现在自己下野了，只得托有门人之谊的张居正在危急关头予以关照了。送别故师出京，张居正感从中来，对政治机器中个人的意志力的渺小又加深了一层体会，他写给徐阶的这封信，今人读来也不能不动容：

> 昨都门一别，泪簌簌而不能止，非为别也，叹始图之弗就，慨鄙意之未伸也。天实为之，谓之何哉！大丈夫既以身许国家，许知己，惟鞠躬尽瘁而已，他复何言。

徐阶的预感是对的，他的大麻烦还在后头。徐阶去位，李春芳代为首辅。来自扬州府兴化县的李春芳是嘉靖二十六年的状元，其才能比之徐阶、高拱相去甚远，是一个平庸的好好先生。陈以勤则是研究《礼记》知名的学者官员，爱发议论而少实干精神，张居正处身这一帮进退雍容的大僚中，其内心的焦虑可以想见。

在他看来，当下纪纲法度的颓坠，很大一部分责任要由文官集团集体来担负，因为光耍嘴皮子功夫不干实事的官员实在太多了：

> 顷年以来，朝廷之间，议论太多，或一事而甲可乙否，或一人而朝由暮跂，或前后不觉背驰，或毁誉自为矛盾，是非淆于唇吻，用舍决于爱憎，政多纷更，事无统纪。

徐阶去位一个月后，痛感积弊日深的张居正按捺不住了，他上了《陈六事疏》，就省议论、振纪纲、重诏令、核名实、固邦本、饬武备提出种种主张。比之二十年前初入翰林院时所上的《论时政疏》，此文已尽去文士的浮华之气，呈现出一个政治家的质朴和实干精神。然而内阁排名中李春芳和陈以勤都在他的前面，凡事还轮不到他来拿主意，他还得再熬几年才能实现"一飞而振"的抱负。

此疏送呈御览后，只等来"览卿奏，俱深切时务，具见谋国忠恳，该部、院看议行"二十字的朱批，这朱批说不定还是首辅李春芳票拟的呢。聊以安慰的是，吏部、兵部的主官杨博、霍冀还是看到了他所陈六事切中时弊，着力予以支持，一时间士习人情小有变化，"浮议渐省，实意渐孚"。边务问题也已经提到政府的议事日程上，在张居正和杨博的竭力主张下，谭纶、戚继光这两位讨破倭寇的名将被调到北方抵御强寇，谭纶由总督两广军务召回为兵部左侍郎兼右佥都御史，总督蓟辽、保定军务，戚继光召为神机营副将，总理蓟州、昌平、保定三镇练兵事。

1569年，内阁人事再度变动，先是9月赵贞吉入阁。赵贞吉在1550年的北京危机中被严嵩驱逐出京，贬为荔波典史，此时已回升至礼部左侍郎，皇帝见他言谈侃侃，乃命他以礼部尚书兼文渊阁大学士。赵贞吉是嘉靖十四年的进士，资历比任何一个阁臣都要老，入阁时已六十开外，其人虽有才具，却视同僚为后辈，举止傲慢，与其他阁臣相处难免隔膜。

到年底，高拱重返中枢。高拱复出是因为吏部尚书杨博致仕后，内阁没有能压得住的主官，于是皇帝命他回来兼掌吏部事。此后，用人行政的大权悉操于高拱之手，他很快成为了实际上的政府首揆，无人能当其锋。

有关高拱重获起用有多种传说版本，一说是张居正策动，一说是"丹阳大侠"邵方之功，再一说是高拱借助了内监的力量。王世贞的《嘉靖以来首辅传》言之凿凿地称，张居正与司礼监李芳策划了高拱的再度入阁，目的是借此抑止赵贞吉，并抢夺李春芳的首辅之权。但据历史学家朱东润分析，李春芳这个首辅始终不曾独揽朝政，张居正对于蓟辽边境人事上的安排，也不曾受到李春芳的牵制，实无倒阁之必要。赵贞吉个性倔强，张居正与之同事当然会有不快，但赵年事已高，引高拱抵制赵贞吉，这般引虎拒狼，张居正这样精明的人怎么会做？

人称"丹阳大侠"的邵方在 16 世纪 60 年代末是一个传奇式的人物，其人到底有何神通，竟能奔走公卿、对朝政上下其手，实在是一个谜。有证据表明，高拱和徐阶相继离开内阁后，这个邵大侠先是跑到徐阶那里洽谈复职的事，徐阶没有拿他当回事，他便又跑到了高拱那里。也不知他与高拱密谈了些什么，做了什么交易，就在他与高拱接洽后入京不久，高拱又获起用了。邵大侠凭三寸不烂之舌轻松搞定此事，所以在当时就"名倾中外"。但也有人认为，一个在野之人怎么能够安排中枢阁臣的进退？邵方不过是一个政治流氓、投机客和交通中外的恶棍，1572 年张居正当国后，就让应天巡抚张佳胤把他除掉了。

种种迹象表明，高拱这次重获信任进入内阁，实是靠了宫内力量的支持。朱载垕得了政治厌恶症，对国事毫无兴趣，每天都由滕祥、孟冲、陈洪等一班亲近的太监陪着到处游幸、作长夜饮，从高拱出任首辅后推荐陈洪任司礼监太监来看，高拱再度入阁正是有赖于陈洪一帮人的支持。尽管如此，凭张居正对高拱的了解，他对后者重回内阁还是有相当的期待，在给朋友的信中说，"喜高老起用，素在同心，世事尚可为也"。以为自己与高拱乃生死之交，这份情谊实在子弟父兄之上。

高拱是个干练的行政官僚，他以阁臣兼掌吏部，到部后，即令吏部司官把所有官员姓名籍贯编造成册，同时在档案中注明业绩和表现，这样一来，官员的调动和提拔全都可以按图索骥。又严肃纲纪，杜绝跑官要官，吏部气象顿时一新。为了加强边关防务，他又提出加强军事专门人才的培养至关重要，兵部司官不可轻加变动，地方督抚和兵备道须从兵部遴选。这样一个善于用权的大臣重新入阁，最感威胁的莫若赵贞吉了。高、赵两人，年龄相近，资历相孚，又都恃才自傲，一下就耗上了。为了制衡高拱对官员的任用权，赵贞吉做通了李春芳的工作，趁左都御史王廷致仕，提出兼掌都察院。以监察权对用人行政权，正可谓旗鼓相当。

内阁纷争中，中立派陈以勤第一个提前退场。论私人关系，高拱是陈以勤裕邸讲官时期的同事，赵贞吉是他的同乡，张居正则是他的门生，他哪边也不能得罪，只能一走了之。接着，1570 年 11 月，吏部与都察院会同举行的对科道官员的考察中，赵贞吉不敌高拱的凌厉攻势，也致仕回籍了。

对六科给事中和十三道监察御史的这次考察，实是高拱为泄三年前因得罪言官落职的一次有意报复。赵贞吉一开始不赞成，但这一提议既经皇帝首肯，他也只得硬着头皮来办。双方都是借着考察的名义竭力排斥对方阵营的言官。最后，赵贞吉被劾"庸横"，不得不引咎辞职。但若论"横"，谁也比不上高拱。黯然出京的赵贞吉在最后一次疏辩中负气地说："臣自掌院务，仅以考察一事，与拱相左；其他坏乱选法，纵肆作奸，昭然耳目者，臣噤口不能一言，有负任使，臣真庸臣也。"他最后的请求是解除高拱兼掌吏部的大权，以免他借此广植私党。但以后的事已不是他能左右的了。

1571年6月，李春芳在任首辅三年的时候提出辞职。据说，他是因阻拦高拱对前首辅徐阶的报复行动而遭到攻击的。随后不久，新入阁的殷士儋也因高拱不相容遭到驱逐。连着赶跑四个阁臣，到了这年底，内阁实际上只剩高拱、张居正二人。

高、张二人本来私交不错，这一来位置实在靠得过近了些，高拱不免猜忌，张居正更是感到威胁和不安。这年底高拱六十大寿，张居正在一篇序文中给高拱戴高帽把他比作历史上辅佐成王的周公，有意缓和紧张气氛。

史传对于高拱的评价是忠于谋国而度量不足，这一点从高拱重返内阁后对徐阶的打击报复上可窥一斑。三年前，徐阶不让他参与发布遗诏一事一直让他耿耿于怀，他一来就"尽反阶所为"，把遗诏起用的官员再来了一次罢黜，把入狱待斩的方士全都免死。高拱的理由是，起复议礼得罪的官员，将会使先帝的在天之灵不得安宁，先帝临御天下四十五年，寿数六十有余，晚年抱病而亡，应该也算是善终，归之为方士所害，那就是"议事之臣假托诏旨"，诬蔑先帝不得善终！

张居正是1567年遗诏发布的参与者之一，他又没有力量阻挡高拱这么做，这杯苦酒只能默默饮下。但他不会像其他那些阁臣那样一走了之，他不是轻易认输的人。

德之殇

户部主事海瑞在 1566 年冬天犯颜直谏，使他成了那个时代最为著名的道德英雄。1567 年初，朱载垕登极，海瑞被无罪开释，官复原职，不久又改兵部，擢尚宝丞，调大理寺，又后调任两京通政司左、右通政，从正六品升到了正四品。如此频繁的调动，且又是无甚实权的职位，看来，高层对如何安置使用这个有着巨大声名的官员也是踌躇再三。

1569 年初的京察中，海瑞在写给皇帝的述职报告中对无休止地升他官衔又不让他做具体工作表示了不满，说自己现任的职务只不过是专管查看呈奏给皇帝的文书，看罢原封发送，既无压力，亦无责任，做这样无聊的事情还不如回老家去。他请求分配一个能具体负责的官职。这年夏天，海瑞终于得到了一个报答君恩的机会，出任应天十府巡抚，驻扎苏州。

以举人出身，获任素来号称难治的南直隶最富庶地区的巡抚，不说在本朝历史上极为罕见，即便是特旨简任，也显然是超擢之恩，可见朝廷对之寄予的厚望。吏部和文渊阁在几经观望后赋予他这样的重任，乃是因为海瑞在浙江淳安、江西兴国的治绩和直言抗命的精神已使他在公众眼里成了人伦道德的坚决信奉者和实行者，他们看重的正是他对国家和人民具有高度的责任感，和其身上独有的道德感召力。

海瑞的新职一经发布，苏松地区一些在经济和个人生活上有污点的官员就因担心不能见容于这位性情古怪的上司，纷纷离职或请求他调。显赫的权贵人家则特地把朱红色的大门漆成黑色，以免过分招摇。驻在苏州的一个负责监督江南织造的宦官甚至主动减少了出行时的舆从，把轿子的规格由八人减为了六人。凡此种种，正可以见出新巡抚大人声势之威猛。

然而上任伊始声势如此隆重的海瑞，在巡抚任上只待了八个月就遭参劾黯然落职，其关键正在于学者黄仁宇所说的，海瑞身上那种"一个有教养的读书人服务于公众而牺牲自我的精神"，在实际的政治生活中作用至为微薄，"他的所作所为无法被接受为全体文官们办事的准则"。而导致他去职的直接诱因，则是他干涉了他治理辖区内的土地所有权，从而招致既得利益者的广泛积怨和攻击。

本朝中叶以后，农村土地开始被大量兼并，集中于放高利贷者之手，地方缙绅以远远高于官方规定的利率进行放款，当借款人无力偿还时，所抵押的土地即为他们合法占有。随之形成的一个现象是穷者愈穷，财富急遽集中到有产者手中。作为一个在圣贤典籍培育下成长、又始终重视伦理道德作用的文官，海瑞一上任即有抑制富户、缩小贫富差距的愿望，他曾这样说，要想天下清明安定，一定要实行井田，不得已而为限田，又不得已而实行均税，尚可存古人的遗意。正是这种道义冲动，使他做出了把因高利贷而发生所有权变更的田产还归原主的命令，从而酿成一个引起朝野侧目的争端，最终导致他的仓促落职。

海瑞在辖区内推行他的退田政策，首当其冲的豪门大户即为前首辅徐阶家族。徐家的家庭成员据说有数千之众，这个大家族所占有的土地，据当时人统计，当在二十万亩至四十万亩间。如此大量土地的兼并和集中，形式上虽有契约文书作法律的证明，但这一掠夺性的行为的背后，则是升斗小民的耻辱和愤怒。徐阶的一个弟弟和三个儿子为此在地方积怨甚众。徐阶任首辅的时候，地方官员为示好于首辅尚可将此类诉讼争端强行压下，等到徐阶落职闲住，再加新入阁的高拱正愁抓不到把柄重治其罪，前首辅纵容家人横行乡里倾并田产的丑闻就全都被揭发了出来。

素称铁面无私的巡抚大人即将到任，自感岌岌可危的徐阶授意他的儿子给张居正写信，请他出面维护。张居正一面告诫徐阶家人，一面安慰他们说，一待海瑞到任，他会作书嘱托此事。他担心的是徐阶年事已高，再也经不起这样的波折。

海瑞到任不久，正是重返内阁的高拱着力推翻徐阶所制订政策的敏感时期，这对徐阶家族来说又是火上加油。甚感不安的张居正给当地官员朱大器写信，嘱他着力斡旋，他自己不好明着对海瑞施政过多责备，只好委婉地说，"至于海刚峰之在吴，其施虽若过当，而心则出于为民。霜雪之后，少加和煦，人即怀春，亦不必尽变其法以徇人也。"

说起来徐阶对海瑞还有救命之恩。1566年冬，海瑞因犯颜上书被系狱中时，刑部主张按儿子诅咒父亲的律例处以绞刑，正是徐阶将此事压置，才使他有机会在隆庆皇帝登基后东山再起。然而海瑞并没有徇私放徐阶一马，他逮捕了徐阶的弟弟徐陟，并责令徐家退出多占的田地。不久，高拱命前知府蔡国熙会同办理徐家一案，徐阶的三个儿子同时被逮，田产充公，两个儿子也充军远戍。事情到了这个地步，张居正还要苦心调护，希望在不得罪高拱的前提下保住徐阶。他写信给蔡国熙替徐阶说情，说自己上惜国家体面，下为朋友消怨业，又说徐阶任首辅时并无显过闻于天下，把他三个儿子悉数逮捕，太有失朝廷优礼旧臣之义。

海瑞在办理徐家一案中表现出来的刚正不阿、爱人以德的君子之风，再次使他获得了舆论的好评。如果他见好就收，以这种惩一儆百的方式使缙绅大户有所戒惧，主动退出多占的田产，那么他辖区内的这次土地改革或许有望成功。但新巡抚实在是过于操切了，徐家退田后，他的热情一发而不可止，把这项工作全面地铺展开来。他指定每月有两天专门收受这一类案件，据他自己的文集披露，他在任期间每天收到此类诉讼的禀帖达三四千件之多。

海瑞很快陷入了无休止的田产纷争案件的包围。民间有关资产的争执向来头绪纷繁，案情复杂，没有一个专门的机构去调查其中细节、听取申辩，实难以做出公正的裁决，海瑞以一己之力与庞大巨人作战，又焉能不败。到1569年末，参劾海瑞的奏疏雪片般送至御前，所参劾的理由，大至施政失措、有失大吏体统，小至其私生活的细枝末节，吏部综合这些疏状后得出的结论是，巡抚应天十府海瑞实为"志大才疏"，不宜再任此要职，建议调任闲曹。

1570年春天，海瑞改任南京粮储，虽官秩不变，但由巡抚一方的大吏到留都户部的闲官，贬谪之意是再明白不过了。愤愤不平的海瑞以病重为由辞职还乡，在这之前发出的奏疏中，他痛骂"举朝之士，皆妇人也"。

仅仅八个月时间，这位大众心目中的道德英雄竟已被许多人怀疑为怪僻、狷介，近乎不近人情，其实际才能与声望之间存在着巨大差距。他赖以与强大的社会力量对抗的资本，即以不怕死的净谏得来的名声也全都赔光了。这是海瑞个人的悲哀，更是暮气已沉的帝国的悲哀：个人道德之优长，已无补于制度的弊病。事实的情形恰如黄仁宇在《万历十五年》中所说：

> 帝国的政治措施至此已和立法精神脱节，道德伦理是道德伦理，做事时则另有妙法。再要在阴阳之间找出一个折中之点而为公众所接受，也就越来越困难了。

海瑞的悲剧还留有余声：两年后，万历皇帝登基，张居正出任首辅，深感不平的海瑞去信请他主持公道，并表达再度出山的愿望。张居正在回信中对他表示同情，承认苏松地区法纪的崩坏由来已久，却又认为，"公骤而矫以绳墨，宜其不堪也"，对海瑞任巡抚期间的冒进政策提出了委婉批评。他拒绝施以援手。

心有不甘的海瑞被迫回到原籍地海南琼州。在噬心的痛苦中挨过了十五年后，于1585年被重新起复为南京都察院右佥都御史。得到这一名誉性的职位时，海瑞已经七十二岁了。令他泄气的是，朝廷做出这一决定的背后动机是把他这位享有盛誉的直臣作为点缀的花瓶。

就在他升任此职前不久，他给万历皇帝上了一个条陈，称自己衰老垂死，愿学古人尸谏之义作最后一番陈述。在这个条陈中，海瑞提议，为了杜绝官吏贪墨成风，除了采用重典以外别无他途，其中还提到太祖皇帝当年的剥皮囊草的刑罚，凡贪赃在八十贯以上的官员都要处以绞刑等。

这一提议再次激起公怒。有一位监察官员甚至对海瑞的一生作了全盘否定，称他为官这么多年没做过一件有益的事，只知矜己夸人，一言一论已沦为士林的笑柄。这个人显然已完全不合乎时代的潮流了。围绕海瑞的条陈进行了激烈争辩，拥护派和反对派莫衷一是。最后皇帝做出结论，优容这个"词多迂戆"的年老官员，不作追究。

由万民敬仰的道德英雄，而终致获得一个"迂戆"的评价，这巨大的落差，对一个一向爱惜声名的官员的打击可想而知。由失望而终于绝望的海瑞连续上了七道辞呈，都没有得到允许。

1587年11月13日，海瑞死于南京任上。据说他死后身无长物，留下的十余两银子都不够殓葬之资。同官金都御史王用汲去见了他最后一面，只见他瘦小的身躯佝偻在破烂的竹器和葛布制成的帏帐中央。王御史见状，禁不住放声大哭，凑钱为他料理了丧事。

海瑞的灵柩用船运回家乡时，白衣白帽的人群站满了河两岸，祭奠哭拜的人数里不绝。他们是为一生劬劳、刚直不阿的海刚峰而哭，更是为道德理想的覆灭而哭。

第十章　耀眼的暮光

白首相知犹按剑

　　高拱怎么也没有想到，最大的威胁竟然一直蛰伏在自己身边。对张居正他不是没有过警觉，他们在嘉靖时代的国子监就一个是祭酒、一个是司业，搭档过好一阵子，后来又在隆庆皇帝登基前同为讲官，此人行事之果敢、心思之缜密常令他暗暗赞叹，但向来"才略自许，负气凌人"的高拱自信能驾驭得了。到头来他发现，正是这过度的自信毁了自己。

　　也是张居正入阁后刻意保持低调、不显山露水的韬光之术，才会让高拱有错误的判断。王世贞写的张居正传文称，张居正入阁之初"于朝堂倨见九卿"，为众人畏惮，事或有之，却不是隆庆初年，而是万历年间张居正出任首辅后的事了。当此时也，杨博、陆树声、葛守礼一班老人尽退，阁臣中的吕调阳、张四维都是他所汲引，何况九卿！然而在张居正初入内阁的 1567 年，同班六位阁臣中，有会试时的房师、国子监时的上司，凡事哪轮得到秩位最末的他去出头。

继而首辅失位，高拱去而复来，内阁的纷争让他慨叹人情风俗之"可骇"，更伤心于士习骄惰、法令难行。但当国家有事，帝国北部边境出现难得一显的和平的曙光时，他坚决地和高拱站在了一起，顶住汹汹群议，主张诏许俺答封贡、互市，再加在前线的王崇古、方逢时举措有方，终于使困扰本朝近两百年的"北虏"问题得以解决。1570 年停战协议的签订，使帝国的北部边境保有了半个多世纪的安靖，此功至伟，高拱与张居正的精诚合作实起了很大作用。①

然而，高拱 1569 年重返内阁后对前首辅徐阶的无情打击却深深伤害了他。徐阶提携张居正，并在离任之际以家国之事相托，这在嘉靖、隆庆年间是人所共知的事实，正因为这层关系，高拱重执权柄后对徐阶发动清算时，张居正于情于理都要站出来为徐阶说话。但他又不想因此与高拱搞得剑拔弩张，只得一次次给经办案件的官员和门生故旧去信，委婉曲折嘱咐他们妥善处置。这些信大都欲言又止，词意闪烁，其意图不外乎既能让徐阶全身而退，又不得罪高拱，即所谓"存老之体面，玄翁之美意，两得之矣"②。在给门人梁梦龙的信中，他甚至解释这么做的苦心，保全徐阶其实也是为高拱着想。

田产充公、两个儿子被充军后，徐阶被免于追究刑事责任，张居正为徐阶到了老境还受此折辱深感愧疚。在信中自责说"以不肖之浅薄，猥辱老师甄陶引拔，致有今日，恩重于丘山，报微于毫

---

① 《明史》卷二一三，《高拱传》。
② 《张文忠公全集》书牍十四，《答应天巡抚》。

末"，"计自今以往，世局又当一新矣。冥鸿迹远，缯缴安施？惟强饭自持，以慰耿耿。"①然而高拱已然对他起疑。一次在内阁直房，高拱当面发问，外面传言徐阶的儿子送了三万两银子给你，要你出面维持，到底有无此事。经张居正竭力剖白，高拱才承认这是一个误会。

到了1571年，内阁几乎成了高拱的一言堂，张居正的处境更加艰难。这年徐阶生日时，张居正在信中称，"不敢走介，畏行多露"，"鄙怀种种，亦噤不敢言，临楮惘怅而已。"随着大学士们纷纷去职，到了这年底，内阁只剩高拱、张居正二人，真成了"周召夹辅"之势，这两个执政理念和性情相去不远的政治动物终于因靠得太近愈来愈提防对方。时势使然，以往的谨慎小心不一定再管用，张居正已在准备背水一战，只因其为人深沉，他还在静以待变，寻找对方的漏洞。

1572年初，礼部尚书潘晟致仕时，张居正在写给他的一封信中于不经意间偶露了心底峥嵘："白首相知，犹按剑也，况他人乎？然义命之学，窃尝闻之矣。自检平生，不敢有一事负国家，不敢有一念负于天下贤士大夫，至于去就，有命存焉，惟静以俟之而已。"②

待后来高拱落败，张居正却又把责任归之于势利小人的中伤，翻覆之间，正可见出其人心计之深沉："不穀与元老为生死交，所以疏附后先，虽子弟父兄，未能过也。叵耐中遭俭人，交构其间，使之致疑于我，又波及于丈，悠悠之谈，诚难户晓。"③

① 《张文忠公全集》之《答上师相徐存斋七》。
② 《张文忠公全集》书牍四，《答宗伯潘水帘》。
③ 《张文忠公全集》书牍十四，《答司马曹傅川》。

1572 年夏日某一天，皇帝朱载垕坐朝时突感身体不适，他站起来走了几步，嘴角抽搐着，发出一连串谁也不懂的声音，随后整个身体就瘫软下来。这明显是中风的症状。司礼监秉笔太监离他最近，赶紧上前扶住，朝班位置靠前的一班大臣也抢前搀扶。回到乾清宫，皇帝紧急召大学士高拱、张居正及一个月前刚入阁的高仪入宫。

当高、张等入觐时，皇后、皇贵妃在帷后，掩泪不止，虚龄才十岁的皇太子朱翊钧跪在御榻左下侧，神情茫然。斜倚在御榻上的皇帝已人事不省，内监向三位大学士宣诏，宣毕，帷中传出皇贵妃口谕：江山社稷要紧，先生每要尽忠为国。[1]

次日，皇帝龙驭上宾。三位大学士聚哭内阁直房。高拱更是哭得差点背过气去，捶胸顿足道，"十岁太子，如何治天下！"三大臣以国家的未来相互期许，尽心辅佐幼主，渡过眼前难关。然而令高拱始料不及的是，在先皇驾崩到新帝即位的半个月时间里，司礼监人事的突然变动几乎搞得他措手不及。

新帝即位，即颁中旨到内阁，诏授司礼监冯保为掌印太监。冯保在嘉靖朝已是司礼监秉笔太监兼提督东厂，宫中太监的第二号人物，隆庆朝的这些年里，他屡次想升任掌印太监，但擅于权术的高拱担心驾驭不了，推荐了资历稍浅的陈洪。陈洪罢职后，高拱又绕过冯保，推荐与自己关系密切的孟冲继任。因此之故，冯保对高拱实有切齿之恨。

高阁老愤怒了，声色俱厉地训斥传旨的小内侍，问这所谓的中旨到底是谁的旨意，皇帝年纪还小，一切都是你们在背后捣的鬼吧。此话经添油加醋传入宫中，已全都变成了对皇帝的诽谤，再加有人

---

[1] 《张文忠公全集》奏疏六，《谢皇太后慈谕疏》。

检举（东厂的特务侦查机构现正由冯保掌握），大行皇帝宾天之日，高拱曾在内阁说过这样的话，十岁幼童何能尽理天下事。皇后和皇贵妃——她们一个是皇帝的嫡母，一个是生母——能容忍为臣子者这样狂妄跋扈吗？

高拱还在按着预想的思路出牌，他把自己与冯保的斗争上升到内阁与司礼监之争的高度，称自己这么做的目的正在于扩大内阁权力。因此在奏折发出前，他向阁中的两位成员张居正和高仪作了通报。高仪明哲保身，不想蹚这场浑水，不支持也不反对，张居正则高调支持。史传称，"拱使人报居正，居正阳诺之而私以语保"①，"保与居正定谋逐拱"，由是观之，当高拱准备为内阁而战时，他阁中的张居正已经倒戈相向，与攻击对象结成了联盟。

六科给事中和十三道御史都给发动了起来，攻击冯保有"四逆六罪三大奸"，要求将之逮捕法办。礼科都给事中陆树德对冯保骤获新职的来路表示质疑：如果这旨意来自先帝，为什么不预先公布，偏偏要留到驾崩后？如果是陛下的意思，陛下现在哀痛方深，又哪顾得上一个中官的任命？所以只有一个可能，那就是冯保矫诏。

高拱门生、吏科都给事中雒遵抓住冯保在皇帝视朝时站在御座边这一细节，攻击冯保欺主幼冲，失礼至极。他质问道，冯保不过一侍从之仆，居然在朝会时立于天子宝座一侧，那么请问，文武群工是在拜天子呢，还是拜一个阉人？

虽与冯保缔结了同盟，考虑到与高拱之间的复杂关系，张居正决定坐收渔人之利。当京师充满着山雨欲来的惊悸时，他以奉诏视察大行皇帝陵寝为由，离开了是非中心。即便是结束视察回到京城，

---

① 《明史》卷二一三，《高拱传》。

他也以不堪旅途劳累染病为由，不到内阁视事，也不参加朝会，似乎事不关己高高挂起了。但闭门不出的他却比任何人更警觉地关注着这场交锋。高拱胜了，他大不了继续搬起那套"义命之学"强撑下去；若是冯保胜了，日后的政局就要靠自己来收拾了。皇帝幼冲，本朝又无后宫当国之先例，日后施展抱负的空间大着呢，这一前景让他兴奋莫名。

1572年，农历六月十六日庚午，天还未明，皇帝召百官到会极门集合。官员们相互交换着紧张、不安或兴奋的神色，连日的纷争应该有个解决了吧。时辰一到，随着皇帝升驾，高拱抬眼看去，只见小皇帝的身边依然站着冯保，这一刹那的注视，高拱知道自己已经失败了。

冯保当着众官员的面，宣读了据称是皇帝和他的两位母亲共同署名的诏书：

> 告尔内阁、五府、六部诸臣：大行皇帝宾天先一日，召内阁三臣御榻前，同我母子三人，亲受遗嘱曰，"东宫年少，赖尔辅导。"大学士拱揽权擅政，夺威福自专，通不许皇帝主管，我母子日夕惊惧。便令回籍闲住，不许停留。尔等大臣受国厚恩，如何阿附权臣，蔑视幼主！自今宜洗涤忠报，有蹈往辙，典刑处之。[①]

在这份诏书中，高拱被控妨碍皇帝行使权力，威逼皇室。他被剥夺官秩，并被勒令即日出京，遣返河南原籍。在那里，他将在地

---

① 《明史纪事本末》卷六一。

方官员的长期监禁下居住，如非皇帝恩准，不得离开一步。

巨大的打击让高亢了一辈子的高拱一下子委顿下来，毕竟，他已经是一个六十二岁的老人了。高拱的官方传记叙述至此写道："拱伏地不能起，居正掖之出。"这相掖而出的背影，倒也是近六年来内阁之争一个绝妙的收尾。

但据历史学家朱东润先生披览有关这一日发生事件的多家记述，认为张居正并没有出现在会极门。以周圣楷《张居正传》考之，则言张居正尚在大峪岭视察陵寝，未归京城，"比归而拱已去位矣"。张居正后来接受召见时呈献的答谢文件《谢召见疏》中，则自称事发时，自己尚在病假中，"祗役山陵回还，中暑致病，具奏请假调理。本月十九日辰刻，忽闻中使传奉圣旨，宣召臣入。"事实上，这一日张居正是否出现在会极门并不重要，重要的是眼下这个结果，他借力施为，达到了目的，顺利登上了内阁首揆之座。

驱逐高拱的决定下达后，张居正与另一名顾命大臣高仪联名请留高拱。明眼人都知道，这不过是张居正为撇清自己故作姿态。限令回籍的高拱行将出发时，张居正说已为老先生回家申请好了"驰驿"，以免旅途颠簸之苦。高拱负气拒绝了，他说，你不怕皇帝责怪你"党护"我吗？这个落职的前首辅终于切实地感受到了什么叫世态炎凉。仆人已经四散，他只得自己雇车出京，还有押行的锦衣卫在后面起哄追逐，其情状实是狼狈不堪。后来还是张居正再次为他请恩"给驿"，才免去行路困顿，安然回到河南新郑老家。

这一事件过去后的第三天，农历六月十九日辰刻，朱翊钧召见首辅张居正，说道："先生为父皇陵寝，辛苦受热，国家事重，只在内阁调理，不必给假。凡事要先生尽心辅佐。"

在听到皇帝亲口称为忠臣后，张居正感激涕零，对这个十岁的孩子几不能仰视。他俯伏奏称："臣叨受先帝厚恩，亲承顾命，敢不竭才尽忠，以图报称。方今国家要务，惟在遵守祖宗旧制，不必纷纷更改。至于讲学亲贤，爱民节用，又君道所当先者，伏望圣明留意。"在得到皇帝的嘉许后，张居正又说："今天气盛暑，望皇上在宫中，慎起居，节饮食，以保养圣躬，茂膺万福，"朱翊钧这样回答："知道了，与先生酒饭吃。"[①]

这是张居正任首辅后的第一次受到召见。在《谢召见疏》中，他表示要为国家爱养人才，不敢以私意用舍，更要"矢坚素履，罄竭猷为，为祖宗谨守成宪"，从而使宫府一体、上下一心，达到长久之治。

回到河南老家的高拱不久就病了，预感到死神不远，他决意把自己的一生写出来。这部名为《病榻遗言》的回忆录的写作成了他晚年的唯一消遣。在往事的回味中，他追念先帝的恩泽，发泄着对政敌的愤怒。然而半年后发生在遥远的京城的一场风波，又差一点让他身罹大祸。

1573年2月20日清晨，有一个宦官打扮的陌生男子在宫门前逡巡不前，因形迹可疑被卫兵抓获。经讯问，此人供称名叫王大臣，以前在京城某大户家充当仆役，现系无业。类似这样的闲杂分子混迹禁卫森严的宫门而遭拘留讯问，过去也发生过，大都申饬训戒一番放归了事，但与高拱积怨甚深的冯保却想借这人做点文章，把落职赋闲的高拱置于死地。在东厂审讯时，他命人将两把精致的短剑放在王大臣衣服内，要他招认是受高拱和前司礼监掌印太监陈洪指

---

① 《张文忠公全集》奏疏二，《谢召见疏》。

使，潜入宫中谋害皇帝。冯保许诺，如果承认这一指控，王大臣就会得到很大一笔奖励作为报酬。

消息一经公开，朝野一片哗然，皇帝更是惊讶万分，要知道，已经退职的前首辅远在千里之外的河南老家，他如何能发动这场阴谋？在监察官员们的强烈要求下，他命锦衣卫左都督朱希孝和左都御史葛守礼鞫讯此案。葛守礼为人方正，朱希孝虽做过现首辅张居正门客，与高拱关系也不错，这两个为主的审讯者都不愿参加到这桩明摆着是栽赃诬陷的阴谋中来，一起找到张居正，为高拱辩护。

张居正说，难道你们怀疑是我设计陷害高拱吗？杨博答，不敢作如是想，但现在只有您才有回天之力洗刷高拱冤情了。张居正急着撇清自己，取出一份东厂的审讯笔录以示与己无关，然而笔录中的"历历有据"四字让他们一眼看出，正是首辅亲自删改的笔迹。张居正只得讪笑着解释说，审讯的人不通文墨，我只是替他们改了几个字罢了。

复审时，王大臣翻供了，大概是他终于意识到，承认了谋刺皇帝自己也难逃一死，这就暴露了冯保的教唆和陷害。张居正既不想看到高拱蒙冤以致结怨朝臣，也不想为此开罪冯保致使宫府不和，于是采用刑部一个郎中郑汝璧的建议，剪去了王大臣的舌头（也有一说是冯保把生漆兑入酒中破坏了他的声带）。两天之后公开鞫问，由于犯罪嫌疑人已经不能开口言语，无法查出真正的结果，对高拱的指控也就自然撤销。不几日，王大臣被判斩立决，以免有更多人牵累进来。

然而，据十年后刊刻问世的高拱回忆录《病榻遗言》披露，这个王大臣乃是来自张居正的亲信、蓟州总兵官戚继光的麾下，张居正和冯保秘密策划构陷，以这个人作为置他于死地的工具。只因负责审讯的官员良知尚存，不愿参与到这项阴谋中去，他们才杀人灭口。高拱为官时就以耍弄权术闻名，他的这一指控到底有多少真实性大可质疑，且《病榻遗言》问世时有关此案的重要人物都已去世，已经成年的皇帝即便满腹狐疑，有心想搞个水落石出，也是不可能了。

扣在高拱头上的莫须有的罪名是被洗掉了，现首辅与此案到底有无干系，则成了时人议论的一个话题。对此，张居正也无可奈何，只是在和朋友说起时语多愤愤。"仆平生所厚士大夫甚多，见背者亦不少，然终不以是而易其好贤之心，即今日内狱之事，可以观矣。"①

沈德符在《万历野获编》中说到此案，认为高拱回忆录中指控此人从戚继光处来，只是一个被仇恨和愤怒包围的老人的臆想。张居正为了避免事情闹大，想尽快了结此案是真，说他想借此除掉高拱，除了积怨于整个文官集团，他又能落到什么好处？此案系高拱的死对头司礼监掌印太监冯保一人所为，"实非江陵意"。

沈德符还披露，王大臣实只是一个化名。此人本名章龙，浙江宁波人，幼时是一个娈童，成年后以歌舞、戏谑为业。此人与宫中内监素来交好，借此经常出入内廷，盗窃宫中财物，那一日在宫门外，因神色惊惶引起卫兵警觉被拘，后来发生的一连串事，实是阴差阳错。

---

① 《张文忠公全集》,《答吴尧山言宏愿济世》。

恋栈夺情

在朱翊钧人生初年的记忆中，元辅张先生乃是知识、智慧和天地间秩序的象征。张先生长脸、剑眉，不怒自威，一部美髯几乎垂到上腹部，在十岁的朱翊钧的眼里，这张脸上就写着本朝的典章制度，乃至历代的兴亡得失。再加张先生是先皇指定的三个顾命大臣之一，除了担任政府首揆，还兼管自己的功课，怎不让小孩子家既敬且畏？

自从 1572 年夏天登上皇位，冲龄十岁的朱翊钧除了出席朝会、按照事先有人给他准备好的字条上的文字答复大臣们的呈奏以尽人君之职，他最重要的任务便是学习。皇后陈氏和生母李氏在他登基后不久就已在内阁、吏部和司礼监的共同策划下并尊为太后，两位太后对他的学业都期许甚高，希望他成为上古时代尧舜一样伟大的君王。尤其是生母慈圣皇太后更是督查得紧，为了更好地履行看护人的职责，还搬到了乾清宫和儿子一同居住。

朱翊钧学习的地方是文华殿。每天的功课内容有三项：经书、书法和历史。元辅张先生为他安排了五个主讲经史的老师、一个书法老师和一个侍读。这些老师都是翰林院的饱学之士。张居正处理政务的余暇，也会来亲自讲授。他还为这个特殊的学生编定了一本叫《帝鉴图说》的教材，选取尧舜以来历代君王可以师法或可资训诫的言行汇成一册，且配以精美的插图，这本图文并茂的专用教材很快就让小皇帝爱不释手。

朱翊钧一天的学习时间大致是这样安排的：晨起早膳毕，日出时分出席经筵。虽仪式从简，不用侍卫、侍仪、执事等官，只用讲读官、内阁学士待班，但日讲的功课却至为繁重。先读《大学》十遍，次读《尚书》十遍，讲官随即进讲，讲读毕，皇上进暖阁少憩，司礼监将备衙门章奏，进上御览，大臣在西厢房随时等候谘问。这么做是为了让小皇帝对国家政务及早接手，久之自然练熟。近午进讲《通鉴节要》《贞观政要》等，主要内容为可资借鉴的前代兴亡事实。午餐即在殿上进行，膳毕还宫。下午的大部分时间他可以自由支配，但还是要默记讲授过的经史，从容温习，或看字体法帖。每月三、六、九视朝之日，暂免讲读，若非遇到大寒大暑，这样的功课一日也不可辍止。平时，元辅还要经常检查功课，有时小皇帝背诵经书时念了错字，这个严厉的老师会一点也不顾情面地大声予以纠正。

让一个实际年龄不到十岁的孩子担负如此繁重的课程，日久难免生厌。但慈圣皇太后课子极严，一旦她发现儿子有贪玩、懈怠，就会做出严厉的处罚，有时甚至罚跪达数小时之久。太后管教儿子时有这样一句口头禅，要是让张先生知道了，你可如何是好！在朱翊钧还是皇子时就在跟前服侍的"大伴"冯保，此时已是宫中职位最高的太监，负责随时向太后报告皇帝起居和学习的一切情况。太后、元辅、"大伴"三重辖制下，这孩子就像一只关在金丝笼里的小鸟，实是生无可恋了。

朱翊钧是个聪慧的孩子，他的创造力最早在书法方面显现出来。临帖不久，他就能写一尺见方的大字。当他兴致盎然地把信笔涂墨赏赐给大臣们时，张居正及时掐灭了他对书法艺术的兴趣。他举出历史上的亡国之君隋炀帝、宋徽宗为例，训诫小皇帝，指出他们正是过分沉迷于艺术才导致朝政荒废，最终葬送了国家。所以，1578

年后书法课就取消了，只剩下枯燥难啃的经史。

为了把朱翊钧培养成一个与文官集团的价值标准相符的有德之君，课业之外，张居正还强迫让他接受一种严格的修身准则。这种准则即敬天法祖，学会以德行治理天下，自觉规避一切外在诱惑。经筵之后，例有赐宴，往常，殿上讲课还在进行中，光禄寺早就在左顺门暖房备下了酒食，结束讲课后，鱼贯着下殿的文官们在丹墀上向御座叩头如仪，即可按职位高低入座进餐。为了节用物力，张居正奏请停止了例赐的宴会。宫中提出要去各地采购珠宝，也被他阻止了。他还建议停止每年春节元宵的灯节，仅此一项，光禄寺每年春节的供应就可省去七百余金。

乾清宫里服侍皇帝起居的两个小太监孙海和客用，见小皇帝这般郁闷，就想着法子给他找乐子。在这两人的导引下，朱翊钧第一次发现皇宫中竟也有如许好玩有趣的地方。他们避开太后的耳目，在夜间陪着他喝酒、听宫女唱曲，撺掇他主持太监们的射箭比赛。慈圣皇太后得悉儿子背着她竟然像一个街头少年一样放荡不羁，大为光火，她令司礼监冯保逮住这两个小太监，痛打一顿后逐出宫去。异常失望的太后痛责自己没有尽到责任，据说她还准备祭告太庙废掉这个失德之君，而代之以朱翊钧的弟弟潞王。朱翊钧长跪告饶，太后才答应给他一次改过自新的机会。元辅张先生趁机进谏了一番大道理，什么戒游宴以重起居、却珍玩以端好尚、勤讲学以资治理，等等。朱翊钧像个做错了事的小学生一般唯唯诺诺，并保证下次不再犯，内心里却对永远正确的元辅和专打小报告的"大伴"生出了丝丝恨意。

随着小皇帝日渐长大，这恨意如同宣纸上的墨愈染愈深。小皇帝现在对元辅张先生的敬畏每增加一分，他日的恶感便加重一分。这世间的仇怨原是这么一种奇怪的东西，过度的压抑使它以几何倍数迅速滋生膨胀开来。俗话说伴君如伴虎，君王比虎狼更要歹毒万分，因为他手上握着无上的权柄。

但目下的张居正丝毫没有觉察到自己坐在火山口上。他只记着皇太后昔年在帷后的嘱托，"江山社稷要紧，先生每要尽忠为国"；只看到小皇帝驯服得如同小羊一般，丝毫没想到今日的尽心尽职会招致来日的无情反噬。一说起小皇帝功课的精进，竟还沾沾自喜着。在写给提督两广军务殷正茂的信中，他说："所幸主上年虽幼冲，聪睿异常，又纯心见任，既专且笃，即成王之于周公，恐亦未能如是也。但自愧菲劣，不足以堪之。目前景象，似觉穆清，自今而往，惟当益积悃诚，恒存兢业，恪循轨辙，按辔徐行耳。"①

在张居正看来，朱翊钧虽尚未成年，但在自己的悉心教导下，已处处流露出一个有德之君的风度，"锐意学问，隆寒不辍，造膝谘访，史不殚书"②。当今朝政清泰，宫闱之内，蔼然如春，实是一个大有可为的年代。

小皇帝朱翊钧现在还没有察觉自己对元辅张先生的恶感，他内心里蛰伏着的那只恶虎还没有醒来。所以他畏惧张先生，但也须臾离不开张先生。先生身体一有不适，他就会焦虑异常，先生偶感腹疼，他会在母亲的示意下亲手调制椒汤面端给先生食用。这种敬重与依赖，在1577年秋天，首辅的父亲在湖广江陵去世时达到了极致。

---

① 《张文忠公全集》书牍四，《答两广殷石汀》。
② 《张文忠公全集》书牍四，《与河道万巡抚沦河漕兼及时政》。

按本朝惯例，内外官员的父母去世后，自闻丧之日起，必须回籍守制二十七个月，在此期间不得与闻公务，期满以后方可起复，是为"丁忧"。若有官员秘不发丧，就有可能遭到削籍的处罚。张居正按例咨行吏部报告丁忧时，朱翊钧大为不安。这年他已十五岁了，但他还是无法想象，国家大事和自己的教育如果缺了这位张先生会是如何模样，于是在与两位太后商量后，他决定破例慰留张先生，要他"夺情"留任，在职居丧。

张居正守制丁忧的报告经吏部送呈御览。在司礼监"大伴"冯保的协助下，一道不许他解职的谕旨飞快地发转吏部。"朕元辅受皇考付托，辅朕冲幼，安定社稷，朕深切依赖，岂可一日离朕？父制当守，君父尤重，准过七七，不随朝，你部里即往谕著，不必具辞。"[①]眼下，司礼监和内阁正在蜜月期，冯保当然不愿意他在内阁的这位老搭档离任，自然奔走甚力。张居正接旨，再次上疏请求回江陵，以尽人子孝道，他剖示心曲说，"臣以二十七月报臣父，以终身事皇上"。

皇帝说，首辅的一番笃孝至情，他也十分感动，可是当年皇考宾天之际，嘱先生尽心辅导，先生一身实系社稷安危，行事大可不必为一些常规所束缚。张居正第二次请辞，皇帝半是命令半是恳请地让他留下，毋得再奏。皇帝还跟吕调阳、张四维两位阁臣说，就是首辅再上百本，他也不会批准此事。吕、张两人都是张居正援引入阁，平时在张面前讷讷如伙计，心里边巴不得首辅走了可以按序递升一级，但在小皇帝面前都顺风推舟，说内阁少不得张先生主持。

在向皇帝发出第三次申请时，张居正心里已拿定了不离开京城

---

① 《张文忠公全集》奏疏六，《乞恩守制疏》。

的主意。在内阁的群殴中好不容易胜出，担当政府首揆五年至今，目下正是各项改革纲举目张之时，焉知他心底下不在埋怨父亲死得不是时候？但本朝向来以"礼"治天下，以纲常为士大夫奉行的唯一法则，惮于群议汹汹，他又不得不把戏做足。

这次递上去的《三乞守制疏》，一派政治家的宽宏大气，论文章之做法实在是四平八稳无懈可击：皇上以为国家之事非臣不能办，"此殆不然也！"我哪里有什么卓荦超世之才，全都是皇上幸而用之罢了！今日在廷之臣，自辅臣以至于办事官员，哪一个不是臣引荐的呢？他们的才能，个个都是一时之选，如果皇上以用臣之道而用诸臣，诸臣以臣心之忠而事皇上，那么臣就是暂时离开了，也像没离开一样，又何必专任一人，让天下的贤者发挥不出他们的才能呢？

张居正此疏还提到老家年逾七旬素来多病的老母，父亲故去后，日夜倚门而望，盼他早归，如果老母因相见无期，郁郁怀思以致病倒，那臣心又如何自安！

君臣两人心照不宣地把这场愈来愈逼真的戏继续做下去。最后一道批示上，皇帝说，他不是为自己，而是为天下社稷苍生留先生。为体现眷眷之意，皇帝决定，即日起即由司礼监派遣堂官一名，随同首辅的儿子、翰林院编修张嗣修驰驿前往江陵营葬张父，葬毕，顷接张先生的老母来京侍养，以成全首辅的一片孝思。在司礼监太监带去的另一份亲笔谕旨中，皇帝称，这一番主意实出于圣母皇太后的"惓惓恳留至意"①。

既然"君命不可以屡抗"，张居正不再坚辞还乡，理由一，"既

---

① 《张文忠公全集》奏疏六，《谢降谕慰留疏》。

以身任国家之重，不宜复顾其私"[①]；理由二，皇帝大婚在即，先帝之托付与国家之大典，莫此为重。在这样一个关键时刻委而去之，不思效一手一足之力，就是回到了老家又于心何安？为了避免授人口实，行事一向缜密的张居正提出"辞俸守制"，即所有应支俸薪，概行辞免；所有祭祀吉礼，概不敢与；入侍讲读，在阁办事，俱容青衣角带；章奏具衔，准加"守制"二字；仍容明年乞假葬父，便迎老母，一同来京。

对这些要求皇帝自然无不应允，为此特意传旨内府："元辅张先生，俸薪都辞了。他平素清廉，恐用度不足，著光禄寺每日送酒饭一桌，各该衙门每月送米十石、香油三百斤、茶叶三十斤、盐一百斤、黄白蜡烛一百支、柴二十扛、炭三十包，服满日止。"[②]

所有这些来往文件都经由六科廊房发抄，以使在京大小官员都得悉"夺情"事件的全部真相。但令朱翊钧始料未及的是，尽管戏已经做足，"夺情"这一有违常例、有悖常情的做法还是在文官集团中掀起了轩然大波。先是经办此事的吏部尚书张瀚就很想不通，他认为首辅"夺情"必将使纲常扫地。张瀚是在首辅的破格提拔下才出任吏部主官的，平时办事也唯内阁是从，一向被认作是张居正的私人。可是皇帝夺情的诏书都已经颁下好久了，他还是故意延缓不办。不仅如此，他还在翰林院的几十名官员的哄抬下，带着他们到首辅私邸劝告张居正离职丁忧。就在参加这次劝告行动后，张瀚突然因他事被劾勒令去职，并被罚俸三月。

都察院和六科的言官们已因不久前实行的考成法偃声息气，这

---

① 《张文忠公全集》奏疏六，《乞暂遵谕旨辞俸守制预允归葬疏》。
② 《张文忠公全集》奏疏六，《谢内府供给疏》。

次发难的竟是两位翰林院的词臣和两名刑部官员。严格说来，翰林院官员的工作是以文墨供皇帝差遣，纠察风纪并非他们的职责所在，参奏大臣实有超越职权之嫌。再者，这两位翰林官员——编修吴中行和检讨赵用贤，还都是首辅在隆庆五年取的进士，算是正式门生，由他们上疏问责实也容易落下目无尊长的口实。但文官集团是这样一个特殊的群体，他们熟读圣贤之书，对历代兴亡得失了然于胸，为了维持纲常以使社稷江山永固可以不惜得罪于最高当局，又遑论私情！

吴中行上疏称，首辅父子一别十九年，音容不接，于今天人永隔，为人子者不匍匐星奔，凭棺一恸，实在不近情理，首辅自己常说圣贤义理、祖宗法度，他现在这样做又置祖宗之制于何地？这吴中行也算个磊落君子，上疏以后把底稿交给老师过目，张居正看后愕然，问他这奏疏送上了吗？吴中行答：没有奏上前，不敢和老师提起。

司天监官员报称，那些日子天上突现彗星，状如白虹，从西南尾星、箕星直射东北，诡谲万状。翰林检讨赵用贤拿"星变"说事，说为了避免"士气之日靡、国事之日淆"，首辅必须带头执行守制丁忧，实在不行的话，至少也应该仿照先朝成例，令暂还守制，倒不是一定真要守满二十七个月，视实际情形可以下诏让他提前回朝。

刑部的两位官员艾穆和沈思孝随后跟进。艾穆是湖南平江人，和首辅算得上有同乡之谊，他也豁出去了。他们的联名上书语气更加激烈：陛下让首辅夺情的理由是为天下社稷，可是社稷所重，莫如纲常，首辅更应是维护纲常的表率，现在连纲常都不顾了，还谈何社稷之安？三国时徐庶闻听母丧，请辞于刘备时说"臣方寸乱矣"，张居正难道不是爹妈养的，处此"而方寸不乱耶"？位极人臣，反不修匹夫常节，又何以对天下后世？陛下如果真的爱护张居正，就应该爱之以德，让他奔丧终制以全大节。

官员受参奏期间，例应停止一切公务活动，归家等候处置。张居正转到了台后，二传手冯保却没闲着，几经来回，皇帝朱批终于下达，参张的官员一律严惩，尤其是这四人，假借忠孝之名藐视今上，更当予以廷杖之责以示警诫。礼部尚书马自强、翰林院掌院学士王锡爵跑到张居正处求情也没有用，新科状元沈懋学与张居正的儿子张嗣修是同年好友，想通过这层关系施救，也遭到拒绝。据王世贞的《万历以来首辅传》记述，尚在居丧期的张居正被王锡爵他们催逼得急了，竟至说出这样的狠话来：大众要我去，偏是皇上不许我走，我有什么办法？只要有一柄刀子，让我把自己杀了吧！①元辅大臣如同市井之徒一般撒泼，可见他对这些官员的愤慨。

吴、赵各被责打六十杖，杖毕，拖出长安门，再用门板抬出北京城。吴中行已被打得奄奄一息，幸亏中书舍人秦柱率医生赶来才救了他一命。赵用贤是个胖子，总算受得起，但是廷杖过后大腿上脱落下来的腐肉足有手掌大。艾穆、沈思孝受刑更重，廷杖八十以后，手足加了镣桔，收监三日，再遣戍边疆。一想到父亲的去世竟闹出如许波折，引得门生和同乡都纷纷向自己攻击，张居正真有些感慨系之，私下里他抱怨说，从前严分宜当国的时候，没有同乡对他攻击，如今我连严分宜都比不上了。

这般恫吓虽能起到预想的效果，但还是有不知天高地厚的愣头

---

① 《明史纪事本末》也有类似的记述，卷六一云："居正屈膝于地，举手索刃，作刎颈状，曰：'尔杀我，尔杀我'。"

青效飞蛾扑火，即使被烧成灰也在所不惜。就在四位犯官被廷杖的当日，在刑部观政实习的一个叫邹元标的年轻人竟然又呈上一疏。宫中太监怕又是骂首辅的折子，不敢收递，邹元标为了让疏状上达御览，只得谎称，这是告假的折子。

年轻人说话无所顾忌，他一上来就批评首辅"才虽可为，学术则偏，志虽欲为，自用太甚"，皇帝敕谕中慰留首辅的一句话，"朕学尚未成，志尚未定，先生既去，前功尽隳"，也被他拿来借题发挥。邹元标质问，放眼朝廷，难道真的没一个人可以辅翼圣志了吗？现在是首辅父死要丁忧，犹可挽留，说句难听的话，万一首辅不幸死在了任上，难道陛下的学问终将不成、志向也一直摇摆不定吗？进而他又抓住张居正上疏中的一句话"世有非常之人，然后办非常之事"大做文章，一个人唯有恪守五常之道，才能叫作人，如果以奔丧为常事而不屑为之，他怎么还可以配称为人？父亲在世时不在跟前照顾，父死又不回家奔丧，还对世人说自己是"非常之人"，他不知道世人要么以为他丧心病狂，要么就把他看作猪彘不如，这难道就是他说的"非常之人"吗？

邹元标到底年轻，不经世事，对首辅的这封弹劾近乎人身攻击，可以想见皇帝的震怒。处置意见很快就下达了，旨意倒也直接明了："邹元标这厮，狂躁可恶，但上前未见谕内大议，姑且照艾穆例处治，以后再有迷狂不误的，必遵祖宗法度之重典不饶。"

邹元标被廷杖八十，谪戍贵州都匀卫。他的屁股都被打烂了，包了一张新剥的黑羊皮，腐肉才得以重生，却终生落下了跛脚的残疾。到了天启年间，曾在1577年的夺情之议中被张居正赶到贵州的邹元标——此时已升任左都御史——在一次进侍经筵时摔倒，大学士朱国祚说道："元标在先朝，因为直言受杖，至今步履犹艰。"

正是这个邹元标，后来建议朝廷为张居正平反昭雪，追复官职，并予葬祭。至此，当年愤世嫉俗的反张英雄已是个老成持重的大臣，有感于各政治派系抢夺道德制高点相互攻讦不止，他提出和衷共济的政治主张："向之论人论事者，各怀偏见，偏生迷，迷生执，执而为我，不复知有人，祸且移于国。"

有人认为他已经没有年轻时的那种无畏和气节了，邹元标笑着说：大臣和言官不同，风裁卓绝，是言官的本分，而做大臣的，只要不是大利害大是非的原则问题，就应该护持国体不动摇，哪能和少年人一样的冲动？那个时候的他，已经完全地理解了当年的张居正，并为自己年轻时的孟浪暗生悔意。此是后话，不提。

倒张官员大批辞职，抗议转入了地下。民间出现了大量诽谤首辅的传单，内容多有荒诞不经，甚至有控告他谋逆不轨的。南方还流传开了一份据说出于已落职闲居的前应天巡抚海瑞之手的《劾张居正疏》，后来才查实是宁国府一个生员冒名。为防事态进一步扩大，该生员一经查获即在狱中被鞭笞而死。皇帝发出了"再及者诛无赦"的狠话，沸扬一时的风波起码表面上是消歇了下去。

到年底，服丧期满，张居正换上布袍、牛角腰带——所谓"青衣、素服、角带"——回阁照常上班。这一日，首辅与皇帝有如下对话：

张居正："臣父不幸，仰荷圣恩，赐吊赐赙，又遣官治葬，恤典殊常。臣于国家，未有尺寸之功，叨此隆恩，感洞心膂。"

朱翊钧："先生孝情已尽了，朕为社稷，屈留先生。先生只想父皇付托的意思，成全始终，才是大忠大孝。"

张居正："伏奉皇上前后谕旨，委曲恳切，臣愚敢不仰体？又昔承先帝执手顾托，誓当以死图报，今日岂敢背违？但臣赋性愚直，凡事止知一心为国，不能曲徇人情，以致丛集怨仇，久妨贤路。今日若得早赐放归，不惟得尽父子微情，亦可保全晚节。"

朱翊钧："先生精忠为国的心，天地祖宗知道，圣母与朕心知道。那群奸小人乘机排挤的，自有祖宗的法度治他，先生不必介怀。今日好日子，先生可就阁办事。"①

首辅的岁俸既已停发，这次会见后，皇帝命加赏银五十两、彩缎四表里、酒饭一桌，再着宫中按时送去柴米油盐等日用品，皇恩关怀如此细致入微，本朝开国二百余年也自少见。

1578 年，是十六岁的朱翊钧的大婚之年。在吏部和司礼监的共同操办下，一切筹备工作都在有条不紊的进行中。婚典须得两名问名纳采使，按资望钦定正使为英国公张溶，副使为张居正。为此，司礼监传慈圣太后懿旨，让元辅暂易吉服，以红袍玉带这样的服用参加皇帝的婚礼。户科给事中李涞上疏反对首辅出席典礼，皇帝特下谕旨，安慰张居正说："看来今小人包藏祸心的还有，每遇一事，即借言离间。朕今已鉴明了，本要重处他，因时下喜事将近，姑且记着，从容处他。先生只遵圣母慈谕要紧，明日起暂从吉服，勿得因此辄事陈辞。"②

皇帝大婚，也就意味着他成年了，慈圣太后无须再住在乾清宫行监护之责。在耳提面命了一大堆诸如节饮食，慎起居，依从老成

① 《张文忠公全集》奏疏六，《谢召见疏》。
② 《张文忠公全集》奏疏六，《请别遣大臣以重大礼疏》。

人谏劝，不可溺爱衽席的话后，她还是放心不下这个正处于青春期骚动的儿子，把监护之职也一并移交给了首辅：

"皇帝大婚礼在迩，我当还本宫，不得如前时常常守着照管，恐皇帝不似前向学勤政，有累盛德，为此深虑。先生亲受先帝付托，有师保之责，比别不同。今特申谕交与先生，务要朝夕纳诲，以辅其德，用终先帝付托重义，庶社稷苍生，永有赖焉。"[1]

婚礼举行之际，正值辽东一场小规模的战事捷报传达，大婚加上大捷，1578 年的京城沉浸在一派喜庆的气氛中。在皇帝和慈圣皇太后看来，此乃天地祖宗默佑，更证明了他们勉留首辅的正确。按照事先向公众做出的承诺，在脱下参加婚礼的吉服后，首辅就要换上素服角带回江陵老家葬父。皇帝自然还要挽留，但这一回张居正知道要是再不成行的话真不好向天下人交代了。皇帝同意给假一月，办毕葬事即刻奉母还京。

行前，张居正担心内阁只剩吕调阳、张四维二人办事不易，再推马自强、申时行二人入阁。这样内阁已有四个大学士了，但在接下来的三个月间，凡是重要的政务，皇帝还是派飞骑送到离京千里之外的江陵请首辅处置[2]。有一种说法，张居正行前曾有过请老师徐阶出山暂代首辅的想法，但顾念徐阶是以前首辅下野，资历还在自己之上，日后不好安置，也就打消了这个念头。

十六岁的皇帝送别他的首辅时，情辞之恳切，俱见他一派天真之心尚存。说起来，这是朱翊钧懂事以来与他的老师时间最长的一

---

① 《张文忠公全集》奏疏六，《谢皇太后慈谕疏》。
② 《明史》卷二一三，《张居正传》。

次分离，在张居正行前的一次君臣谈话中，朱翊钧的不舍之情溢于言表："圣母与朕意，原不肯放先生回，只因先生情辞恳切，恐致伤怀，特此允行。先生到家事毕，即望速来。国家事重，先生去了，朕何所倚托？"张居正请皇帝"自家留心"，大婚之后的起居食息尤宜谨慎，裁决各衙门章奏时多听听内阁诸臣的意见。朱翊钧表示，先生的忠爱之心他都知道。语毕，君臣感极而泣。张居正退出召见的西殿时，还听见小皇帝在这般与左右说："我有好些话，要与先生说，见他悲伤，我亦哽咽说不得了。"① 慈圣皇太后召见不便，托司礼监传话，也是同样盼他早归的意思："先生行了以后，皇上无所依托。先生既舍不得皇帝，到家事毕，早早就来，不要待人催取。"②

4月的一天，张居正驰驿就道，皇帝特派司礼监太监郊外钱行。皇帝及两位太后在赐给银两、表里及"帝赉忠良"银记一颗之外，又赏甜食二盒、干点心、银八宝豆叶若干以示优渥。据王世贞《万历以来首辅传》记载，张居正这次回乡之行可谓声势赫赫，受皇帝委派参加葬礼的特使有司礼监太监魏朝、锦衣卫指挥金事史继书及中央六部的代表。张居正坐的特制大轿是三十二名轿夫抬的，前面是起居室，后面是寝室，两廊一边一个书童焚香挥扇。更为醒目的是，随队的护卫中还有深荷张居正知遇之恩的蓟镇总兵戚继光派来的一队鸟铳手。皇恩既然如此浩荡，沿路巡抚、巡按御史及各府、州、县官无不越过疆界亲自迎送，甘作前驱。首辅大人的行经处，甚至当地的藩王也打破常规出府相迎，与首辅行宾主之礼并设宴接风。

进入河南界，开封城内的周王早就派人在界上相迎。随即渡过

① 《张文忠公全集》奏疏七，《召辞纪事》。
② 《张文忠公全集》奏疏七，《召辞纪事》及《谢召见面辞疏》。

黄河，进入新郑县界，被废乡居的前首辅高拱正是住在此地。去年，儿子张嗣修南归的时候，曾说起高拱病得厉害，张居正没有想到的是，六年不见，高拱竟病得如此潦倒颓唐。两人相对恍如梦寐，张居正也指着自己鬓角生出的丝丝白发感慨万端。

张居正此行转道新郑，本为修补前嫌而来，甫抵江陵，又给高拱写了一封信，"相违六载，只于梦中相见，比得良晤，已复又若梦中也。"①希望有机会再剪烛披对。后来张居正还京途中，他们还再见过一次。就在那次会面后几个月，高拱去世了。让张居正始料未及的是，高拱留下的一部回忆录如同一颗定时炸弹，将在日后对自己的清算中引爆。

葬礼已毕，张居正怕老母衰年经不起暑天跋涉，请求宽限返京日期，待天气凉爽再服侍老母一同赴京。这可急坏了小皇帝，下谕旨说，朝廷大政俱暂停以待，请先生接敕后即促装就道，赶赴京城，先生老母畏热难行，那就等到秋天气候凉爽了，让太监魏朝到时护送前来。

7月中旬，张居正回京，小皇帝更见倚重，设宴、召见、赏赐自不待言。到了秋天，张母赵氏由太监魏朝陪同，经由运河水道抵达北京，两宫太后即派宫中管事太监慰劳，各种珍贵礼品及御膳、饼果、醪醴、羊酒等赏赐令张氏母子感激涕零。不久，两宫太后召赵氏入宫相见，加恩免行国礼，行家人之礼。张居正在上疏称谢时说，"惊传闾巷，荣感簪绅，实臣子不敢觊之殊恩，亦载籍所未闻之盛事。"他表示，为报皇恩，他只有"移孝以作忠，苟利国家，敢惜

---

① 《张文忠公全集》书牍十四，《答中元高相公三》。

捐躯而碎首"。①

　　时当 1578 年前后，张居正的荣耀达到了顶峰。

祸萌骖乘

　　从四十七岁盛年出任政府首揆，直至 1582 年溘然长逝，张居正当国的十年，从吏治、国防、财政、民生各个方面挽回了自正德朝以来江河日下的颓势，这十年成了明王朝暮色中最后一抹耀眼的光辉。

　　在给徐阶八十岁生日所上的一篇寿序中，张居正曾这样总结这十年间的治绩："万历以来，主圣时清，吏治廉勤，民生康阜，纪纲振肃，风俗朴淳，粒陈于廪，贯朽于府，烟火万里，露积相望，岭海之间，氛廓波恬，漠北骄虏，来享来王，咸愿保塞，永为外臣，一时海内，号称熙洽。"②

　　这十年的国库储备，超过了本朝开国两百多年来任何一个时期，仅以张居正去世不久后的一项统计，首都粮仓的粮食储备就足够满足此后十年之需。《明史·万历纪》如是记述新政所取得的成绩："神宗冲龄践阼，江陵秉政，综核名实，国势几于富强。"清代历史学家谷应泰在《明史纪事本末》中对张居正的作风颇有批评，却不能不承认，张居正十年施政，治绩炳然。"十年内海内肃清，用李成梁、戚继光委以北边，攘地千里，荒外警服"，南方各地"累世负固者，次第遣将削平之"，"力筹富国，太仓粟可支十年。太仆寺积金至四百余万。成君德，抑近佞，严考成，核名实，清邮传，核地亩，

---

　　① 《张文忠公全集》奏疏八，《谢赐母首饰等物疏》。
　　② 张居正《少师存斋徐相公八十寿序》。

一时治绩炳然。"

有慈圣皇太后的鼎力相助，又有司礼监大珰冯保的悉心合作，张居正的改革颇显得心应手。后世学者习惯于拿他与11世纪著名的改革家王安石作比，但王安石是个理想主义者，于实际的政治操作层面难免阻碍重重，而张居正则是个实干家，"凡事耐得了烦"。改革既以富国强兵为目的，实际推行时却从未大肆张扬，一切都在遵从祖制的前提下进行，这使得万历新政的各项措施有了一种合乎正统的气派。

在张居正看来，改革要雷厉风行推行，必得靠高度集中的权力去推动。甫任首辅，他就以京察着手，整饬纪纲、澄清吏治，责令政府官员中五品以下由吏部、都察院会同考察，四品以上自纠过失，借此排除了一些喜欢以言干政、有可能对改革构成障碍的官员。这些人里面，不乏品行才能超卓之士，但以他的说法，则是"芝兰当路，不得不锄"。1573年开始实行的考成法，使都察院、六科这些相对独立的监察系统也全都落入了他的掌控。

距本文故事两百多年前，太祖高皇帝为本朝设立的一套文官制度的基本准则，是大官统率小官，小官反过来也可以掣肘大官。具体地说，帝国的一切行政事务，分属吏、户、礼、兵、刑、工六部治理，各部主官、尚书为正二品，左右侍郎为正三品至从二品。六部的监察机关则为六科，任官有都给事中、左右给事中、给事中。一个都给事中的官秩仅为七品，却有权对本部乃至国家大事行封驳、纠劾之责。张居正的考成法，简单地说，就是要政府各部门分置三本账簿，一本为底册，记载一切发文、收文、章程、计划，以此为蓝本再制作两本，一本送都察院及各科备注，一本送内阁查考。各部院的注销文册如有欺蔽，科臣有权弹劾检举，六科有欺蔽，则由内阁检举。在高拱时代，首辅通过弄权使一部分言官成了夹袋中人，而张居正则是通过"综核名实"，从制度上使这些风裁卓绝的言官们全都落入了他手中。

张居正的官方传记对他这十年的治绩，仅寥寥数语，大抵还是人云亦云地说他以霹雳手段，使"政体为肃"："居正为政，以尊主权、课吏职、信赏罚、一号令为主。虽万里外，朝下而夕奉行。"其实揽权只是这个政治家的一个方面，另一方面，他又充分放权给各部。在他执政的十年间，六部的尚书们基本上没大的变动，吏部方逢时，户部王国光、殷正茂，兵部谭纶、王崇古，刑部王之诰、吴百朋，工部朱衡、李幼滋等，俱为一时名臣。他们中除了一人被免职，二人死于任上，其余都是到退休年龄才致仕。而用杰出将领戚继光、李成梁确保帝国东北边境安靖，用潘季驯治理河道，等等，无不体现了张居正的知人善任。

他注意到了驿递方面的腐败，提出整顿。他阻止了皇帝废除死刑的念头，主张严峻刑法。他还注意到，这个时代学风空疏，士人只知聚党束手空谈，主张严格控制生员数量，不许创建书院，不许群聚徒党。他重申了国家大事人人都可以议论、唯独读书人不许的所谓祖制。从文官集团到民间的士绅阶层，他撬动了太多人的利益，得罪了太多人，改革也如逆水行舟愈益艰难。在他有生之年，尚可开动权力的履带勉力推进，一旦故去或不再在位又何以为继？他说出来的话，也越来越透出一股悲壮和绝望气息："虽机阱满前，众镞攒体，孤不畏也。"①

----

① 《张文忠公全集》书牍十，《答河漕按院林云源言为事任怨》。

"弃家忘躯，以徇国家之事……得失毁誉关头，若打不破，天下事无一可为者，愿吾贤勉之而已。"①

种种改革中，又以1576年开始在南方某些省份逐步推行的清丈田亩和条编法更为触动豪门利益。

国初，各府州县有记载田亩的"鱼鳞册"和记载户口的"黄册"，这两种册子在明中叶以后已与事实多有不符，豪门大户多有隐匿不报，以致税粮大量流失。而升斗小民则在丁粮之外又需承担力差、银差，压力越来越重。在张居正看来，豪门利益的急遽扩张已经侵蚀国家财政至入不敷出的境地，大量社会资本集中于少部分人手里，长此下去，国家就会陷入无政府状态，最后导致解体。抱着不杜私门则无以足民、足国的念头，他不惜与强大的既得利益集团开战了："帝用大学士张居正议，天下田亩通行丈量，限三载竣事，用开方法，以径围乘除，畸零截补。于是豪滑不得欺隐，里甲免陪累而上民无虚粮。"②

张居正承认，全国性的田地普查以及把名目繁多的各种差徭编为一条，计亩征银，老百姓得到了很多实惠，而官豪之家"殊为未便"。推行过程中，各省群体性的阻挠事件时有发生。但在首辅铁腕之下，全国性的耕地丈量还是以皇帝的名义开展了。

半个多世纪后，顾炎武指出，正因为张居正的改革思路大体是利于下不利于上、利于百姓不利于士大夫，他才会在死后那么快地被清算，"祸发身后"。③其实，早在张居正的各项改革铺开不久，文

---

① 《张文忠公全集》书牍十二，《答南学院李公言得失毁誉》。
② 《明史·食货志》。
③ 顾炎武《天下郡国利病书》卷八〇，《江西二》："利于下，而不利于上，利于编氓，不利于士夫。"

官集团对他的攻击就开始了。1576年初，巡按御史刘台的一封要求皇帝"抑损相权"的上疏，让张居正在以后的日子里一想起来就伤心不已，因为这个猛烈向他开火的御史，竟然还是他在1571年任主考官时取中的一个门生。门生弹劾座主，本朝开国两百多年来还是破题儿头一遭，能不伤怀？

刘台说，太祖高皇帝鉴于前代之失，废除了丞相一职，把国家行政事务归属于各部、院，文皇帝时开始设置内阁参预机务，但当时的阁臣官阶不高，并无专肆之萌。正因为有这一祖宗之法在，二百年来，即便有大臣擅作威福，尚惴惴然避宰相之名而不敢居，今大学士张居正却俨然以宰相自居，自高拱被逐至今，擅作威福已有三四年了。

为推进新政，张居正各项改革预设了一个遵从祖制的大前提，这一权宜之计不过是为了把改革的障碍减少到最低程度，偏偏刘台就先攻这一处软肋——"臣请即以祖宗法正之"。一连五六个"祖宗之法若是乎"的排比句式，行文气势上固然排山倒海，其所论却也并非全无根据。尤为让张居正怃然于心的，是刘台对考成法的质疑。

刘台说，本朝的一切政事，一向来是台、省奏陈，部、院题复，抚、按奉行，从来就没有听说过阁臣有举劾之权。张居正于万历元年实行的考成法，令抚、按考成章奏，每具二册，一送内阁，一送六科，其基本的理路是，抚按延迟则部臣纠之，六部隐蔽则科臣纠之，六科隐蔽则内阁纠之。部院分理国事，科臣封驳奏章，这都是他们的职责所在，内阁衔列翰林，只是皇帝的顾问班子，其职司所在不过是从容论思而已，怎么可以举劾科臣？刘台指出，张居正考成法的真正目的就是"胁制科臣"，让他们拱手听令——"祖宗之法若是乎?"

在去年发生在辽东的一场战役中,身为巡按御史的刘台因越权上奏军功,撞到了张居正"综核名实"的枪口上,以违制妄奏受到严旨戒饬。但在劾状中他避而不谈此事,只是举了俞一贯、赵参鲁、余懋学、傅应祯等一班因上书言事、被放外任或谪戍的官员名单,指出张居正对这些风宪官的钳制之术,正在"既啖之以迁转之速,又恐之以考成之迟",给座师扣上了"摧折言官,仇视正士"这顶帽子。

对私生活及道德操守方面的指责,也击中了张居正的又一处软肋。尽管张居正一向标榜自从任首辅以来,闭门却扫,于公务活动之外从不与士大夫交接,间或与一二亲故相过从,也从不议论时政,但在经济方面他也并非全无污点。这一方面是因为老家远在江陵,无从管束家人,另一方面也是时代积习所致。腐败的空气在16世纪中叶后已经笼罩一切,侵蚀一切。张居正在与地方官员信件往返中多次慨叹心中苦衷:"老父高年,素怀坦率,家人仆辈,颇闻有凭势凌铄乡里、混扰有司者,皆不能制。"[1]"敝族家人,虽颇知奉法,然小小扰混,未必尽无,衔勒钤制,不敢一日释也。"[2]行贿者无所不用其极,北京送礼不成,便跑到江陵首辅的老家去送,信中所说的"所却两广诸公之馈,宁止万金,若只照常领纳,亦可作富家翁矣",当没有夸大的成分。

荆州府拍马的功夫更绝,因河泥淤积,荆州江滨的一大片河滩成了可耕田,从理论上来说这是公家的田产,荆州府却落得做人情,

---

① 《张文忠公全集》书牍五,《与楚抚赵汝泉言严家范禁情托》。
② 《张文忠公全集》书牍六,《答总宪廖春泉》。

把这片田产以无主论处，让张家报领。张居正还算清醒，写信给当地官员推辞说，"利之所在，人争欲之，擅众所利，则怨必丛积，家有薄田数亩，可免饥寒，老亲高年，子弟驽劣，诚不愿广地积财以益其过也。"①但广地积财的事，在他的江陵老家一刻也没有消停过，刘台质问的"辅政未几，即富甲全楚，何由致之"，实非无的放矢。其他诸如把辽王府第占为己有、遣锦衣卫军士建坊、为子弟谋举乡试等各项指控，当也可一一坐实。

张居正有六个儿子，敬修、嗣修、懋修、简修、允修、静修，对敬修、嗣修、懋修三子他的期望尤高。帝国不成文的规矩是，大臣子弟可为荫生，再行补官，不应该再与寒士争进取，因为他们不在同一条起跑线上。张居正舐犊情深，不愿儿子们当荫生，想尽办法罗致优秀青年做儿子们的伴读，让他们走科举正途。在刘台看来，这也是利用手中职权为子女谋利益。

刘台认为，凡此种种，皆证明首辅是在"威福自己，目无朝廷"。刘台最后以这样的话结束了这封攻势凌厉的疏状：他考中进士时，张居正是总裁，他后来分任部曹，又是张居正荐举之下改为御史，张居正实是有恩于他，自己之所以敢讼言攻击恩人，实在是君臣谊重使他顾不上私恩，"愿陛下察臣愚悃，抑损相权，毋俾偾事误国"，要是真这样的话，他就是死了也是不朽的。

刘台是大公无私全然为国家前途着想，还是为报复去年因违制妄奏受到的戒饬？张居正倒不一定要去搞个明白。既然刘台提出要裁抑自己的权力，那就只好让他让路。张居正对小皇帝说：巡按御史依法不得报军功，去年辽东大捷，刘台违制妄奏，法应降谪，彼

① 《张文忠公全集》书牍六，《与荆南道府二公》。

时臣仅请旨诫饬，刘台已经愤愤不已，后来御史傅应祯妄言下狱，因刘台和傅应祯同乡亲近，刘台妄自惊疑，全不顾忌，对臣泄恨，二百年来，没有门生弹劾座主的故事，如今臣唯有一去以谢刘台。

小皇帝安慰他的老师，勿介浮言，命鸿胪寺送去烧割一份、手盒二副、长春酒十瓶，以示眷怀。在接下来发下的一道手谕中，皇帝责骂刘台为"畜物"，"独此畜物，为党丧心，狂发悖言，动摇社稷，自有祖宗法度。"又派司礼监到内阁宣旨："刘台这厮，谗言乱政，着打一百充军，拟票来行。"

张居正让刘台免去了廷杖的耻辱，给了他一个削籍为民的处分。时人都以为首辅宽宏，张居正自己也说，廷杖会摧折士心，他不忍这样对待一个言官，哪怕是他说错了话，"吾但欲安国家，定社稷耳，怨仇何足恤乎！"但张居正对这个背叛自己的门生实是恨到了骨子里，几年后，他得着了一个机会，查实了刘台在辽东任上受贿的事实，终于把他流戍浔州了事。

目下圣眷方隆，皇帝、太后对首辅的倚重无以复加，且不说都察院和六科的言官们已在制度上为内阁所扼制，即便有人敢不自量力站出来说一句首辅的不是，也得不到广泛的支持和响应。而张居正在夺情后的几年里，对批评的声音也越来越敏感。史传称，"居正自夺情后，益偏恣，其所黜陟，多由爱憎"，到了这个时候，谁还敢捋他虎须？

张居正最憎恨的是那些自以为饱读诗书的游谈之士，他认为，正是这群不知国事艰难、空发议论的书生使得一个时代的学风变得浮而不实。这种偏执和有失宽厚的想法使他在1579年初做出了一个结怨于天下士子的决定，禁止私创学院和聚徒讲学。首当其冲的是四处讲学的泰州学派著名学者何心隐，就在这年春天，何心隐在祈门遭到张居正的门生、湖广巡抚王之垣的逮捕，半年后，被乱棒打杀于大堂之上。据说何心隐在巡抚大堂上傲然不跪，冷目对着王之垣，讥笑他不过是位秉上司之意的奴才，"你岂敢杀我，又怎能杀我？杀我者张居正也！"

何、张的这一节公案可以追溯到 16 世纪 50 年代初。当时，离开胡宗宪幕府的何心隐来到京城，通过好友耿定向会见了时为国子监司业的张居正。何心隐向来以才学自恃，见面之际与张开了一句玩笑：公居大学，知大学之道吗？何心隐之学传于颜山农，颜又传于王守仁的嫡传弟子王艮，王学的这一分支讲求一切求诸本心，弃绝假道学，何心隐这样向张居正发问，本非轻薄之意，而只是那个时代学者们见面相互考量学问的意思。但城府极深的张居正凛然作答道：观你意时时欲飞，但飞不起来！这句话中透出的隐隐杀机让何心隐打了一个冷战，后来他这样对耿氏兄弟说：此人日后必当国，杀我者此人也。

正因为这一段过节，张居正执政后，他的门生为讨好座师，对何的监视一向甚密，自 1575 年起就追索甚紧，把何心隐追得满世界跑着不得安生。1579 年禁绝讲学、禁毁天下书院的诏令一下，罗网收紧，何心隐就再无可逃之地。当何心隐在湖广巡抚衙门横死的消息一传出，天下人也都确信何心隐是死于张居正之手。只有何心隐的朋友李贽——那个时代最为孤独的思想家——认为何心隐的死与张居正无关：

何公死，不关江陵事。江陵为司业时，何公只与朋辈同往一会耳，虽言不中，而杀之之心无有也。及何公出而独向朋辈道"此人有欲飞不得"之云，盖只不满之耳。何公闻之，遂有"此人必当国，当国必杀我"等语。则以何公平生自许太过，不意精神反为江陵所摄，于是怃然便有惧色，盖皆英雄莫肯相下之实，所谓两雄不并立于世者，此等心肠是也。自后江陵亦不记得何公，而何公终日有江陵在念。[①]

李贽所说也有一定道理，张居正可能后来不再记得何心隐这个好发狂言的学者。但何心隐之死，他还是难脱干系，因为何氏之死，实死于向张居正邀功献媚之人。于此一节，也可想见当时张居正之权焰熏天。

在张居正看来，一为文人便无足观，这些人只会以华美的辞藻迷惑人的心性，以诗词歌赋为赢得厚禄高官的资本，全不知国计民生为何事。黄仁宇《万历十五年》里说，和张居正同为1547年进士的本朝最为著名的作家王世贞，为了晋升尚书，多次主动向张居正表示亲近，张却无动于衷，反而写信劝阻他停止这一徒劳的奔竞，信中的"才人见忌，自古已然；吴干越钩，轻用必折；匣而藏之，其精乃全"，听上去全是动听的恭维，实际上是把王世贞这样的文学之士视作了脆弱不堪使用的武器，只能藏在匣子里保全性命。

首辅病倒了，不断增加的荣誉和权力已无助于他的病势。1581年入夏伊始，病况日甚一日，荏苒数月也没有好转的迹象。起先的症状是脾胃虚弱，不思饮食，四肢无力，本以为静摄调治一段时间

---

① 李贽《焚书》卷一，《答邓明府》。

即可日望平复，却不料想病势汹汹，人很快地消瘦了下去，肌体羸疲，仅存皮骨，连起卧都要人搀扶。门人都说首辅实在是太辛苦了，十年之间昼作夜思，才会由劳致病。但也有一种说法是首辅病在性生活过于频繁，像他这样上了年纪的人，内宠太多，只得常服春药，春药性燥，又饮寒剂调和，冰水交加之下，才会并发痔疮和脾胃虚弱诸症，再致元气亏损。持后一种说法的代表人物为张居正的同年王世贞，考虑到张、王之间的复杂关系，也不能排除王世贞是在挟私仇对张居正进行私德操守方面的攻击。

此前约十年间，张居正就像一架不知疲倦的机器一样不停歇地运转。病来如山倒，此时他才觉得身体的重要。没有身体去承载，给你再多的权力和荣耀也只能是漏船载酒，无处着落。一生不松开权柄的他此时萌生了退意，趁着齿发尚健，早弃人间事，与三二同志相从于衡湘烟水间，这也合乎天道盈虚的自然规律。人都是要老的呀。这一年，他历官一品也已十二年，考满自陈时，他向皇帝提出了解职还乡的请求。

朱翊钧这年十九岁，他未必不想让张居正走，自己亲政也好一施治国身手，但李太后明确告诉他："与张先生说，各大典礼，虽是修举，内外一切政务，尔倘未能裁决，边事尤为紧要。张先生亲受先帝托付，岂忍言去！待辅尔到三十岁，那时再作商量。先生今后，再不必兴此念。"

到了来年初春，张居正的病势日见沉重，身体乏力简直到了寸步难移的地步，朱翊钧因首辅久病不愈，有一回甚至难过得掉下泪来。宫中不时有白银、银八宝、蟒衣、甜食、干点心、烧割等赏赐颁下，就是不放他走。京城各部院、科道官员也纷纷替首辅建斋祈祷，祝他早日康复。适逢辽东镇夷堡大捷，勘实复奏后，进张居正为太师，加岁禄二百石，这是本朝历史上文臣从没有获得过的至高的官衔。但张居正已无力利用这个新的荣誉来增加自己的权威了，"缕缕之哀，未回天听，忧愁抑郁，病势转增"，他请求皇帝看在他"十年拮据尽瘁之苦"的分上，早赐骸骨，生还乡里，如果不死的话还能再出来报效朝廷。这个从不服输的政治强人，现在终于屈服于疾病，"局蹐哀鸣"了。

进入 7 月，张居正已陷入时断时续的昏迷状态。当他间或清醒时，向皇帝推荐了礼部尚书潘晟、吏部左侍郎余有丁两人入阁。随后几日，他已不能执管为文，但还是口头推荐了户部尚书张学颜、兵部尚书梁梦龙、礼部尚书徐学谟、工部尚书曾省吾及侍郎许国、陈经邦、王篆等人，称他们才堪大用。内阁不可能一下子安排下这么多人，向来对首辅的话深信不疑的皇帝让把这些人名粘在御屏上，随时以备召用。

1582 年 7 月 9 日，即万历十年农历六月二十日，时年五十八岁的张居正在北京任上去世。对张居正尚在壮年就溘然长逝，有人惊愕，有人称快。但大抵没有人预料到，随着这个政治强人的去世，一个时代已经仓皇结束，王朝暮色中的最后一丝生机已然泯灭，自此以后将江河日下，势不可挽。

张居正荐举入阁的潘晟，还在从原籍浙江新昌赶往京城的途中时，言官们的劾状就已经四起了。潘晟不得不中途疏辞，继为首辅的张四维拟旨报允。要是张居正在世之日，这样的事怎会发生？

阻挠潘晟入阁的幕后人物，正是张居正援引入阁的张四维。

张四维是张居正信任有加的前宣大总督、兵部尚书王崇古的外甥，由于这一层关系才获张居正青睐入阁。张居正在位之日，张四维一向唯唯诺诺，如同跟班小伙计一般，现在大树已倒，他郁积多年的不平和怒火已经按捺不住喷薄欲出了。

但今上从十岁冲龄即位到现在，与故太师的情谊之深世人皆知，在没有摸准风向之前，张四维等人也不会冒险直接把矛头直接对准刚刚故去的首辅。阻止潘晟入阁后，张四维又和工部尚书曾省吾和侍郎王篆发生冲突。张居正弥留之际，这两人也在荐举名单之上，并写入了皇帝的御屏。这两人与故太师确也有非同一般的关系，曾是张的门生兼同乡，王则是张居正长子张敬修的亲家。张四维敢于公开同故太师张居正安排的接班人叫板，由此来看，张居正的声名在他死后不久就遭到了威胁。

揭开反张运动帷幕的，是对张居正在位时丈量全国耕地这项政策的否定。政府清丈完毕后公布统计总数时，下达了一道诏书，宣布这一数字不能作为今后纳税的依据，原因是，各地在清丈过程中出现了许多不法行为，最主要的是办理这项工作的官员为了虚增耕地面积强迫田主多报。诏书虽没有提到张居正的名字，但这项工作是在张居正的全力支持下进行的，随着大批办理丈量的官员被劾，也势必蔓延到了已经去世的首辅。再加上大批因劝谏夺情去职的官员的鼓噪，张居正在公众面前的形象陡然急转而下。

对时年二十岁的朱翊钧来说，当下最重要的就是如何摆脱元辅张先生的控制，迅速树立起自己的威权，成为名副其实的君主。诚然，故太师清瘦的身躯和威严的声音再也不会出现在他身边，但令他苦恼的是，这个死去的人的影响力似乎还笼罩着他的朝廷，这些影响看似无形，但通过首辅在世之日的各项制度和人事安排牢牢地束缚着他的手脚。

这时候的朱翊钧已经长大为一个不甘安静的青年，对故太师的倚重、敬仰和依恋，在他骚动的心里正发酵、激变，日益转化为一种说不清道不明的恶感。从他的平民出身的母亲那里，他继承的是谨慎小心，是胆怯和恭顺，在先前的十年里，名义上他是主子，心底里的自卑却时时让他觉得自己像个儿子！但他毕竟是神龙见首不见尾的全权统治者明世宗朱厚熜的孙子，对权力的欲望，他一点也不会输于做了四十五年皇帝的祖父。

正因为此，张居正制订的各项政策在他身后如同冰消雪渐一般被迅速瓦解。田亩丈量不作数了，官员不得任意乘驿的禁例取消了，考成法作废了，裁汰的冗官一律起复了，不得世袭的外戚封爵也一概世袭了。现首辅张四维虽出于张居正提拔才有今日，但多年媳妇熬成婆，正拼命利用这股反张的情绪来巩固自己地位，打击前首辅的旧人更是不遗余力。

1582年冬，冯保的下属、司礼监两名宦官张诚和张鲸检举他们的上司受贿无数，家资饶富，胜过皇上，理应把他罪状公布天下，并籍没家产。朱翊钧还在犹豫，怕这个自小就为自己提襟捧袍的"大伴"上殿闹事①，但天性好货的他还是没有抵挡住传说中冯保家藏的无数珍宝的诱惑，下旨逮捕冯保并抄没其家产。

张四维与冯保有隙，趁机让一个御史检举冯保十二大罪。这年底，冯保被发配到南京看守孝陵，说是姑念他尚有微功闲住养老，实际上是软禁了起来。几乎与此同时，梁梦龙、曾省吾、王篆等拥

---

① 《明史》卷三五〇，《冯保传》。

张派的官员被勒令致仕。本朝名将、镇守帝国东北门户的蓟镇总兵戚继光，也因与故太师交情过深，晚些时候被借故南调到广东，三年后，一代名将郁郁而死。

被抄的冯保家产，皇帝作为赠礼送给了他即将成婚的弟弟潞王。然而让他愤怒的事还在后头，接踵而至的种种揭发表明，一向标榜节俭的故太师生前私生活也极度奢靡，不仅收受了无数珍玩字画，还蓄养了许多绝色佳人。联想到自己大婚之后想拿钱来赏赐宫女都被劝阻，这个年轻人的无名邪火正噌噌地往上蹿。

驱逐冯保后不久，一个对政治气候极度敏感的叫杨四知的御史终于把故太师张居正作为打击的靶子，上疏列举他贪滥潜窃、招权树党、忘亲欺君、蔽主殃民等十四款大罪。还以不无夸张的语调称，张府有银火盆三百架，家宴时张家的儿子们还打碎了数百只玉碗夸富。此疏正合帝意，但各种复杂的记忆纠结心头，朱翊钧一时还下不了清算张居正的决心。在朱批中，他一面指斥张居正不思尽忠报国，"怙宠行私，殊负圣恩"，一面又惺惺作态地表示，看在张居正有十年辅理之功的面子上，"不必追言往事"，姑贷不究，以保全他一世名节。

一看风向暗暗转了，当初为张居正斋醮祈祷的官员纷纷与之划清界限，甚至有人拿几年前应天府乡试的题目"舜亦以命禹"大做文章，无中生有地指责张居正有谋位篡逆之心。到了第二年初春，朱翊钧推翻了他的不追究的承诺，诏夺张居正上柱国、太师，再诏夺文忠的谥号。此时距张居正去世仅仅九个月，而江陵张家的灾难还刚刚只是开始。

或许是高拱回忆录《病榻遗言》在这个时候的问世，使朱翊钧对张居正的最后一丝感情也化为乌有，成了他下决心清算张居正的一针催化剂。因为高著作中的张居正，实是一个卑鄙、无耻、卖友求荣的阴谋家和大独裁者。但更有可能的是，言官们揭发的故太师家财之厚引起了这个贪婪的年轻人的垂涎。一片倒张声中，一个叫羊可立的御史又重提隆庆朝时废辽王为庶人的旧事，援引废辽王一个妃子的话说，当年抄没辽王府时，数以万计的金银财宝全都落入了江陵张府。

1584年5月，由刑部右侍郎邱橓、司礼太监张诚率锦衣卫、给事中们前往湖广江陵清抄前首辅家产。皇家寡恩如此，内阁大臣们也不免兔死狐悲，邱橓一行出发前，他们再三关照对张家网开一面。已经接替张四维为首辅的申时行，再三嘱之，"圣德好生"。但这一切都没有让邱橓手下留情。

清查队伍还没到江陵地面，荆州府和江陵县的地方官为防张家转移资产，把张家给封了门。张家子女被关在屋里，到6月初清查队伍赶到，打开宅门，已经饿死了十余人。张居正的弟弟和几个儿子被逮捕。搜查结果，凑缴各种财物约值黄金万余两，白银十余万两，虽然数量不少，但与期望值尚相差甚远，追赃官员于是对张居正的长子张敬修严刑拷问。张敬修供认，尚有三十万两分存于曾省吾、王篆、傅作舟三家，但在供认的当天晚上他就自缢身死。另一个儿子张懋修两次绝食，都没死成，侥幸保存了一条性命。张敬修自杀前留下一封遗书记述了抄家全过程，读之让人唏嘘：

> 呜呼，天道无知，似失好生之德，人心难测，罔恤尽瘁之忠。叹解网之无人，嗟缧绁之非罪，虽陈百喙，究莫释夫讥谗，

惟誓一死，以申鸣其冤郁。窃先公以甘盘旧眷，简在密勿，其十年辅理之功，唯期奠天下于磐石，既不求誉，亦不恤毁，致有今日之祸；而敬修以长嗣，罹兹闵凶，何敢爱身命而寂无一言也。忆自四月二十一日闻报，二十二日即移居旧宅，男女惊骇之状，惨不忍言。至五月初五日，邱侍郎到府；初七日提敬修面审，其当事噂沓之形，与吏卒咆哮之景，皆生平所未经受者，而况体关三木，首戴幪巾乎！在敬修固不足惜，独是屈坐先公以二百万银数，不知先公自历官以来，清介之声，传播海内，不惟变产竭资不能完，即粉身碎骨亦难充者！且又要诬扳曾确庵（省吾）寄银十五万，王少方（篆）寄银十万，傅大川（作舟）寄银五万，云"从则已，不从则奉天命行事！"恐吓之言，令人胆落。嗟此三家，素皆怨府，患由张门及之，而又以数十万为寄，何其愚也！吾意三家纵贪，不能有此积，亦不能完结此事，吾后日何面目见之，且以敬修为何如人品也。今又以母、子、叔、侄，恐团聚一处，有串通之弊，于初十日，又出牌，追令隔别，不许相聚接语。可怜身名灰灭，骨肉星散，且虑会审之时，罗织锻炼，皆不可测，人非木石，岂能堪此！今幽囚仓室，风雨萧条，青草鸣蛙，实助余之悲悼耳。故告之天地神明，决一瞑而万世不愧。嗟乎，人孰不贪生畏死，而敬修遭时如此，度后日决无生路！旷而观之，孔之圣也而死，回之贤也而死，死有重于泰山，有轻于鸿毛者，予于此时，审之熟矣。他如先公在朝有履满之嫌，去位有忧国之虑，惟思顾命之重，以身殉国，不能先几远害，以至于斯，而其功罪，与今日辽藩诬奏事，自有天下后世公论，在敬修不必辩。独其虚坐本家之银，与三家之寄，皆非一时可了之案，则何敢欺天罔人，以为脱祸求生之计。不得已而托之片楮，啮指以明剖心！此帖送各位当道一目，勿谓敬修为匹夫小节，而甘为沟渎之行也。祖宗祭祀，与祖母、老母馈饿粥，有诸弟在，足以承奉，吾死可决矣。而吾母素受辛苦，吾妻素亦贤淑，次室尚是稚子，俱有烈妇风，闻予之死，料不能自保。尤可痛者，吾有六岁孤儿，茕茕在抱，知亦不能存活也。

"何忍，何忍！"抱定了主意以死明心的张敬修写这封遗书时已是目眦尽裂。他咒骂一班酷吏，"邱侍郎、任抚按、活阎王！你也有父母妻子之念，奉天命而来，如得其情，则哀矜勿喜可也，何忍陷人如此酷烈！"在遗书的最后，他认为这一切都是张四维的有意陷害："有便，告知山西蒲州相公张凤盘，今张家事已完结矣，愿他辅佐圣明天子于亿万年也！"

事实上，查抄江陵张府的前一年，张四维已丁忧致仕，身为礼部主事的张敬修难道会愚蠢到不知道这一切都是出于当朝皇帝的指使吗？只是皇权至高，纵然是天大的怨情，他又怎能公开责骂皇上！

张家饿毙十余口、长子自杀的消息传到京城，朝野哗然，向来以折中之术周旋于皇帝与文官集团之间的大学士申时行，带头率六部大臣疏请对张家从宽处分。邱橓的上司、刑部尚书潘季驯也上疏说，"治居正狱太急"，"至于奄奄待毙之老母，茕茕无倚之诸孤，行道之人皆为怜悯"，请求皇帝降恩宥释。事后，申时行遭到了温和的申诫，潘季驯则因夸大张氏家人惨状被劾去职。

箭既已射出，哪还有回头的道理？年轻的皇帝或许一人向隅时会为对张家的重罚暗生悔意，但他必须坚持下去，哪怕是错误的坚持。在抄没江陵张家四个月后的 1584 年 9 月，朝廷正式对外公布张居正的罪状为："诬蔑亲藩，侵夺王坟府第，钳制言官，蔽塞朕聪，专权乱政"，本当断棺戮尸，姑念其多年效劳，姑且加恩宽免，他的弟弟和两个儿子发戍边疆，恩准张家留空宅一所，田十顷，赡养八十母亲。

"只看顾先生的子孙"——不知道朱翊钧是否还记得他当年跟张居正说过的这句话，想起了又会是什么样的感受？

高不知危，满不知溢，明于治国而昧于治身，张居正的悲剧是制度的悲剧，亦是他性格的悲剧。隐居海南琼州的前应天巡抚海瑞，获悉张居正的遭遇，感慨系之，说了一句极富洞察力的话来评价这位政坛上的老熟人："工于谋国，而拙于谋身。"

沈德符在《万历野获编》中说，张居正实是被那些一意挽留他的官员们给害死的。要是他得病后就放下一切，回江陵老家，归政于万历，那就可以皆大欢喜，"君臣始终，两无负矣"。"逾年后病不起，身后即受大谬，亦岂非诸公再误之，使上有骖乘之萌乎！"

骖乘，意即和皇帝乘坐同一辆车，位高震主。沈德符的这一评价倒是与《明实录》所说不谋而合：威权震主，祸萌骖乘，何怪乎身死未几，而戮辱随之！

冬 | 万历十一年——崇祯十七年
（1583—1644）

北风其凉，雨雪其雱。

——《诗经·邶风·北风》

第十一章　至暗时刻

修补匠

从 1562 年在数百名进士参加的殿试中位列第一，到 1578 年在多个部院历练后以礼部左侍郎的身份入阁预机务，再到 1583 年接替张四维出任内阁首辅，二十多年来，申时行的仕途可谓一帆风顺。这得益于他虚心谦恭的处世方式，更与他善于骑墙调和、修补各方矛盾有关。在他身上，没有张居正那种为了达至目的不怕非议的果敢精神，也不像前任张四维那样，处心积虑玩弄权谋。说起来，当年张居正也是看中了他这一温和谦让、任劳任怨的性格以及出色的文才，才把他引入内阁。[①]

"蕴藉不立崖异"——这是王世贞对他的评语。不近悬崖，不树别帜，这一定评既是对他的褒扬，也是对他缺乏创造性的温和批评。

---

① 《明史》卷二一八，《申时行传》。

有张居正的前车之鉴，申时行这个首辅从一开始就做得小心翼翼，如履薄冰。皇帝已经成年，凡事都有了自己的判断，比张居正时代自然更难侍候。文官们虽称政府属员、国家公仆，但这个庞大的集团一旦作为抽象道德的代表，有时连至高的皇权都莫挫其锋，他这个做首辅的也只能与他们合作。而切不可像张居正那样，既要依靠这批人去办事，又要他们吐出既得的利益，最后落入自设的困境，以致死后还难逃被查抄和清算的厄运。申时行既能在首辅的位置上一坐八年，也自有一套他特有的法门。最紧要者，乃是他一直在说的"诚意"，即以恕道化解仇怨，以沟通求得共识，以妥协换取起码是面子上的和谐。

但即便是出了名的好脾气，初任首辅的两三年间，还是有两件事让他一想起来就深感忧心。一是，倒张运动中发迹的几个政治小人如李植、羊可立之流，不时掀风鼓浪，借着张居正一案的余波排陷大臣，而皇帝也似乎有意纵容这些浮浪之徒来抑制他们这些元老；二是，国本之争正逐步使皇帝和整个文官集团的情绪走向对立。如何弥合这个越来越大的裂缝，使皇帝舒心、大臣归心，于他这个做首辅的，当是义不容辞之责，然而说来容易，做来却难。

第一个问题，对付一帮"浮薄轻进好言事之徒"（此话来自大学士许国），尚且好办。尽管这帮名利心炽盛的年轻官员自恃有皇帝作靠山，行事张扬不计后果，但与久历宦海、经验老到的他较量尚显稚嫩，几个回合下来就被他瞅个空子掀下台去。

比如最具攻击性的李植，此人动不动就四处宣扬他与皇帝的亲密关系，"至尊见我，称我为儿子，看见查抄的宝玩便喜欢"，十足一副小人得志的嘴脸。申时行上台的第二年，李植等人就抓住一桩旧案不放，称当年国子监祭酒高启愚主持应天府乡试出的题"舜亦以命禹"，有为谋逆制造舆论的嫌疑，目的是把曾经提拔高启愚的申时行、许国一班阁臣拉下马，推自己的座师大学士王锡爵出来担任首辅。内阁的境况一下子变得微妙而又尴尬，王锡爵选择了上疏请辞来撇清自己，"老成而为恶少年所推，当去"，同时称赞首辅申时行"泊然处中，重国体，识人才"。最后，皇帝明智地放弃了被座师王锡爵称为"恶少年"的李植。至此，张居正一案的余波正式荡平，官员们即使相互再有攻讦，也不能拿此作为口实了。1585年的这次危机过去后，申时行站稳了脚跟，并正式确立了他领袖群臣的地位。

至于国本之争，还得从朱翊钧与几个女人的关系说起。1578年，时年十六岁的朱翊钧的婚事，完全是依从抱孙心切的慈圣皇太后之命。皇后王氏小他一岁，是一个平民家的女儿，姿色平常，朱翊钧对她并没有多少兴趣，婚后多年也没有生下一个子嗣。这个女人享有宫廷内的一切尊荣，却得不到一个妻子应该有的快乐。当然新婚的朱翊钧也毫无快乐可言。他从这桩婚姻中唯一的收获，或许就是慈圣皇太后搬出了乾清宫，他终于可以名正言顺地摆脱母后的日夜监视，在皇城的西苑放纵压抑多年的欲望了。传说他经常身穿紧袖衣衫，腰悬宝刀，在一帮小太监的簇拥下在花园里趁着酒性横冲直撞，其行事做派不由让人想起正德年间的朱厚照。

三年后的一个冬天，朱翊钧看中了他母亲跟前的一个宫女，并迅速地搞大了她的肚子。这个同样姓王的女人就是后来的恭妃。因这个女人在宫中地位低下，朱翊钧起先还不想承认，但敬事房内侍忠实地记下了这桩计划外发生的性事。最后，抱孙心切的慈圣皇太后拿出《内起居注》才使朱翊钧无可抵赖。太后的意思是，如果这个女人真的生下一个儿子来，那就是宗社之福，母以子贵，宫女又有什么要紧的[①]。

第二年8月，故太师张居正去世后不久，这个女人果真为他生下了一个儿子，这就是长子朱常洛。应该特别说明的是，此后在政府的各种正式文件中，这个儿子的身份一直只是皇长子而不是太子，因为册封太子的正式仪式迟迟没有举行。

开始，朱翊钧不册立东宫，或许是因为他自己还没有来得及适应从一个少年到一个父亲的角色转换。毕竟自己才二十岁，来日方长，还没有必要这么早就为一个还在襁褓中的孩子确立名分。此一转念，就埋下了本朝极重的一个政治危机。

1582年，皇帝身边的女人不只这位后来受封为恭妃的宫女，这年春天，朱翊钧还同时把九个女人充实到了他的后宫。鉴于武宗无后的教训，让皇帝多多御女，以广子嗣，乃是朝廷上下的一致意见。据说，朱翊钧同时娶这九个女人就得到了时任首辅张居正的竭力支持。朱翊钧把这九女全都封为嫔妃，而他一生中至爱的女人郑氏，就是这九女中被封为淑嫔的那一位。

时年十八岁的郑氏容貌如何，已无从查证，但这个女人既能从后宫的群芳中一枝独秀，除了相貌上的优势，更在于她适时地填补了朱翊钧情感和精神上的双重空虚。有记述表明，郑氏区别于其他女人的优势，乃在于她伶俐警敏，喜好读书，共同的兴趣使她迅速成了朱翊钧身边一个不可或缺的女人。而她的另一项为他人所不及的优长则在于，她敏锐地捕捉到了皇帝内心的孤独和柔弱，并以一个女人特有的方式抚慰他。所以，名义上她只是皇帝众多嫔妃中的

①《明史》卷一一四，《后妃传》。

一个，实际上却成为他精神上的知己。否则，一个专恃色相的女人，是不可能让男人的宠爱持续终生的。

很快，郑氏从淑嫔进封为德妃。1586 年初，她为朱翊钧生下了皇三子朱常洵（皇帝的次子已夭亡）。就在朱常洵呱呱落地没多久，极富政治远见的大学士申时行上了一疏，建议早立朱常洛为太子。他实是见微知著，预见到了将来在立储问题上可能会有的麻烦。但朱翊钧拒绝了他的建议。

郑氏生产后不久即被进封为皇贵妃。后宫中，皇贵妃的地位仅次于皇后而在其他妃嫔之上。大臣们自然联想到了她们各自的儿子在今上心目中的地位，不由得为皇长子担起心来。因为这样一来，按照子以母贵的常例，皇三子朱常洵的品级已在朱常洛之上，他将来继承皇位也不是没有可能。而这样以幼凌长，显然不符合伦常之道。

这一造成君臣对立的所罗门的魔瓶，正是由朱翊钧本人亲手启开了盖子。以后的十余年里，没有一个朝臣能够置身事外。因为他们必须选择两个王子中的一个作为他们未来的主人。过去的经验告诉他们，此时如果走出错误的一步，日后尘埃落定，都有可能断送他们的前程，并给家族带来灾难和耻辱。

当然，国本之争中，大多数官员还是维护皇长子的继承权，并视之为朝廷礼制的最重要的部分。就在册封皇贵妃不久，一个叫姜应麟的户部给事中上疏指出皇帝偏心，他说，礼贵别嫌，事当慎始，恭妃生下皇长子已有五年，按功进封，这个皇贵妃的位置应该轮到她才对，怎么让郑氏后来居上？如此，以伦理论之则不顺，以人心度之则不安，流传天下万世则名不正，他请求皇帝收回成命，先封恭妃，再封郑妃，如此既不违反礼法也不伤害感情。如果陛下真的要定名分、分主次，那也应该听从阁臣的建议，以长子为东宫储君，以定天下根本。

朱翊钧坚决否认他有废长立幼的念头，否认在册妃与立储之间有任何关系。他解释说，之所以不即立东宫，是因为皇长子年龄尚幼，身体又弱，"俟二三年"，长大一点再说。姜应麟以疑君卖直的罪名，被发配大同府广昌县，做一个不入流品的典史。但这并没有吓住文官们，吏部和刑官的两名官员继续在立储问题上建言，他们都遭到了处罚。

和事佬申时行这时站出来，劝说文官们暂且忍耐，等待皇帝自行改变主意。他相信皇帝不是一个没有理智的人，假以时日，在立储问题上他自己必然会找到一个合情合理的解决方法，此时过分施加压力则于事无补。在申时行看来，皇帝也是血肉情感之躯，在他内心隐秘的角落生出废长立幼、让自己钟爱的女人生下的皇三子继承皇位的念头，也是人性的弱点之一端，本不足为怪，只要导引得法，理智和责任还是会让他回到正确的道路上来。

这一和稀泥的态度当然不能令文官们满意。一时议论蜂起，有指斥宫闱的，有攻击内阁的。令申时行没有想到的是，明晚期的有朋党而无政府之状，实是由他辅政时期肇始。

此时，或许只有大学士申时行明白朱翊钧心中的痛苦。朱翊钧明明知道，以皇三子常洵代替皇长子常洛为太子，是冒天下之大不韪，且找不到任何理论和事实的依据，但闹情深重，他又不忍自己心爱的女人郑贵妃悒郁寡欢，是以一直在立储问题上拖延不决。

他想寻找几个文臣作援手，但国本问题毕竟不同于他的祖父时代的大礼议，后者还有张璁、桂萼一班文臣从另一个角度替皇帝做理论上的解释，但本朝开国之初，由洪武皇帝定下的嫡长继承制——即皇位应由嫡传长子继承，皇后无出，则由嫔妃所生的长子继承——实在过于刚性，即使有热衷名利的官员想阿谀讨好皇帝，也断断不敢冒千夫所指身败名裂的风险。而皇帝在强大的道德和舆论的压力下，在一些公开场合也不得不发表违心之论，否认他有弃长立幼的企图。

这时的朱翊钧感到了彻骨的孤独。他似乎至此才明白过来，自己虽然贵为皇帝，实际上也不过是一种制度的象征，只能在祖宗成宪的狭小天地里行使职权，却没有立法的权力。而所谓祖宗成宪的解释权，也不在他手里，而是操之于那帮成天嘴边挂着典章、礼制的大学士和他们背后庞大的文官集团。自己作为帝国这艘大船的最高领导人，却不得不在合法的迷雾中去行事。

他突然生出了厌倦，对朝政，对那些正确得让自己无从反驳的文官们。他就像一个受了委屈满心愤懑的小学生，懒得再去解释、争论、周旋，而是躲进深宫，有意与他的大臣们疏远了开来。何以解忧，唯有杜康，他成了一个不折不扣的酒徒，且喜怒无常，"每晚必饮，每饮必醉，每醉必怒"[1]。他开始找各种各样的理由作为消极怠工的借口，什么身体虚弱啦、头晕目眩啦，等等，以逃避早朝、日讲、祭祖等一个皇帝的日常功课。他不知道时人在背后如何说他："因曲蘖而欢饮长夜，如窈窕而晏眠终日"——几乎就是一个酒色之徒了！

1586年晚些时候，一个叫卢洪春的礼部主事上疏请皇帝出来工作。他说，陛下连日称病不上早朝，连祭祀这样的大事都托人托办，

---

[1] 赵翼《二十二史札记》，《有明中叶天子不见朝臣》。

以陛下春秋鼎盛，怎么会病得如此之重呢？先前一次传旨免朝，说是陛下骑马不慎伤了额头，怎么可以为了一时的驰骋之乐而忽略保重龙体？要是这一次免朝真的是如圣谕上所说的身体虚弱的原因，那就是陛下贪图床笫之欢不计后果，危害更深。陛下如果真的有病，那就当以祖宗社稷为重，不要为一时之欢埋下祸根，要是本来就没什么病，就应该明示廷臣，不要矫饰以免引起臣工猜疑。

此疏语气，近同父母教训懒学在家的儿童。愤怒的皇帝传谕内阁，要治卢洪春"悖妄"之罪。大学士申时行又想大事化小，建议给卢洪春夺官的处分，伤了自尊的朱翊钧不依不饶，终于把卢洪春廷杖六十削职为民了事。这么一闹腾，怠工的理由也不需再找了，此后，皇帝公开露面的时候越来越少，并无限期地暂停早朝。1589年，大学士王家屏丁忧起复，回到阁中三个月了都还没见上皇帝一面，皇帝与其他朝臣的疏离情形，可想而知。

纵然起张居正于地下，看到自己昔日悉心辅导的学生为了一个女人竟向臣僚作长期的消极怠工，如此不负责任，毫无人君气度，怕也要大摇其头。长期的怠惰懒散使朱翊钧的人格急遽萎缩下去，变得纵情声色，饮酒使气，贪财好货，柔弱怕事。

1589年底，大理寺评事雒于仁以酒色财气为题向皇帝进献了一篇《恭进四箴疏》，可谓针针见血：我当官一年多了，才朝见皇帝三回，外面都在说陛下身体有恙，经筵停了，政事也好久不处理了，甚至连祭祀这样的朝廷大事都是遣官代行，我知道陛下病得如此重，乃是有原因的。臣听说嗜酒就会腐肠，恋色就会伐性，贪财就会丧志，尚气就会戕害身体。陛下天天八珍在御，沉溺于美酒之中，白天黑夜长饮不止，这是病在嗜酒；宠爱小太监，溺爱郑贵妃，以致忠言不入耳，太子之位久悬，这是病在恋色；传旨索要财宝，搜刮钱帛，无所进献便要谴怒，这是病在贪财；今日拷打宫女，明日鞭笞宦官，又痛恨直言敢谏的大臣，一经罢黜就再也不给人家复官还朝的机会，这是病在尚气。这四病缠绕身心，又哪是药石所能医治！

雒于仁大夫为皇帝开出了医治这酒色财气的四种药方：罢酒，戒色，拒贿，去除积怨。他说，如果皇上真的愿意服用臣进献的这四剂药，"即立诛臣身，臣虽死犹生也"。

新年的元旦即将到来，朱翊钧没有马上做出反应。他把这篇文章在身边留了十余天后，在毓德宫召见内阁成员时扔给了申时行，说要严惩这位胆敢放言无忌的臣子。他不服雒大夫诊断出来的这四病，向阁臣们诉苦说：

"他说朕好酒，谁人不饮酒？若酒后舞刀弄剑，非帝王举动，岂有是事！又说朕好色，偏宠贵妃郑氏，朕只因郑氏勤劳，朕每至一宫，她必相随，朝夕间侍奉勤劳……他说朕贪财，因受张鲸贿赂，所以用他，昨年李沂也这等说。朕为天子，富有四海，天下之财，皆朕之财，朕若贪张鲸之财，何不抄没了他？又说朕尚气。古云少时戒之在色，壮时戒之在斗，斗即是气，朕岂不知？但人孰无气？且如先生每也有童仆家人，难道更不责治？如今内侍宫人等或有触犯及失误差使的，也曾杖责，然亦有疾疫死者，如何说都是杖死？先生每将这本去票拟重处！"[①]

申时行又是息事宁人的老套路，认为不应严惩雒于仁，因为这样一来，势必将此疏发送六科抄转，闹得天下皆知，人人信以为真。

---

① 《明神宗实录》。

他建议皇帝对雒于仁曲赐优容，他自会出面传谕大理寺卿把雒于仁赶走。果然，几天后雒于仁就称病辞职了。

闻知此事的官员无不赞颂皇帝宽宏大量，也有人深以为忧。大臣对时事得失即使做出过激的评论，也是为了让皇帝有所警省，如果像这般听到过于激烈的意见就一概置之不理，那么痿痹之疾就会深入帝国的骨髓，直至最后无药可治。果然，以后凡有皇帝听不进意见的奏折，留中不发——无限期地扣留——在本朝渐成惯例，帝国的血脉正在慢慢走向堵塞。

君臣暌隔到如此地步，现任首辅申时行自然要担很大一部分责任。然而申时行也有他的难言之隐。刚任首辅之初，他时常被攻击者们指为张居正的循吏，费了两三年工夫才洗清这一嫌疑。也正因为他迥异于前首辅的温和的办事作风，他才逐步获得了皇帝的信任。试想，要是他还是张居正那样的神情气概，就是有十个申时行也早给赶下台去了。多年来，不管朝臣如何指责他遇事左顾右盼缺乏果断之心，他的目的却始终没有改变，那就是务使皇帝的一举一动接近于文官集团的期望。然而皇帝威加四海，拥有绝对的权威，岂是那么好就范的？

是以，申时行的努力虽然会得某些文官的尊重，但随着时日推移，会有更多人对他不满。申时行不是没有注意到这种不满情绪的滋生和蔓延。尤其是在皇帝流露出废长立幼的念头的 1586 年，他身为可以在御前说话的人却没有据理力争，相反的，为了避免冲突，纵容皇帝拖延立储，这事已经引发了整个文官集团对他的信任危机。后来事态的发展也证明，在立储问题上，申时行想让时间催生出一个正确的结果的预言并没有成为现实。

醉梦三十年

多年后，回到苏州原籍闲住的申时行回首任首辅八年间的往事，还是感到上天对自己、对大明朝太过悭吝了一点。他都没有来得及有机会施展致君尧舜上的抱负。在他任首辅的初年，日后以冗懒出名的朱翊钧还是有过一段短暂的振作，那是在张居正一案尘埃甫定至皇三子出生的几个月间，亲执朝政没多久的皇帝精神焕发地参与各种典礼，颇有一番重振朝纲的决心。突出的表现有二，一是四次去京师北面的昌平县拜谒皇陵，并借机视察军队；二是在一个旱季徒步从紫禁城走到天坛，跪在大太阳底下虔诚祈雨，并向上天表示他关心民瘼的诚意。然而造化弄人，随着常洵出世、郑氏晋封为皇贵妃，立储问题浮出水面，皇帝因没有达到目的报复性地放弃了他的职责，君臣关系越来越走入僵局，他辅佐皇帝成为圣贤之君的希望也就永远落空了。

这春光一般短暂的机遇永远地逝去了，怨郑氏妖媚惑主，还是怨自己不够尽心？申时行站在他的立场上，认为责任还是要由文官们自己来负，是一帮过于好名的年轻官员不知世务，轻举妄动，致使事情一步步走向不可收拾，把一手好牌给打烂了。正是从那以后，他这个首辅越来越难当了，他身不由己地卷入争端，进退维谷，捉襟见肘地在皇帝和文官们中间来回穿梭、弥患补缺，就像一只风箱里的老鼠，到处受气，却又落不得一个好。有时，他不得不以请辞来应对种种责难，直至1591年，终于脱离京城这个是非成堆的地方，获准还乡。

当 1591 年申时行去职回籍的时候，他正坐在朝野舆论的风口浪尖上，原因还是悬而不决的立储之争。上溯一年，即 1590 年正月，在一次例行的春节拜会中，大学士们请皇帝早定册立大计，朱翊钧表示，册立按长幼伦序，待再过一段时间候旨意举行。礼部尚书于慎行却不耐烦了，说皇长子都已九岁了，册立大典却至今尚未举行，皇帝一再拖延焉知不是缓兵之计？册立仪式是礼部的职掌，他有责任请皇帝速决大计。朱翊钧宣布，他本无意废长立幼，但是他不能接受于慎行这样的为臣子者的要挟，如果廷臣不再以立储一事烦扰他，明年就可立朱常洛为太子，在此期间如若有人再敢提及此事，那么册立大典就要等到皇长子十五岁后再说。于慎行因胡乱怀疑圣上淆乱国本，被处以罚俸三月的处分。

在接下来的一段时间里，文官们果然遵照皇帝的指示不再催逼立储。他们在等待皇帝到时候履行他的诺言。沉默中，皇帝和他的大臣们都感到整个朝廷笼罩在一种压抑的气氛中。日子飞快地到了 1591 年的秋天，眼看又一年将尽，还是没有举行大典的丝毫动静，文官们愤怒了，他们感到被大大地耍弄了一把，沉默的火焰在地表下冲突。内阁干吗去了？他们为什么不提醒一下健忘的皇上？愤怒的火苗开始烧向申时行。文官们怀疑，首辅极有可能已在皇帝的利诱下改变了立场，转而支持立皇三子为太子。申时行随即遭到了弹劾。虽然批评的由头不是他在立储问题上的首鼠两端，而是他主持的大峪山陵寝工程出了问题，但申时行自己也明白，文官们是在间接地对他表示不满。

一个叫张有德的工部主事请示皇帝，册立大典在即，该如何筹办仪注。理由当然很充分，因为册立大典所需的设备仪仗一向是由工部准备的。张有德是想用这种巧妙的方式提醒皇帝，不要忘记自己许下的承诺。本就想赖账的朱翊钧正好抓住了把柄，以有人违反他去年的旨意为由，宣布推迟立储。为人君者说话怎可如此缺乏诚意、不负责任？文官集团与朝廷的依存关系，其首要前提是对朝廷的公信力没有疑惑，如果连这一信任都出现了危机，文官们担心的国将不国总有一天会成为事实。迫于廷臣们施加的压力，内阁大学士们在次辅许国的率领下（当时申时行因病告假），联名呈请皇帝明年春天举行册立大典。尽管首辅不在朝，但执笔的次辅在上疏中还是把他的名字列在了首位。

在朱翊钧看来，这是内阁和廷臣们沆瀣一气逼他就范。申时行结束休假回到朝中，他受到了皇帝的严厉申斥，你怎么也和那些急躁的小臣一样？申时行当然明白，处在他这个位置，自己不能像那些邀名卖直的小臣们一样和皇帝直接对立，作为文官集团的领导人，他只有尽力与皇帝处好关系，再相机行事。于是他给皇帝上了一道密奏，称内阁的联名奏章虽然列上他的名字，他事先却并未与闻，如何处置张有德全由皇帝裁决。皇帝在朱批中感谢了首辅的体谅之心。但节外生枝的事情发生了，照理说，密奏送呈御览后连同朱批都要退还上奏者本人，但不知是皇帝有意还是文件传输过程中的哪个环节出了问题，此封密奏竟落到了次辅许国手中。申时行的麻烦事来了。

感到被出卖的许国把这封密奏送到六科抄转，一时间，首辅的表里不一、皮里阳秋变得朝野尽知。本就对首辅行事做派不满的言官们纷纷交章弹劾，说他"遁其辞以卖友，秘其语以误君；阳附群众请立之议，阴缓其事以为内交之计"，一副老好人的表面下，实是一个卖友求荣、误国误君的奸诈小人。当申时行坐在内阁的朝房里准备处理公务时，外面文官们对他的反对已呈燎原之势。身为文官领袖，既已失去道德上的优势和同僚的信任，除了辞职已别无他途。

事情到了这一地步，朱翊钧已经很清楚，无论郑贵妃在他心目中占到何等重要的地位，也无论他如何钟爱皇三子常洵，想要废长立幼却是万万不能，如果继续固执己见，那么最后的输家将是自己。但朝臣们的要挟给他内心造成的创伤不会那么快就平复，在他舔好伤口重新振作起精神之前，双方只能继续以僵局相持。

冷战中，皇子们的教育被耽搁了下来。1592年，看到时年已十一虚龄的皇长子还没有出阁就学，廷臣们不免忧心忡忡，他们担心这样下去，势必使缺乏良好教育的朱常洛在日后不能与文官们正常沟通。于是有一个叫李献可的礼科都给事中，偕同其他言官提了一个建议，请皇帝"豫教元子"，即让皇长子正式出阁接受教育。但既是出阁讲学，皇长子就必须首先具有太子的名义，否则就是名不正言不顺。李献可的这一建议可谓用心良苦，但朱翊钧同样没有接受。处罚李献可的理由荒谬而可笑，皇帝指责他的奏疏中出现了白字，如此侮君之罪不可轻饶。李献可被降级外调，其他言官则被罚俸半年。

皇帝糊弄廷臣们的花样在继续翻新。到了1593年，朱翊钧又想出了一个新花样，提出同时册封他的皇子们（皇长子常洛、三子常洵、五子常浩）为藩王而不册封太子。理由是，皇后年纪尚轻，仍有生育的可能。如果皇后生下儿子，那就是当然的太子而用不着任何争议了。待嫡和三王并封的圣谕颁到礼部，廷臣们炸开了锅，本来他们就对皇帝一再拖延立储已极为不满，但因皇帝曾有过承诺，他们还都有个盼头，没想到等来的却是这么一个结果，于是噪声大起。重新召回出任首辅的王锡爵本已附和待嫡、并封，这时也感到，再这样下去自己可能陷入万劫不复之境，于是也一改前态，不愿再背这口黑锅。臣僚们猜测，皇帝受到郑氏的逼迫在继续拖延，他是在等待皇后死去，让皇贵妃郑氏自然递补上去，这样一来，立皇三子为太子在法律意义上就没有了任何障碍。

有言官上疏，历数从1586年以来皇帝的一次次言而无信，质问皇帝，"陛下言犹在耳，岂忘之耳？"一个叫朱维京的光禄寺丞批评皇帝这么做实在是愚弄天下人，以江山社稷为儿戏。御史钱一本写下《论相》《建储》二疏，对政府不能匡救时弊提出尖锐批评，指责皇帝"预设机阱"，虽自以为得计，实在是御人至巧而为谋甚拙。

甚至有人提出这样的问题要皇帝做出答复：当年陛下六岁就被立为太子，为什么没有和潞王一起册封为藩王，等待皇后生子呢？这已经是指着皇帝的鼻子说他也不是嫡出了。

其实嫡长继承这一祖制，指的是有皇后所出的嫡子则立嫡，皇后无子则立长子，也不一定真要等着皇后生出一个儿子来再立为太子。何况皇帝自1578年大婚以来，帝后感情不睦也是内外共知的事实，他们都很少住到一起了，怎么能弄出一个儿子来？朱翊钧做出的这一决定让慈圣皇太后也很不高兴，有一次她问儿子，外面都在说应该早立常洛为太子，为什么迟迟没有动作？朱翊钧说，他是都人（宫女）的儿子。老太太勃然大怒道，你不也是都人子吗？

宫中流传着这样一则故事：有一次，皇帝病得非常厉害，昏睡了好久才苏醒过来，迷迷瞪瞪中，皇帝发觉自己枕在皇长子的生母、恭妃王氏的手臂上，当他彻底醒过来，看到王氏忧伤的面庞上泪痕犹湿，而郑贵妃早就不知道跑到哪里去了。还有一则不利于郑贵妃的故事是，在某次家庭宴会时，皇帝给各位皇子都送了一样小礼物，其中赐给朱常洛的是一只玉碗，命郑贵妃代为收藏。就在这次病愈后不久，皇帝突然索要这只玉碗。可是年月久远，再加郑贵妃也没有把人家儿子的东西太当回事，竟然找不着了。皇帝又索要当年给福王的赏赐，这一回，郑贵妃一下就拿了出来。皇帝极为震怒，郑贵妃脱掉冠服，取下簪珥，在殿门外蓬首跣足跪了好半天，皇帝才原谅了她。

不管出于什么样的原因，最终还是强大的舆论压力迫使朱翊钧在1594年冬天让他的长子出阁接受翰林学士的教育。这一年，朱常洛已是一个虚龄十三的少年了。据谷应泰《明史纪事本末》记载，朱常洛出阁讲学时，正值天寒地冻，内侍们躲在一边的密室里烤火，任由皇长子冻得瑟瑟发抖。讲官郭正域看不下去了，大声说：天寒如此，殿下当珍重！喝令班役赶快升火御寒，才让朱常洛读书时有了一盆火烤。可见朱翊钧走出这一步是多么不情愿。

但朱常洛并未马上被立为太子，再过七年，即1601年冬天，他才被父亲正式册立为储君。这一年朱常洛已经二十岁了。看起来国本之争总算尘埃落定了，但余波未息，皇帝与他的臣僚们已从对抗转到消极怠惰，常洵（已被封为福王）和他的母亲郑贵妃还在虎视眈眈，廷臣们还在担心出现变故，朱常洛即便立为了太子，日子也过得并不安生。按常例，常洵封藩后就应该离开京城去他的封地河南，但朱翊钧却总不愿意让这位爱子离开左右，还以极大的排场在京城操办了他的婚礼，史称"福王婚费至三十万，营洛阳邸第至二十八万,十倍常制"①。廷臣要求福王之藩的章奏有数十上百件，朱翊钧就是置之不理。直到 1614 年，福王到河南就藩，朱常洛的东宫之位才算坐稳了点。

但一年后发生的梃击案，表明只要朱常洛没有坐上皇位，威胁就始终存在。

这一发生在 1615 年春天的惊天大案，《明通鉴》曾简单记述事发的经过："五月，已酉西刻，有不知姓名男子，持枣木梃入慈庆宫门，击伤守门内侍李鉴，至前檐殿下，为内侍韩本用等所执，付东华门守卫指挥使朱雄等收系。"

慈庆宫乃太子朱常洛的住地，该男子私带凶器强行闯入，意图不言自明，这一严重威胁皇储生命安全的案件自然引起了朝野的普遍关注。

经巡城御史刘廷元审问，持梃人名叫张差，来自蓟州，奏称"迹似疯癫，貌实黠猾"。此案经刑部复审，确定为持梃人上京申冤，误入东宫，按律当处死。但刑部一个主事对这样的结案深为怀疑，再次提审后得知，此人真名为张五儿，被给宫中送炭的马三舅、李外父两人引荐给庞、刘二位太监，二位太监令他持梃从厚载门冲入东宫，撞一个打一个，打了"小爷"吃也有、穿也有。"小爷"是宫中太监对皇太子的称呼。此案经三法司数十位官员会审，案情渐渐明朗，种种迹象表明，这起谋杀未遂案系由郑贵妃策划。

贵妃伙同外戚，意图谋害当朝太子，此案若是大白于天下，由此引发的政坛地震将给本朝带来两百年来未有之危机。关键时刻，皇帝出面调停了。趁一次到慈宁宫谒见太后，朱翊钧带上了太子及

---

① 《明史》卷一二〇，《常洵传》。

三个孙子，并故意让内阁及六部的主官在场。朱翊钧执着太子的手，示群臣说，此儿极孝，我极爱恤他，如果有别的意思，早就立他人了，外廷心怀何意，动辄用流言离间朕父子！又把太子的三个儿子叫到跟前，感慨地说，朕的孙子都这么大了。

事情到了这个份儿上，太子也当着众人的面剖明心迹说：疯癫之人，决了便罢，不必株连。我父子何等亲爱，外廷有许多议论，尔辈为无君之臣，使我为不孝之子。

事已至此，廷臣们也都噤口不言。张差被判凌迟处死，庞、刘二位太监杖毙内廷，梃击一案便这样含糊了事。

多年徒劳的相持后，不得不立自己并不喜爱的长子来做接班人，也不得不让心爱的女人生下的儿子远离京城，这漫长的抗争和最后屈服的过程，给朱翊钧内心留下的创痕至死也没能平复。自册立太子之后，漫长的近二十年间，这个孤独的君王躲进深宫成一统，深居静摄，付万事于不理，除了偶尔出席祝捷庆典，丹墀之上再也难觅他的踪影。

立储问题上的失败使朱翊钧心灰意懒，他又没有叔祖朱厚照的放浪不羁，敢把朝臣们玩弄于股掌之上，底气不足，再加性格柔弱，他采用了消极怠工的姿态来对抗他的廷臣们。这时的朱翊钧，实际上已成为强大的文官集团意志的一名囚徒。

已然暮气沉沉的帝国，依然慢腾腾地前行，运行两百多年的文官制度有着它强大的惯性，不会因皇帝的怠工即刻陷入停顿。六年一次的官员考核仍然在进行，从府郡的童子试到省里的乡试，再到全国性的会试，旨在选拔政府官员的各级考试还在定期举行。中下级官员的升迁速度虽然减缓了，但只要在官场上熬到一定资历，也不能说完全出头无望。这一应公事，自有中央六部及都察院等部门按时履行他们的职责，无须皇帝亲自过问。必要的文件需要皇帝做出亲笔御批的，也自有司礼监秉笔太监依旨施行。表面的平静并不能掩盖一个事实，即君臣之间的冷漠，已跌入了本朝有史以来的最低点。在冰点状态下，皇帝还是皇帝，大臣还是大臣，但皇帝已再也不会按照文官集团的意志去行事了，他再也不愿意做任何事情使他的文官快意。

在这样一种几乎恶意为之的作对中，帝国中枢机构渐渐陷入半停顿状态。各种法定的仪式虽然还在举行，但没有了皇帝这一主角出场，总显得草草了事。京师和各省的许多重要职位出现空缺也不补，致使文官们升迁无望。数千名大选、急选与待补的官员聚集在京等候派发，因上不了任，花光了盘缠无以为家。对此，朱翊钧全都不闻不问，廷臣们抗议的奏本越积越厚，他也一律不予答辩，全都留中不发，不作任何批示。即便有官员因事、因病或因不满提出辞职，他也一律不予理睬，既不说不准，也不降旨慰留，任由他们挂冠离去。1589 年大理寺评事雒于仁埋怨一年只见了三次皇上，到这个时候，大学士朱庚入阁一年多连天颜都未曾一睹，也没有人认为是一件多么值得奇怪的事情。但不管怎样，皇帝对官僚机构中大量高级职位的空缺不闻不问，显然有违常理，一种暗底下的猜测是，这个贪婪的君王是想把节余下来的官员薪俸转入他的内库。

1602 年，大学士沈一贯奏称，天下御史巡行各省有十三处，今缺其九，应尽快派发御史去各地视事。到这年底，计南北两京缺尚书三人，侍郎十人，各省缺巡抚三人，布政使、按察使六十六人，知府二十五人，五十几个科道给事中只剩四个，一百多个御史只剩五个，都御史一缺仍旧虚悬。到1606年，官员缺额的情况更加严重，大学士沈鲤上言：今吏部尚书缺三年，左都御史亦缺一年，刑工二部仅一侍郎兼理，大司马（兵部）既久在告，而左右司马（兵部左右侍郎）亦有代匿者，礼部止一侍郎李廷机，今亦在告，户部止有一尚书。盖总计部院堂上官三十一员，见缺二十四员，其久注门籍者尚不在数内[①]。"此犹可为国乎？"沈鲤诘问。

1620年秋天，御宇四十八年的朱翊钧终于离开了这个世界。在另一个世界陪伴他的是他生前并不喜欢的两个女人。在定陵，安放在他棺椁一侧的是皇长子的生母恭妃王氏，另一侧是早他四个月去世的孝端皇后。朱翊钧一生钟爱的女人郑贵妃，则被安置在了紫禁城里的一座冷宫中，和她的爱子福王永远暌隔。这个女人在日后还要兴风作浪，此处暂且不表。

孟森把朱翊钧在位的四十八年分为三个时期，第一时期为冲幼时期，朱翊钧尚在成长期，私欲未能发露，由张居正当国，基本上是内阁政治。第二时期为醉梦时期，成年后的朱翊钧亲操大柄，泄愤于居正之专，其后专用软熟之人为相，怠于临政，勇于敛财，不郊不庙不朝三十年，矿使税使，毒遍天下，边患日亟，尚未引起足够的注意。第三时期为决裂时期，万历四十六年后，清太祖公然起兵，入占辽沈，明始感觉，而征兵征饷，骚动天下，民穷财尽，铤而走险，内外交困，明事不可为矣。

其中历时最久的，当为醉梦时期，从1583年对故太师张居正展开清算直到朱翊钧去世前两年，足有三十余年。其间的十个首辅，

---

① 《明神宗实录》卷四一九。

除申时行勉强够格，其他如许国、王家屏、王锡爵、赵志皋、沈一贯、朱赓、李廷机、叶向高、方从哲等九人基本上都是"软熟之人"，毫无原则操守，只知因循唯诺，献媚取悦于上，以此养成自己的势力，诚如史论所议，"外畏清议，内固恩宠，依阿自守，掩饰取名，弼谐无闻，循默避事"[①]，以致朝局愈发不可收拾。

漫长的醉梦时期，朝臣已经分裂为若干派别，党争之势已成。日后但凡有事，各个政治派别间，旧恨新账都要一一清算。"庸主济以庸臣，所以合而酿亡国之祸也"，明之亡，实亡于万历。

君子在野

1582 年，当张居正病重不起之际，京城各部院的官员们聚集在东岳庙，自发为首辅祈福，刚中进士才两年的户部主事顾宪成因故没有到场。有同僚好心，为他在祷文后签了名，顾宪成闻知此事，急忙骑马赶到东岳庙，当着众人的面将自己名字抹去[②]。此举表明，这个人身上有着强烈的道德洁癖，他此后的政治主张和在帝国官场上的表现，也是这一洁癖使然。

不久，顾宪成请假回无锡老家奉养老母，到他假满回朝，已是1586 年秋天。他被升任吏部稽勋司员外郎，分管官员的档案、晋级及丁忧守制等事务。但他在这个位置上并没有干多久，因在第二年初的京察中发表过激言论，他被连降三级，贬为桂阳判官。但顾宪成是一个非常有韧劲的人，这次挫折过后几年，他又重新回到了吏

---

① 《明史》卷二一八。
② 《明史》卷二三一，《顾宪成传》。

部，任验封司主事。

时任政府首揆是王锡爵。黄宗羲在《明儒学案》中记载顾宪成与王锡爵的一次交谈：王锡爵说，最近有一件怪事，内阁所是，外论必以为非；内阁所非，外论必以为是。顾宪成说，外间还有一件怪事。王锡爵好奇地问是什么，顾说：外论所是，内阁必以为非；外论所非，内阁必以为是①。

他们这一对话中的"外论"，并非民间的议论，而是指外廷文官们，尤其是言官的议论。内阁与监察部门的这一对立，王锡爵把责任归之于言官，顾宪成则认为是内阁忽忽悠悠，若罔闻知，意见才会如此相左。

在京的各方政治势力借六年一次的京察打击异己，扩充地盘，已是官场的公开秘密，门户之争也由此养成。1593年的京察，主事者为吏部尚书孙鑨、考功郎中赵南星、考功主事顾宪成和文选司郎中孟化鲤等吏部中下级官员也参与了这项工作。孙鑨是正德年间曾被宁王杀害的都御史孙燧的孙子，曾在光禄寺、大理寺、兵部等多个部门辗转任职，主政吏部后自然很想有一番作为，赵南星也是当朝公认的品行高洁之士，两人一致认为天下纪纲大坏的原因，在于"有司贪酷者甚多"，"总由情面太重，钱神太灵"，因此都主张重纠察之令，严肃吏治。鉴于内阁与吏部的纷争由来已久，他们的另一个目的，是借这次京察削减内阁权力。

为示考察的大公无私，孙、赵二人先把与自己有直接亲属关系的不称职官员劾免，以免授人口实。孙鑨去掉了一个外甥的文选司员外郎职务，赵南星则把自己的儿女亲家逐出了文官队伍。果然这

---

① 黄宗羲《明儒学案》卷五八。

次京官大计把公认品行有亏的官员贬黜殆尽，甚至连大学士赵志皋的一个兄弟也在贬斥之列。重回内阁担任首辅的王锡爵想庇护私人，孙鑨也没有买他面子。

当几个言官对考察结果提出异议时，早就怨怒于心的大学士们趁机指责吏部做手脚，本次京察主持者有专权结党的嫌疑。孙鑨被夺俸，赵南星受到了连降三级的处罚。左都御史李世达为赵南星鸣不平，认为京察是由吏部和都察院会同主持，如此重罚赵南星有失公平。孙鑨认为自己是吏部主官，有责任也不能让下属扛，也提出辞职，临去一句"大臣不合，惟当引去，否则有职业在，谨自守足矣"①，一时赢得了朝野无数清誉。

京察虽使吏部的主要班子大换血，但尚未波及到顾宪成。一年后顾宪成的遽然落职，究其原因，还是他的道德理想主义和执拗的脾气所致。这年，因王锡爵离任回籍，须会推一名大臣入阁。顾宪成和吏部长官在会推名单中，竟然把得罪皇帝刚去职的王家屏和孙鑨也列入其中，一时龙颜震怒，吏部主官再次出缺，顾宪成也削籍回家。日后成为东林党领袖的高攀龙，也同时被贬为揭阳县的一个典史。

史传上说顾宪成，"姿性绝人，幼即有志圣学"，当他遭受重创回到无锡，失望和愤懑之后，他重新体悟到了处世之道，那就是所处位置不同，担当也不同。"官辇毂，志不在君父，官封疆，志不在民生，居水边林下，志不在世道，君子无取焉"②，在朝为官，应尽力辅佐皇帝成为一个明君，出为疆臣，则当关注民生，像自己现在这

---

① 《明史》卷二二四，《孙鑨传》。
② 《明史》卷二三一，《顾宪成传》。

样闲居乡野无官无职,那就要致力于匡救世道人心。史传称,顾宪成的这一发明,乃是来自王守仁"无善无恶心之体"的启示,即人心自足,不假外求,一个人行事之是非,可以凭个人的良知来判断。

据高攀龙所写的传记,最初回到无锡老家的一段时间,顾宪成连做梦都会梦到朝局中的人事变动,甚至还会在梦中惊叫出声,泪水把枕头都打湿了。日后,顾宪成有一篇《寤言》,记录他梦境中的种种荒唐际遇,并抒发他的政治见解。他说,今日朝政议论纷纭,阁臣与吏部互相冰炭,从他这个旁观者的角度看去,全都是起于识见之歧,成于意气之激,要弥合这一越来越大的裂缝,就要"转移联合",即局内人多从局外人的角度看问题,多一份虚心,在局外者则要设身局内,多一份公心。当然他自己也明白,在这个越来越讲究实利的年代,这"转移联合"实在是太过于理想化了。他决定从讲学做起。他看中了无锡城外一处叫东林书院的,是宋代杨龟山先生昔年讲学的地方。

当时,书院已经废为僧舍,顾宪成和弟弟允成一起集资重修。行事谨慎的他还取得了一些在地方上有名望的士绅的支持,常州知府、无锡知县等地方官员出于对顾宪成道德学问的敬佩也竭力赞襄其事。1604年秋天,书院落成,长江中下游数省的重要学者几乎都被邀参加落成典礼。就在这次会上,确定以每月九日、十日、十一日,大会东林讲堂。此时,已经有一份报告驿递送往朝廷,说"江南豪荡之子暗相号召,包藏祸心"。

既然一个人把时代的道德都扛到了自己肩上,在他周围自然会聚集起来一批同志,高攀龙、钱一本、薛敷教、史孟麟、于孔兼等这些一同解职的青年官员都是顾宪成最早的追随者，也是书院最早的一批讲学者。致力于缩短程朱理学与阳明心学的距离、提倡通过静默的体验恢复人性的高攀龙，在1612年顾宪成去世后接过衣钵，成了书院的下一代领导人。

据后世学者黄宗羲《明儒学案》所说，高攀龙在静观中体悟人生要义的"默识"说，来自于1594年他从北京贬回南方途中一次亲身经验的启示。当时，高攀龙从无锡坐船去镇江，在一个叫江头的地方，他命人抛锚，是夜明月如洗，照得南面天空下群山的轮廓清晰可见。他和一帮朋友在江边的六和塔畔喝酒。清风徐来，他深深地沉迷在了夜色之中。但当结束夜宴回到船上时，他的内心突然被一种无以名之的惆怅情绪所充满，他不由得自问：今夜风景一如往昔，为什么我的内心深处却深感悲凉？他决心在旅行中把这个问题参透。从第二日开始，他就在船上做起了思想的功课，并给自己规定了半日静坐、半日读书的作息。他希望，在一种几乎与世隔绝的安宁中，世界的秘密会向他呈现。而在这个问题真正彻悟之前，他不打算登岸回家。

船继续向着南方的内陆省份行驶，这一程水路足足走了两个月。一路山水清美，寂寂静静，他有时弃舟登岸，坐在磐石上静听溪声鸟韵，听着风声穿过竹林的奇异的声响，有时停舟在天色向晚的青山脚下，携酒登临，徘徊碧涧。他体味着旅行带来的种种快乐，一颗心好像飞到了尘寰之外。某日船过汀州，他上岸找了一处旅舍住下。此地风光甚佳，他住的小楼前对山、后临涧，当他的心澄澈一片，几乎与整个自然融为一体时，他突然听到内心里有一个声音说，世间万物的变化都是因人而起，可是在茫茫宇宙中这种种的纷争和变化，又算得了什么呢！高攀龙突然感到如百斤担子顿尔落地，又如电光一闪，通体透明，自己整个地融入到了身外的天地，世界就是他，他就是世界了。①

他领悟到，世间的种种烦嚣是无法拒绝的，他必须先接受它，然后战胜它。他希望通过阅读、静思和讲学来恢复内在的力量。"变者时也，不变者道也"，他相信，通过对道的不舍追求，生命在另一个意义上会得以延长。就在这年回到无锡后不久，他成了顾宪成最早的追随者之一。

这群人虽不得已退出了官场，却都是志在世道，自然不喜空谈性命，而要以书院为平台，"讽议朝政，裁量人物"。几乎与生俱来的道德理想主义情怀，使这个团体的成员达成了这样一个普遍共识，即一个时代的政治清明与否，完全依赖于君子之气有没有得到伸展。就像东林运动的同情者赵南星所指出的，"天下之所以治安者，君子之气恒伸也；天下之所以危乱者，君子之气恒郁也。万历壬辰以后君子之气渐郁，至丙辰丁巳而极矣。"② 为了让政治重归清明，必须有一批具备君子之德的人来共同担当。

1605 年秋天，东林第二次大会，顾宪成所做的一个发言，正可以看出其不凡的抱负与用心：

> 自古圣贤，未有绝类离群、孤立无与的学问。吾群一乡之善士讲学，即一乡之善皆收而为吾之善，而精神充满乎一乡矣。群一国之善士讲习，即一国之善皆收而为吾之善，而精神充满

---

① 《明儒学案》卷五八。
② 赵南星《赵忠毅公文集》。

乎一国矣。群天下之善士讲习，即天下之善皆收而为吾之善，
而精神充满乎天下矣。

值此八面来风时节，欲令天下无声，怎么可以！东林书院，在
暗哑的时局中横空出世，成了无数在野官员和文人宣泄不满情绪的
一个通道。江南富足的经济和四通八达的水网交通，又为学者们的
聚合提供了便利，每逢一月三日的讲会和每年秋季举行的东林大会，
四面八方赶来的人们把书院的学舍都住满了。这样大规模的聚集自
然会引起当局的注意，尤其在沈一贯、王锡爵任首辅期间，监视更
密。事实上，最初东林同人就是从政敌那里得到了"党人"这一称号，
渐渐地，他们自己也认同并接受了这一称呼。

严格意义上，东林只是一个讲学之所，并不具备一个政党所必
需的章程纲领，但事实上，在万历朝后期它已成为一股不容小觑的
政治势力，这股在野力量甚至可能对执政者产生影响。每月三日的
讲坛，话题不外是思想学术，但很少不触及时事政治。顾宪成作为
主要的讲演者，更是议论纷飞，品藻人物，他还喜欢对有问题的官
员进行私德方面的攻击，他纵横捭阖的演讲术，在北京朝廷的年轻
官员中也有着广泛的影响。如同蒋平林在《东林始末》中说："宪成
讲学，天下趋之，一贯持权求胜，受黜者身去而名益高，此东林、
浙党所自始也。其后更相倾轧，重五十年。"

在朝官员按地域分成了浙、齐、楚三党。更有国子监祭酒汤宾
尹、谕德顾天竣等效仿东林的做法，设坛授徒，与东林相抗衡，号
称宣党、昆党。其他朝臣则从自身政见、师门出身、利益关系等不
同角度出发，要么厕身东林，要么依附他党。顾宪成想把与自己关

系甚密的都察院右佥都御史、巡抚凤阳李三才推入内阁，作为自己一方的利益代言人，为此还特意给首辅叶向高写信推荐，但在三党的一致反对下，品行方面不够过硬的李三才不得不黯然去职。

把道德问题置于其他一切之上，是东林党人的一个普遍观点。在他们看来，一个官员的毕生事业就是修养他的品性，这比起行政能力更加重要。这种道德英雄的姿态使他们在日后的政治斗争中不管遭受什么样的打击都能赢得正直的名声，却又因壁垒过严招致树敌过多。

东林成员以他们的影响力介入朝廷官员的考核，他们的偏执也日渐暴露了出来。东林一派得势时，与他们关系的亲疏程度竟成了官员贤良与否的一个鉴别标准。"方东林势盛，罗天下清流，士有落然自异者，诟谇随之矣。攻东林者，幸其近己也，而援以为重。于是中立者，类不免蒙小人之玷。核人品者，乃专以与东林厚薄为轻重，岂笃论哉！"①三党一得势，对东林党人打击起来也毫不手软。所以有史家说，万历年间的政治，可以说是东林与三党消长的历史，他们消长的焦点，就是与吏部京内及外省官吏的考察。

且看看顾宪成离开北京后两派政治势力的消长：

1594年孙鑨离任后，继任吏部尚书孙丕扬鉴于前任的失败教训，推出了掣签法，并把这种方法用到了考察外省官员上去。按照新公布的这项新的考察方法，所有大选、急选的官员全都凭手指间的运气而定。但这种看似最为公允的方法并没能解决纠纷，围绕一些官员受贿问题的争论反而使党派之见更严重。

1604年的京察，来自浙江宁波的沈一贯当政，此人"好同恶异"，

---

① 《明史》卷二五六，《崔景荣传》。

使内阁与吏部的关系进一步恶化。被吏部和都察院部问责的一些问题官员，在他的有意庇护下，把察疏留中，迟迟不公布考察结果，以致朝臣们高喊"二百年来，计典无留中者"，抗议之声不断。

1611年的京官大计，孙丕扬再次主察，联合东林党人逐斥了大批浙党人物。而到了下一届即1617年的京察时，方从哲为首辅，三党又占上风。这样到1619年会推阁员时，东林人物几乎已经没有一个在朝了。而这时三党内部却又闹起了意见，一个个走向衰微。

据《明通鉴》等史书记载，是一个叫汪文言的东林党人用离间计破了三党。这个富有传奇色彩的人物据说来自安徽歙县，任侠而有智术。

这边厢闹哄哄你方唱罢我登台，却很少有人注意到，在东北边境，一个叫努尔哈赤的建州女真首领已日露峥嵘。1616年，努尔哈赤脱离明朝控制，建立国号"天命"的后金政权，率领一群骁勇善战的八旗将士统一了女真各部。到1619年，即朱翊钧去世的前一年，这个野心勃勃的首领在盛京以"七大罪"为由，正式向大明帝国发起了挑战。被朝廷寄予厚望的经略辽东杨镐率领的四路大军，在抚顺、铁岭一带与后金的作战中接连惨败，史称萨尔浒战役的失利，使帝国的东北边境藩篱尽失，烽火向南直逼到了山海关一线。自此之后，不管再如何增兵派饷，都不能阻止这个黑洞越撕越大。

可悲的是，此时帝国的中枢还在无休止地内耗中。随着不久后太监魏忠贤得势，政敌们把万历一朝所有的纠纷——国本之争、京察、科场弊案、梃击案及后来的移宫案、红丸案等——全都归罪东林，国中士气尽遭摧折。顾宪成总算没有看到这一幕，他已在1612年去世，不及见了。

1620 年 8 月，压抑多年的朱常洛终于坐上了皇帝宝座，这一年他已三十九岁了。如果从他被册立为太子算起，文官集团为了这一天已经等待了近二十年。这充满着争吵和算计的二十年间，已经有无数正直的大臣遭受了身体和名誉的双重打击，廷杖、去职、削籍，乃至在这个世界上彻底消失。正因为此，廷臣们完全有理由把新皇登基看作王朝扭转颓势重新振作的一个机会，大学士们为他选择"泰昌"这一年号，正寄托着对和平与繁荣的无限憧憬。

朱常洛登基后的作为，应该让他的臣僚们感到了欣慰。鉴于东北边境的局势越来越紧张，新皇即位做出的第一项决策，就是从内库拿出两百万两银子犒劳正在辽东作战的将士。同时，取消了自 16 世纪 90 年代以来扰乱地方经济秩序的矿税和商税，并召回他的父亲派往各地督税的受人憎恨的太监。政府机构官员大量出缺、办事效率低下的状况也迅速得到了改观。帝国这架老旧的国家机器正在逐步修复中，许多贬官被重新起用，这些人有的是在历次政治风波中忤逆他父亲的意志被革职的，有的是不满于当局愤而辞职的。最早召回的一批人中的邹元标、姜应麟、冯从吾等人，大多是东林党人或者是这一学术政治团体的同情者，他们大都被安排到了政府重要部门出任要职。

然而，一个月后朱常洛的突然死亡，使帝国由衰转兴的一线生机转瞬断送于无形。9 月 6 日，在任命了几个东林党人担任政府要职后，回到宫中的朱常洛突发重病，经御医调治，也丝毫没有好转的迹象。虽然史书对朱常洛发病到去世的十余天间的记述至为简略，但还是可以把梳出一个大致情形：

　　他先是在吃了司礼监一个太监进的药，引起了无法控制的腹泻，一夜大泻三四十次。因这位太监曾经服侍过郑贵妃，所以马上就有人怀疑是郑贵妃背后捣的鬼，并阻止皇帝再进药。但当大学士方从哲推荐的鸿胪寺丞李可灼声称有灵丹妙药进献时，病急乱投医的朱常洛马上把大臣和御医们的警告抛到脑后，服用了这位官员进献的两粒疑似掺有兴奋剂的红色药丸。刚服下这药，他的精神转好了不少，宫内外欢呼雀跃，以为药到病除。但褒奖这位官员的上谕还没来得及发出，朱常洛的病况再度恶化，当夜就在御榻上咽了气。

　　史称"红丸案"的这起皇帝暴亡事件，成了党争最直接的武器，各方政治力量纷纷要求追究相关责任人，包括推荐李可灼进药的首辅方从哲也难辞其咎。也有人把攻击的矛头指向了郑贵妃。据说朱翊钧去世前，曾留下遗言，进郑贵妃为皇后，礼部认为不符本朝典章，郑贵妃既非先皇原配，今上也不是她所生育，进封皇太后实是名不正言不顺。这个工于心计的女人想着法子取悦皇帝和他的宠妃，给朱常洛最宠幸的一个妃子李常侍送上无数珍宝，唆使她去当皇后，还给朱常洛一次送了八个美姬。皇帝身体素来孱弱，日理万机，精神劳瘁之外，再加性事频繁，哪里还撑得住？一个叫李逊之的作家在一本叫《三朝野记》的笔记中披露皇帝发病的隐情："一日退朝，升座内宴，以女乐承应，是夜，连幸数人，圣容顿减。"印证了郑贵妃与此事也脱不了干系。

　　被寄予无限期望的泰昌一朝，因朱常洛的暴亡，实际只持续了短短的一个月。皇帝病重期间，朝臣们尤其是一向以正义自居的东林党人最大的忧虑是，权力可能落入奸邪之人手中。大臣们的担忧不是没有道理，因为刚刚明确太子身份的十六岁的皇长子朱由校，此时已经落入了先皇宠妃李氏的控制之中。种种迹象表明，这个女人是有政治野心的。不久前，皇帝召集他最信任官员托付后事，在场有大学士、尚书、侍郎、都察院左都御史等高级官僚，兵科右给事中杨涟等三位言官也在被召之列。让他们吃惊的是，众目睽睽之下，李妃竟然突然闯入，要朱常洛在咽气之前给予她皇后的封号。幸亏朱常洛理智尚存，拒绝了她。

9月26日晨，皇帝驾崩的消息一经传出，礼部尚书刘一燝和杨涟等其他大臣即刻赶到乾清宫。在宫门外，他们遭到了李常侍控制的太监们的阻挠。杨涟等人强行闯入，查问被藏起来的太子的下落。在一个叫汪文言的内阁中书的牵线下，他们得到了同情东林党人的大太监王安的帮助，找到了太子，并把他带到文华殿接受朝臣们的叩拜。此刻，正义感和责任感充溢于胸的朝臣们不会想到，他们克服险阻拥立的朱由校，竟然是本朝最没出息的一个皇帝。

问题接着来了，李氏拒绝搬离乾清宫。理由是，太子在个人生活和国家大事上都需要她的帮助和指点，况且，母子同居一宫也无什么不妥。杨涟、左光斗等人怎肯把嗣君交给一个他们根本不信任的女人。左光斗毫不避讳地指出，内廷有乾清宫，就如同外廷有皇极殿，只有天子和皇后才有资格进住，李氏既非太子生母，又非嫡母，却俨然以正宫自居，让即将登基的太子殿下屈居慈宁宫，不能为先皇守灵，这难道说得过去吗？再者，太子殿下已经春秋十六，难道还需要把他抱在怀里哺乳吗？让一个名分不清的女人和即将登基的嗣君住在一起实在有伤风化，国家的未来怎可尽托于妇人之手？万一这女人以抚养之名，行专制之实，恐怕唐朝时的武氏之祸，也要重现于今日了。

他们的一再坚持下，李氏不得不在朱由校登基前一日搬离了乾清宫，住到一个叫哕鸾宫的冷宫里去。移宫一案虽就此作结，但日后还将引发无数风波。

在朱常洛的十六个儿子中（活到成年的只有五个），朱由校的资质不说最差的，可能也是较差的。体弱，不爱学习，过分憨厚，历史学家甚至对他是不是有一个正常人的智力都表示怀疑。但这位皇帝却有一样爱好，擅长制作各种式样优美的家具、设计精致的宫殿模型。这可能是他的父亲常年不被重视，也连累到了儿子们的成长，在应该接受翰林学士们教育的年纪，这个无人管教的男孩竟然在宫中的土木营建中迷恋上了这门手艺，并让这项兴趣持续了他不长的一生。

当朱由校在刨锛锯凿这些家什的挥舞中陶醉于一方天地时，从他的祖父时代遗留下来的党争浪潮正愈来愈汹涌。他习惯性地把国家事务交给宠信的内侍们去处理，由此养生了本朝两百余年来最大的一次阉祸，他最宠幸的一个叫魏忠贤的太监，日后将成为中国历史上最臭名昭彰的人物之一。

此人原系河北肃宁县的一个街头无赖，由于赌博欠下了一屁股债。债主们追索不止，绝境之下，他开始了一场更大的赌博，割掉生殖器、变换姓名入宫做了一名太监，把整个身家性命都押上去赌最后一把。入宫后，他投到了大太监魏朝门下，第一份工作是去服侍皇长子朱常洛的非正式妻子王氏。这王氏正是日后的皇帝朱由校的生母。魏忠贤日后的发达已经在此留下了第一道伏笔。但当时谁也不可能预见到，这个胸无点墨、起点又低的家伙日后将成为本朝有史以来权力最为显赫的太监。在与一个姓客的宫女合谋害死大太监魏朝后，他在宫中的地位迅速上升，在朱常洛登基后不久，他就成了宠妃李氏的近侍太监，而那个叫客氏的宫女则成了他的相好，与之结成了"对食"。

李氏试图控制新皇的阴谋被大臣们挫败后，这个人却奇迹般地没有失势，原因就在于，与之"对食"的客氏曾经做过朱由校的乳母，而且，十六岁的少年皇帝对这个乳母还非常依恋。据说，朱由校登基后不久，大臣们曾建议让客氏出宫，妥善安置，他们担心一个半老徐娘留在还没有成人的皇帝身边会弄出点什么事来。但这个女人出宫没多久，思念心切的朱由校又把她接了回来。计六奇在《明季北略》中描绘客氏其貌"妖艳"，"熹宗惑之"，据此历史学家猜测，朱由校与这个妇人可能有一种不伦之恋。诸多私家笔记也都记载说，魏和客氏引导皇帝"淫乐"。

朱由校对他这位乳母的依赖几乎到了言听计从的地步。她被封为奉圣夫人，出宫的仪仗差不多是皇后的规格，家人也都封官晋爵。正是通过这个女人的关系，魏忠贤被破格提升为司礼监秉笔太监，兼提督东厂。一个不识字的太监，居然有资格代替皇帝批阅公文，这也真是末世光景了。尤其是后一个职务——提督东厂，使魏掌握了帝国最大的秘密警察机构和司法程序之外的刑事机构，成了他日后打击东林党人得心应手的利器。此时的魏忠贤，已是一个对宫廷政治有着举足轻重影响的人物，算起来，为了爬到这个位置他已在宫中苦熬了三十年。但在天启初年的朝局中，这个阴毒、好谀的太监还没有足够的力量与外廷抗衡。

众士谔谔

此时，原本在野的东林党人已然掌握了朝中的人事大权。大学士叶向高、韩爌辅政，黄尊素、魏大中等一批正派官员居于言路。因拥立新皇之功，杨涟由一个七品的给事中，经都给事中、太常少卿升到了正三品的左副都御史，左光斗也由七品御史升到了左佥都御史。同时，一些老资格的东林党人在多年赋闲后也重回政坛出任要职。邹元标于1621年召为大理寺卿，再任刑部侍郎、吏部侍郎、左都御史。赵南星先任左都御史，再改吏部尚书。邹元标还和一个叫冯从吾的官员一起在京城建立了首善书院，得到了阁臣叶向高等人的支持。

然而，与生俱来的道德洁癖使掌握了权力的东林党人很难做到和光同尘，他们在提拔正人的时候，也不忘随手打击他们眼中的小人，以致到后来树敌太多，落下结党营私的口实，惨遭清洗。

1623年初，东林领袖赵南星任左都御史，利用六年一次的京官大计，算"三案"等政治旧账，许多过去反东林的官员被黜。同年晚些时候，赵南星转任吏部尚书，继续他的整顿，与原齐、楚、浙三党的官员结怨更深。一些与东林党人原本并无重大冲突的官员，如王绍徽、崔呈秀、冯铨、阮大铖、魏广微等，看着魏忠贤的权焰大起来，也都投靠到阉党那里去，以此与东林抗衡。较为清醒的是邹元标，他认为当下紧张的政治关系的造成，东林党人自己要负很大一部分责任，提倡各方政治力量"和衷"，消弭门户之争。但他的这一声音在汹涌的泛道德浪潮中几乎没有人愿意倾听。预见到灾祸不远的邹元标只得致仕回籍，接替他左都御史一职的是东林的另一领袖人物高攀龙。

从阮大铖的遭际可以看出东林党人是怎样人为地制造出自己的敌人的。日后写出《燕子笺》等优秀剧作的阮大铖是安徽怀宁一个官宦世家的后裔，和黄尊素、魏大中等人同是万历四十四年丙辰科的进士，与左光斗还有同乡之谊。1623 年，吏科都给事中一职出现空缺，左光斗建议由阮进补这一职位，理由是，阮原来的职务是吏科右给事中，不久前刚丁忧起复，论资历这个位置也应该轮上他。赵南星、高攀龙、杨涟等人却认为阮"轻躁不可任"，他们建议提拔资历和排名都在阮后面的魏大中。左光斗见众意如此，也就更改了前意，把阮大铖转到工科任给事中。阮大铖不甘心被拒于吏科大门外，于是向权势日厉的魏忠贤寻求庇护，终于获得了这一职位。但他又惧怕东林党人攻击不已，任职不满一月就辞职回家，这一职位最终还是魏大中来出任。从此以后，阮大铖视东林党人有如仇雠，他与魏家的仇怨更是持续近二十年都没有冰释。

还有一个例子是大学士魏广微。此人极善钻营，投靠魏党后，每次派人送到魏忠贤处的书札都签上"内阁家报"，清流们都不屑地叫他外魏公。魏广微的父亲魏允贞却是万历朝时的名臣，曾经检举税使，以刚直闻名于世，与赵南星、顾宪成等交情匪浅。魏广微入阁后，多次以子侄礼拜访赵南星，赵闭门不纳，还对人说，"见泉（魏允贞的字）无子"。御史李应升还警告他，要他好好读父亲的遗著，不要倚着三党与言官们为难，日后也好与亡父相见于九泉之下。此人日后成为魏忠贤的死党，东林党人也不能推说全无干系。

没有确切记载表明，东林党人是什么时候开始觉察到来自魏忠贤的威胁，但熟习本朝典章制度的杨、左（自移宫一案中他们联手逼退李氏，时人就这样称呼他们了）和他们的同盟者，对宦官和野心勃勃的女人始终都是警惕的。天启初年，政治嗅觉敏感的刘宗周刚到礼部任新职不久，就上疏指出，魏忠贤很可能成为像秦朝时的太监赵高一样的人物，魏虽然气得暴跳如雷，但还是拿刘宗周没辙。到 1623 年，魏忠贤的亲信魏广微、顾秉谦等入阁，阉党的势力渐渐渗进了政治中心，尤其是 1624 年 2 月，通过客氏对皇帝施加影响，魏忠贤被任命为司礼监秉笔太监领东厂提督后，真正的权力斗争才拉开帷幕。

阉党选择了从一个小人物着手实施攻击。此人即在移宫一案中曾经露过一回脸的汪文言。汪是徽州人，长年混迹京城，捐了个国子监监生的资格，此人为人任侠仗义，与杨涟、左光斗相善，又通过首辅叶向高的关系捐了个内阁中书的小官，属于级别不高却能量巨大的捐客一类人物。阉党试图以此人为突破口参论党人，把梃击、红丸、移宫三大案的罪过悉数归到东林党人身上[1]，把此人下到锦衣卫镇抚司大狱严加拷掠。当时的镇抚司都督是东林党的同情者，他听从黄尊素的规劝，没有捕风捉影栽赃党人，审讯了一段时间，就把汪文言放了出来，汪仅仅背了一个削职回籍的处分。

这件事虽然有惊无险地过去了，但杨、左等人明白，只要阉党一日不除，东林党人就一日不得安宁。1624 年 7 月 15 日，杨涟上疏劾魏忠贤二十四大罪状，正面冲突爆发了。有证据表明，杨涟的这封奏疏是这年上半年在北京举行的东林党人秘密会议的产物，当时他和左光斗、缪昌期等人讨论过，他们两人帮助他起草了这封著名

---

① 《明史》卷二四四，《杨涟传》。

的奏疏。

此疏一开篇就引用了太祖高皇帝当年的遗训，"内官不许干预外事，只供掖廷洒扫，违者法无赦"，揭东厂太监魏忠贤"本市井无赖，中年净身，夤入内地，初犹谬为小忠、小信以幸恩，继乃敢为大奸、大恶以乱政"，直至坏了祖宗二百余年政体，罗列的主要罪名有擅权、操纵铨政、谋杀宫中异己、强迫皇后堕胎、绝帝嗣子等，恳请把这个搅乱朝常的太监斩首以正国法，把客氏驱逐出宫。

据杨涟的官方传记称，杨涟为了把此疏送呈御览曾大费周折。他先是决定早朝时呈送，但碰巧这一日免朝，恐夜长梦多，他只好通过会极门向内廷递交。这一来，劾状就落入了阉党的控制，魏忠贤一边故意拖延不报，一边找亲信商量对策。被激怒了的杨涟决定在朝会时当面向皇帝提出弹劾，魏忠贤早就防着他这一招，找了个理由，接连三日不让皇帝御朝。到第四日皇帝临朝，数百个全副武装的内侍将皇帝团团护卫住，使朝官们不得当廷奏事。

论品秩，左都御史杨涟是正三品的大臣，想要见皇帝都如此困难，可见此时的朱由校已完全落入魏党掌控。史载，魏忠贤总是在皇帝引绳削墨醉心于木工手艺时奏事，不胜其烦的皇帝就这样对他说：朕已悉矣，汝辈好自为之。

东林诸君子颇为乐观地估计，杨涟此疏一出必将中的，独有御史黄尊素保持了难得的清醒。史传黄尊素"謇谔敢言，尤有深识远虑"，当魏大中告诉他杨涟决定上疏向魏党发动攻击的消息，他就想到了，盲动可能会招致反噬。他对魏大中说，从来清君侧，都必须要有内援，杨公在宫禁之中可有？要是一击不中，恐怕到时候我们一个都跑不掉①。首辅叶向高在感情上虽偏向东林党人一边，也只想尽力调和。他也认为杨涟此举过于轻率，当得知劾状已递进宫中，只说了一句话：事且决裂。他明白，此后宫府之间将永无宁日了。

但事已至此，黄尊素怎能置身事外，也只有冒死跟进了，他在奏疏中激愤地说，"天下有政归近幸，威福旁移，而世界清明者乎？"目下魏忠贤的不法情状经大臣检举已发露无遗，陛下要是不早作决断，到时候图穷匕见，他收拾完了士大夫，就要公然向陛下叫板了，只有把柴栅扎实了，任它毒螯再厉害，也就伸不进来了——"柴栅既固，毒螯谁何"。

杨涟此疏一出，京师震动，阉党的支持者强烈要求皇帝严惩杨涟。客氏更是竭力回护，遂令魏广微调旨切责杨涟。但谴责魏、客的奏疏还是源源不断地飞进宫中。工部营缮主事万燝控告，魏忠贤在先帝陵寝的建设中拒绝提供铜材等建筑材料，为自己在香山碧云寺建造的坟墓却规制弘敞，花费达几百万之多。由于万燝曾任职监管皇陵工程，证词确凿，魏忠贤怨愤不已。他正想杀一人以立威，阻止朝臣们潮水般涌来的劾状，于是矫旨将万燝廷杖。群阉闯入万燝私邸，一顿群殴，等到押到阙下正式受刑，万燝已是气息奄奄。杖毕，万燝苏醒过来，群阉又一拥而上踩踏，几天以后，万燝就因伤势过重去世了。

万燝一死，吏科都给事中魏大中预备弹劾阉党魏广微，实施反击，黄尊素认为魏广微不过一政治小人，尚无大恶，如果攻之过急，只会令其铤而走险。首要之义，还是要进谏皇帝养护士气，再不可像杖杀万燝一般杖杀大臣。在紧接着呈递的一封奏疏中，他指出，

① 《明史》卷二四五，《黄尊素传》。

"今以披肝沥胆之忠臣，竟殒于磨牙砺齿之凶竖"，此风一开，群阉就会借天子威柄，鞭笞百僚，如果日后有忠实的历史学家秉董狐史笔，在国史中写上某月某日郎中万燝以言事廷杖死，那岂不是有累圣德！他提醒皇帝注意这样一个现象，奸邪之人欲有所图谋，忌惮忠臣义士掣肘，就会千方百计借廷杖以快其私，于是乎为所欲为，莫有顾忌，这样一来，陛下背上了拒谏的恶名，对国家的祸害更是深远。现在万燝已死，辱士杀士的事再也不可做了，为安抚忠臣义士之心，还是请皇上破格赐恤，让死者的遗孤扶榇还乡吧。

目下冲突既开，最紧要的是保存实力，黄尊素首先想到的是，处在风口浪尖的杨涟须立即辞官回籍避祸。在给杨涟的一封信中，他说，"从来阉宦之祸，小臣击之其害止于一身，大臣击之其害及天下"，因为科道官员秩级低，一击不中大不了降级或者削职，像杨涟这样执掌都察院的大臣，如果击之不中就贻害无穷了。在对杨涟不顾章法仓促上阵的盲动主义提出委婉批评后，他认为，大臣击之不胜马上撤退下来，就有可能避开祸患，要是还恋战不退，大祸很快就会临头了。他深知以儒家正统思想为行事准则的东林党人，向来把名看得比生死还要重，提醒杨涟，现在还不是做烈士的时候，当此之时，有一丝一毫畏死之心，固然不合圣人之道，但有一毫求死以成就声名的念头，同样也不合圣人之道。

在一群求名之心炽盛的道德理想主义者中间，黄尊素实为一难得的清醒之士。也正因为他行事周密，尤有深识远虑，阉党中人对之忌恨更深，几番欲杀之而后快。对黄尊素过人的见识，近人高阳有一段持平之论："东林君子，遇到小人，一筹莫展，弄到头来，不过成了为天地留正气的烈士，苛刻而论，无非独善其身。如果东林君子不薄了阳明，使吾心与外物贯通，理论与实际一致，如照阳明应付许泰、张忠的办法来对付魏忠贤，换句话说，多能像黄尊素那样，局面必不如此糟。"

杨涟的刚烈个性，前述移宫一案中已表露无遗，他自然不会接受这一迂回保身之术。他没有意识到，杀机正一步步向他逼近。

万燝被杖死后，群竖又想对巡城御史林汝翥下手。原因是林曾经处罚过几个犯法的宦官。言官们群集内阁抗议，数百小太监竟然闯入阁中，肆意攘臂大骂，阁臣皆俯首不敢语。黄尊素厉声喝止：内阁乃丝纶之地，即便是司礼监太监，没有奉诏也不敢随意进入，若辈安得无礼！群阉追索林汝翥而不得，就围住首辅叶向高的宅邸鼓噪不止，因为林是叶向高的外甥。叶向高哀叹：国家两百年来，无中使围阁臣第者，臣今不去，何面目见士大夫？

大学士叶向高萌生退意已非一日两日了。当初杨涟疏劾魏忠贤二十四大罪揭开冲突的盖子，他已预感到了朝局必有一大动荡，却又苦于找不到斡旋之法。一日，与门生缪昌期谈话，他埋怨"杨君疏太率易"，致使掀起这轩然大波，并为魏忠贤说了几句好话，赞他对皇上时有匡正。这本是首辅调和折中的话，缪昌期却顶真了，认为座师已经丧失了原则，愕然说：是谁说这样的话误导老师？可杀！

这些话传到杨涟等人耳中，东林党人与叶向高渐生怨隙，甚至首辅上朝，都有人冲着他的背影吐口水。到这时候，叶向高还想作最后一次努力，决定以内阁出面，既肯定魏忠贤勤劳功高，又敦促他及早解下事权，保全始终。魏忠贤怎会买他这个账。叶向高眼下的处境，与万历朝的修补匠申时行庶几近之。这回外甥被杖，更坚定了他走的决心。行前他对朱国祯等人说，我走了，蒲州（大学士韩爌是山西蒲州人）更不是他们的对手，你们也趁早散了吧。

随着叶向高去职，阉党集团对政府中的东林党人的全面清洗开始了。这年冬天，先是吏部尚书赵南星被逐，接着杨涟以大不敬、无人臣礼的罪名，偕同吏部侍郎陈于廷、金都御史左光斗等人一同遭削籍。左光斗本来还想劾魏忠贤及魏广微三十二斩罪，为此还把家人送回了南方，未及他发动，就被阉党抢了个先机。虽然高攀龙把魏的亲信、巡盐御史崔呈秀劾罢，但东林党人已然落了下风。到1625年初，朝中东林党人和他们的支持者的职位，有许多已被客魏集团和甘愿为他们效劳的人所取代。

翻案风弥漫朝堂。东林树敌过多的弊病这时全都暴露了出来，被党人打击过的官员这时都起来争翻"三案"和历年京察。魏党唆使下出笼的重修前朝实录的诏令，使这股翻案风合法化了，有官员还提请榜示党籍，把所有在朝的党人一网打尽。大理寺丞徐大化向魏忠贤建议，移宫等案只是政治立场之争，还不能把杨、左置于死地，要是指控他们收受了杨镐、熊廷弼等疆臣的贿赂，那么封疆事重，杀之更有名。

1619年，杨镐在萨尔浒战役中惨败后，颇具知兵之名的熊廷弼被任命为辽东最高军政长官。但这仅仅是名义上的，他还受到阁臣们和刚愎自用的辽东巡抚王化贞的多方掣肘。指挥权的过度分散，使得明军在接下来的广宁之战中丧失了辽河西岸的最后一个重要据点，熊廷弼和王化贞被下狱论处。到1625年，熊廷弼已在狱中关了数年。之前几年，求生的本能曾驱使他通过汪文言在朝中多有活动。此番为了坐实杨、左收受疆臣贿赂之罪，阉党先诬陷熊廷弼贪污军资十七万，又把早些年逐出京城的汪文言重新捉拿进京。

汪文言此番被逮的罪名，是长期为前辽东经略熊廷弼的被释四处活动，且与党人多有勾结。为了从他这里挖出杨、左贪赃的口供，魏忠贤指使死党、新掌镇抚司的许显纯，对之进行了严刑拷掠。汪文言咬紧了牙关不牵涉杨涟等人，实在受刑不过了，就仰天大呼：世岂有贪赃之杨大洪（大洪是杨涟的别号）哉！

5月初，汪文言在监禁中被折磨至死。尽管人证已死，许显纯还是捏造了一份指控杨涟、左光斗受贿两万两的口供，把已经削籍的两人重新逮捕。一同被逮的，还有朝中对阉党攻击最有力的四个东林人物，分别是给事中魏大中、御史袁化中、太仆寺少卿周朝瑞和陕西副使顾大章。

左光斗从安庆原籍押解赴京时，出现了"父老子弟拥马首号哭，声震原野"[①]的感人场面。在杨涟的老家，士民数万人拥道攀号，所经行的村庄和集镇，都有百姓自发为他焚香建斋，祈祐早日生还。先前出京时，杨涟致信左光斗，说自己宁愿自杀也不想落到奸人手里受辱，左光斗回信说，入狱受刑而死，方为死得其所。现在，这个终点已经离他们不远了。

诏狱严酷的刑罚没有使六人屈服，他们对这莫须有的指控提出了愤怒的抗议。后来他们开始转变策略，如数承认贪赃的指控，以为只要退还了"赃款"还能有一线生机。狱卒们每隔五天追缴一次"赃款"，这六人为官时都是著名的廉臣，为了凑足栽赃给他们的这笔庞大的数目，一个个都搞得倾家荡产。

左光斗曾在京郊畿辅兴修水利，并督学政，在他曾任屯田使的

① 《明史》卷二四四，《左光斗传》。

河北省定兴县，当地士绅在颇具侠义精神的孙奇逢和鹿正的倡议下发起捐款，以抵足"赃款"。县官王永吉捐了一百两银子，还说，钱要是不拿出来这时候用，那就是天地间的无用之物。一个叫王拱极的秀才，尽管家境贫寒，也拿妻子的首饰当了十两银子助捐。魏大中的大儿子魏学伊先他父亲的囚车来到北京，向故交旧友四处告贷，把家中的衣物、匕箸全都典当仍不足数，幸赖亲友和里人相助，始得完纳。后来魏大中在狱中惨死，悲伤过度的魏学伊几个月后也病亡，留下十八岁的次子魏学濂，独力撑持破败的家。

东林党人在实际政治层面的天真使他们苦心经营的防线一触即溃。9月下旬，在刻意示好于阉党的新首辅冯铨的指使下，熊廷弼被处死，他的首级在从东到西的九个边镇示众。当六人刚入狱时，顾大章见狱中一棵大槐树前长出一支黄芝，曾以为不祥之兆，担心他们都死在里面。到稍后的10月中旬，他的预感应验了，这些监禁在北京的前官员全遭秘密杀害，此即史称的东林"六君子"事件。已经故去的东林领袖如顾宪成、李三才、邹元标辈，则被削去官籍，追夺诰封。

"六君子"在狱中都遭受了非人的折磨。《明通鉴》记载杨涟被害的惨状："土囊压身，铁钉贯耳，最为惨毒。"同一晚上遇害的左光斗和魏大中在酷刑拷讯下也是体无完肤，等到几日后尸体起运出牢，三人尸体都已高度腐烂，不可辨认。魏大中的长子魏学伊曾致书友人诉父冤，称其父亲受刑后无法得到有效医治，以致创口蛆蚋丛生，死后六七日抬出牢中时，一片片腐肉残骨令人掩鼻。次子魏学濂也称其父在严刑之下，"指断胫裂，股大于腰，叠棍所中，结为黑丁，渐为深坎不一，再宿复棍，棍击夹肉，肉败蛆生"，并描述尸体运出牢狱时的惨状：骸涨而黑，面与鼻平，几不成殓。

清代作家方苞在《左忠毅公逸事》中，记述了日后的南明重臣史可法乔装入狱探访老师左光斗的情景。史可法是左光斗任北直隶提督学政时结识的一位学子。

史可法拿五十两银子买通了一个狱卒，换上草鞋和破旧的衣服，背着竹筐，化装成打扫秽物的人进入狱中。当时，左光斗刚受过炮烙之刑，史可法一进去，就见他"倚墙而坐，面额焦烂不可辨，左膝以下筋骨尽脱矣"。史可法抱着左光斗的膝呜咽出声，左的眼睛已肿得睁不开，辨声知是史可法，奋臂一把摔开他，目光如炬，骂道：庸奴，这是什么地方，你竟敢进来！国家之事糜烂到了如此地步，你竟然轻身而昧大义，天下事，谁还可以支撑？你要是不赶紧出去，不等那些奸人动手，我先杀了你！说着，摸索着地上的刑械，做出投击的姿势，史可法不敢作声，只得快步离开。日后忆及此事，他就流着泪说：我老师的肺肝，真如铁石铸造的一般。①

杨涟在狱中临死前，曾留下一封一百八十字血写的遗书。当时，同狱有一位商人曾经过目这封血书，经传抄，留下如下字句：

> 涟今死杖下矣。痴心报主，愚直仇人，不为张俭逃亡，亦不为杨震饮药，欲以性命归之朝廷，不图妻子一环泣耳。讯问之余，枉坐赃私，杀人献媚，五日一比，家倾路远，交绝穷途，身非铁石，有命而已。雷霆雨露，莫非天恩，仁义一生，死于诏狱，难言不得其所。惟我身受顾命，托孤寄命，临大节而不可夺，持此一念，可以见先帝，对二祖十宗与天下万世矣。

① 《望溪文集》卷九。

至此，帝国已坠入最黑暗的时代。也幸有杨、左诸君子的光芒，为士大夫们在这个日薄西山的时代争得了一点光彩。

通向奴才之路

网罾越收越紧，大清洗的腥风血雨移向南方。

一年前，东厂缇骑前往嘉兴府嘉善县缉拿削籍在家的前吏科都给事中魏大中。舟过吴县，魏在吏部的同僚、文选员外郎周顺昌正好在苏州老家。周是一个德高望重的官员，从1622年起就已退隐苏州，周和魏大中在吏部时本无深交，此时却不顾避嫌，出城慰问，与之同卧起，流连了三日。临别，看到魏大中将要槛车北行，还牵挂着家中长孙，他就把爱女许配给了魏的长孙。校尉一次次催促他离开，周顺昌瞪起眼睛大骂：你们难道不知道这世上有不怕死的人吗？回去告诉魏忠贤，我是吏部郎周顺昌！校尉们把这话添油加醋一转述，周顺昌以与犯官缔婚一事遭弹劾削籍。

1626年初，因提督苏杭织造太监李实诬劾，魏忠贤矫旨派缇骑前往江南，逮捕不合作的前应天巡抚周起元，左都御史高攀龙，吏部员外郎周顺昌，谕德缪昌期，御史周宗建、李应升、黄尊素等七人。江南向来被缇骑们视作优哉游哉的熟游故道，借着公务之名还可遍地索贿，但这年4月，当缇骑们在江苏巡抚毛一鹭的带领下到苏州逮捕周顺昌时，爆发了对抗性的民变。

万余市民集聚雨中，手执香火为周顺昌请命，还有数名秀才充当民意代表，请求巡抚向皇帝转奏江南民意。缇骑强行捕人，终致酿成群体性冲突，北京来的公差二人被击毙，这就是史称的"开读之变"。为首的五人，颜佩韦系一商人之子，周文元系轿夫，杨念如系一个成衣典当行的伙计，沈杨系一个牙医，马杰职业不详。

据姚希孟《开读本末》记载："缇骑见议久不决，手银铛掷于地，大呼囚安在？众怒忽如山崩潮涌，嗤然而登。"愤怒的市民们如同决堤的潮水涌向缇骑们，他们以手中的伞柄作武器，直前奋击，"堂下万屦齐掷"，巡抚毛一鹭藏匿到了厕所才侥幸免受冲击。校尉们被搜出来后，市民们乱脚齐下，有两个被伞屐击破脑门，当场毙命。

前往浙江逮捕黄尊素的缇骑也在苏州城下遭到了攻击。当缇骑们舟过城下时，市民们乘势走胥江城下，烧掉了他们的船，并撕毁了逮捕令。缇骑们泗水登西岸，农夫们手执锄把把他们赶回了河中。

在常州也发生了类似的群体性事件。缇骑们前往江阴逮捕李应升时，有数万常州士民聚观，其中有十人，一式短打装束，手执短棍，喊着"入宪署杀魏忠贤校尉"，士民号呼着跟进。私家笔记《碧血录》上载，其中有一个卖甘蔗的十多岁的少年，趁一个肥胖的校尉不备，径自上前用甘蔗刀削下了他臀上的一片肉，丢给一只正好跑过的野狗吃了。

事态进一步扩大。据《人变述略》记载，苏州的两个缇骑被杀死后，五个为首者商议，率一千余人前往杭州杀税使恶吏，再把阿附阉党的阁臣顾秉谦的家给烧了。颜佩韦阻止了进一步行动，他说，我们都是小人物，死不足惜，江南贤士大夫尚多，我们不能连累了他们。于是他们决定挺身而出，甘领一死。

苏州市民为这五位义士立碑纪念，日后的复社领袖张溥有一篇《五人墓碑记》记述五人慷慨赴死之举："五人之当刑也，意气扬扬，呼中丞之名（指巡抚毛一鹭）而詈之，谈笑以死，断头置城上，颜色不少变。"

高攀龙在无锡老家获悉缇骑们来抓他的消息，知道自己身将不免，为了避免受到污辱，他选择了投水自尽，死前留下绝笔，"大臣不可辱，辱大臣则辱国矣"。除他之外，其他六人全都逮到北京下了镇抚司诏狱，并相继死于残酷的刑罚，史称"七君子"。

周顺昌被坐赃三千，狱卒五日一酷掠，每次拷打时，他就破口大骂。许显纯命人用椎击落了他的牙齿，问，你这样子还能骂魏公否？周顺昌一口血水唾出，骂声愈厉。当周顺昌被逮至京时，一个叫朱祖文的朋友为他四处奔走筹款，某日，朱祖文凑款到了北京近郊一个小集镇，住在一家客栈里，这天晚上，风特别大，吹得纸窗呜咽作响，一盏油灯更是被吹得忽明忽灭，似睡非睡中，他听得一缕怨魂远远奔来，叩窗良久，待他惊醒坐起，四下大夜弥天。他情知有变，第二日到了北京，方知在他做梦的昨晚，周顺昌已在狱中死去。他护送周顺昌的灵柩回到苏州，不久自己也去世了。

前往浙江余姚逮捕黄尊素的校尉们，因为丢失了驾帖，不敢动手。黄尊素闻知，换上囚服，自投诏狱。许显纯、崔应元并没有因他主动投狱放过他，勒赃两千八百。黄家变换家产，上下交通，试图换回他一条性命，或许是黄尊素过人的智谋让他的敌人感到了恐惧，时年四十三岁的他也未能免于难。当家门罹祸时，黄尊素的长子黄宗羲还是一个十七岁的少年，为了提醒他时刻不忘复仇，祖父在他每天出入经行处的墙上写下了一句意味深长的话：尔忘勾践杀尔父乎？作为明末党祸最直接的受害者之一，他深切感受到了那个时代尸臭一般飘荡着的暴戾之气。

另一位被处死的御史李应升，在押解前往北京的路上，见驿站壁上一位犯官的题诗，联想到自己死后家人的凄惨光景，也题壁一首：君怜幼子呱呱泣，我为高堂步步思。最是临风凄切处，壁间飞是断肠诗。字里行间，都是遭到清洗的官员们徘徊家国的凄惶。

江南频频民变，令锦衣卫闻之色变，轻易不敢再涉险途。一向被视作民风孱弱的江南，发生如此剧烈的民众对抗让魏忠贤也大为震惊，他担心长此下去，事态会至不可收拾的局面，招来亲信商议："财赋尽在江南，彼为变奈何？"认作干儿子的首辅顾秉谦长跪不起："有儿在。"

顾秉谦和另一位大学士魏广微合编了一本《缙绅便览》，把政治上敌对的一百余人全列为邪党。曾在巡盐御史任上贪赃、被高攀龙弹劾革职的崔呈秀，复职后提供了一份亲东林党官人的名单。更为别出心裁的是，不久前刚从安徽怀宁回京的阮大铖，此人精通诗词音律，其不凡的戏剧才华更是被视作万历朝伟大的戏剧家汤显祖的当代传人，他竟仿照流行说部《水浒传》的本例，把东林一百零八人编为《点将录》：及时雨叶向高，大刀杨涟，青面兽左光斗，天巧星浪子钱谦益，智多星缪昌期，神机军师顾大章，金眼彪魏大中，鼓上蚤汪文言[①]。后来有个叫卢承钦的御史为了向魏党献媚，仿照这个创意上奏，请以党人姓名罪状，榜示海内。1625 年年底，这份涉嫌东林同情者的黑名单即所谓的东林党人榜，被刻印出来散发全国。

阮大铖对东林党人的仇视，起因是三年前，争吏科都给事中一职时所受耻辱。据阮大铖的一位同乡作家钱秉镫为阮大铖所作的一

---

① 称阮大铖为《点将录》的作者，是采用了计六奇《明季北略》的说法。《明通鉴》则称该书作者为齐党中的王绍徽。

份传记《皖髯纪略》，"其人器量褊浅，几微得失，见于颜面，急权势，善矜伐，悻悻然小丈夫也"。这份传记还披露，阮大铖在走捷径谋得都给事中一职后，害怕东林攻己，居职不到一月就遽请急归，回乡后这样对亲友说：我便善归，看左某如何归耳。1625 年 10 月，杨涟、左光斗等人在北京遇害的消息传来时，阮大铖正闲居在家——"大铖方里居，虽对客不言，而眉间栩栩，有伯仁由我之意。"①

阮大铖起召为太常寺少卿重回京城。他凭着灵敏的政治嗅觉，已看出魏党不足恃，居不数月又提出"还山"。他的小同乡所写的传记中有一个细节，每次进谒魏忠贤，他都背地里使重金贿赂门卫，收回自己的名刺，不留任何把柄。致使后来崇祯朝清查阉党时，丝毫找不到对他不利的证据，行事之密，实令同类们望尘莫及。

黄尊素等人死难后，官方开始启动了规模浩大的《三朝要典》的编纂。这部被魏忠贤称为"一代不刊之圣典"的伪历史的写作，目的在于对万历、泰昌、天启三朝的重大事件尤其是刚刚过去的三大案重新做出结论，把东林党人钉上历史的耻辱柱。此书由内阁首辅顾秉谦总裁，1626 年夏正式刊行，顾秉谦、黄立极、冯铨三个主事者一一加官晋爵。在这部无耻的书中，东林党人被妖魔化成了沽名钓誉的奸邪小人，而刚刚放下屠刀的阉党集团则一个个都是力挽狂澜的忠臣义士。士民若有不按这书统一的口径说话，或有言语触犯魏氏的，轻则杖击流戍，重则剥皮割舌、凌迟处死。

东林领袖邹元标和冯从吾在北京创办的首善书院，于 1625 年 8 月被毁。二十多天后，在一个叫张讷的官员建议下，又下令毁全国书院，尤其是那些与东林运动有密切关系的书院在重点摧毁之列。

---

① 钱秉镫《藏山阁文存·皖髯纪略》。

地处无锡的东林书院自然难逃厄运，随后遭殃的是关中、江右、徽州各地的书院。

1626 年秋天，浙江巡抚潘汝桢第一个在西湖边为魏忠贤立生祠祭祀，随后督抚大吏争建生祠，成为一时风尚。河南开封为建生祠进行了大规模拆迁，把两千余间民舍夷为平地。延绥巡抚朱童豪，建盖生祠所用材料全用上等琉璃瓦。甚至连监军辽东的袁崇焕，鉴于前任熊廷弼的教训，也在当地为魏建了生祠。身处抗击后金第一线的蓟辽总督阎鸣泰更是一口气连建了七座。

这些遍布于全国各地的生祠，极尽奢华之能事，塑像用沉香木制成，五官雕琢得宛如活人，腹中内脏全用金玉珠宝填充。发髻处还预先留好位置，以簪四时鲜花。都城内外也是祠宇相望，有向魏党献媚者，甚至在东华门外也盖了一座，工部郎中叶宪祖提出不应与天子抢道，马上遭到削职处分。有一个叫陆万龄的监生还提议，在最高学府国子监为魏忠贤修生祠，把魏和孔子放在一起祭祀，理由是《三朝要典》是同孔子的《春秋》一样伟大的著作，诛杀东林党人的功绩，也与孔子诛少正卯有得一比，所以"礼宜并尊"。陆万龄只是个在国子监就读的太学生，本无上疏资格，这番阿谀之辞是由国子监司业代奏上去的。魏党倒台后，陆万龄被判斩监候，这是后话，不提。

某日，朱由校来到后宫，看到张皇后正在读书，问是什么书，张皇后答是《赵高传》。朱由校虽不喜读书，对历史上这个恶名昭著的大太监却也略知一二，听了皇后此语，心有所动，默然而出。有专门刺探宫闱消息的内侍把这番话传给魏忠贤。从此，魏就把皇后视作了眼中钉，亟欲除之，只是苦于无从下手。

正好不久在厚载门外出现了一张揭帖，揭发魏忠贤及其党徒七十余人谋反。阉党决定借此发动，诬陷此事的主使是皇后的父亲、太康伯张国纪。他们的目的是借由这一事件动摇中宫，废掉张皇后，立魏良卿的一个女儿为皇后。

一听是弹劾国丈，党徒都担心风险太高，不敢接这趟活，却有一名利欲熏心的官员被重金诱惑打动了心，决定涉险一试。此人即顺天府尹刘志选，早年在京察中被检查出诸多问题落职闲住，不久前刚履新职，虽然年纪已一大把，名利之心依然炽盛。他以为，挑战皇后虽是一项高风险的活计，但只要一击成功，就能获得极高的回报。他的家人也极力撺掇他接手这趟活，理由是，老爷年纪一大把了，肯定死在魏公公前头，只要魏公公这把保护伞在，这活计就有惊无险。

于是刘志选上疏向皇后的父亲开了火，奏疏中还含沙射影地指正张皇后并不是张国纪的亲出，而是一个囚犯的女儿。朱由校虽然愚钝，却也天良未泯，对夫妇、兄弟人伦本能地看得很重。大学士王体乾等也劝魏适可而止，魏忠贤才不得不作罢，张皇后的正宫之位总算保住了，但她的父亲张国纪还是被勒归故乡，不得在京居住。

紧张和猜疑的空气弥漫朝堂，掌握了权力的阉党内部也是内讧不断。早在1625年杨、左"六君子"遇难时，首辅魏广微就深感不安，劝告皇帝制止无休止仇杀，并给予东林遗孤以怜恤。魏忠贤对这种退却行为非常愤怒，魏广微担心自己的安全，几次请求辞职，终于在1625年9月，递交第三次辞职报告后得到了批准。接任首辅一职的是对魏忠贤的旨意更为顺从的苏州人顾秉谦。1626年7月，冯铨在与崔呈秀发生争执后离开了内阁。不到四个月，顾秉谦也辞职回家。显然，他从前的盟友冯铨和魏广微的去职也让他感到了自身岌岌可危。

与阁臣们的惊慌失措相反，魏忠贤和他的家族则不断得到皇帝的赏赐和加封。1625 年 3 月，为庆祝皇帝陵墓竣工，魏被授予大都督府都督同知的世袭官职。同年晚些时候，他和客氏进一步得到加封。1626 年，魏忠贤的侄子魏良卿晋为宁国公，一个从孙被封为安平伯，一个从子被封为东安侯。到这年 11 月，魏忠贤自己则成了上公——一个特地为他创制的爵位。直到 1627 年年初，他的两个亲属还分别被加上太师衔和少师衔。

宦官政治的发展，使文官和士大夫们在道德斜坡上急遽滑落。在三十多年后问世的《明夷待访录》中，黄宗羲批评了这一政治痼瘤对士气的摧折：

阉宦是皇帝的奴婢，廷臣则是皇帝的师友，但自从阉人攫取权力，"阉人即以奴婢之道事其主，其主亦即以奴婢之道为人臣之道"，长此以往，廷臣们就会舍师友之道，而相趋于奴颜婢膝之途。

在黄宗羲看来，一个时代学术和人心堕落至此，究根诘底，是宦官制度的毒害，也是骨子深处的奴性使然："一世之人心学术为奴婢之归者，皆阉官为之也。"①

---

① 《黄宗羲全集》,《明夷待访录·阉宦》。

第十二章　细数同声一个无

刺　许

就像一棵蚀空了躯体的老树又逢狂风暴雨，进入 1627 年，大明的江山愈加飘摇。年初以来，传入宫禁的几乎没有一个好消息：陕西和广西等地爆发了无数起义，饥饿的农民冲进农庄杀死有产者，连派去进剿的官军都敢杀；东南沿海一带，国籍不明的海盗继续骚扰袭击；在帝国最为头痛的辽东，后金成功地完成了对明朝驻朝鲜军队的进攻，随后单方面撕毁同辽东经略袁崇焕达成的停战协议，对宁远和辽河以西其他战略据点施加压力，致使袁崇焕在这年秋天不得不于内外交攻中辞职。

这一切，于帝国今后几年何去何从虽然也至关重要，但却不是眼前急务。对帝国来说，最为重大事件，乃是 9 月 30 日这日皇帝的突然驾崩。

朱由校的身体本就不好，这一突然去世，究其因，乃是去年在西苑泛舟嬉水遭溺落下的病根。大行皇帝才二十三岁，他的五个孩子均在襁褓之中，为支撑危局，于是遗诏传位给他的五弟、信王朱由检。多年以前，当朱由校从他父亲手里接过皇位时，他的这位信王弟弟说：做皇帝真威风，你这个官儿我做得否？朱由校虽心智未开，却也宅心仁厚，听了这话一点也不以为恼，戏言道，我做几年时，再给你做。本是无心之语，此时竟应了验。

时年十七岁的朱由检继登大宝，改号崇祯。他怎么也不会想到，自己接手的，竟然是大明王朝的最后一棒。

照理说，皇帝宾天是朝廷上下肃穆哀悼的时刻，但许多官员在获悉这一消息时，第一反应却是从内心深处涌上欣慰，他们暗暗庆幸灾难深重的天启一朝终于结束了，尤其是一度遭受严霜摧折的东林党人，更是看到了翻身的希望。一些对前景抱乐观态度的官员甚至把朱由检的继位看作明朝复兴的一个机会。尽管他们对新皇的了解极为有限，只知道他生于1611年，很小的时候母亲刘氏就死了，在他不快乐的童年里，一直是父亲的另外几个侍妾在照顾他，抚养他成长的其中一个皇妃，因冒犯了魏忠贤和客氏愤郁而死。七年蹉跎，国事日益不可为，他们盼望一个有责任心、能担当的皇帝实在是太久了。

上天赐给大明朝的龙种总不可能全是愚顽不化的吧。现在，这个沉默的少年登场了，他会如何收拾兄长留给他的这个烂摊子？东北的战事、西南的叛乱、愈演愈烈的官员贪赃，他将如何面对？他们最迫切想知道的是，他会对权焰熏天的魏公公怎样处置呢？

在不安全的环境里成长的少年，总是格外敏感多疑，何况历史上斧声烛影的政变故事俯拾皆是。传说，朱由检进宫为他的兄长守灵的当晚，为防止有人暗中下毒，连喝的水、吃的干粮都是自己带入宫的。天一亮，大行皇帝宾天的消息传出，群臣陆续汇集宫中，夺情留任的兵部尚书崔呈秀也急忙赶至。忽然有内侍一次次地过来传呼，说魏公公有要事相商。魏忠贤和他的第一亲信到底密谈了什么，史书无载，但据事后传出的消息称，魏忠贤图谋篡位，崔呈秀以时机未成熟阻止了他。谈迁的《国榷》述之更详，说参与密谋的还有一名锦衣卫都督，此人跃跃欲试，而崔的说辞是，"恐外有义兵"。

自 10 月 2 日崇祯登基后，魏忠贤也在时刻窥探新皇的动向。虽然许多人已经预见到魏忠贤快不行了，但阉党布满朝列，谁也不敢轻举妄动。一时，各方政治力量出现了短暂的僵持之局。

10 月 9 日，即新皇登基七天后，魏忠贤让另一个太监王体乾代他提出辞呈，朱由检看出这是投石问路的试探之举，好言慰留，稳住了他。魏惶恐不已，又提出停建生祠。这一回朱由检批准了。他开始不露声色地剪除魏的爪牙和党羽，把秽乱内闱的客氏遣送出宫，并逮捕了陆万龄等两个曾建议把魏忠贤和孔子并祀的国子监生。

一些政治嗅觉灵感的官员马上行动起来弹劾魏忠贤，这些人中不乏当年遭受阉党打击的东林党人的残余和他们的同情者。看到形势已转为完全对自己有利，朱由检玩了一出猫捉老鼠的把戏，把魏召到跟前，让内侍把弹劾的条文一一读给他听。魏听了大汗淋漓，魂飞魄散。震恐不已的魏忠贤急忙花重金买通皇帝跟前的一个太监，让他出面帮着说说好话。朱由检得知消息，立即驱逐了这名太监。

此后不久，御史贾继春、杨维桓等先后向魏党亲信、兵部尚书崔呈秀开火，皇帝御批"知道了"，把崔削去官职赶回了老家蓟州。第一个拍马屁建生祠的浙江巡抚潘汝祯也被削籍议处。接下来，一封出于兵部某主事的疏状终于指名道姓对魏进行了声讨，检举他遍列私人、分踞要津、诛锄士类、伤残元气、阴养死士、陈兵自卫等罪状，建议把魏勒归私第，物资收缴充公，从而"使内廷无厝火之忧，外廷无尾大之虑"。

事情到了这一步，魏忠贤只得提出退休。皇帝恩准了他的这一请求。12月8日，魏被勒令离开京师，去南直隶北部的安徽凤阳担任一个闲职。

几天后，魏忠贤带着他庞大的扈从队伍到达北直隶南部的阜城。在这里，通过内线，他获悉举报他的奏疏还在不断飞进宫中，皇帝已决定下令逮捕他。绝望之下，他在一个忠心的小太监的陪同下自杀了。魏的死党、前兵部尚书崔呈秀，此时已在蓟州家中，自知审判日即将到来，天天与姬妾们聚在一起开怀畅饮，每饮完一杯就把酒器摔毁，听到魏在阜城自杀的消息，也自缢而死。

随后，客魏集团的核心成员被一一肃清。客氏被逮到宫中浣衣局处死，她的一个儿子和一个弟弟被弃市。在抄没客氏家产时，发现了她图谋不利于皇帝的证据，在一个偏僻的房间里搜出了八名怀孕的宫女，这一效仿春秋时吕不韦的做法令朱由检大为震怒，下令笞杀了这八名宫女。魏忠贤的侄子魏良卿，也被弃市。之后不久，已经自杀的魏忠贤和崔呈秀被剖棺戮尸，他们的首级被分别悬挂在了河间府和蓟门示众。全国各地的生祠，要么拆毁变价，要么改作他用，在苏州，市民们在拆毁了的生祠的原址竖起了纪念五位义士的墓碑。

新皇对魏党的霹雳手段，引得京中一时欢声雷动，庶民百姓把蓄积多年的愤怒全都释放到了阉党人物身上。前首辅顾秉谦本已致仕闲居，又被削籍，昆山市民把他家都给烧了。依附阉党的户部尚书张某被劾回籍时，愤怒的百姓砸烂了他的轿子。还有魏的党羽汤宾尹，听到魏、崔自杀的消息，狂悖失志，狼狈而死。

但此时东林党人尚未完全平反，1628年的京察，一向仇视东林的御史杨维垣看准皇帝对官员结党的愤恨，提出把东林与阉党、崔呈秀并列，谓之"三案"，开始竟无人提出异议。独有翰林院的编修倪元璐，一个来自浙江上虞的东林同情者，一再对杨维垣进行驳斥，提出不仅要为东林党人平反，还要把魏党在天启朝编纂的号称"金石不刊之论"的《三朝要典》禁毁，使公论自明。

短暂的犹豫后，朱由检同意了倪元璐的建议，于这年夏天把《三朝要典》的底版尽行焚毁，并公开对魏党弄权时被杀害的官员的亲属表示关切。许多死难者作为烈士受到赠恤，他们的遗族得到馈赠并得荫官职。杨维垣此时的表演虽为清流深恶痛绝，但日后南京沦陷时却能以死明志，可见人品之正邪，实不能以党争时站在哪边一概论之。

告假在乡的前太常寺卿阮大铖，一边悠游皖西南和鄂东北的黄州一带，写作如"一帘红雨乱漂丝"这样风流蕴藉的诗句，一边竖着耳朵，时刻倾听着朝廷传出的声息。当朱由检上台，情势日益变得对阉党不利，他也蠢蠢欲动起来，杨维垣正是他选定的政治代言人。鉴于朝局波谲云诡，他尚未决定站在哪一方，于是准备了两套奏疏让杨维垣相机而动。一为"全疏"，把责任全归于阉党；一为"合算疏"，把天启一朝的七年分为两个阶段，前三年的责任归于太监王安和东林党人，后三年的责任归于魏忠贤和他的羽翼崔呈秀辈。如同阮大铖曾经自诩的"平生下水船，撑驾烂熟"，这一招脚踏两只船的投机术堪称高明，不管风朝哪边吹他都可巍然不倒。但出乎他意料的是，杨维垣的政治嗅觉远没有他想象中的灵敏，完全凭一己好恶上了"合算疏"，致使他的如意算盘完全落空，在回朝担任光禄卿后不久就遭劾去职，并在1629年初的政治清算中名列逆案，背上了终身都洗刷不去的污点。

这年4月，皇帝钦定逆案，把阉党集团二百一十八人，分别按磔、斩、秋后处斩及充军、坐、徒、革职、闲住七等罪名议处。杨维垣名在充军之列，阮大铖名列"交结近侍又次等"之下，因无实据，被指控为"阴行赞导"的罪名，论坐徒三年，黜为民。自此以后，终崇祯之世，十余年间他都为此耿耿于怀，开始他一口咬定自己受了冤枉，后来又在《春灯谜》等剧目中，曲折表白一时糊涂误登贼船，向清流乞怜求谅。但在道德尺度的把持上一点也不逊色于前辈东林党人的复社同仁丝毫没有放过他的意思，视之为逆案余孽，痛打落水狗，致使在下一个十年再生出无穷波折。

据实言之，当初为争吏科都给事中一职曾投靠阉党，阮大铖卷入得并不深，即便在杨、左诸君子死难后回京居职，他实际在任的时间只有三个月，亦无大恶，东林遗孤不放过他的很大一部分原因，就在于他自作聪明的两套奏疏，尤其是"合算疏"更是击中了党人要害。这一层意思，复社少年夏完淳在日后的《续幸存录》中也提及过，杨涟、左光斗结交太监王安，崔呈秀结交魏忠贤，从理论上说都洗刷不去通内之嫌，犯的是君子之忌。也难怪他借手杨维垣一上此疏，东林诸公连杀了他的心都有了。①

皇帝决定为东林党人平反的消息传至江南，前都察院御史、"七君子"之一黄尊素的儿子黄宗羲在仇恨的怒火中已经压抑了三个年头了。复仇心切的他写好为父申冤的血书，身藏一种叫锥的锋利铁器，"赴京颂冤"。之前数月，前吏科都给事中魏大中的儿子魏学濂也已一路行乞赶至京城，刺血上书，把家难一一形诸笔墨，请皇帝主持公道。当黄宗羲于这年5月到达京城时，天启朝冤案的平反已近尾声，未能亲临其事的他觉得自己就像一只迅疾打出的拳头落在了一摊稀泥上，但仇恨还是鼓动起了这个十九岁少年的勇气，谢恩之后，他对阉党孽种尚存、行凶者逍遥法外的现状深感不满，请求皇帝诛杀参与陷害其父的许显纯、崔应元、曹钦程、李实等人。

刑部举行的公开审理中，许显纯以一张如簧巧舌百般狡辩，于是在法庭上让人目瞪口呆地出现了"刺许"一幕，黄宗羲把秘密携带的那柄叫作锥的锋利铁器，乘人不备刺到了许显纯的身上。在他身上一直潜伏着的施暴的欲望此时找到了一个合法的渠道得以宣泄。许显纯还以自己是万历皇后外甥的特殊身份，要求法庭减刑。这个请求因明显不合本朝典制被驳回了。黄宗羲说，皇后的外亲又怎样，如果谋逆的话，就是亲王也照样要诛杀。结果，许、崔两人被判死刑。

李实在受审时辩解说，当年诬陷黄尊素等人的公文，是魏忠贤指使别人冒充他的名义在盖有官印的白纸上填写的。他在审讯前给黄宗羲送去三千银两，乞求在法庭对证时不追究他。这一举动更加激怒了黄宗羲，在法庭公开辩论中，他把这一切全都说了出来："实

---

① 钱秉镫《皖髯纪略》。

当今日，犹能贿赂公行，其所辩岂足信！"

据说黄宗羲还把崔应元痛打了一顿，并拔去他的胡须去祭祀死去的父亲的亡灵。接下去更让人吃惊的是，他还纠合了一大群死难官员的子弟闯进牢狱，当众打死了直接杀害其父的两个牢头。

"刺许"这样的场景在今天看来总是不无戏剧式的夸张。而以私刑代替公法这一以暴制暴的方式在后世的读史人更是绝难想象，但时代是这样一个戾气冲天的时代，那时候的人都见惯不惊了，甚至皇帝也对这班少年的疯狂报复嘉之许之。当审判结束后，魏学濂等东林遗孤们在诏狱中门公祭死难者的亡魂，哭声传入宫廷，连朱由检也叹息说："忠臣孤子，甚恻朕怀！"并把黄宗羲、魏学濂一班少年表彰为孝子^①。而天下士子，对这些英雄的后代则是敬仰爱慕有加，无不愿折节相交，当黄宗羲抚柩南归，他的声名早就比他本人更早地传到了江南。"当是时，姚江黄孝子之名震天下。事定还里，四方名士无不停舟黄竹浦，愿交孝子者。"一个叫邵廷采的历史学家在一篇传记文章中用仰慕的语气如是记载。

魏、黄两家为通家之好，他们的父亲同在京城为官时就过从甚密。两家对门而居，魏家经济拮据，只有一个仆人，每当寒夜，魏大中就跑到对门黄家饮乳酒两盏而去，年少的黄宗羲常常陪侍在侧，共同的命运使他们惺惺相惜，魏学濂更是视黄宗羲如弟。到 17 世纪 30 年代初，两人同以拔贡入读南京国子监，于风雨飘摇前夕又与复社诸才子共同上演了一出南都故事。

大面积的平反昭雪，使朱由检在登基的最初两年获得朝野的一

---

① 谈迁《国榷》。

致称誉。一向刚愎自用的他，也欣然以历史上的贤君舜帝自居①。据说在诛杀客、魏后，他曾这样问廷臣们，尧与舜哪个更为英明？廷臣们都说尧更胜一筹，朱由检却说尧不如舜，原因是舜在位时除掉了四个凶顽的奸臣。尽管东林党人的命运至此已出现戏剧性的转变，但年轻的皇帝已对他的臣僚们无穷无尽的党争生出神经质的恐惧，他努力使他的政权不受任何政治派别的控制。但这只能是他的一厢情愿罢了，表面的风平浪静之下，深潜着党争的暗潮和旋涡，而皇帝本人的过度敏感和恐惧则直接影响了他对大臣的任命，并适得其反地启生了新一轮的党争风潮。

教　主

1628 年初秋，万历三十八年会试的探花郎、这个时代最富有才华的文学批评家和诗人钱谦益正在从江苏常熟应诏赴阙的途中。虽然科场初鸣惊人，但在帝国官场他也是蹭蹬已久，数涉险境。而究其原因，不外是党争的牵累。

先是高中三甲的荣耀还没来得及享受，就因父亲不合时宜的去世不得不回籍丁忧，服除后，却因挂名东林党籍一直没有补官，闲置了十年大好年华。总算熬到新帝登基，以翰林学士主持浙江乡试，却遭浙党人物构陷通贿请托，被一个近乎恶作剧的科场舞弊案弄得灰头土脸，调任编修实录。以后几年里，钱谦益好不容易徐聚元气，爬升到左春坊左谕德的职位，执掌起居注和国子监，又在 1625 年魏党对东林人士的大清洗中被劾辞职。在崔呈秀开出的黑名单《同志

---

① 计六奇《明季北略》。

录》中，钱被列为守护中军大将十二员之一。在《东林点将录》中他的名字也赫然在列，名号是天巧星浪子。而令他始料未及的是，史称的所谓"浙闽关节"一案就如同附骨之疽，让他满怀希望的复出落得个铩羽而归的结局。

后来他曾向好友如是倾诉党争风潮中身不由己的苦恼：我在万历三十八年庚戌科进士及第，出耀州东林党人王图门下，自此门列党籍，还继他之后视为党魁，入甘陵之部，刊元右之碑，除名削籍，备受摧残。

时当崇祯改元的 1628 年，几乎每一个曾遭受不公正待遇的官员都会有一脚踏进新时代的幻觉。少年得志、又被东林前辈们以宰辅期许的钱谦益，这种感受可能更为强烈。这年初，他往游苏州西山时写下的一组记游诗里，"三年噩梦已尘沙""一枝已识春风意"这样的诗句里已满是对锦绣前程的憧憬了。此番入都，他的胸中正熊熊燃烧着入阁执政的满腔热望，是以，扑面而来的满眼风物，似乎也处处散发着欢悦喜庆之色。途中吟诵的"三年迁客意蹉跎，芳草天涯路又过"云云，还散发着一介谪客的伤怀与沧桑，而"蓼约苹白秋光好，独倚轩车入画图"这样轻快的诗句，已是满心按捺不住的欢欣雀跃了。

钱谦益完全有理由对政治前景抱乐观态度。这么多年身在江湖，他的心思一刻都没有放下过朝廷宫阙。事实上，在 1610 年至 1620 年闲居江南的第一个十年间，他从来都没有放下思想和学问的功课。先是服膺于 16 世纪的思想狂人李贽的学说，后来又把古文大家归有光视作了精神上的导师，而李梦阳、王世贞等前后七子的文集更是时时把玩，并预设为写作的超越高度。同时，他喜好奢华的习性和不凡的艺术鉴赏力，让一批自命不凡的诗人和画家也逐渐聚集到了他的周围。

在17世纪的第一个十年间，钱谦益已隐约崛起为江南文坛领袖，门生遍及大江南北。进入20年代后，他在阉党的首轮攻击中就被参劾落职，这也使他在残酷的党祸中侥幸留得一命。此番应诏上京，物望渐归，他已俨然党魁的角色，朝野对他入阁的呼声日高，他也沾沾自喜于博得了"南箕北斗"的党人泰斗的位置，就好像执政、宰辅已是囊中私物一般了。

前朝惯例，内阁大臣向来都是由吏部尚书领衔、廷臣会推产生。但朱由检认为，会推很容易引发党争。为了把文官们植党的概率降低到最低，朱由检从上古典礼中找到了一种枚卜的方法。这种方法是，先让朝臣们把有资格入阁的官员的名字写好，逐一封好，放入金瓶，然后再举行类似宗教仪式的大典，由皇帝亲手拈出，确定阁臣人选①。把敏感的人事安排交给上天之手，朱由检认为这将有效地杜绝文官植党，但事实却远非他想象的那样简单。

东林党人对1628年冬的内阁改组寄予了极大热情，在钱谦益的门生、户科给事中瞿式耜等人的奔走下，吏部最后呈送的七人推荐名单中，当今文坛祭酒、礼部右侍郎钱谦益赫然在列。然而令人吃惊的是，极受皇帝重视的礼部尚书温体仁和侍郎周延儒都不在这份名单里。温体仁是个心机极深的政客，"外曲谨而内猛鸷，机深刺骨"；来自苏州的周延儒则是个著名的才子，曾获万历四十一年癸丑科会试第一名，"善伺旨意"。此前，两人都曾得到进入新改组的内阁的

---

① 《明史》卷二五一，《钱龙锡传》："帝仿古枚卜典，贮名金瓯。焚香肃拜，以次探之。"

暗示，眼看着刚召回不久的钱谦益后来居上，于是立即联手，对钱谦益的候选资格提出质疑。

温体仁抓住"浙闱关节"一案不放，强调候选阁臣者在个人品行方面应该绝对清白，攻讦钱谦益在1620年主持浙江乡试时收受贿赂，并以痛切的语气称钱为"盖世神奸"。然而更大的威胁是两人对钱谦益参与党争的指控，温体仁指出，钱在1620年的恶劣表演，就是一种不负责任的投机行为，此番指使党羽操纵枚卜，也是他结党营私的铁证。

三天后，事先没有任何预兆，朱由检突然召集群臣在文华殿议事。皇帝命令钱谦益与温体仁当庭对质。钱谦益在抗辩中态度强硬，因为所谓"浙闱关节"，当年就由刑部勘查了结，实为小人构陷的一桩冤案。但是当廷臣们纷纷指斥温体仁诬陷贤良时，朱由检的态度陡然来了一个大转弯。或许是眼前的情景突然勾起了他对前朝文官们分朋树党的可怕回忆，使他感到，温体仁对钱谦益结党营私的指控显得更为可信。温体仁站在大殿之上侃侃而谈，那一番看上去无懈可击的话怎不让皇帝动心：臣的职位不是言官，本来不应该多说什么，这次会推，臣也落选了，按理说为了避嫌也不应该发表什么意见，但枚卜大典事关社稷安危，对钱谦益结党受贿满朝竟无人敢言，臣不忍见陛下孤立于上，是以不得不言①。

辩论中，一个支持钱谦益的吏科都给事中被勒令当即离开大殿。皇帝转而厉声呵责钱谦益煽动党争，命锦衣卫当场拿下，听候议处。1629年1月2日，钱谦益被革职，被指控向他行贿的考生也被投入监狱，他的几个重要支持者瞿式耜、倪元璐也分别受到惩戒。

---

① 《明通鉴》卷八一。

　　本以为圣主临朝，春和景明，没想到入京才两三个月，礼部右侍郎的职位还没有坐热，便飞来奇祸，枚卜变作了阁讼，不仅做不成大学士，连原官都丢掉了，这当头一棒打得钱谦益久久缓不过神来。尽管南归后，追随者日众，使他俨然成了在野的党人领袖，一如其弟子顾苓所说："阁讼削籍，于是士大夫之尚风节、谈经济者以及诸生老将，尽在公门下矣。"但 1628 年冬的枚卜大典自此成了他心头永久的痛，这一奇耻大辱让他终身都耿耿于怀。日后门生故旧聚首，只要一提起此事，他就盛气忿涌，激愤得连话都说不连贯了。

　　失望和孤寂中，他只得到《庄子》里去体悟逍遥，寻求寄托。十余年后，已是花甲之年的钱谦益娶到了名动江左的绝色名妓柳如是，在虞山脚下为她修筑绛云楼夫唱妇随，这一晚年到来的艳福，总算使他那颗被官场倾轧伤透了的心得到了些许安慰。就像他的忘年知交黄宗羲所说，"柳姬定情，为牧老平生极得意事，缠绵吟咏，屡见于诗"，而那时的钱谦益，已经被包围着他的崇拜们不无戏谑地称作"广大风流教主"了。

　　钱谦益在 1628 年冬天的仓皇出京，事实上宣告了他在崇祯一朝政治生命的终结。他的前半生的这一大失败，乃是几大因素的合力施为，一是党争，一是皇帝的猜忌，而他自己过于热切的用世之心和逞强好胜的表现，也促使了这一结果的提早出现。

　　据夏允彝后来披露，还在他应召北上途中，朋友文震孟就劝他不要急着参与高层权力之争，枚卜一事应缓缓图之。但对前景的过于乐观使钱谦益把这些忠告全当成了耳边风。说来堪悲的是，青年时代就被期许为宰辅的钱谦益，自万历三十八年步入官场直到帝国倾覆的三十五年间，在朝的时间加起来也不足三年。他给大学士王图所写行状中的一句"与党论相始终",事实上也是自身升沉浮降半世艰辛的真实写照。

日后,钱谦益进入南明小朝廷,不顾晚节与马、阮同流合污,究其原因,还是为了圆他那个前半生没来得及实现的宰辅之梦。

名 士

朱由检对文人和官员挟朋树党的担忧,并非空穴来风。还在他兄长朱由校在位的年头,撇开政府机构内部的党争不说,长江中下游这一广袤的富庶地带,文人学者借由诗社、学社、书院这些传统交往形式结成的各种社团已蔚成气候。在 20 年代初期,这些诗歌和哲学社团的主要活动是交流时文习作、进行文学批评,同时致力于发掘典籍中的微言大义,砥砺个人的品德修养,渐渐地,这些社团势力溢出了原先的河道,开始从学术向政治领域扩张。

1624 年,长江流域江西、安徽、江苏等几个省份的文学社团合并成了应社,这一事件意味着松散的社群开始冲破地域的隔阂走向联合。应社以长江为界,分南北两支,其主干为原先的拂水山庄、匡社和南社。最初的领导人是来自金坛的学者周钟和家境富有、喜爱结交文士的江苏常熟人杨彝,后来江苏太仓的著名学者张溥和张采也加入了进来。

吴中二张对当下大行其道的时文提出了尖锐批评,认为其立意肤浅、内容苍白,行文又故作高深晦涩难懂,应该高榜义理的旗帜,让文风重回清新质朴。他们通过广泛吸收社员、募集资金出版经典注释和文集等途径,试图改造一个时代浮泛的文学空气。当文人们由社集走在一起，现实政治很快成了他们关注的焦点。

1626 年，魏忠贤的爪牙到苏州抓捕前吏部官员周顺昌时，为首参与抗争的苏州著名学者杨廷枢，其身份就是应社社员。随后几年南方一些小城镇的市民抗争风潮中，到处都可以看到社团知识分子的身影。而朝廷总是习惯性地将官方与民间的对立归咎于民风浇薄，归咎于知识界普遍缺乏的对权威的敬畏："迩来习竟浇漓，人多薄恶，以童生而殴辱郡守，以生员而攻讦有司。非毁师长，连珠遍布于街衢；报复仇嫌，歌谣遂锓于梓木。"①

1628 年初，张溥作为恩贡生在国子监就读期间，在北京建立了应社的一个分部。第二年他回到南方，广发请柬邀请各地名士到苏州聚会，在这次有六百余人参加的史称"尹山大会"的集会上，建立了一个更大规模的社团联盟，并正式定名为复社。据陶世仪《复社纪略》记述，参加这次社盟大会的文人学者远自四川、河南，近自安徽、浙江，都是"轮蹄日至"，甚至一年以后，还有陕西、山西、福建、广东等地的文士，闻风寄来文章。

接下来的 1630 年，正逢三年一度的乡试之年，在南京秦淮河边的贡院举行的应天府乡试中，主张文学复古的复社同人取得了极大成功。应试的三十余名复社成员全部中举，其中名列榜首的是曾参与苏州暴动的杨廷枢，其次是张溥和他的同邑学生、日后写出一代诗史《圆圆曲》的著名诗人吴伟业。来自松江的著名诗人陈子龙、来自徐州的画家兼诗人万寿祺也出现在这张中试者的名单上。复社能取得如此骄人的业绩，究其原因，或许是因为这一年主持南京乡试的主考官姜曰广，此人曾作为东林党人被魏忠贤革职，本身又是

① 《明实录》，隆庆朝第二十四卷。

一个古文运动的爱好者。为庆贺胜利，吴伟业、杨廷枢、陈子龙等人在秦淮舟中设宴欢饮，应邀前往者还有张溥、沈寿民、黄宗羲、彭宾等人，这是复社的第二次大会，世称"金陵大会"。

1631年春天的北京会试，南方举人纷纷北上，张溥又借机壮大复社队伍。朝臣们从这帮充满锐气的未来官员的身上看到了昔日东林党人的影子，干脆呼他们为"小东林"。张溥自是当仁不让，把自己视作了东林党人的衣钵传人，以文学复古运动为名讽喻朝政，裁量人物，就像另一位复社领袖侯方域所说："张公为诸生，以天下为己任，追念东林先贤，慨然欲复之。"事实上，复社的不少成员就是东林党人的子弟，两者区别可能仅仅在社会地位上，东林党人大多是朝中高官和名士，复社成员则多是地位较低的乡绅、秀才和生员。

等到会试发榜，中进士者共三百四十七人，其中六十二人为复社成员，占了总数的近五分之一。张溥和他的弟子们同登进士榜，尤为突出的是吴伟业，在会试中名列榜首，其后又在周延儒任主持的殿试中获第二名。

这一成功实在是过于触目了，政敌们抓住吴的父亲是周延儒好友这一层关系，疏劾其作弊。复核中，周延儒将吴伟业的试卷送皇上御览，朱由检阅后写下"正大博雅，足式诡靡"八字，意思是说文章立意端正合乎圣贤之道，文辞丰富典雅足为后世楷模，总算驳回了这项弹劾。但攻击仍使其他复社成员受到了损害，被倪元璐等考官高度评价的陈子龙，就因周延儒害怕其政敌抓住更多口实，不得不名落孙山，直到六年后的另一场会试中，他才和好友夏允彝一起被主考官黄道周录取为进士。

尽管如此，复社这两年的表现已足以让世人侧目了，以致在科考路上挣扎得灰头土脸的士子们普遍认为，只要入了复社，就有金榜题名的希望，就等于是领取了一张进入仕途的通行证。甚至有传言说，考取秀才的郡试，学政大人全都以张溥的评论为取舍标准。更有人言之凿凿地称，各省的乡试及会试，朝廷所派的考官也只是一个摆设，真正的幕后推手是吴中二张。于是张溥被尊作了西张先生，张采则被尊作了南张先生，两人的名字反倒不大有人敢提了。而朝中的要人们看到这一股新兴的政治势力，也要竭力地来拉拢他们，一时间，踊跃入社者数不胜数，据吴应箕作《复社姓氏录》，著录复社同志多达两千零二十五人，其中自然不乏名利奔竞之徒。当初，张溥、张采创设复社的动机是"兴复古学，将使异日者务为有用"，但一到势众人杂，本来是士子读书会文的清静组织，也就不免蜕变成了一个熙熙攘攘的名利场，复社日后遭忌，也就在所难免了。

入社既有如许好处，那些复社势力不到的地方，各地乡绅、秀才和生员发起的社集自然也是风起云涌。就连名列逆案削籍回乡的阮大铖，也于1632年在家乡发起桐城中江社，为他日东山再起积聚资本。

黄宗羲曾经记载了他在1633年秋冬之交在杭州南屏山下参加省城规模最大的读书社的一次雅集，那是一次类似于当今官方主办的文艺采风的完全休闲式的活动。据黄宗羲记述，社中那些意趣相同的朋友，一到傍晚就一起租一条船，随便去一个小岛，走着走着前面的人就不见了，于是大声叫喊。有时他们也在月光下的小舟上漂荡东西，就某个哲学问题大声争论，到最后总是一哄而散。黄宗羲不是一个喜欢空谈名理的人，他更喜欢做一个脚踏实地的行动主义者，所以对这样的社集不无批评："经生之学，不过训诂，熟烂口角，圣经贤史，古今治乱，邪正之大端，漫不省为何物。"

自从 1628 年冬天联手赶走最有力的竞争者钱谦益后，周延儒和温体仁开始了他们磕磕绊绊的合作。尽管名义上，周延儒的地位在温体仁之上（温在赶走钱谦益两年后的 1630 年才进入内阁），但温的权势正在逐步上升。温体仁得宠的原因之一，是他巧妙地利用了天启朝政治危机之后继续威胁着朝廷的党争。他曾自告奋勇地向皇帝表示，愿意彻底清查并根除一切党派活动，以防党争再次爆发。17 世纪 30 年代初期，他把与东林党人有联系的几十名官员赶出了政府，其中较著名的有大学士文震孟、何吾驺、钱士升，工部左侍郎刘宗周，国子监祭酒倪元璐，少詹事姚希孟等。当然这么做他有时也要冒些风险，比如他起用了与阉党有瓜葛的一些谪官出任政府要职，就很容易使自己受到结党的指责。但他总是能够成功地在皇帝面前将自己树立成反对"清议"的英雄。

为了独揽朝纲，温体仁一直都在暗中排挤周延儒。在辽东经略袁崇焕杀掉毛文龙、登州一带陷入混乱之际，温体仁趁机攻击，是周延儒软弱无能导致了这样的局面出现。稍后，他又指使一名宦官向皇帝告发周延儒受贿。已经吃尽党争苦头的朱由检怕内阁不和再次引发朝局动荡，不得不放弃了他一直看好的周延儒。1633 年 7 月 25 日，周延儒被迫辞职离开北京，回家乡宜兴隐居。

许多复社成员都是在周延儒任会试考官时录取为进士的，周的去职使他们继续得到庇护的梦想成了泡影。张溥是注意到温体仁势力崛起的少数几个清醒者之一，在温、周矛盾尚未公开化之前，他已预感到温体仁独掌大权的一天终将到来。出于对未来形势的忧虑，他意识到，必须到民间的知识分子中去获得更为广泛的支持。

1632 年冬天，趁请假回太仓葬父，张溥发起了一次更大规模的复社大会。集会传单一经发出，大江南北就有许多士子迫不及待地赶来，张溥还在从南京南归途中，崇拜者们就挤满了他家乡的街衢，他们在他家中向京城方向遥拜，在复社簿籍上登记上姓名，就算完成了拜师仪式。

张溥把这次大会放在了苏州虎丘举行。据陆世仪的《复社纪略》记载，大会那天，从各地或乘船或坐车赶至者达数千人之多，云岩寺的大雄宝殿容纳不下，连生公台、千人石这些观景点上都鳞次栉比摆满了座席。这次大会之后，复社的声势更盛，据说张溥的记名弟子达到了七千人之多。又说苏、杭等地的水道，士大夫家所备行船的灯笼上都高挂着"复社"二字，后来人皆效仿，几乎每条船上都要书此二字了。

17 世纪 30 年代初，天启年间死难的东林党人的后代都已陆续成年。三年一度，他们如同候鸟一般跑到留都南京参加考试。当他们在秦淮河北岸拥挤不堪、散发着潮湿霉烂气息的贡院中挨过神情恍惚的两天三夜后，余下的日子，大可在这座金粉之城诗酒风流、纵情声色。清军的铁蹄一次次越过山海关南下掳掠，李自成的农民军也从陕西一路闹到了安徽，但在南京城厚重坚固的城墙后面，生活一切如常，似乎没有什么会来打扰特权者们的享乐。

早在 17 世纪 20 年代，就有许多大户举家迁入南京。由于北方连年战事，不久又有大批山东、北直隶的富户涌入南京。西南边境的动乱也使云南和贵州的一部分官吏逃到了南京。到 30 年代，李自成的势力慢慢扩张到了河南、湖广、安徽等地，这些地区的有产者也加入逃亡者的行列来到了这座当时中国最大的移民城市。一个叫利玛窦的意大利传教士，20 年代初曾造访过南京，日记中记载的景象，到那时候应该还没有太大改观："南京比世上所有城市都更美丽、更宏伟，几乎没有任何城市能在这方面胜过南京，或与之相当。那里确实有许多宫殿、庙宇、城楼、桥梁，并且绝不亚于欧洲的类似建筑。在某些方面，它还胜过我们欧洲的城市。当地气候温暖，土地肥沃。人们精神愉快，彬彬有礼，谈吐文雅。各阶层的人们聚居一起，熙熙攘攘，有平民百姓，也有达官贵人。"[①]

终崇祯一朝，这座会集着豪华公子、落魄书生、卖笑歌妓、复社名士和避难士绅的六朝古都，一日日都在醉死梦生着。就像才子余怀在《板桥杂记》中所记述，"秦淮灯船之盛，天下所无，两岸河房，雕栏画槛，绮窗丝障，十里珠帘"。这个绚烂得几乎不真实的舞台上，侯朝宗和李香君的爱情故事、冒辟疆和董小宛的旖旎风光已在上演，孔尚任的《桃花扇》和冒襄的《影梅庵忆语》也将流传，再加沈寿民、吴伟业、陈子龙、沈士柱一班名士和李香君、卞玉京、顾横波一班风华绝代的佳人，此情此景，也真应了江山不幸诗家幸了。

1635 年冬天，来自浙江的两个青年士子黄宗羲和魏学濂一同以拔贡入读南京国子监。此前一年，因家乡安庆桐城一带被李自成的农民军攻陷，阮大铖也跑到南京做起了寓公。名列逆案一直让阮意气难平，既然通过正常途径复职无望，他便招揽游侠，谈兵说剑，冀以边才起用。在总题为《咏怀堂诗》的诗集中，阮大铖写下了许多赞美英勇杀敌的将士和颂扬廉吏的诗歌，以期引起清流的注意并改变对他的成见。风传他要报复魏学濂刺血上书之仇，魏只得避居

① 利玛窦《16 世纪的中国》。

友人住所，冒襄等人则劝他不应退缩。

1636年秋天，冒襄和吴应箕主持桃叶渡大会，南京城内的东林遗孤悉数到场。这次聚会的高潮，是曾被皇帝诏旌为孝子的魏学濂出示以自己鲜血所写的《孝经》，一时，英雄的后代们齐声痛骂阮大铖之流。尽管阮大铖以诗歌和戏剧才能百般示好于复社，甚至不惜花费巨金撮合侯方域与秦淮名妓李香君的爱情，但在一片道德英雄主义的苛责声中，不甘寂寞、好谈兵法的阮对江南士林的折节下交被目为一个野心勃勃的阴谋家的伎俩。在当下的南京城里，阮被看作一个毒瘤式的臭名昭著的危险人物，这样一个逆案中的祸首，在南京谈兵说剑，招摇过市，时日一久难免遗祸无穷。为了彻底铲除之，南京城里的复社名士们秘密策划了一场驱阮运动。

1638年8月，名士们发布了一张名之为《留都防乱公揭》的大字报，誓逐阮大铖等"逆党"人物，并发动全城士子进行了一场声势浩大的签名。在一百四十八人签署的名单上，顾杲（顾宪成的儿子）、黄宗羲、魏学濂、冒襄、吴应箕、陈贞慧、侯方域、方以智等为首者不是东林遗孤便是复社名士。此帖一出，阮大铖在南京城里再也待不下去了，不得不搬住到南门外的牛首，来往的也只剩下死党马士英等几个人 ①。据说他曾遣心腹四处收买檄文，没想到愈是去收，流布愈广。多年之后他对这件让他蒙羞的事件还愤懑不已：我到底做错了什么，这班穷措大竟然如此对我！

胜利了的复社名士们和一帮来南京应乡试的少年在桃叶渡召开庆功大会，年少好事而富有才华的冒辟疆作了《同人集往昔行跋》记录当时盛况。黄宗羲后来回忆，那些日子里，他和昆山张尔公、

① 冒襄《同人集》。

宛上梅朗三、芜湖沈昆铜、商丘侯方域、宜兴陈贞慧、桐城方以智、如皋冒辟疆等一干朋友，"无日不连舆接席，酒酣耳热，多咀嚼大铖，以为笑乐"①。一个有用世之心或潜心于学术的士子，在这样的空气里很可能一事无成，名士们至多像吴伟业在记录那个时代生活的一篇笔记中所称的那样，登上南京郊外的山峰，"东望皖楚，忧生伤乱，泣下沾襟"②，至于如何救时，那就束手无策了。纵论国事的最后，无非抽身退步，正所谓"夜半话挂冠，明日扁舟系"。后来黄宗羲也深刻反省参加社盟的浮躁，"本领脆薄，学术庞杂，终不能有所成就"③。

当弘光朝袍笏登场，曾经动荡一时的秦淮河，恢复甚至超过了昔日的盛况，重新掌握了权力的阮大铖、马士英的反噬给书生们来了个措手不及。陈贞慧捕入锦衣卫，仅免于死。侯方域几为所擒。沈士柱、吴应箕都偷偷跑了。冒辟疆回到如皋水绘园隐居，沈寿民老死金华山中。1644年，黄宗羲随老师刘宗周从家乡到杭州，只身往南京，向福王上书，陈述政风，一不小心也落入阮大铖之手。当他被囚在狱中时，弘光朝的一班廷臣们正在钱谦益的带领下于一场大雨中商议着迎接清兵入城的种种细节。趁着陷落时城中的混乱，黄宗羲得以逃脱回到余姚老家。这种种的果，前因都已在不知不觉间种下了。

阮大铖和黄尊素、魏大中、钱士升、杨维垣等都是万历四十四年丙辰科的进士，然而，党争却使这些同年形同水火。魏学濂为报父仇，更是与阮大铖间衍生出了长达二十年的仇隙。这些人与事

---

① 《南雷文约》卷一，《陈定生先生墓志铭》。
② 吴伟业《梅村家藏稿》。
③ 《陈夔献墓志铭》，见《黄梨洲文集》。

的纠葛，正具体勾勒出了明季党争的惨烈图景。复社夏允彝在《幸存录》一书中曾做出这样的平心之论：二党之于国事，皆不可谓无罪……东林中亦多败类，攻东林者亦间有情操独立之人。他的儿子夏完淳在此书续篇中，对阮大铖持论更宽，称其非不愿为君子，但东林中人持论太苛，遂酿成奇祸。

近人陈寅恪在《柳如是别传》中有一节专门论及阮大铖，对阮的文学才华表示欣赏的同时，也对东林少年持论过苛提出切中肯綮的批评：

> 圆海人品，史有定评，不待多论。往岁读《咏怀堂集》，颇喜之，以为可与严惟中之《钤山》、王修微之《越馆》两集，同是有明一代诗什之佼佼者。至所著剧本中，《燕子笺》《春灯谜》二曲，尤推佳作。其痛陈错认之意，情词可悯。此固文人文过饰非之伎俩，但东林少年亦似持之太急，杜绝其悔改自新之路，竟以防乱为言，遂酿成仇怨报复之举动，国局大事，益不可收拾矣。

复社的少年们可能是过于乐观了，他们过于急切地要把严酷的政治斗争娱乐化，诗酒流连中，很多人已经迅速遗忘了1636年的一次政治危机。正是那次危机使包括东林、复社在内的所有清流险遭全军覆灭之祸。

这年初，先是温体仁秘密授意常熟县的小吏张汉儒，疏告前礼部侍郎钱谦益和科臣瞿式耜居乡贪肆不法，纵容家奴胡作非为，把钱、瞿从他们的原籍地押解至京下了刑部大狱。温体仁的计划是借着打击此二人，再兴复社大狱。又有太仓县监生陆文声，上京参劾吴中二张倡立复社乱天下，图谋削弱朝廷对江南的控制。一个叫周之夔的苏州推官告发二张有谋逆之心，请求皇帝"立奋乾纲，大破党局"。又有托名徐怀丹者，草檄复社十大罪状，"传檄则星驰电发，宴会则酒池肉林"，把边疆不靖、国家多灾的账，一股脑儿扣到了一帮书生的头上。

以上这些指控，或多或少都触及到了一些实质性问题，但温体仁怂恿并亲自指使如此大规模的攻击，也超越了一个文臣应该恪守的谨慎界线，由此引起的反弹，反而激起了文官们对处于弱势的清流党人的同情。当钱谦益和他的学生瞿式耜身陷囹圄时，朝中尚书、侍郎、御史去狱中相见并慰问的官员竟达五十多人，刚刚考中进士的复社成员陈子龙等为了营救钱谦益出狱更是积极奔走。而钱谦益为了自保，也在狱中连上两疏剖明事实，为自己洗刷无辜——"温体仁攘据揆席，虑臣姓氏尚在人口，死灰或至复燃，显示风指，阴设陷阱，必欲杀臣而后已"。

事情终于在 1637 年夏天出现了转机，钱谦益通过老师孙承宗的一个儿子的关系，说动了皇帝宠幸的司礼监秉笔太监曹化淳相助。而曹化淳之所以同意出手，是因为钱谦益曾为其保护人、已故司礼监太监王安写过一篇笔调感人的墓志铭。温体仁获知，司礼监将对自己不利，立即检举曹化淳收受了四万两银子的好处费，奏请皇帝将曹化淳一并治罪。

得到皇帝的授权后，曹化淳亲赴东厂审理此案，终于审明了温体仁密谋唆使的全部内情。朱由检闻知此案审理结果，开始明白过来钱谦益狱中上疏所称"体仁有党"果有其事。让他伤心的是，眼前这位经常告发朝中阴谋的大臣，事实上所打算盘却全是为了自己。1637年8月1日，朱由检同意了温体仁的辞职请求，这个昔日的宠臣不得不灰溜溜地致仕还乡了，直到去世，他都未能挽回皇帝对他的信任。

这一轮有惊无险的磨难过去，钱谦益斯文宗主、东林泰斗的名望更加卓著，但朝中自温体仁去任后，张至发继为首辅，薛国观以礼部左侍郎入阁参赞机务，对清流的攻讦一如既往。而复社同人也终于意识到，此二人不去，不仅天启朝以来的冤案不能平反，他们想要在官场上有所进步也极为困难。

刚刚升任东宫讲读官的陈子龙第一个发难，上疏指责张至发执行的还是温体仁时代的政策，如此这般因循踵陋，必将摧折文官集团的公忠正直的风气。复社成员、吏部主事吴昌时，从北京给在籍丁忧的张溥写来一封密信，建议重新运动周延儒出山。他在信中说："钱谦益毁不用，文震孟入相不到三月被逐，东南党狱日闻，非周延儒复出不能弭祸。主上于用舍独断，然不能无中援，望紧急裁夺，作出决策。"

复社为了改变被动受制的处境，迫切需要在中枢有一个强有力的后台。吴昌时之所以建议张溥把宝押在周延儒身上，一是因为周是致仕的前大学士，资历和声望不成问题；二则，他和张溥等人参加1631年辛未科的会试时，周延儒是主考官，他们都算是周的门生。

周延儒也有意借用在野力量复出。当复社同人们积极策划周延儒的复出时，周本人也一刻没有闲着。1639年夏天，他专程从宜兴跑到常熟，在绿树红花掩映的拂水山庄拜访了钱谦益，此行的目的不外是希望获得钱谦益对他重新入阁的支持。作为交换条件，他也表示，入阁以后一定起用钱氏。

自从十一年前被温体仁和周延儒联手逐出京城，钱谦益多年优游林下，中间又遭张汉儒诬陷下狱，他也明白，自己的机会不多了。因此他也决定消除宿怨，再度与周延儒携手。他热情接待了周延儒，带他游览了虞山和山脚下自己花了多年工夫营建的拂水山庄，从他日后写下的《阳羡相公枉驾山居即事赋呈四首》这组诗来看，在拂水山庄的亭台园林间他们谈成了这笔政治交易。诗中有几句是这样写的：若问山东事，将无畏书简？白衣命悲驾，红袖泣登车。甲第功谁奏？歌钟赏尚虚。安危有公在，一笑偃蓬庐。

为了帮助周延儒重掌权力，复社以入股的方式筹措了六万元资金，让吴昌时在京活动打点，重点是买通皇帝身边的宦官曹化淳。这一手段虽不光明磊落，却也是情势所迫，不好以常理拘泥之。六万元中，著名复社人士侯方域的父亲侯恂认购了一万元，阮大铖和冯铨出于政治投资，也各认购了一万元。正当复社在南方紧锣密鼓地为他们选中的政治代言人筹划之际，在北京朝廷，薛国观因建议皇室贵戚出资助饷引起了皇帝的不满，被勒令回乡调理，内阁首辅之职的突然出缺，使形势再度变得对周延儒有利，而这正是复社同人盼望已久的机会。

周延儒将赴北京前，张溥和他有过一次交谈，希望周延儒到任后履行先前订下的协议，抓好救时的十余件事，剥夺宦官和厂卫的特权，任命复社骨干出任要职。周延儒一一答应了，表示一定竭力为之。当周延儒北上经过扬州时，阮大铖特地设宴饯行，并送上一份厚礼，他送周延儒入京诗中的一句"期公尽洗荆榛劫，剩得青山与向禽"，希冀借周延儒之力翻案复起的意图已十分明显。但周延儒此次出山全系复社在幕后助推，他不想出尔反尔违背与复社订立的不准起用阉党余孽的协议，更不想触动皇帝在党争问题上的敏感神经，作为对阮大铖投资的补偿，他要阮推荐一个好友作为督抚人选，日后再由此人来转荐阮。阮大铖看眼下也只有这一条路可走，于是推荐了好友、万历四十四年的会试同年马士英。

1641 年 10 月 15 日，周延儒抵京出任内阁首辅。朱由检对他说："以天下听先生。"这一时期他的施政总体来说没有让复社同人失望。实行起复、蠲逋、清狱、薄赋四事，一时政声不菲。在周延儒再次出任首辅的三四年间，他所做的最为遗祸无穷的一件事，是把阮大铖推荐的马士英起复为兵部右侍郎兼右佥都御史、总督庐凤等处军务，为南明弘光朝埋下了一颗定时炸弹。

钱谦益在家中望眼欲穿地等待着一纸起复的诏书，其间，还明里感谢、暗下催促地致信周延儒不要忘记前约。但明眼人早就看出，"庸弩无才略且性贪"的周延儒是不可能把雄才峻望的钱谦益引荐入朝的。黄宗羲就提醒说：周阁老为人贪婪忮刻，未必有此胸襟。

但钱谦益身在局中，对人事已全无清醒判断，还以为周延儒定会遵守在拂水山庄时的约定，举荐自己出山。直到两年后的春天，一次酒宴上，他听到北京来人说起周延儒背后这样议论自己：钱牧斋只堪领袖山林耳，他才恍悟，自己被耍了一把。复出的努力又一次打了水漂，此番被愚弄和被欺骗，给刚刚跨过六十岁门槛的他结结实实上了一课，那就是政客的话和戏子的话一样都是不可信的。他写下无数充满怨怼的诗文，向京师诸公及复社同人宣布与周延儒这个无耻小人绝交。而此时，距大顺军攻陷京城也就一年左右光景了。

危 峰

朱由检刚登基时，辽东经略袁崇焕曾信誓旦旦地向他保证，五年之内收复辽东的全部失地。但两年后的冬天，皇太极率数万大军经由喜峰口入关，突然出现在了北京城下。

1630 年 1 月，袁崇焕以通敌罪被捕，随后被磔于市。历次辽东战事危机，都是党争双方相互攻伐的口实，袁崇焕的被杀引起政坛剧烈动荡，被视为袁后台的阁臣钱龙锡和吏部尚书成基命，被牵累入狱。袁案或许出于皇太极的离间计，但归根结底，还是朱由检猜忌心太重，好作聪明，果于诛杀，致使能任事的官员越来越少，剩下在他眼前晃来晃去的，全是庸人和伪君子了。

随后的十余年，帝国在东北边境的势力日益萎缩。每次满人掳掠扫荡，北直隶东部的几座城市总是首当其冲，国门前真可说是尸横遍野。然而令朱由检忧心的事还不止于此。

几乎和他登基同时，陕西省爆发了数起兵变和叛乱，参与者主要是当地农民，还有一些驿卒、土匪和领不到粮饷的职业军人。叛军没有根据地，经常分成小股部队进行劫掠。17 世纪 30 年代初，叛军的攻势虽被遏制住，但他们之间加强了联合，活动范围波及了湖广、河南和陕西交界处的大片山地。到 30 年代下半叶，各路乱军在陕西米脂人李自成和张献忠的旗帜之下携手联合，形成了更为强大的军队。尤其是在 1635 年荥阳大会后，他们向东攻下凤阳，焚烧了皇陵，令朝野为之震惊。

叛军尚未成气候时，大学士刘鸿训曾建议皇帝，从皇家库藏中拨出三十万两银子解决缺饷问题，以防止更多的士兵加入叛军。但这一损上益下的主意让一贯吝啬的朱由检大为恼火，刘鸿训差点被杀，多赖大臣们力救，才被流放到代州做一名戍卒。

为镇压李自成而被任命为兵部尚书的杨嗣昌，稍后也提出一项主张，认为朝廷无力同时应付两场战争，他建议皇帝同满人议和，同意割让领土和恢复边市贸易，以便集中兵力镇压内地的叛乱。朝臣们一致斥责杨嗣昌违背朝廷既定的收复北土的方针，朱由检根本不敢采纳杨的主张。为了支付两线作战庞大的军费开支，朝廷只能增加赋税，以从民间榨取更多的银两。

1638年冬天，曾在西北平叛中初露头角的洪承畴，接任总督五省（山西、陕西、河南、四川、湖广）军务之职，他和陕西巡抚孙传庭一起合作，在潼关一举击溃了李自成起义军，迫使李自成带着十八个亲信逃入商洛山不敢露头。然而正当官军乘胜追击之际，杨嗣昌担心的东西线作战的弊病暴露无遗，满人的铁骑突破长城，直入中原，洗劫了天津和山东省的济南等地。因战事吃紧，洪承畴调任蓟辽总督，负责东线作战，孙传庭也被调任保定任巡抚。不久，孙被兵部尚书杨嗣昌找了个借口下狱，代之以爱吹牛皮的熊文灿。当时驻守安徽六安的史可法，闻警正准备率众北上勤王，行前，他写信给夫人说："北边破了五七十州县，不知杀了多少人，昨山东济南满城官员家属都杀绝了，真是可怜，看到此处，可见凡事有命。"

1641年3月，趁着官军正勠力围剿张献忠部，隐伏在商洛山中的李自成驰轻骑奔袭河南，攻下洛阳，处死了福王朱常洵，还把尸体与鹿肉一起泡酒，谓之福禄酒。福王的封地据说有四万顷，王府内储备的粮食更是多达数万石，起义军把这些粮食全都散给了饥民们，一时义军人马迅速扩充至数十万之众。而张献忠也从四川回师湖北，攻下襄阳，处死了本朝的另一个藩王。两个叛军头领不约而同的做法是，把缴获的钱财和粮食全都分给饥饿的民众，这使得他们的支持者更众。杨嗣昌精心设计的号称"四正六隅"的平叛计划被彻底摧毁，于年底畏罪自杀。他的儿子不敢把噩耗报告朝廷，只说其父因病亡故了。

几乎与此同时，满人的攻势更加凌厉。1643 年 1 月，京师东北的重要门户蓟州被努尔哈赤的第七子阿巴泰攻陷，皇帝急令大学士吴甡前去抵御。得知阿巴泰的退路在通州一带被勤王的部队切断，邀功心切的首辅周延儒自告奋勇担任了这项任务。但周延儒到了通州前线后却畏敌不战，每日只与幕客们饮酒解闷。他甚至无中生有地编织了一份所谓大败阿巴泰的战报。已经被接二连三的坏消息弄得萎靡不振的朱由检读了首辅大人描述我军将士如何勇猛杀敌的奏报，喜出望外，立即为他加官晋爵。

就在举朝共贺之际，阿巴泰挥师南下，穿过北直隶，一直深入到山东和苏北。直到这场浩劫临近尾声之时，皇帝才明白过来，怯懦的首辅一直在欺骗自己。这年夏天，周延儒以谎报军情遭革职查办，一些官员以首辅年高位重为理由请求皇帝宽恕。朱由检断然拒绝了，他说，正因为此老已位极人臣，所以不可饶恕。他下令将周处死，看在其为朝廷效力多年的分上，后又改赐自尽。

这真是一个糟糕至极的时代，外扰内患给这个国家的许多地区带来可怕的灾难，坏天气也来凑上一脚。如果这时出现一个具有全球视野的人，他站在更高处看险象环生的帝国，他会发现，明朝中国进入 17 世纪已身不由己地卷入了全球性的经济衰退的狂潮。在天灾和疾疫面前，连士大夫们一向推崇的自给自足的简朴生活都难以为继了。

按照人口地理史家的研究，晚明的这一历史阶段相当于欧洲史上"路易十四的小冰河时代"初期，由于太阳黑子频繁活动，这个时期是"太阳能量最小时期"，其间，地球表面的气温降低到了公元1000年以来的最低点。年鉴学派历史学家费尔南·布罗代尔在《十五至十八世纪的物质文明、经济和资本主义》一书中也表明，17世纪中叶的中国遭受了严重的干旱和低温的侵袭，致使北方农作物生长季节比正常年景缩短了两星期。各个地区的地方志忠实地记载了这些年气候变异导致的灾难：

1630年，长江中下游发生严重旱灾。1639年和1640年，浙江北部洪灾，既而又发生干旱和蝗灾，致使浙北一带的丝绸业遭受致命打击。据目击者记述，这个地区在17世纪40年代初到处是乞丐和流民，甚至出现易子而食的惨状。类似的报告在帝国各个省份屡见不鲜。在一本以编年方式记录漕运情况的小册子上，记载着1638年漕河干涸，1640年"大旱，黄河水涸，流亡载道，人相食"。同一时期，长江中游和淮河水域的河流，冬季也全部封冻。

囤积、歉收和投机活动导致了粮油价格上涨，并引发了普遍性的通货膨胀。在浙江北部地区，米价由原来的每石值银一两，到1641年上升为了值银四两①。大多官方史料把强迫征兵、拖欠军饷和沉重的赋税看作引发叛乱的导火索，放宽历史的视野，以长时段观察，大明帝国走到17世纪中叶实已是山穷水尽了。1641年秋天，诗人吴伟业在南京国子监就任时所悲叹的"凉秋独夜，危峰断云，梧

---

① 傅衣凌《明代江南市民经济试探》。

桐一声，猿鸟竞啸"，实是那个时代弥漫于知识界的紧张、不安气氛的本色发露。

　　大厦将倾之际，南京的才子们依然沉醉在诗酒风流中，尽情享受着末世降临前最后的狂欢。来自江苏如皋的诗人冒襄，是当时南京城内最出众的少年之一，被倾心于他的名妓们称为"东海修影"。他先是在1639年赴南京乡试时结识了秦淮河畔"以才色为一时之冠"的董小宛，与之短暂欢娱后，又迷上了另一位歌女陈圆圆。1642年，他失去陈圆圆后，怀着一颗受伤的心到苏州虎丘参加复社大会，命定般地与董小宛再次邂逅。

　　这时的董小宛因家庭变故，已经债台高筑，为脱离苦海，主动向冒襄以终身相许。但冒襄自忖功名未就，只与她相约，待明年秋闱试罢，再赴偕行之约。恰巧此时，钱谦益与柳如是婚后不久游罢京口，正好逗留苏州阊门外彩云里的东园，"广大风流教主"决定成就这段好事。他替董小宛偿还了堆起来足有一尺高的一叠借据，足有三千余两银子，又出了一笔钱，帮董小宛从教坊脱籍，雇了一只船把她送到了如皋冒襄的身边。并修书一封，托人带给小他许多岁的冒襄，中有"花露错海，错列优昙阁中，焚香酌酒，亦岁晚一段清福"等语，可见才子老去，美妇在侧，浪漫情怀已愈发的浓烈了。

　　1642年中秋夜，复社陈梁约请同人，在南京桃叶水阁为董小宛归冒襄设酒庆贺。眉楼顾夫人、寒秀斋李夫人等名妓都是小宛旧日姐妹，自要过来庆贺。魏学濂在父兄死后，一直远离声色场合，因好友李雯刚刚乡试中试，心下喜悦，也一并过来赴宴。

　　当时金陵歌舞诸部甲天下，最为著名者为阮大铖所训练的戏班，于是重金聘阮家戏班前来上演新剧《燕子笺》。没想到阮家戏班以有家宴为由托故不来，于是众命仆从跑到阮家大门鼓噪，阮大铖为求消去积怨，于是撤去家宴，命戏班前去演出，并吩咐在台上须尽力表演，演出结束还不得领赏。为示好于名士们，他还表示要亲来致意，但众人却毫不领情地拒绝了他到场。

《燕子笺》一剧构思绝妙，再加演员着实卖力，舞台效果颇佳，在台下看戏的众人，每折之后都高声喝彩，赞赏歌者，同时却又与魏学濂等人交口同声丑诋作者阮大铖。当剧情渐渐进入到高潮，众人悲壮激昂，奋迅愤懑，或击案长啸，或拊胸叹息，或浮大白，"且饮且诟詈"，一班佳人更是哭得如梨花带雨一般，滚作一团了。多年以后，冒襄在《同人集》中如是记述这个夜晚重聚欢宴之情景：

> 秦淮中秋月，四方同社诸友……置酒桃叶水阁。时在坐为眉楼顾夫人，寒秀斋李夫人，皆与姬为至戚，美其属余，咸来相庆。是日新演燕子笺，曲尽情艳。至霍华离合处，姬泣下，顾、李亦泣下。一时才子佳人，楼台烟水，新声明月，俱足千古。至今思之，不异游仙，枕上梦幻也。

差不多同一时间，吴伟业也与一名叫卞玉京的妓女发生了爱情。日后以悲苦的诗风为人所知的诗人吴梅村，此时填得一手香软艳词，其间流露的露骨的享乐主义足以让人瞠目结舌："娇眼斜回帐底，酥胸紧贴灯前，匆匆归去五更天，小胆怯怯瞧见。臂枕余香犹腻，口脂微印方鲜，云踪雨迹故依然，掉下一床花片。"

看起来松江才子陈子龙要正经得多。那个时代情爱场上的人都知道，柳如是嫁给钱谦益前，起初是属意陈子龙的，还数次女扮男装从盛泽跑到松江去找陈子龙，名刺上自称女弟。陈"严正不易近"，其实主要还是妻子反对他再娶，柳如是才不得不转归虞山。1637年，陈子龙第三次应试考中进士后，先到刑部观政三个月，然后另行分发至广东惠州。然而当他离京前往赴任时，半途中得知了继母的讣闻，按丧制，他须回乡守制三年后才能复出。他回到松江老家，和好友宋徵璧、李雯（时人称他们为"云间三子"）一起，编辑出版了一部长达五百余卷的《皇明经世文编》。这部百科全书式的文选荟萃了有明一代五百余家的作品，内容涉及那个时代的一切实务，兵饷、马政、边防、火器、贡市、番舶、灾荒、农事、治河、海运、漕运、财政、盐法、刑法、钱法、钞法、税法、役法等，用陈子龙自己的话说，之所以编辑出版这部书是有感于"三患"——朝无良史、国无世家、士无实学。

1639年，守制将满时，陈子龙曾一度决定放弃仕途。因为他的座师黄道周在与杨嗣昌的较量中败北，被廷杖除名，发配烟瘴地面充军。但到了1640年春，经其祖母劝说，他还是如期离乡前往北京，准备继续为朝廷效力。到达北京后，他为黄道周四处呼吁，还打算组织营救，后有人警告他说，今上意图常常神秘莫测，冒昧进言只会让事情更加不可收拾，他才作罢。这年夏天，他被派往绍兴任一名专管案件审理的推官。他在这个职位上干了将近四年，直到1644年初接到调任北京的命令。当他准备北上时，京城陷落的消息传来，他转而就任南京弘光朝的兵科给事中。在抵抗运动全面失败后，他遭到逮捕，于押往南京途中投水自尽了。

1643年春天，尽管风雨飘摇，本朝历史上的最后一次会试还是在北京如期举行，任主考官的是代替周延儒出任首辅的魏藻德。和以往几届会试一样，这次考试同样是江南各省举子间的激烈竞争。暮春时节，放榜出来的消息传至南京，令人向往的头三名都被复社成员所垄断，分别是状元周钟、榜眼宋之盛、探花陈名夏。当功名与灾难一起来临时，复社的名士们还没有想好如何去应对，只得走一步看一步了。

断　云

一个时代即将断裂，此时的帝国已进入倒计时。1643 年 11 月，李自成的起义军击败了孙传庭，控制了战略要地潼关，这意味着起义军控制了京城与秦故地之间除黄河以外最后的天然屏障。几天后，起义军占领陕西首府西安，李自成在幕僚们的建议下把这座城市沿用唐代旧称改名为"长安"。

当李自成军前锋渡过黄河，既而席卷山西时，吃惊而又愤怒的朱由检把兵部尚书张国维革职下狱。

崇祯朝的最后几年，举置失措已使朱由检心力交瘁。事愈不顺，对臣僚的处置愈发随心所欲。治国理政全无通盘规划，想到哪出算哪出，"置相如弈棋"。在位十七年，换了十九任首辅和十七名刑部尚书，除了首辅周延儒被处死，其他被斩首或被迫自杀的当朝大员，还有十四名尚书、七名总督和十一名巡抚。

1644 年 2 月 8 日，适值农历正月初一，然而这个新年朱由检却过得分外凄凉。当大臣们天亮前去给皇帝请安时，发现皇宫大门紧闭，内侍打开宫门引他们入内，他们却发现朱由检正在为帝国越来越糜烂的财政状况暗自垂泪。

官员们在熹微的晨光中各自返回官邸，他们看到无数棕色或红色的沙尘自天而降，沙尘暴降临了。没有人知道，也是这一日，在安徽凤阳，太祖高皇帝朱元璋龙兴之地发生了地震。同日，李自成在西安称帝，定国号为大顺，年号永昌。

一段日子后，这些消息一齐传入京师。朱由检痛哭出声，说：朕非亡国之君，事事皆亡国之象！祖宗栉风沐雨之天下，一朝失之，何面目见于地下！朕愿督师亲决一战，身死沙场无恨，但死不瞑目耳①！

恐怖的气氛如同瘟疫一般弥漫了京师，几乎人人都预感到了末日来临。有钱人都在想法子作南逃打算。朝廷命一名官员前去统辖陕西明军时，他竟在皇上面前哭出声来，说，要是没有粮饷，去了也无济于事。

大学士黄景昉主张，从东北前线调回吴三桂加强京城防务。也有人主张，从蓟州召回王永吉，从密云召回唐通。在常熟悠闲度日的钱谦益甚至建议，调福建的郑芝龙北上应付危局。但大学士魏藻德等坚决反对召这些军队入京。有官员建议，应放手让地方缙绅组织乡兵自保，朱由检也反应冷淡。他现在是头痛医头脚痛医脚，将大部分注意力都放在了京师的防卫上。

京师三大营的主力，全盛时号称七十万，但长年缺乏粮饷，加之将帅们以市井无赖和家奴充数，从中贪污空额军饷，已使这支部队变成了老弱之军。1643 年，一场疫病蔓延到了军营，士兵大量死亡，担当拱卫京师重任的三大营实际上已丧失了战斗力。到 1644 年

---

① 《明通鉴》纪九〇，《庄烈皇帝》。

初，卫戍京城的军队几乎一年没有领到军饷，士兵们的意志和他们羸弱的身体一样，都在急剧走向衰退，其情形正如一位将领在报告中忧心忡忡所指出的那样，他拿鞭子去抽打躺倒在地的士兵，"鞭一人起，一人复卧如故"。

1644 年 4 月，户部侍郎吴履中奏称，国库存银仅剩八万两。他要求将这笔钱拨给戍边军队，朱由检拒绝了，因为皇帝打算将这笔钱全都用来加强京师守备①。据李清的《三垣笔记》日后披露，当时太仓储备已不足一千三百两，皇家内库也只有四五十万两。是以，一次廷对中倪元璐谈及道德乃当前头等重要之事时，朱由检反问道：倘若道德果真如此重要，在拖欠前线军饷之时，将如何以之解救国难呢？当他们说这些话时，距二人的死期都不足一个月了。

或许还有一个办法，可以避免国家遭受破亡的命运，那就是放弃危在旦夕的北京，到南京建立临时政府。这一迁都南京的动议，年初曾有翰林学士李明睿和总宪李邦华等人，在德正殿进行的一次私下召见时提出。李明睿的计划是以到孔庙朝圣的名义，取道山东，然后穿过淮安地界直奔南京。他向朱由检保证，只要圣驾到达南京，国之龙虎必起而响应。李明睿还提供了一个历史佐证，即南宋迁都临安后，又统治了一个半世纪。他强调说，类似的南迁完全适合本朝目前的形势，也完全符合天命。朱由检对这一计划颇为动心，曾与皇后周氏商量去南方，但周皇后认为这样做意味着放弃北方的宗庙。这又令朱由检踌躇了。

在把南迁方案具体化并将付诸实施时，突然的变故让本就举棋不定的朱由检又改变了主意。1644 年 4 月 3 日的廷议中，部分主张

---

① 《甲申传信录》。

南迁的官员建议，派遣太子南下，以加强江南防务，皇帝则留下来守卫北京。这样，即使京城遭遇不测，还有一个合法的嗣君继续行使领导权。

这实际上是让朱由检为国祚的延续做出牺牲。这当然令他十分不快，于是说了一句，国君死社稷是理所当然的事，我哪儿也不去。话甫出口，又忍不住满腔怨恨地加上一句，"言迁者欲使朕抱头鼠窜耶？"

看到皇帝的态度突然转弯，一些本就主战的官员慷慨激昂地要求固守京城。最后投票表决时，在场的二十七位大臣竟有十九位表示放弃南迁主张。朱由检拒绝再次讨论这个问题，他愤怒地向廷臣们发泄不满：你们平时一个个都怎么说的？国家到了这般地步，你们有哪一个站出来为朝廷分忧的？

时隔不久，通往南方的道路已被蜂起的盗匪和叛军阻断。朱由检即便想走也走不掉了。最后一线生机稍纵即逝，历史再也不会留给朱由检这样的机会了。

朱由检现在把满腔希望寄托在了大学士李建泰身上。李建泰是山西曲沃人，他自告奋勇提出，自筹资金征募一支军队，回援家乡山西。被接二连三的打击搞得心灰意懒的朱由检大喜，加李建泰兵部尚书衔，赐尚方宝剑。在正阳门外举行了隆重的出征仪式，内阁五府、六部、都察院和京城文武悉数到场，鸿胪赞礼，御史纠仪，一切都搞得煞有介事。朱由检还亲自奉金卮三次向李建泰敬酒，称他是"代朕亲征"[1]。仪式后，朱由检登上城楼，目送这支大军在鼓乐和旌旗的伴随下缓缓西去。

---

① 《明通鉴》纪九〇，《庄烈皇帝》。

刚一出城，李建泰所乘肩舆的杆子突然不祥地折为两段，这似乎预示着他的这次出征终将劳而无功。大军以蜗牛爬行一般的速度日行三十里，一路上，这班由京城中的地痞、无赖和市井游闲组成的乌合之众纷纷溜号。还没出河北省境，他的手下就只剩五百多人。更为可笑的是，李建泰的士兵只有谎称是李自成的部下，才能从沿途的集镇得到食物。消息传来，山西曲沃已被占领，家赀尽没，李建泰惊悸得病，也就无心再往西了。此时的朱由检还在紫禁城里翘首以待大捷的消息呢。

4月7日，大顺军攻占大同，继续向北推进占领宣府。此时，横亘在这支怒潮般的起义大军与京城之间的，只剩下唐通和太监杜勋指挥的据守居庸关的一支部队。情势紧急，部分京城守军开至城外扎营，各城门设置路障并安放了葡萄牙大炮。宦官们也都被武装起来，由皇帝宠幸的王承恩率领把守通往紫禁城的主要道口。

迫于无奈的皇帝终于向全国下达了总动员令："各路官兵，凡忠勇之士，倡义之王，有志封拜者，水陆并进。"而在朝廷高层，一个不吉利的消息在悄悄流传，说是象征皇帝命运的那颗星辰在一日日下移。到了这个时候，连十五岁的皇太子朱慈烺都看出来了，靠这点力量保卫京城，希望实在太渺茫了。当时他正与东宫侍讲讨论《论语》的第一篇，当读到"不亦说乎？不亦乐乎？"一段时，他不由沉思良久，既而痛楚地说道："二'乎'字可玩。"讲读官也只好尴尬地笑笑。

对生活在17世纪40年代北京城的许多人来说，大明王朝的结束时间，是1644年4月25日，一个微雨的夜里。

4月22日，朱由检照例主持早朝。正讨论到为居庸关守军增拨给养时，一名信使突然闯入殿中，带来居庸关失守、大顺军已挺进至京城西北六十五公里处的昌平县的消息。朝堂之上顿时一片惊恐，直到此时，皇帝和大臣们终于意识到，京城倾覆已是朝夕之间的事。

第二日一早，朱由检主持了最后一次正式朝会。他步入大厅，登上宝座后，环顾群臣，不禁潸然泪下，诸臣亦相向而泣，束手无策。

此时，李自成大军的前锋正策马越过北京西郊，并于午后开始攻打西直门。不知出于什么原因，他的攻击未用全力。佯攻了一会儿，李自成派在居庸关投降的宦官杜勋，作为代表入宫谈判。

杜勋曾是皇帝亲信，此时却已转投新主，身份的突变使他们的会谈变得尴尬而又艰难。杜勋代表大顺王提出要求，一是承认他的王位并划定封地范围，二是赐银。作为报偿，李自成则负责扫平国内其他义军，并为朝廷抗击入侵辽东的满洲人。这些条件对朱由检确实很有诱惑力，但他也不愿为此承担"偏安"的罪名，于是转而向参与谈判的首辅魏藻德发问，让他帮着拿个主意。魏却一直沉默不语。朱由检气得浑身发抖，却又无可奈何，杜勋刚一离开，他就当着魏藻德的面猛击龙椅，并将其一把推倒。

4月24日清晨，天下着蒙蒙细雨，大顺军加大了攻城力度，很快攻陷了外城。李自成将营帐移至彰仪门外，命架飞梯攻西直、平则、德胜三门。守城门的太监们潜谋内应，曹化淳打开彰仪门，大军蜂拥而入，至夜幕降临时，李自成的军队已占领了南城。朱由检望着满城烽火，叹道：苦我民耳！

在大顺军最后攻入紫禁城之前，留给朱由检的时间已不多了。他回到乾清宫，派人把两个儿子送到了外戚家中，然后开始料理自己的后事。在历史学家计六奇、张岱等人的记述中，这一夜的朱由检表现得像一个输光了的赌徒一样疯狂。

他来到后宫，命令后妃们在他死之前全部自尽。周皇后顿首说，妾事陛下十有八年，卒不听一语！随后回到房中自缢而死。朱由检看到她的尸体，只说好，好！又召来十五岁的公主说，尔奈何生我家！随即以左袖掩面，右手挥刀砍下，被砍断左臂的公主昏倒在地，侥幸没死。接着，他又来到西宫，令袁贵妃自缢。贵妃从命，但绳子断了，她又苏醒过来，朱由检见其未死，连刺三剑，直到手发抖拿不住剑为止。既而又召来其他几位所御妃嫔，一一亲手杀死。最后他跑到其母张太后的寝宫，跪着请她自缢。①

做完这一切，已是4月25日凌晨。朱由检在熹微的天光中敲响了上朝的钟声，却没一个大臣前来。无边的孤独如同潮水一般呛得他透不过气来。他在太监王承恩的陪同下登上紫禁城背面的煤山时，还在为群臣竟无一人相从而愤愤不平："诸臣误朕也，国君死社稷，二百七十七年之天下，一旦弃之，皆为奸臣所误，以至于此。"

他把自己挂在了御花园半山腰的一棵松树上。此时，造反的军队正潮水一般涌过京城的街区，向东城发动攻击。自缢前，他写下了一份遗书。当他穿着蓝绸袍和红裤子的尸首被一个内侍发现时，这封遗书也散落在侧：

> 朕自登极十有七年，东人三侵内地，逆贼直逼京师，虽朕薄德藐躬，上干天咎，然皆诸臣之误朕也。朕死无面目见祖宗于地下，去朕冠冕，以发覆面，任贼分裂朕尸，文武可杀，但

---

① 计六奇《明季北略》，张岱《石匮藏书》。

勿劫掠帝陵，勿伤百姓一人。百官俱赴东宫行在。

活下来的官员或许会在内疚和羞愧中检讨自己苟活于世，没有随皇上而去，事实上，在朱由检煤山自缢之前，已有十三名甚至更多大臣选择了为帝国的覆灭自杀殉葬。他们中有户部尚书倪元璐、右副都御史施邦耀、左都御史李邦华等，随后，获悉皇帝的死讯后，又有范景文等四十余名官员陆续自杀。

倪元璐死时，带上了家人十三人，他留在书桌上的遗言里声明，尽管南都事尚有可为，但此时赴死正是得其所哉。"死，吾分也"，"勿以衣衾敛，暴我尸，志我痛。"

施邦耀自缢后又被仆人救活，再想自杀，大街上已满是大顺军士兵，他连上吊挂绳子的地方也找不到了，于是命仆人买来信石和烧酒，一路疾走着吞下，终于血管迸裂仆地而亡。他在自杀前自撰一联，"愧无半策匡时难，惟有捐躯报主恩"，正可视作文官中的节烈派的普遍心态。

更多官员选择了在观望中苟活。大顺军攻破北京城时，时在京城的魏学濂正计划变服南归。那一晚他几乎通宵未眠，一直都在绕床而行，最后，他凝视着黑漆漆的天空开悟了一般大叫一声，"一统定矣"。次日一早，就与同年、复社名士周钟等人计议起了如何投效新朝。在混乱的金水桥畔，他遇到惶惶不可终日的同僚陈名夏、方以智等人，还劝告他们不必急着以一死报君恩，说东宫和定、永二王俱在，义旅旦暮可至，让他们少忍以待。在好友韩霖的引荐下，魏学濂被特授为大顺军的户政府司务，掌理草场军需。日后形势突变，为了逃避道德责难，他悄悄潜返老家隐居了起来，对外诡称已经自尽。

钱谦益在 1644 年 4 月初被起复任用，当他在江苏常熟接到这一迟到的诏令，北京已经沦陷了。后来北兵渡江，柳如是劝他一起殉国，以全大节，还自己先行跳下了拂水山庄中池塘。但出于对死亡的恐惧和对红尘的留恋，他拒绝了。此后——尤其是归顺清朝做了贰臣后——他一直被深深的耻辱感折磨，"肠热之念，知耻之心，交哄于中，不得不决"。

1646 年，曾经的南方文坛领袖钱谦益被清廷委任为礼部右侍郎、充《明史》副总裁北上。不及半年，即以老病告假还乡。柳如是拒绝陪他北上。在他离乡的那段日子里，柳如是与一个旧情人故情复萌。他回来后得知消息，想赶走这个女人，但最后，他还是选择了原谅。理由是，当此国破君亡之际，士大夫尚不能坚持节义，他又怎能以不守身怪罪一个女子。他觉得，从劝他投池和不愿北上两件事来看，这个女人要比自己勇敢得多，也干净得多。

1679 年秋天，康熙十八年重阳之夜，昔年的复社名士冒襄，在如皋水绘园中与友人一道观赏李玉新作的传奇《清忠谱》。此时距"名姬董白"香消玉殒已过去二十八年，距阮大铖在浙西仙霞岭中风堕马而死更是过去了三十三年。

该剧内容是叙述东林党人周顺昌在天启年间遭党祸一事：1626年，东厂奉阉党之命派缇骑至吴县逮捕周氏，士民数万人执香为其乞命，缇骑狐假虎威，终至激起民变，最后颜佩韦等五位义士挺身认罪，延颈就刃。虽然不齿于阮的为人，冒襄对他的文学和戏剧才华却一直青眼有加。观戏毕，他感慨地对众人说：诸君见此，视为前朝古人，唯余历历在心目间。

两年前的1677年，冒襄在一次短途旅行中经过吴县时，曾过访周顺昌的两个儿子茂藻和茂兰。应门的老仆年轻时曾伴随两位公子参加桃叶渡大会，见是冒襄造访，兴奋地进去通报。故友渡尽劫波，再度秉烛而谈，世事已如白云苍狗，转瞬间面目全非。当年"饰车骑、鲜衣裳，珠树琼枝，光动左右"的翩翩佳公子，如今为了糊口不得不带着家伶组成的戏班到处赶场子演出。而在他的戏班中担纲主唱的，竟然是当年阮大铖所训练的家伶。戏梦人生，真真幻幻，这世事也真是说来堪惊。

到了1685年，七十五岁高龄的冒襄在自家宅第招待友人，酒后观赏阮大铖当年的名剧《燕子笺》。当优伶们谢幕毕，面对空空如也的舞台，前尘往事忽然尽涌心头，遂赋诗一首：

> 燕子笺成极曼殊，当年看骂动南都。
> 非关旧恨销亡尽，细数同声一个无。

跋　我吸入了他们的尘埃

2018年春天，应邱志杰先生之邀，我在民生美术馆观摩了一场"邱注上元灯彩计划"开幕展。这件历时数年完成的作品，是对明朝一个风俗画家《上元灯彩图》的当代演绎。经徐邦达先生品鉴，此手绘长卷，出自明嘉、万历年间一民间画师之手。岁在丙寅的嘉靖四十五年上元节，这个画师应江宁县某富商之约，在绢本上画下了那个火树银花的金陵之夜。画成之后，因为身份卑微，画师连自己的名字都没有留下。

整个展览有如剧场一般，有一种刻意营造的喧闹。穿过一楼市声与鬼影交杂的古玩市场，二楼展厅里，偶尔还可以看到穿梭而过的黑衣人，面无表情地操纵着装置。他们是历史的雇佣军，代表着操纵历史的不可知的力量。这一切——数百件装置、绣像以及巨大的灯笼——上空，有一双眼睛无处不在。我时刻会与这个四百年前无名画师的目光相遇。这次北京之行一个月后，我曾试图描绘那双热切而忧伤的眼睛：

他看着狭巷通衢里三教九流的各色人等，看着出没在瓷器店里的书生和商人，看着奔跑的孩子、杂耍艺人和一个个怀抱鲜花的女子。他也看着人群中用力挤着的登徒子们，看着抬着一只鹿走过大街的屠户们。他的目光在夜色中伸得更远，越过那些纱灯、滚灯、槊灯、弹壁灯和做工考究的鳌山万岁灯，越过古都上空已然黯淡的王气，他看到了这欢娱世界的尽头……

在对这幅明人长卷的摹写、考释和推演中，艺术家用他强大的历史想象力，说出了帝制中国的一个秘密：历史总在抄袭自身，历史的情节总是惊人相似，而脚本的数量总是有限的。是以，不管朝代如何更迭，恒定的角色总是那么几个。比如，权力总要吃人，美人总是红颜误国，盛世总是自吹自擂，诗人要么御用，要么成为革命的同谋。

于是，他像一个炼金术士一样，提炼了帝制中国的主要角色，或者说基因图谱。它们有时是人物，如权臣、幼帝、悍将、告密者、革命者、税吏、流寇，有时是某样事物，如漕运、狼烟、谶言、丹药、遗嘱、南渡、桃花源，有时是说不清道不明的某种思绪，如夜雨、相思、良知、理。

它们以版画或装置的形式，散布在巨大的空间里。这是几千年来悬挂于国人头顶的东西，是纠缠的命运，也昭示着晦暗的未来。走出美术馆，置身于京城三月酒浆一般流淌的阳光下，我如同穿过了一个幽暗的历史剧场。这个被艺术家命名为"金陵剧场"的地方，可以是中国的任何时候，任何地方。就像他后来告诉我的，每一个记忆与失忆交错，欢庆与告别同步，朋友和敌人同体的地方，都是金陵。

"在金陵，没有人掌控自己的命运，人都是生来被使用的，每个人都只是某种历史任务的道具，任务一旦启动，人就进入角色，成为历史人物。"

如果把本书看作一个剧场，这一出历史剧，上演的是大明王朝故事。从1368年朱元璋定都应天，到1644年明朝的最后一个皇帝朱由检自缢于紫禁城后一座小山，统共二百七十七年的故事脚本，演绎的是人在权力旋涡中的种种情状。

这出长剧上演的近三百年间，是中国历史漫长的"中世纪"的至暗年代。律例规驯着身体，强权禁锢着舌头，帝制中国的牢笼，从那时起扎紧了栅栏，知识人被奴化的烙印，也是从那时起被烙下。是以，没有人能掌控自己的命运，他们都被时代的罡风推着，完成派定给自己的角色，皇帝与大臣，要角与龙套，所有人都是这出长剧的参与者，同时也是被观看者。

读者自会看到，讲史人笔下，纷如落叶的大明王朝十七个世代，在"春""夏""秋""冬"四场折子戏里，一个个来来去去的人，一幕幕转瞬即逝的景象，在起承转合中编织出无数场悲欣交集。如果把视野放宽，也会看到纷繁的外表下，恒定的历史逻辑，那就是推动着这架庞大的国家机器的文官制度。

14世纪中叶，当朱元璋草创这一制度，他是要让文人们参与到帝国的"砌墙"中来，他派定给文臣们的角色是"藻绘粉饰"。废除丞相制，君权定于一尊，独裁者千方百计谋求权力的最大化。而庞大的文官集团也有着坐而论道、天下共治的传统，他们与君权的合作与角力，从这个政权落地之日就已开始。此后，乃有肇始于永乐朝的内阁政治，再有正统年间开始坐大的宦官政治，晚明兴起的清流政治，三百年间，多方博弈，暗涛汹涌，如同一台巨大绞肉机，让一代代精英灰飞烟灭。

制度和权力结构的嬗变，主宰了作为时代精英的知识人的命运。随着本书故事的展开，胡惟庸、李善长、刘基、解缙、方孝孺、于谦、徐有贞、王守仁、杨慎、夏言、高拱、严嵩、徐阶、张居正、申时行、海瑞、顾宪成、杨涟、左光斗、黄尊素、钱谦益等人的荣衰浮沉，无不印证了这一点——人只是某种历史任务的道具，制度即命运。

及至大明十七朝的最后的崇祯朝，十余年间，内阁首辅走马灯般轮换，内外交困之下，皇帝与文官集团之间越来越重的猜忌和不信任，使得明朝政治迅速崩盘。但这并不意味着专制制度已寿终正寝。近三百年的噬血，它已有了魔性。在1644年前后，它只是亟须从一具腐朽的躯体移入另一具充满生机的躯体，并从中汲取继续生长的养分。事实上，当努尔哈赤的子孙们入主中原，新政权的权力架构沿袭的还是明朝的制度。

在明朝，身为文人或许是不幸的。国家需要他们的合作，却又不信任他们，并时常羞辱他们。当他们抢着挤进权力中心，以便对公共事务发表看法时，一条看似风光实则到处都是危峰断云的路也就铺在了脚下。君权与礼教的博弈，帝王与臣子的较量，无穷内耗，各种作死，到头来不免是"细数同声一个无"。而身处巨大的权力磨盘下的文人们，他们付出的是才华和智慧，收获的却总是无休止的耻辱。

魏斐德把帝制中国晚期的知识分子划分为五种类型：政治家与决策者，改革者与行政官僚，道德理想主义者，玩赏家，隐士。前两种类型是获得有效权力的政府官员，第三种是高扬道德大旗对时代进行纠偏的在野文人，他们习惯于对时政提出批评，并以舆论手段参与到政治活动中去。而玩赏家和隐士则致力于私人生活空间的营造，崇尚形而上的恬淡闲适，自觉退避到了时代的主流之外。在魏斐德给出的这一知识分子谱系中，他认为尚缺两种类型，即技术官僚和完全超越传统礼教并对之造成极大破坏的先知型知识分子。以我对近三百年明朝历史的梳理，技术官僚或不乏其人，先知型的知识分子却寥若晨星，勉强算得上的可能也就 15 世纪的王阳明和 16 世纪的李贽两人。

本书着重考察的是前两种类型的知识分子，即政治家和行政官僚。本书后半部分，随着万历朝党争渐起，尤其是东林党人出现在政治舞台上，道德精英们的声音越来越宏大。而最后，明帝国的大厦也是在一个时代的道德狂欢中轰然倒塌。

全书共十二章，"春""冬"各两章，"夏""秋"各四章。"春"篇，约为洪武元年至永乐二十二年（1368—1424），跨洪武、建文、永乐三朝；"夏"篇，约为洪熙元年至正德十六年（1425—1521），跨洪熙、宣德、正统、景泰、天顺、成化、弘治、正德八朝；"秋"篇，约为嘉靖元年至张居正去世的万历十年（1522—1582），跨嘉靖、隆庆两朝和万历朝前十年；"冬"篇，从万历十一年至崇祯十七年（1583—1644），跨万历、泰昌、天启、崇祯四朝。

以四季春秋比附三百年大明王朝，是出于一种形象化的叙事策略，卑之无甚高论，只是为了给一部密不透风的历史长剧留一些空白和过门。入戏久了，也需要戏外的打量。事实上，当我写着这本书时，时常会想起瓦肆勾栏的那些说书人，讲兴废、说人情、叹世道，讲者与听者都是在历史的一堂风雨里。

十年前，小说家瓦当的一次稿约促使了这本书的写作。稿成后，又在《野草》杂志分两年连载。这一写作计划完成后的数年，笔下的人与事从未走出我的视线，用法国历史学家米什莱的话来说，"我吸入了他们的尘埃"。数年间，出入这些记载三百年间故事的史料档案，从《明史》《明实录》《明通鉴》《明史纪事本末》等官方史籍到各种私家记述，我吸入的尘埃，既是有形的，也是无形的。即便如此，我仍然时时提醒自己，不要迷失在历史的虚无之乡，要在这一写作中为人性争得一席之地。"安抚历代亡灵，让羊皮纸上的墨水说话"，这是米什莱自任的历史学家的使命，也是今天的历史写作者的梦想。

赵柏田

2019 年 4 月 15 日

附 录

一、明朝皇帝年表

明太祖朱元璋

　　洪武元年——三十一年（1368—1398）

明惠帝朱允炆

　　建文元年——四年（1399—1402）

明成祖朱棣

　　永乐元年——二十二年（1403—1424）

明仁宗朱高炽

　　洪熙元年（1425）

明宣宗朱瞻基

　　宣德元年——十年（1426—1435）

明英宗朱祁镇

　　正统元年——十四年（1436—1449）

明代宗朱祁钰

　　景泰元年——八年（1450—1457）

明英宗朱祁镇

　　天顺元年——八年（1457—1464）

明宪宗朱见深

　　成化元年——二十三年（1465—1487）

明孝宗朱祐樘

　　弘治元年——十八年（1488—1505）

明武宗朱厚照

　　正德元年——十六年（1506—1521）

明世宗朱厚熜

　　嘉靖元年——四十五年（1522—1566）

明穆宗朱载垕

　　隆庆元年——六年（1567—1572）

明神宗朱翊钧

　　万历元年——四十八年（1573—1620）

明光宗朱常洛

　　泰昌元年（1620）

明熹宗朱由校

　　天启元年——七年（1621—1627）

明思宗朱由检

　　崇祯元年——十七年（1628—1644）

二、参考征引书目

《张文忠公全集》，商务印书馆 1935 年版

《国榷》，谈迁著，中华书局 1958 年版

《明通鉴》，夏燮著，中华书局 1959 年版

《万历野获编》，沈德符著，中华书局 1959 年版

《黄梨洲文集》，黄宗羲著，中华书局 1959 年版

《明实录》，中研院史语所校，1961 年版

《明史》，张廷玉等著，中华书局点校本 1974 年版

《明史简述》，吴晗著，中华书局 1980 年版

《柳如是别传》，陈寅恪著，上海古籍出版社 1980 年版

《明史讲义》，孟森著，中华书局 1981 年版

《国初群雄事略》，钱谦益著，中华书局 1982 年版

《明史纪事本末》，谷应泰著，中华书局 1982 年版

《三垣笔记》，李清著，中华书局 1982 年版

《万历十五年》，黄仁宇著，中华书局 1982 年版

《南明史略》，谢国桢著，上海人民出版社 1982 年版

《张溥年谱》，蒋逸雪著，齐鲁书社 1982 年版

《明季北略》，计六奇著，中华书局 1984 年版

《黄宗羲全集》，沈洪善主编，浙江古籍出版社 1985 年版

《罪惟录》，查继佐著，浙江古籍出版社 1986 年版

《吴梅村全集》，吴伟业著，上海古籍出版社 1990 年版

《王阳明全集》，王守仁著，吴光等编校，上海古籍出版社 1992

年版

《明史新编》，傅衣凌主编，杨国桢、陈支平著，人民出版社1993 年版

《细说明朝》，黎东方著，上海人民出版社 1997 年版

《明清之际党社运动考》，谢国桢著，辽宁教育出版社 1998 年版

《明末四公子》，高阳著，华夏出版社 2004 年版

《洪业：清朝开国史》，［美］魏斐德著，江苏人民出版社 2005年版

《张居正大传》，朱东润著，人民文学出版社 2006 年版

《岩中花树：十六至十八世纪的江南文人》，赵柏田著，中华书局 2007 年版

《陈子龙及其时代》，朱东润著，人民文学出版社 2007 年版

《明末清初的学风》，谢国桢著，上海书店出版社 2007 年版

《讲述中国历史》，［美］魏斐德著，东方出版社 2008 年版

《两头蛇——明末清初的第一代天主教徒》，黄一农著，上海古籍出版社 2008 年版

《朱元璋传》，吴晗著，北方文艺出版社 2009 年版

《廿二史札记校证》，赵翼著，王树民校证，中华书局 2009 年版